Die Erfahrung der Ferne

Eric J. Leed

Die Erfahrung der Ferne

Reisen von Gilgamesch bis zum
Tourismus unserer Tage

Aus dem Englischen
von Hans-H. Harbort

Campus Verlag
Frankfurt/New York

Die Originalausgabe »The Mind of the Traveler« erschien 1991 bei Basic Books, New York.
Copyright © 1991 by Basic Books, New York
Redaktion: Margret Klösges

Die Deutsche Bibliothek – CIP-Einheitsaufnahme

Leed, Eric J.:
Die Erfahrung der Ferne: Reisen von Gilgamesch bis zum Tourismus
unserer Tage / Eric J. Leed. Aus dem Engl. von Hans-H. Harbort. –
Frankfurt/Main; New York: Campus Verlag, 1993
Einheitssacht.: The mind of the traveller <dt.>
ISBN 3-593-34823-3

Copyright © 1993 bei Campus Verlag GmbH, Frankfurt/Main
Umschlaggestaltung: Atelier Warminski, Büdingen
Umschlagmotiv: Caspar David Friedrich, Die Lebensstufen (Ausschnitt)
Satz: Fotosatzstudio »Die Letter«, Hausen/Wied
Druck und Bindung: Druckhaus Thomas Müntzer, Bad Langensalza
Printed in Germany

INHALT

TEIL I
DIE STRUKTUR DER REISE: ABREISE, PASSAGE, ANKUNFT

TEIL II
DIE PHILOSOPHISCHE REISE

FÜR MEINEN VATER
BJARNE OLAF LEED

VORWORT

Diese Untersuchung zum Thema Reisen nahm ihren Anfang im August 1942, als ich – noch im Bauch meiner Mutter – von Honolulu/Hawaii nach Missoula/Montana gebracht wurde. Dort traf ich am 11. Dezember jenes Jahres ein. Die erste Reise, an die ich mich erinnere, fand Ende November 1945 statt und führte mich in einem Möbelwagen von Missoula nach Opheim, kurz vor der kanadischen Grenze. Ich sehe noch den Fahrer mit seiner rissigen, blankgewetzten Lederjacke vor mir, die Art, wie er lächelte, wie meine Mutter ihn ansah und wie er im dichten Schneetreiben die Ketten über die großen Reifen zog. Ich staunte bloß über dieses Wunder und fragte mich, ob dieses göttliche Wesen irgendwie mit mir in Beziehung stehen konnte. Als mein Vater aus dem Krieg zurückkehrte, fuhren wir beide mit dem Zug von Montana nach San Francisco. Es war eine traurige Reise – zum erstenmal war ich von meiner Mutter getrennt, die zusammen mit meinem älteren Bruder den Bus genommen hatte. Eine lange, ermüdende, schlaflose Fahrt, und mein Vater erzählt heute, ich sei so wütend gewesen, daß ich dem freundlichen Schaffner die Fahrkarten aus der Hand geschlagen hätte, die er mir als Andenken an die Reise schenken wollte (ich bitte ihn dafür nachträglich um Verzeihung). Ich war in eine graue Nachkriegszeit hineingeraten, bevölkert von Männern, die in Unterwäsche in engen Räumen hockten, *Four Roses*-Whiskey mit Wasser tranken und sich leise unterhielten, laut auflachten oder sich anbrüllten, während ich lauschte, wie die Heizungsrohre knackten.

Dann gab es noch andere Reisen, an die ich mich erinnere, weil wir einen guten Hund zurücklassen mußten oder weil ich mich plötzlich in einer neuen, noch unvertrauten Gegend wiederfand. Diese Reisen verschmelzen in meiner Erinnerung und lassen sich nicht mehr auseinanderhalten. Mein Vater wurde Fischer und folgte den Fischschwärmen, meine Mutter folgte ihm, mein Bruder und ich folgten ihr in immer neue Wohnungen, wo immer wieder Vorhänge aufgehängt wurden und wir ein neues Zuhause fanden, obwohl unsere Einrichtung immer weniger und ärmlicher wurde. Aber all das waren notwendige Reisen, die ich nicht aus eigenem Antrieb unternahm und auf denen ich immer in Gesellschaft vertrauter Menschen blieb.

Die einsame Reise meiner Ausbildung begann im Jahre 1960 mit einer Busfahrt von San Diego/Kalifornien nach Eugene/Oregon, wo ich vier Jahre lang die Universität besuchte und meine ersten Lehrer und Vorbilder fand – Lloyd Sorenson und Stanley Pierson (History Department), William Strange, der mich mit Shakespeare vertraut machte, und Phin Capron, bei dem ich Vorlesungen über moderne Literatur hörte. Seit jener Zeit bin ich immer wieder gerne nach Eugene zurückgekehrt und zur Universität gepilgert. Dort begann ich auch während eines Forschungssemesters 1982 mit der Lektüre von Reiseberichten und dachte zum erstenmal daran, eine allgemeine Geschichte des Reisens zu schreiben.

Aber dabei bestätigte sich auch für mich die Grundregel, daß Beweggründe und Ziele der Reise sich unterwegs verändern und erweitern. Auf der Reise von der West- an die Ostküste und weiter in die Alte Welt, zu den Wurzeln, in die Vergangenheit, lernte ich, daß ich nicht allein war, daß vor mir andere aufgebrochen waren und einen ähnlichen Kurs eingeschlagen hatten und daß ich auf andere aufbauen konnte, die mir sagten, was dort zu finden war und was nicht. Ich bin zutiefst dankbar für die Hinweise und Beispiele, die mir Hayden White, Sidney Monas, Michael Cherniavsky und Norman O. Brown an der Universität Rochester/New York gegeben haben, wo ich von 1964–1968 mein Graduiertenstudium absolvierte. Sie wiesen mir die Richtung für die »innere Reise« zurück von der Peripherie zum Zentrum, zum Ursprung, und lehrten mich, was ich zu erwarten hatte, wenn ich mit mit der Tradition befassen wollte, und wie man die entsprechende Literatur benutzt.

Das ist der Hintergrund, auf dem dieses Buch entstehen konnte. Die eigentliche Idee dazu geht auf eine Unterhaltung mit Dr. Thandekile Mvusi (History Department, Drake University) am Strand von Jacksonville/Florida, zurück, mit dem ich über Wanderarbeiter in Afrika und über die Frage diskutierte, warum Menschen reisen. Damals, im Jahre 1982, suchte ich nach einem Thema, das ich vertiefen wollte. Als ich später die umfangreiche Reiseliteratur in ihrer Vielfalt und Faszination kennenlernte, trug dieses Gespräch plötzlich Früchte und führte mich zu immer neuen Fragen und Antworten.

In der Zeit zwischen der ursprünglichen Konzeption und dem Abschluß habe ich noch oft von den Ideen, der Unterstützung und der Anerkennung anderer profitiert. Unter meinen Kollegen an der Florida International

University bin ich besonders Janet Chernela (Department of Sociology and Anthropology) für ihre fachliche Kompetenz, ihre Energie und ihre Anregungen sowie Darden Asbury Pyron (History Department) für seine Freundschaft und Unterstützung zu Dank verpflichtet. Viele der in diesem Band enthaltenen Gedanken verdanke ich anderen, die ich im einzelnen nicht mehr aufzählen könnte, aber es waren vor allem die Gespräche und Briefwechsel mit Eleanor Wilner, Nancy Munn (Anthropology Department, University of Chicago), George L. Mosse (History Department, University of Wisconsin), Jean Bethke Elshtain (Political Science Department, Vanderbilt University), Jaime Melton (History Department, Emory University) sowie Kenneth Burke, die mir immer wieder neue Forschungsrichtungen und Ansatzpunkte für diese Untersuchung aufgezeigt haben. Wie schon Bashō, der große japanische Reisende und Schöpfer der Haiku-Dichtung im 17. Jh., sagte, besteht eine der Freuden des Reisens darin, »in Unkraut und Gestrüpp einen Genius zu finden, einen verlorenen Schatz im Ziegelschutt« (Bashō 1966: 85) – und an dieser Stelle möchte ich besonders den zahlreichen Fremden danken, denen ich unterwegs begegnet bin, die meine Freunde wurden und ihre Gedanken und ihr Leben ein Stück weit mit mir teilten.

Unter den zahlreichen Institutionen, die mir geholfen haben, bin ich besonders der Florida International University in Miami verpflichtet, die ich mich zwei Jahre (1982 und 1989) für Forschungssemester freistellte, in denen ich mit der Materialsammlung für dieses Buch begann und die erste Fassung vollenden konnte, sowie der Regenstein Library der University of Chicago, einer der besten Bibliotheken, die es gibt. Mein Dank gilt insbesondere Gary Van Zante, der während meines dortigen Aufenthaltes im Jahre 1989 als Bibliograph in der Abteilung für seltene Bücher arbeitete und mir mit großer Begeisterung seine umfangreichen Bestände von Reiseberichten und Reiseführern zugänglich machte. Dank der Lektüre und Kritik meiner Manuskripte durch meinen Lektor Steve Fraser und der meisterhaften Rotstiftarbeit der Redakteurin Linda Carbone bei Basic Books wurde aus den ersten Entwürfen tatsächlich ein Buch, das, so hoffe ich, alle ähnlich gelagerten ergänzen kann und allen nützlich ist, die sich mit diesem so reichen und lohnenden Thema beschäftigen.

Schließlich gebührt mein größter Dank meinen Kindern Drea, Inga, Zwe, Vusi und Jason, die mir jene Kraft und Zuversicht gegeben haben, ohne die eine erfolgreiche Arbeit nicht möglich ist.

Die Via Appia

(Foto: Dora Jane Hamblin, aus: D. J. Hamblin/M. J. Grunsfeld, The Appian Way, A Journey (1974). Abdruck genehmigt.)

DIE BEDEUTUNG DES REISENS

Was den Wert des Reisens ausmacht, ist die Angst. Denn in einem gewissen Augenblick, so fern von unserer Heimat, von unserer Sprache (...) überfällt uns eine unbestimmte Angst, und wir empfinden unwillkürlich das Verlangen, in den Schutz unserer alten Gewohnheiten zurückzukehren. Das ist das augenfälligste Ergebnis des Reisens. In diesem Moment fiebern wir und sind zugleich durchlässig. Der geringste Stoß erschüttert uns bis auf den Grund unseres Wesens. (...) Deshalb darf man nicht sagen, man reise zu seinem Vergnügen. Es gibt kein Vergnügen des Reisens. Ich möchte eher eine Askese darin sehen. Man reist um der Bildung willen, wenn wir unter Bildung die Betätigung des geheimsten unserer Sinne verstehen, nämlich des Sinns für das Ewige. (...) Das Vergnügen lenkt uns von uns selbst ab, so wie die von Pascal beschriebene Zerstreuung uns von Gott entfernt. Das Reisen, das gleichsam eine höhere und ernstere Wissenschaft ist, führt uns zu uns zurück.

Albert Camus
(1972: 14)

In unserer heutigen Zeit ist Reisen ein verbreiteter, häufiger, ganz alltäglicher Vorgang. Reisen verbindet und schafft Gemeinsamkeit. Im Jahre 1987 waren mehr als 40 Millionen Amerikaner im Ausland unterwegs und noch sehr viel mehr im eigenen Land. Dabei gaben die amerikanischen Staatsbürger, die nicht einmal fünf Prozent der Erdbevölkerung ausmachen, mehr als 25 Prozent des weltweit für Inlands- und Auslandsreisen aufgewendeten Gesamtbetrags aus, der auf etwa 2,3 Billionen US-Dollar geschätzt wird. Wenn man die zahlreichen Kalifornientrips und die Ferienreisen mitrechnet, die jeden Sommer in den Norden und Süden des Landes unternommen werden, dann ist es mehr als eine bloße Metapher, wenn man feststellt, daß Amerika ständig auf Achse ist und durch seine Mobilität zusammengehalten wird. Das Reisen in Gestalt des Tourismus wird immer mehr zu einem bestimmenden Faktor unserer Welt; bis zur Jahrtausendwende wird es die

Ölindustrie als wichtigsten Wirtschaftszweig des Welthandels überholt haben. Der Eindruck von der alles erfassenden Rolle des Reisens wird noch verstärkt, wenn man zu den Reisenden auch diejenigen zählt, die eigentlich ebenfalls in die Tourismusstatistiken gehören, auch wenn sie nicht darin auftauchen – Geschäftsreisende, Nomaden, Pendler, Wanderarbeiter, Flüchtlinge, Soldaten, Diplomaten und Immigranten, die sich vorübergehend oder auf Dauer im Lande aufhalten. In der Tat war der Militärtourismus in der ersten Hälfte des 20. Jh. eine weit verbreitete Form der Mobilität und die einzige Art von Massentourismus. Eine Untersuchung der University of Michigan aus dem Jahre 1958 ergab, daß ein Fünftel der erwachsenen Amerikaner irgendwann in ihrem Leben im Ausland waren, davon zwei Drittel im Rahmen ihres Militärdienstes (Lansing u. a. 1963).

Der Begriff des *Massentourismus* vermittelt eine zutreffende Vorstellung vom Umfang der modernen Tourismusindustrie. Die Massenproduktion und scheinbar endlose Wiederholung von Reisen hat dazu geführt, daß selbst eine ehemals außergewöhnliche Reise – sagen wir, zum Machu Picchu, in die Verbotene Stadt oder in die Antarktis – zu einem ganz gewöhnlichen Ereignis geworden ist. Allein schon die Menge von Reisenden, die die Bahnhöfe und Straßen, die heiligen Stätten, die Märkte und Kaufhäuser bevölkern, führt uns anschaulich vor Augen, daß wir eine Gesellschaft von Reisenden sind. In dieser Gesellschaft ist das Reisen der normale Weg, miteinander in Kontakt zu treten und die Welt in »Schauplätzen« zu konsumieren.

Obwohl wir in einer Ära des Massentourismus leben, ist der durchschnittliche amerikanische Tourist keineswegs mit dem durchschnittlichen Amerikaner gleichzusetzen. Eine Untersuchung aus dem Jahre 1986 über das Reiseverhalten der US-Bürger ergab, daß der typische Auslandstourist über ein Jahreseinkommen von 55519 US-Dollar verfügte, Freiberufler, Manager oder technischer Angestellter (61 Prozent der Auslandsreisenden), männlichen Geschlechts (57 Prozent) und 44 Jahre alt war, in der Regel aus New York oder Kalifornien kam (46 Prozent), eine Vergnügungs- oder Ferienreise unternahm (91 Prozent), die Reise über ein Reisebüro gebucht hatte, in der Touristenklasse reiste (74 Prozent) und in der Mehrzahl der Fälle ein Land in Westeuropa (68 Prozent) bzw. Großbritannien (60 Prozent) zum Ziel hatte (Lundberg 1990). In der Tat ist es so, daß »Vergnügungsreisen« immer noch Ausdruck von Erfolg und gehobenem Status sind, während notwendige oder sogar gezwungenermaßen unternommene Ortsveränderungen eher das Schicksal der gewöhnlichen Sterblichen kennzeichnen.

Wenn wir den Begriff des Reisens dahingehend erweitern, daß darunter jede Form einer (auch nur symbolischen) Grenzüberschreitung verstanden wird – also auch der Grenzen zwischen Individuen, gesellschaftlichen Beziehungsmustern und Aktivitäten –, dann wird deutlich, daß Reisen weit mehr ist als nur eine verbreitete Erscheinung. Es bildet vielmehr die Struktur unseres heutigen Lebens. Nur wenige von uns essen, schlafen, arbeiten und erholen sich an ein und demselben Ort – das wäre geradezu der Inbegriff dessen, was wir unter Eingeschlossensein und Unfreiheit verstehen. In der Regel ist unser Alltag aufgeteilt in die verschiedenen Bereiche von Arbeit, Erholung und Privatsphäre, die räumlich miteinander verbunden sind durch die Gänge, Straßen- und Schienennetze der modernen Großstadtwelt – jene ausufernden Städte, die so ganz anders sind als die antiken Städte wie z. B. Nedschef im Irak, wohin es die Reiseschriftstellerin und moderne Abenteurerin Freya Stark einmal verschlug:

>»Hier zwischen den dicht an dicht stehenden Häusern, die sich bis fast ans Portal der Moschee drängten, wurde einem plötzlich bewußt, was den Menschen mehrere tausend Jahre lang das Gefühl von Sicherheit vermittelt hat: die engen räumlichen Verhältnisse kleiner, in ihre Mauern eingezwängter Städte. Außerhalb dieser Mauern drohen die Wildnis oder feindlich gesinnte Nachbarstädte oder unwirtliche Wüste; innerhalb der Mauern herrscht eine Intimität, in der man allen Fremden oder Andersdenkenden mit Furcht oder Aggression begegnet.« (Stark 1963: 19).

Dort, in der antiken Stadt, stehen die Bürger, die Einheimischen, der Außenwelt als einer Welt von Fremden gegenüber, die durch die Wälle und Mauer in Schach gehalten werden müssen. Hier, in den Korridoren unserer modernen Metropolen, sind die menschlichen Beziehungen ganz überwiegend Beziehungen zwischen Fremden, die durch die vielen Straßen, Märkte, Kommunikationsnetze und Wege miteinander verbunden sind. Der Kontrast zwischen diesen beiden Welten ist so stark, daß es Millionen von Touristen immer wieder aus der modernen Welt in die antiken Städte Mesopotamiens, Ägyptens oder Europas zieht. Sie reisen, um den Unterschied zwischen einem Leben innerhalb enger Grenzen und dem in ständiger Bewegung kennenzulernen.

Reisen ist uns genauso vertraut wie unser Körper, der Wind oder die Erde. Das ist auch der Grund, warum es überall und zu allen Zeiten eine der wichtigsten Quellen für Symbole und Metaphern war, um Transformationen und Übergänge aller Art zu bezeichnen. So beziehen wir uns auf die Erfahrung menschlicher Mobilität, wenn wir den Tod als »Dahinscheiden« und das Leben als »Reise« oder »Pilgerfahrt« ansprechen, oder Veränderungen der gesellschaftlichen und existentiellen Bedingungen als »Übergangsriten« (*rites des passage*) definieren. Anthropologen wie Arnold van

Gennep (1986), Victor Turner (1987) und Mircea Eliade (1961) haben in
ihren inzwischen klassisch gewordenen Werken darauf hingewiesen, daß es
derartige Riten und Symbole überall und zu allen Zeiten gegeben hat. Wenn
das Wesen einer Metapher oder eines Symbols darin besteht, auf Bekanntes
zurückzugreifen, um weniger Bekanntes oder gar Unbeschreibbares erfassen zu können (Barth 1975: 204), dann verweist die Universalität solcher
Symbole und Riten darauf, wie ungeheuer selbstverständlich die Erfahrung
des Reisens für uns ist.

Der Anthropologe und Religionshistoriker Mircea Eliade beklagt das
Fehlen echter Initiationsriten in unserem modernen Leben und vertritt die
Auffassung, daß »der moderne Mensch den Sinn für die traditionsgebun-
dene Initiation verloren hat« (Eliade 1961: 226). Vielleicht liegt das einfach
nur daran, daß wirkliche Übergänge die rituellen verdrängt haben; die
wichtigsten Übergänge, die wir erleben, sind nun einmal mit unseren Reisen verknüpft. Sie machen unser Leben zu einer Prozession, zu einem Spek-
takel, das vielleicht weit faszinierender und eindrucksvoller ist, als ein
Ritual je sein könnte.

Wenn wir uns mit der Geschichte des Reisens beschäftigen, dann finden
wir hier vielleicht den Ursprung, die Entwicklungsgeschichte und die
Struktur unseres Wissens, die für unsere heutige mobile Gesellschaft charakteristisch sind. Unser modernes Leben mag einzigartig sein im Hinblick
auf die Zahl und das globale Ausmaß der Reisen, wir sollten dabei aber
nicht vergessen, daß das Reisen keineswegs eine neue menschliche Erfahrung ist. Mobilität ist die früheste, prähistorische *conditio humana*; die
Seßhaftigkeit stellt eine sehr viel spätere historische Entwicklung dar. Zu
Beginn der historischen Zeit streiften die Menschen herum wie wandernde
Tiere. Die Geschichte der Zivilisation ist eine Geschichte von Ortsveränderungen, großen Wanderungen und neuer Seßhaftwerdung, von der Integration menschlicher Gruppen in eine bestimmte Umwelt, von der Schaffung
eines »Heimes«, einer »Heimat«. Wenn wir unsere Gegenwart verstehen
wollen, dann müssen wir verstehen, welche Funktion die Mobilität in der
Geschichte hatte: Sie war eine immer auf Veränderung gerichtete Kraft, die
Persönlichkeiten, soziale und kulturelle Landschaften verändert und zur
Herausbildung einer globalen Zivilisation geführt hat.

Reisen als Erfahrung

Häufig habe ich das Gefühl, ich fahre deshalb in eine weit entfernte Gegend der Welt, um daran erinnert zu werden, wer ich wirklich bin. Daran ist nichts Geheimnisvolles. Losgelöst von seiner normalen Umgebung, seinen Freunden, seiner Alltagsroutine (. . .), ist man gezwungen, direkte Erfahrungen zu machen. Diese direkten Erfahrungen führen unausweichlich dazu, daß man sich bewußt wird, wer diese Erfahrung eigentlich macht. Das ist durchaus nicht immer angenehm, aber es gibt einem mit Sicherheit neue Kraft.

Michael Crichton, 1988

Gerade die Tatsache, daß uns die räumliche Fortbewegung vollkommen vertraut und selbstverständlich war und ist, in der Vergangenheit wie in der Gegenwart, macht es so schwer, ihre Auswirkungen auf Individuen, Gesellschaften und Kulturen zu verstehen. Diese Auswirkungen werden so häufig stillschweigend vorausgesetzt, daß man meinen könnte, es lohne kaum noch die Mühe, sie zu demonstrieren. Reisen ist die paradigmatische Erfahrung an sich, der Inbegriff eines unmittelbaren und echten Erlebnisses, das die betreffende Person zutiefst verändert. Ein Blick auf die Etymologie der indoeuropäischen Sprachen macht deutlich, wie eng die Begriffe von »Reise« und »Erfahrung« miteinander verknüpft sind.

Die indoeuropäische Wurzel des englischen Wortes für »Erfahrung« (*experience*) lautet **per* (das Sternchen besagt, daß es sich dabei um eine Rekonstruktion auf der Grundlage von lebenden und toten Sprachen handelt). Dieses **per* bedeutet soviel wie »versuchen«, »probieren«, »riskieren« – Konnotationen, die sich bis heute in dem englischen Wort *peril* (»Gefahr«) erhalten haben. Die frühesten Belege für **per* finden sich in den lateinischen Wörtern für »Erfahrung«: *experior* und *experimentum*; daher kommt das Wort *Experiment*. Diese Vorstellung von »Erfahrung« als Prüfung, als Durchlaufen eines Handlungsrahmens, in dem sich die wahren Dimensionen und die wahre Natur der betreffenden Person oder des betreffenden Gegenstandes erweisen, entspricht der ältesten und allgemeinsten Vorstellung von den Folgen des Reisens für den Reisenden. Ein Großteil der sekundären Bedeutungen von **per* bezieht sich ausdrücklich auf eine Bewegung: »einen Raum durchqueren«, »ein Ziel erreichen«, »herausgehen«. Die in dem englischen Wort *peril* anklingenden Bedeutungen von Risiko und Gefahr finden sich auch in den gotischen Abkömmlingen von **per* (bei denen *p* zu *f* wird): *fern* (engl.: *far*), *fare, fear, ferry*. Das deutsche Wort *Erfahrung* leitet sich aus dem althochdeutschen *arfaran*

bzw. *irfaran* (»fahren«, »durchfahren«, »wandern«) ab. Die tief verwurzelte
Vorstellung, wonach Reisen eine Erfahrung ist, die den Charakter des Reisenden auf die Probe stellt und vervollkommnet, klingt in dem deutschen Adjek-
tiv *bewandert* an, das heute so viel wie »kenntnisreich«, »gut unterrichtet«,
»klug« bedeutet, ursprünglich jedoch (d. h. in Texten aus dem 15. Jh.) jemanden bezeichnete, der viel gereist war (vgl. Buck ²1965; Walde 1927).

  Diese ineinander übergehenden Bedeutungen veranschaulichen, daß das
Reisen anfänglich als eine Probe, eine Prüfung, eine Strapaze oder ein Leiden verstanden wurde. Das klingt auch in dem ursprünglichen englischen
Wort für Reisen an: *travail*. Die scheinbar negative Bedeutung des Wortes
zieht sich auch durch zahlreiche antike Reiseepen wie das *Gilgamesch-
Epos*, das früheste Beispiel von Reiseliteratur, das etwa um das Jahr 1900
v. Chr. aufgezeichnet wurde. Auf seiner Wanderung sieht sich Gilgamesch
immer wieder vor dieselbe Frage gestellt:

> »Warum sind abgezehrt denn deine Wangen,
> warum ist denn dein Antlitz so verfallen,
> Dein Herz so trübe, dein Gesicht entstellt,
> Ist ein Gemüt des bittren Kummers voll,
> Dein Antlitz gleich dem Wandrer ferner Wege,
> Verwittert dein Gesicht von Glut und Nässe,
> Und warum (. . .) irrst du so dann durch die Steppe?« (*Gilgamesch*: 90)

Gilgameschs Wanderung ist das Musterbeispiel einer Abenteuerreise oder
heroischen Reise (auf die ich im ersten Kapitel dieses Buches näher ein-
gehe): Die Anstrengungen, Strapazen und Gefahren, die mit dieser Reise
verbunden sind, dienen dazu, die Persönlichkeit desjenigen, der sie unternimmt, hervortreten zu lassen. Der junge König Gilgamesch, der tyran-
nisch über seine Stadt herrscht, wird auf eine Reise geschickt, damit er seinen übermäßigen Durst nach Aktion, Krieg und Frauen verliere und mit
der städtischen Ordnung, aus der er stammt, eins werden kann. Durch
seine Erfahrungen verwandelt er sich tatsächlich vom Raubtier in den »Hirten der Stadt«. Wie Odysseus wird auch Gilgamesch während der Reise seiner Gefolgschaft, seiner überschüssigen Kraft und seines Ehrgeizes
beraubt. Er gelangt schließlich an den äußersten Rand der Welt, den Fernen
Westen, in das Land des Todes und der Unsterblichkeit. Er soll eine Nacht
durchwachen, schläft aber ein und muß so auf die Gabe der Unsterblichkeit
verzichten. Auf dem Heimweg verliert er auch noch das Verjüngungskraut,
das ihm zum Trost geblieben war. Aber seine Reisen haben trotzdem den
gewünschten Erfolg: Er schrumpft auf ein Maß, das mit den Grenzen seiner Stadt verträglich ist, und wird weise:

»Der alles schaute bis zum Erdenrande,
Jed' Ding erkannte und von allem wußte,
Verschleiertes enthüllte gleichermaßen,
Der reich an aller Weisheit und Erfahrung,
Geheimes sah, Verborgenes entdeckte,
Verkündete, was vor der Flut geschah,
Der ferne Wege ging bis zur Erschöpfung,
All seine Müh' auf einen Stein gemeißelt.« (Ebd.: 23)

Hier sind Themen angesprochen, die in diesem Buch noch ausführlich behandelt werden: Wie entsteht die »Erfahrung der Ferne« und damit ein Bewußtsein, von dem man oft annimmt, es sei »modern«, gehöre also in die Zeit nach der Renaissance? (In Wirklichkeit ist es so alt wie die Kultur des Reisens selbst.) Welche Aspekte der Reiseerfahrung bestimmen die Identität des Reisenden, das Bild des »Fremden« oder die Organisation reisender Gemeinschaften, von Nomadenvölkern bis hin zu Militärexpeditionen? Das sind die Fragen, mit denen ich mich im dritten Teil dieser Studie befassen werde. Gleichzeitig finden wir in dieser Schilderung Gilgameschs und seiner Taten aber auch die grundlegende Prämisse aller philosophischen Reisen, die das Thema des zweiten Teils dieses Buchs bilden – die Vorstellung, daß das Reisen durch den Raum auch ein Reisen durch die Zeit und eine Suche nach den Ursprüngen ist, nach dem, was vor dem allerersten Anfang, »vor der Flut geschah«.

Antike und Moderne: Vom Leiden zur Freiheit

Da sind wir nun, wir alle miteinander, und es geht voran ... Was haben wir in New York getan? Wir wollen es vergessen« Wir alle hatten unsere kleinen Streitigkeiten gehabt. »Das liegt hinter uns, einfach wegen der Kilometer und der Straßenbiegungen. (...)« Wir alle schafften uns an der Musik und gaben ihm recht. Die Reinheit der Straße.

Jack Kerouac, 1957
(1968: 124 f.)

Die Bedeutung, die man in der Antike mit dem Reisen verband, unterscheidet sich grundlegend von unserer modernen Auffassung, ähnlich wie auch unser Verständnis von den Auswirkungen des Reisens auf den Menschen heute ein wesentlich anderes ist. In der Antike wurde das Reisen als Ausdruck von Schicksal und Notwendigkeit betrachtet. Heute gehört es zu unserer Vorstellung von Freiheit und bildet ein Gegengewicht zu bloßen Erfordernissen. Für die Alten war das Reisen eine mit Leiden verbundene Anstrengung oder sogar eine Form der Buße. Für uns heute ist es ein Vergnügen, eine Möglichkeit zur Entspannung, oder wird als eine Form des Abenteuers vermarktet, das Zugang zu Neuem oder gar Unerwartetem verschafft.

Im allgemeinen offenbarten sich für den antiken Menschen im Reisen jene Kräfte, die das Leben erhalten und formen, verändern und bestimmen. Die Reisen, die in der *Odyssee* und im *Gilgamesch-Epos* beschrieben werden, sind von den Göttern gewollt und damit nie ganz freiwillig oder angenehm. Odysseus macht eine lange, entbehrungsreiche Irrfahrt durch, ehe er sein Heim wieder erreicht. Penelope, seine bodenständige und tugendhafte Frau, hält dieses Heim intakt, indem sie die aufdringlichen Freier abwehrt. Als Odysseus endlich als Bettler verkleidet wieder in Ithaka eintrifft, bedankt er sich bei dem Schweinehirten Eumäus für dessen Gastfreundschaft. Die Worte, die er dabei benutzt, veranschaulichen die antike Vorstellung vom Reisen als Umgetriebensein, als erzwungenes, von den Göttern auferlegtes Leiden:

> »Liebe dich Vater Zeus, wie ich dich liebe, Eumäus,
> Weil du nach schrecklicher Not mir Irrendem Ruhe gewährest!
> Nichts ist kummervoller als unstet leben und flüchtig!
> Oft zur Verzweiflung bringt der unversöhnliche Hunger
> Leute, die Lebensgefahr und bitterer Mangel umhertreibt.«
>
> (*Odyssee*, 15. Gesang, Vers 340–344)

Die Strapazen und Entbehrungen der Reise dienen offenkundig dazu, die Handlungen des heldenhaften Reisenden zu umrahmen und zu betonen. Als Odysseus die Herausforderung der Edlen von Sphacteria annimmt, an ihren Wettkämpfen teilzunehmen, verweist er darauf, daß die Anstrengungen der Reise seinem Sieg noch größeren Stellenwert geben würden:

> »Jetzt umringt mich Kummer und Not; denn vieles erduldet
> Hab ich in Schlachten des Krieges und den schrecklichen Wogen des Meeres.
> Aber auch jetzt, so entkräftet ich bin, versuch ich den Wettstreit!«
>
> (8. Gesang, Vers 182 ff.)

Selbst der geschwächte Odysseus wird sich den größten Anstrengungen der Einheimischen noch weit überlegen zeigen. Der Rhythmus dieses Epos mit seinem immer wiederkehrenden Muster von phallischem Durchsetzungsbedürfnis und Erschöpfung, von Freiheit und Gefangenschaft deutet darauf hin, daß es in der klassischen Reise vor allem um die Entfaltung männlicher Potenzen und Fähigkeiten geht.

Diese Interpretation der Reise als Probe, als Einsatz, der zu einem Zugewinn an persönlichem Format und Selbstsicherheit führt, legt den Gedanken nahe, daß es bei den durch das Reisen bewirkten Veränderungen nicht so sehr darum geht, daß ein neuer Aspekt Eingang in die Persönlichkeit findet, sondern vielmehr darum, daß in der Tiefe längst Vorhandenes freigelegt wird – Mut, Ausdauer, die Fähigkeit, Schmerzen zu ertragen, das Verfügen über Fertigkeiten und Fähigkeiten selbst im Zustand der Erschöpfung und in Gefahrensituationen. Auf der Reise wird man durch aktives Handeln mit sich selbst identisch; das In-Bewegung-Sein verhilft zum Bewußtsein der eigenen wahren Gestalt und Individualität. Im Verlauf der anstrengenden und gefährlichen Reise wird das Selbst des Reisenden geläutert und auf das Wesentliche reduziert, wodurch es dem Betreffenden erst möglich wird, zu erkennen, was dieses Wesentliche ist.

In diesem Sinne kommt die heroische Reise einem »fiktiven Tod« gleich, wie mir der Kritiker und Philosoph Kenneth Burke einmal sagte – fiktiv deshalb, weil der Tod dazu dient, die Annahme eines absoluten und nicht weiter reduzierbaren Selbst zu bestätigen; die Realität des Todes als Auflösung von Form und Identität wird dabei implizit negiert. Der Topos des fiktiven Todes spielt nicht nur in Nekrologen und in epischen und heroischen Reisen eine zentrale Rolle, sondern auch in der Kriegsliteratur, die immer wieder suggeriert, das »wahre«, authentische Selbst werde beim Durchschreiten des finsteren Tals des Todes geprüft und geläutert. Dieser Topos, der für die antike Auffassung vom Reisen charakteristisch ist, begegnet uns auch in modernen Abenteuerreisen und Entdeckungsfahrten. So geriet Captain James Cook einmal bei der Lektüre der Reiseaufzeichnungen seiner Begleiter in Rage, weil er fand, sie hätten die Gefahren, die ihnen bei der Weltumseglung mit der *Endeavour* (1768–71) begegneten, allzu sehr übertrieben; allerdings beruhigte er sich mit dem Gedanken, das sei wohl unvermeidlich:

> »Denn gewöhnlich ist das die Veranlagung der Menschen, daß sie sich bei solchen Reisen selten mit den Entbehrungen und Gefahren begnügen, die ihnen von selbst begegnen, sondern sie müssen andere hinzufügen, die es niemals außer in ihrer Einbildung gegeben hat, indem sie unbedeutende Vorgänge und Umstände zu den größten Entbehrungen und Gefahren erheben, die ohne unmittelbares Eingreifen der Vorsehung unüberwindlich wären. Als ob das ganze Verdienst der Reise in den überstandenen Entbehrungen und Gefahren bestände und wirkliche nicht oft genug begegneten, um die Phantasie genügend zu ängstigen! So wird dann die Nachwelt dahin gebracht, diese Reisen als im höchsten Grade tollkühn anzusehen.« (Cook [1987]: 153)

Auch heute noch stellen die Gefahren und Strapazen des Reisens in gewissem Sinne noch eine Mutprobe für den Reisenden dar. Der berühmte Anthropologe und Strukturalist Claude Lévi-Strauss, der für den bloßen Touristen und den selbsternannten Abenteurer offenkundig nur Verachtung übrig hat (»Abenteuer haben im Beruf des Anthropologen nichts zu suchen«), beruft sich gleichwohl auf denselben traditionellen Topos bei seiner Bewertung dessen, was ein Ethnograph auf einer Reise in die letzten Winkel der Erde leistet: »Gewiß kann man eine sechsmonatige Reise voller Entbehrungen und tödlicher Langeweile auf sich nehmen, um einen unbekannten Mythos, eine neue Heiratsregel oder eine vollständige Liste von Clan-Namen zu sammeln (was wenige Tage, manchmal nur wenige Stunden in Anspruch nimmt).« (Lévi-Strauss 1991: 9) Entbehrungen, Langeweile und körperliche Anstrengungen tragen also dazu bei, die Bedeutung des aufgezeichneten Ritus oder Mythos zu vergrößern und gleichzeitig das Ansehen des betreffenden Anthropologen unter seinen Fachkollegen zu vermehren.

Die Gefahrenstufe der Reise läßt sich übrigens oft sehr genau an den einzelnen Posten auf der Hotelrechnung ablesen. So wirbt ein Hotel im Amazonasgebiet Ecuadors mit der Ankündigung: »Die Gastgeber scheuen keine Anstrengung, auf individuelle Interessen einzugehen und ihren Gästen Abenteuer je nach persönlicher Kondition und Bereitschaft anzubieten – von bequemen Führungen über gekennzeichnete Pfade bis hin zu exotischen Urwaldwanderungen mit Übernachtung, bei denen Sie sich wie Indiana Jones fühlen werden.« (*Chicago Tribune*, 18. 6. 1989)

Die Leiden und Entbehrungen der Reise sind und bleiben Ursache und zugleich Maßstab dafür, wie stark ein Reisender von der Erfahrung geprägt, also »bewandert« wird. Genau das ist es, was den gewöhnlichen Touristen vom richtigen Reisenden unterscheidet, für den seine Unternehmung weniger ein Vergnügen als eine Prüfung ist. Dieses traditionelle Motiv erhält sich auch weiterhin hinter der modernen Akzentuierung des Reisevergnügens, das es laut Albert Camus ohnehin nicht gibt, jedenfalls nicht für diejenigen, die mit Billigtickets oder überhaupt ohne Fahrschein reisen (1972: 14). Für den heutigen mittellosen Reisenden hat das Reisen seine antike Bedeutung behalten und bekommt seinen eigentlichen Wert durch die Angst und Ungeschütztheit, die den Reisenden »durchlässig« und feinfühlig machen. So alt dieses Thema auch sein mag – was Camus dazu sagt, ist eine durchaus moderne Betrachtungsweise: Die Angst des Reisenden und der mit primitiven Reisebedingungen verbundene Verlust an Sicherheit bedeuten einen Zuwachs an Offenheit und Sensibilität gegenüber der Welt. Vom Augenblick der Abreise an muß der Reisende auf alle

Annehmlichkeiten des vertrauten Domizils verzichten. Auf dieser Reise wird das Individuum tatsächlich »autonom«, da das Selbst nun losgelöst von seiner vertrauten und zugleich beengenden Matrix dasteht.

Heute werden gerade jene Unsicherheiten und Entbehrungen, die die antiken Reisenden als Leiden empfanden, positiv hervorgehoben als eine Art asketischer, disziplinierter Freiheit, als ein Mittel, das Individuum zu festigen, das auf Reisen unmittelbar mit einer Welt in Kontakt tritt, die ansonsten durch die Mauern und Grenzen des häuslichen Alltagslebens auf Distanz gehalten wird. »›Bloß sein‹ bewahrt stets einen Anhauch von körperlicher Freiheit, und diese Übereinstimmung zwischen der Hand und den Blumen, dieses liebende Einverständnis zwischen der Erde und allen vom Menschlichen befreiten Menschen.« (Ebd.: 38) Die Mühsal der Reise vereinfacht paradoxerweise das Leben und läßt die Objektivität einer Welt hervortreten, innerhalb derer der Reisende sich seiner nicht weiter reduzierbaren Subjektivität, d. h. seines Selbst bewußt wird. Diese zeitgenössische Sicht des Reisens als Prozeß der Loslösung und Befreiung von Vermittlungsmechanismen ist letztlich nichts anderes als die moderne Variante der antiken Vorstellung vom Reisen als Buße und Läuterung, die eine moralische Stärkung des Reisenden bewirkt.

Die Auffassung vom Reisen als Buße ist so alt wie die Reise des ersten Menschenpaares, das wegen seiner Sünden aus dem Garten Eden verbannt und zu einem Leben der Rastlosigkeit und Arbeit verdammt wurde. Mit dem Aufbruch zerbrechen die Bindungen zwischen dem Sünder und dem Schauplatz und Anlaß seiner Sünde. Die Abreise ist ein Mittel, Probleme hinter sich zu lassen. Das ist vielleicht auch der Grund, warum Reisen – im Sinne eines Exils – gleichzeitig als Strafe und als Heilungsprozeß, als Vergeltung und als Reinigung verstanden worden ist. Auch der zweiten biblischen Generation wurde eine solche Strafe auferlegt: Kain mußte auf Wanderschaft gehen, nachdem er die heimische Erde mit dem Blut seines Bruders getränkt hatte. Diese Tat strafte Gott mit dem Verlust der Seßhaftigkeit, dem Schicksal ewiger Wanderschaft: »Wenn du den Ackerboden bestellst, wird er dir keinen Ertrag mehr bringen. Rastlos und ruhelos wirst du auf der Erde sein.« Gleichzeitig erklärte Gott jedoch den Wanderer, der im Exil Buße tut, für sankrosankt und versah ihn deshalb mit dem »Kainsmal«: »Darauf machte der Herr dem Kain ein Zeichen, damit ihn keiner erschlage, der ihn finde.« (Gen. 4,12; 15)

Die Institutionalisierung der durch das Reisen bewirkten Transformation ist die Pilgerfahrt. Sie ist greifbarer Ausdruck der Vorstellung, daß das Reisen eine reinigende, läuternde Wirkung hat und den Reisenden vom Ort seiner Verfehlungen entfernt. So heißt es im *Aitareya Brahmana* zur buddhistischen Pilgerreise: »Kein Glück kennt der Mann, der nicht reist. In der Gesellschaft von Menschen wird der beste Mann zum Sünder. Denn Indra [die vedische Gottheit des Regens und Donners] ist der Freund des Reisenden. Darum wandert!« (Zit. n. Chatwin 1990: 244) Hier bedeuten die auf der Reise erlittenen Verluste einen moralischen und psychologischen Gewinn. Ähnlich verstand es auch der moderne Odysseus Neil Cassady, der das Vorbild für die Figur des Moriarty in Jack Kerouacs Roman *Unterwegs* lieferte und durch sein ruheloses Wanderleben alle früheren Sünden abstreifte. Im zweiten Kapitel werde ich mich mich näher mit dem Phänomen beschäftigen, das Kerouac und mit ihm ganze Generationen von Reisenden immer wieder gefeiert haben: der »Reinheit der Straße.«

Die Vorstellung vom Reisen als Buße impliziert die Annahme, daß »Selbst« und »Ort« eng zusammenhängende Größen sind und daß das Selbst durch einen Ortswechsel verändert werden kann. Die formenden und läuternden Wirkungen des Reisens beginnen mit dem ersten Schritt der Reise, der Abreise, die den Reisenden zwingt, vieles von dem zurückzulassen, was zuvor sein Selbst in der Gesellschaft ausmachte. Dieses Ereignis verwandelt den Reisenden in ein anderes Wesen – ähnlich Rousseaus Wildem, der immer und überall über seine eigenen Kräfte verfügt und »in seiner Ganzheit« immer bei sich ist. Ein solches Abstreifen aller definierenden Beziehungen und Eigenschaften des sozialen Wesens geht häufig nicht ohne Schmerzen vor sich und bewirkt Protest, Kummer und Trauer. Jede Abreise ist ein Augenblick menschlichen Leidens. Heute wird der Aufbruch zu einer Reise gefeiert und idealisiert, aber früher unternahm man eine Abreise nur aus wirklich drängenden Motiven. Im ersten Kapitel werde ich darauf eingehen, warum in einer bestimmten Zeit bestimmte Motive vorherrschend sind, warum das Reisen einmal als Buße oder Läuterung, dann als Probe, als Befreiung, als Mittel zur Befriedigung der menschlichen Neugier oder gar als reines Vergnügen verstanden werden kann. Im gleichen Kapitel werde ich auch versuchen, den nicht genau zu lokalisierenden, aber doch deutlichen historischen Bruch herauszuarbeiten, der den roten Faden dieses Buches bildet: den Übergang von der antiken Auffassung vom Reisen als notwendigem, von höheren Mächten auferlegtem Leiden zur modernen Empfindung als Freiheitserlebnis und Autonomiezuwachs.

In der Antike konnte man sich eine Reise als freiwillige, nicht unmittelbar nützliche Aktivität nicht vorstellen. Selbst der antike Tourismus, der sich unter der *Pax Romana* entwickelte, erschien Seneca als ein Umgetriebensein, ein orientierungsloses Umherirren in der Welt:

»Infolgedessen unternimmt man Reisen ohne Ziel, eilt unstet von Küste zu Küste, und eine immer mit der Gegenwart unzufriedene Leichtfertigkeit versucht sich bald auf dem Meer, bald auf dem Land. ›Jetzt wollen wir Kampanien aufsuchen!‹ Schon hat man vom Treiben der großen Welt genug. ›Unberührte Landstriche seien das Reiseziel: Das Land der Bruttier und die Wälder Lukaniens wollen wir kennenlernen.‹ Irgendein lieblicher Ort wird aber doch inmitten der Einöden aufgespürt, an dem sich verwöhnte Augen von der Widerwärtigkeit weiter, unwirtlicher Landstriche erholen sollen. ›Tarent sei unser Ziel, sein vielgerühmter Hafen, seine Umgebung mit milderem Klima im Winter oder ihr einst zahlreicher Bevölkerung genügender Reichtum (. . .) Lenken wir nunmehr unseren Lauf nach Rom: zu lange verzichteten die Ohren auf rauschenden Beifall; auch wollen wir uns endlich wieder an Menschenblut weiden.‹ Eine Reise löst die andere ab und ein Schauspiel folgt dem anderen.«

(Seneca [1984]: 21)

Odysseus, Herakles und vielen anderen Helden der Antike wurden ihre Reisen und Wanderungen durch eine »Weisung« von außen auferlegt – von einer Gottheit oder vom Schicksal. Die identitätsstiftenden Reisen der mittelalterlichen Ritter dagegen waren scheinbar freiwillig und dienten keinem unmittelbaren Zweck. Die chevalereske Reise, die weitgehend das Muster und Vorbild für das moderne Reisewesen liefert, sollte vor allem das Wesen des Ritters als »Freiem« hervorheben. Freiheit war im Mittelalter Vorrecht des Adels und wurde erst seit dem 17. Jh. als angeborenes, unveräußerliches Menschenrecht betrachtet. Der freiwillige Aufbruch und die Einsamkeit des Ritters waren kennzeichnend für den neu aufkommenden Begriff des Abenteuers. Das Reisen demonstrierte die Freiheit von den Zwängen des Lebens und einen sich über die »Gemeinen« erhebenden gesellschaftlichen Stand. Diese Umwandlung der aufgezwungenen heroischen Reise in eine freiwillig gewählte Gelegenheit für den einzelnen, sich selbst zu beweisen – in Freiheit, Selbstdarstellung und Selbsterkenntnis –, fand sogar Eingang in die Definition eines völlig neuen Typus des Reisens, der für die nachmittelalterliche Welt charakteristisch ist: die Entdeckungsreise und später die »wissenschaftliche« Expedition sowie die Fahrten von wissensdurstigen, schriftstellernden Touristen. Die Überhöhung des Reisens als Inbegriff der Freiheit und Möglichkeit zu persönlicher Autonomie wurde zum modernen Topos, der schon in William Wordsworths Gedanken über die Situation des Wanderers anklingt:

»Wohin soll ich gehn:
Auf Weg und Straße, oder querfeldein,
Hinauf, hinunter, oder soll im Fluß
Ein Treibendes für mich die Richtung weisen?« (Wordsworth [1974]: 30 f.)

Genau diese Ziellosigkeit des Wanderns, die Odysseus als so schwer erträglich empfand, ist die Quelle jener Freiheit, die die Romantiker am Reisen so schätzten. Die Verknüpfung von Reisen und Freiheit läßt sich bis ins Mittelalter zurückverfolgen, wo sie sogar einen rechtlichen Niederschlag fand: Nach den Gesetzen des englischen Königs Heinrich II. mußte ein Lord oder Lehnsherr, der einen Leibeigenen freigeben wollte, diese seine Absicht vorher in einer Kirche, auf einem Markt oder vor einem Landgericht bekunden, seinem früheren Fronpflichtigen eine Lanze und ein Schwert verleihen und ihn dann an eine Wegkreuzung führen, um ihm zu zeigen, »daß ihm sämtliche Wege offenstanden« (zit. n. Maitland/Pollock 1968: I, 428). Diese beiden Aspekte – der Besitz von Waffen und das Recht auf freie Abreise – blieben lange Zeit kennzeichnend für den Status eines »freien« Mannes. Das Recht zu reisen ging in die abendländische Definition des freien, autonomen Individuums ein, dessen Beziehungen zu anderen das Resultat bewußt eingegangener Verbindungen, Verpflichtungen und Kontrakte sind.

Bei Wordsworth und den Romantikern, aber auch ganz allgemein bei modernen Reisenden ist nichts mehr vom antiken Leiden am Reisen zu spüren – es wird vielmehr zum intellektuellen Vergnügen. So zeichnet Wordsworths Gedicht »Old Man Travelling« das Portrait eines Mannes, »der nicht in Schmerzen geht, sondern in Gedanken« (vgl. Coe 1953).

Alle diese Aspekte – die Freiwilligkeit der Abreise, die in der absichts- und ziellosen Mobilität liegende Freiheit, das Vergnügen, ohne bestimmte Notwendigkeit zu reisen, die Vorstellung, daß Reisen Autonomie bedeutet und einem die Möglichkeit gibt zu zeigen, wer und was man »wirklich« ist, unabhängig von einem bestimmten Kontext oder einem System definierender Bindungen – bleiben auch für die moderne Auffassung vom Reisen charakteristisch. Es sind die gleichen Motive, auf die sich auch Michael Crichton bezieht, wenn er erklärt, warum er reist:

> »Und ich fühlte das Bedürfnis, mich zu verjüngen, Erfahrungen zu machen, die mich wegführen würden von den Dingen, die ich normalerweise tat, und von dem Leben, das ich normalerweise führte. In meinem Alltagsleben empfand ich es oft als bedrückend, daß alles, was ich tat, von einem bestimmten Zweck geleitet wurde. Jedes Buch, das ich las, jeder Film, den ich sah, jeder Lunch und jedes Dinner, an denen ich teilnahm, schienen einen ganz bestimmten Grund zu haben. Von Zeit zu Zeit überkam mich das Bedürfnis, etwas ganz ohne Grund und Überlegung zu tun.« (Crichton 1988: IX)

Reisen als etwas, das man »ganz ohne Grund« tut – außer einer Welt zu entkommen, in der alles nur Mittel zum Zweck ist –, gilt in unserer heutigen

Zeit nicht so sehr deshalb als wertvoll, weil es ein Weg ist, jene unregierbaren Kräfte zu enthüllen, die sich dem menschlichen Einfluß entziehen, sondern vor allem deshalb, weil es uns einen unmittelbaren Zugang zu einer neuen, objektiven Welt eröffnet. Diese direkte Wahrnehmung läßt den Reisenden auch sich selbst auf neue Weise erfahren; sie führt »unausweichlich dazu, daß man sich bewußt wird, wer diese Erfahrung eigentlich macht« (ebd.: X).

Wenn Reisen die »Seele der Zivilisation« ist, wie die berühmte afroamerikanische Schriftstellerin und Volkskundlerin Zora Neale Hurston einmal formuliert hat (1969: 189), dann können wir in der europäischen Reisegeschichte vielleicht die Seele des Abendlandes finden, in ihren Wandlungen und ihren bleibenden Aspekten. Denn die Geschichte des Reisens ist in entscheidender Hinsicht eine Geschichte des Abendlandes. Sie spiegelt die fortschreitende Entwicklung von der Notwendigkeit zur Freiheit – eine Entwicklung, die zu einem neuen Bewußtsein geführt hat, nämlich dem spezifischen Bewußtsein des modernen Reisenden.

Soziale Auswirkungen des Reisens

Um zu verstehen, was da vor sich ging, muß man vielleicht an der Autobahnerfahrung teilgenommen haben, der einzigen weltlichen Gemeinschaft, die Los Angeles besitzt. Nur so auf der Autobahn dahinzufahren, ist nicht dasselbe, wie daran teilzunehmen. Jedermann kann auf der Autobahn »fahren«, und viele Leute, denen es an Begabung fehlt, zögern und widersetzen sich hier und da, verlieren den Rhythmus des Fahrbahnwechsels, haben im Kopf, wo sie herkommen und wo sie hinwollen. Die richtigen Teilnehmer befassen sich nur damit, wo sie gerade sind. Die richtige Teilnahme erfordert totale Aufgabe, Konzentration, so intensiv, als stünde man unter einer Art Narkose, einer Vergewaltigung [gemeint ist: einem Rausch – d. Übers.] der Autobahn. Der Kopf ist leer. Nur der Rhythmus zählt. Eine Verzerrung der Zeit findet statt...

Joan Didion, 1979
(1988: 92)

Reisen ist einer der wichtigsten Gründe für Neuerungen in der Geschichte. Nur durch Ortsveränderungen kann es Exotik (wörtl.: etwas »Ortsfremdes«) und Raritäten geben, aber auch jene eigentümliche Spezies, jenes unbekannte soziale Wesen, den »Fremden«. Reisen schafft neue soziale

Gruppierungen und verbindet Fremde, die sich zufällig begegnen und eine Etappe, ein Ziel oder einen Zweck gemeinsam haben. In Los Angeles erzeugt Mobilität ein ganz eigenes Gefühl der Zusammengehörigkeit. Aber dieses Gefühl ist nicht neu: Auch die Struktur von Nomaden-, Jäger- und Sammlergesellschaften oder von Expeditionen wird durch ihre Mobilität geprägt.

Die Gemeinschaften, die Fremde miteinander bilden und die beim Durchqueren fremder Länder entstehen, waren entscheidende Faktoren der geschichtlichen Entwicklung – Nomadenvölker, Kriegerscharen, militärische Expeditionen und Bruderschaften, Kreuzritter und Wikinger, jene Handels- (und Kriegs-)Unternehmen, denen die erste Konsolidierung des europäischen Weltreichs im 17. Jh. zu verdanken ist, und schließlich moderne wissenschaftliche Expeditionen und Touristengruppen. All diese Unternehmungen stellten entscheidende historische Kräfte dar; sie ermöglichten die Ausweitung von Herrschaft und die Integration kultureller Sphären, ja ganzer Zivilisationen.

Solche Gesellschaften, die ihre Entstehung und Form der Mobilität verdanken, enthalten in sich immer den Keim historischer Veränderungen. Diejenigen, die von Berufs wegen oder aus Neigung viel auf Reisen sind – Beschäftigte im Verkehrs- und Transportwesen, Seeleute, Fuhrleute, Soldaten auf Feldzügen, Missionare und Kaufleute, unermüdliche Touristen und Anthropologen –, fungieren in der Tat als Kontaktpersonen zwischen verschiedenen kulturellen Sphären. Man kann sogar sagen, daß diese reisenden Unternehmungen überhaupt erst eine Chronologie, eine Abfolge verschiedener Perioden in unsere westliche Geschichte gebracht haben: die Nomadenvölker, die der antiken *polis* Gestalt gaben, die auf Gefolgschaft beruhenden Kriegerscharen, die im mittelalterlichen Feudalsystem eine territoriale Bindung erfuhren, die bewaffneten Handelsgesellschaften, die im 16. und 17. Jh. ihren militärischen Charakter verloren und aus denen dann reine Handelsunternehmen, schließlich übernationale Konzerne und damit eindeutig »moderne« Formen von Gemeinwesen entstanden. Mit welcher Macht die Mobilität in das menschliche Leben eingreift, zeigt sich in den Aspekten, die all diesen Gesellschaften gemeinsam sind, wie auch in ihren charakteristischen Unterschieden – beides können wir auch in unserer gegenwärtigen Gesellschaft von Reisenden beobachten.

Das Reisen läßt ganz offensichtlich eine gemeinsame Sprache, ein gemeinsames Idiom für menschliche Beziehungen entstehen. »Begleiter«, »Führer«, »Gefolgsmann« sind allesamt Begriffe, die ihren Ursprung in der Erfahrung der Reise haben und dann auf andere soziale Beziehungen übertragen wurden, ebenso wie Metaphern aus dem Bereich des Reisens

für soziale und existentielle Übergänge Anwendung fanden. Bei den Bui-
den, einem im Hochland von Mindanao (Philippinen) lebenden Volks-
stamm, werden Siedlungen als *companion groups* (»Gruppen von Gefährten«) bezeichnet – ein Begriff, der von der Gewohnheit herrührt, jedes Jahr
auf die Märkte im Flachland zu ziehen, um dort Handel zu treiben (Th.
Gibson 1985: 392). Auch die altnorwegischen Eheriten benutzten das Vokabular der Reise: Eine Ehefrau galt als »durch das Gefolgschaftsband mit
ihrem Manne verbundene Gefährtin« (Schlesinger 1963: 23).

Die Tatsache, daß das Reisen tatsächlich Beziehungen und Gemeinschaften *erzeugt*, zeigt sich nicht nur in der Vergangenheit, sondern auch in
unserer Zeit, z. B. in der eingangs zitierten Autobahnerfahrung. In der
gesamten Reiseliteratur findet sich dieses beziehungsstiftende Element.
Die Gemeinschaft von Fremden, die Samuel Dodsworth, eine Romanfigur
von Sinclair Lewis, an Bord eines Transatlantikdampfers auf dem Rückweg
von der Neuen in die Alte Welt gründet, unterscheidet sich weder in der Art
ihrer Mitglieder noch in ihrer Struktur von jenen Gruppen, die im 16. Jh.
die Reise in umgekehrter Richtung unternahmen:

> »Eine rasche Musterung all ihrer Reisegefährten, ihrer Mitbürger in diesem bra-
> ven Dorf inmitten der Wasserwüste: Fremde, die man auf den ersten Blick has-
> sen und verachten mußte, wollte man nicht selbst verachtet werden, die man
> aber bald besser kennen und mehr schätzen und länger im Gedächtnis behalten
> sollte als Nachbarn, die man im behutsamen Binnenland schon sein ganzes
> Leben lang kennt.« (Lewis 1957: 41)

Derartige Gemeinschaften, die aus der gemeinsamen Erfahrung der Reise
geboren werden, lassen sich oft nicht mit unseren Erklärungsmodellen
erfassen, die in der Regel davon ausgehen, daß eine Gesellschaft eine relativ
stabile, dauerhafte, eindeutig umgrenzte und zentralisierte Entität darstellt. Unsere Gesellschaftmodelle basieren im wesentlichen auf seßhaften
Gemeinschaften. Wir haben kein Modell für jene Gemeinschaften, die aus
dem »Rausch der Autobahn« entstehen, denn wir besitzen kein echtes Verständnis der Erfahrung des »In-Bewegung-Seins« oder dafür, wie Bewegung die psychische Befindlichkeit, die Wahrnehmung, ja die Welt des Reisenden verändert.

Aber auch fahrende oder reisende Gesellschaften, die nur eine sich
bewegende Gegenwart kennen und ihrem Wesen nach transitorisch sind,
sind von einer gewissen psychischen Geschlossenheit und Dauerhaftigkeit.
So ist unbestritten, daß das Reisen das Zeitempfinden beeinflußt; im
Zustand der Bewegung geschieht das, was Joan Didion folgendermaßen
ausdrückt: »Der Kopf ist leer (. . .) Eine Verzerrung der Zeit findet statt.«

(Didion 1988: 92) Die Veränderung des Zeitgefühls durch Bewegung im Raum war von Anfang an ein Hauptthema aller Reiseliteratur und ein häufiges Reisemotiv. Im ersten großen Reiseepos, das wir kennen, macht sich Gilgamesch auf, um der Endgültigkeit des Todes zu entgehen, die ihm von seinem Gott enthüllt wurde und an die er jeden Morgen aufs neue erinnert wird, wenn er über die Stadtmauern blickt: »Hier in der Stadt stirbt der Mensch an Bedrückung, mit Verzweiflung im Herzen. Ich schaute über die Mauer und sah im Fluß Leichen treiben, und das wird einst auch mein Los sein (...) So will ich aufbrechen in das Land, wo man die Zeder fällt.« (Zit. n. Sandars 1975: 72) Die Reise bietet die Chance, Endlichkeit und Tod zu entgehen, indem sie die Bindung an den Ort außer Kraft setzt, die das Gefühl zeitlicher Wiederholung verstärkt. Das Anhalten der Zeit durch die Bewegung im Raum ist ein Aspekt des Reisens, der besonders für die Zivilisierten, die Verwurzelten, die Bodenständigen eine große Attraktivität haben muß. Die gleichen Motive, die Gilgamesch trieben, finden sich auch bei dem französischen Anthropologen Michel Leiris, wenn er erläutert, warum er seine Heimat verließ und in den 30er Jahren eine Reise nach Afrika unternahm:

»Des Lebens in Paris überdrüssig, betrachtet der Autor das Reisen als persönliches Abenteuer, als Probe, als symbolischen Weg, dem Alter zu entgehen und mit der Überwindung des Raumes auch die Zeit zu überwinden; und weil er sich für die Ethnographie interessiert, die seiner Meinung nach erheblich zur Erforschung der menschlichen Beziehungen beitragen kann, schließt er sich einer wissenschaftlichen Expedition durch Afrika an.« (Zit. n. Clifford 1988: 165)

Reisegeschichte und Kulturgeschichte

Die Gemeinschaft war vollkommen isoliert und hatte keinen Kontakt mit anderen ethnischen Gruppen. Dieses Fehlen einer Alternative zu ihrer eigenen Lebensform hat sie der Notwendigkeit enthoben, ihre eigenen Gebräuche und Prinzipien in Frage zu stellen; deshalb ist ihr Selbstverständnis überaus unvollständig und verschwommen.

Frederik Barth, 1975

Einer der Gründe, warum eine Geschichte des Reisens sinnvoll ist, liegt in der Bedeutung dieses Themas für unser Verständnis kulturellen Wandels, d. h. Veränderungen in etablierten Bedeutungsmustern. Der äußerst subtil beobachtende Anthropologe Frederik Barth vertritt die Auffassung, daß transkulturelle Kontakte im Zusammenhang mit Reisen eine neue Art von Selbstbewußtsein erzeugen, eine Form kollektiver Selbsterkenntnis (1975: 255). Die Baktaman, ein isoliert lebender Bergstamm in Neuguinea, bei dem Barth eine Zeitlang lebte, waren nicht in der Lage, ihm – dem neugierigen Fremden – die »Bedeutung« ihrer Riten, Symbole und Initiationen zu erklären, die sie seit undenklichen Zeiten praktizierten. Im Verlaufe seines »Kontaktjahres« erkannte Barth, daß er mit seinem Fragen und Bohren gewissermaßen ein System »eingeborener Erklärungen« *erzeugte*. Durch die Heranbildung von Informanten wuchs eine Art »eingeborener Intelligenzija« heran, die in der Lage war, sich selbst und anderen ihre Kultur und ihre Denkweise zu erklären. Der beobachtende Fremde war also im Begriff, die Kultur, die er studierte, gerade dadurch aktiv zu beeinflussen und zu verändern.

Die Geschichte des Reisens zeigt, daß kollektive und individuelle Identitäten aus Prozessen wechselseitiger Reflexion und Identifizierung entstehen und von diesen Prozessen wiederum beeinflußt werden. Weder die kollektive noch die individuelle Identität sind vorgegeben, sondern werden durch die Beziehungen zu anderen geformt. Der griechische Geschichtsschreiber Thukydides meint, die Griechen hätten bis zu ihrer Begegnung mit den Persern in den Perserkriegen (490–480 v. Chr.) noch kein Bewußtsein von sich selbst als Kollektiv, als Hellenen gehabt. Selbst Homer habe in seinem Epos über die Kriege, die die Argiver, Achäer und Danaer gemeinschaftlich um den Besitz Helenas führten, nicht den Begriff *Hellenen* benutzt: »So hat er ja auch für die Barbaren kein Wort, weil auch die Griechen nicht, wie mir scheint, im Gegensatz zu ihnen unter einem Namen zusammengefaßt waren« (Thukydides [1960]: 24f). Die Erfahrung der Reise, hier unter Waffen und in großer Zahl, erzeugt ein kollektives Identitätsbewußtsein, indem es den Reisenden aufs genaueste ihre Ähnlichkeit, aber auch ihr Anderssein gegenüber einer fremden Welt vor Augen führt. Wenn verschiedene ethnische Gruppen auf Reisen aufeinanderstoßen, erzeugt dies ein je eigenes Selbstverständnis, und genau das ist kultureller Wandel.

Davon handelt das sechste Kapitel, in dem es um Reisen in der Renaissance geht und darum, wie die Begegnung mit unbekannten Völkern die Besinnung auf europäische Traditionen stimulierte und so zur Herausbildung eines neuen kulturellen Selbstbewußtseins beitrug. Seit dem 16. Jh., als Begegnungen mit neuen, anderen Ethnien immer häufiger wurden, wuchs in Europa ein neues Selbstbewußtsein: Man sah sich nicht mehr nur als Erbe alter Traditionen, an der Peripherie der antiken Zentren, sondern als eigenständiges Zentrum und Kulminationspunkt der Geschichte. So wirft die Geschichte des Reisens ein neues Licht auf die kulturelle Revolution der Renaissance wie auch auf die nachfolgenden neuzeitlichen Revolutionen.

Die Geschichte des Reisens erhellt nicht nur die Geschichte des Abendlandes, sondern die der Menschheit ganz allgemein. Sie macht deutlich, daß es dabei um die Ausbreitung, Konzentration und Differenzierung der Spezies und ihre Anpassung an unterschiedliche Orte, Klimata, Bodenverhältnisse und Topographien geht. Dabei ist es durchaus nicht paradox, wenn das Zeitalter der Industrialisierung, in dem die verschiedenen Regionen der Welt in einem großen Weltwirtschaftssystem miteinander verbunden wurden, gleichzeitig auch das Zeitalter starker nationalistischer Bestrebungen und der Herausbildung bewußter kollektiver und persönlicher Individualitäten war.

In diesem Buch geht es um eine Kraft – die Mobilität –, die die menschliche Geschichte geprägt hat und deren Wirken auch in unserer Zeit zu beobachten ist. Mobilität entfaltet ihre verändernde Energie in der Abfolge der verschiedenen Erfahrungen von Abreise, Unterwegssein und Ankunft. Die Abreise löst die Individuen aus ihrem vertrauten Zusammenhang heraus, die Passage ist die Bewegung im Raum, die Ankunft schafft neue Bindungen und Identifizierungen zwischen Fremden und eine neue Einheit zwischen dem Selbst und dem Kontext. Jedes dieser Ereignisse hat seinen ganz besonderen Charakter und muß für sich genommen betrachtet werden. Wenn es stimmt, daß Bedürfnisse das Produkt bestimmter Situationen sind, erzeugt und befriedigt jeder Abschnitt der Reise bestimmte Bedürfnisse. Eine Abreise kann zum Beispiel die Antwort auf die Bedürfnisse nach Loslösung und Ungebundenheit, Läuterung, Freiheit, »Individualität«, Flucht oder Selbstfindung sein. Die Passage stillt und erzeugt ein Bedürfnis nach Bewegung, kann aber auch andere, neue Bedürfnisse wecken: nach Stabilität in einem Zustand des Ungleichgewichts, nach fester Orientierung in einer in ständigem Fluß befindlichen Welt, nach Beständigkeit inmitten des Wandels. Die Ankunft befriedigt das Bedürfnis nach menschlichen Kontakten und Bindungen, nach Zugehörigkeit, nach Definition, ja sogar nach Eingrenzung, und kann wiederum ein wachsendes Bedürfnis nach Abreise, Freiheit und Flucht wecken. Zusammengenommen mögen diese Bedürfnisse gegensätzlich und widersprüchlich erscheinen; anders jedoch, wenn sie in ihrer Abfolge im Rahmen einer Reise erfahren werden. Hierin liegen vielleicht der nie endende Reiz und die Verlockung des Reisens – es überwindet die Logik des Widerspruchs, die die Logik des festen Ortes ist, und löst sie auf in eine zeitliche Abfolge, in Veränderung und Verwandlung. Diese andere Logik erfüllt und erneuert gleichzeitig immer wieder die unterschiedlichsten menschlichen Sehnsüchte: nach Bewegung wie nach Ruhe, nach Freiheit wie nach Abgeschlossenheit, nach Unbestimmtheit wie nach Eindeutigkeit.

TEIL I

DIE STRUKTUR DER REISE: ABREISE, PASSAGE, ANKUNFT

Gilgameschs Aufbruch

(Mit freundlicher Genehmigung des Bettmann-Archivs)

Kapitel 1

DIE ABREISE

Der letzte Rülpser Amerikas war am äußeren Rand der Lagune von Venedig verklungen, und als ich so durch die ruhige, bleiern in der Sonne liegende Adria fuhr, war ich noch nicht wirklich weg. Es war ein erfrischendes Gefühl, irgendwie süß, fast wie eine Rückkehr in die früheste Kindheit. Es lag etwas von einem neuen Morgen darin, ja sogar eine gewisse Unschuld. Das war es, was das Reisen in mir bewirkte, aber nur in weitester Ferne...

John Knowles, 1964

Es steht zutiefst im Widerspruch zur menschlichen Natur, seine Heimat zu verlassen.

Pater Navarette, 1704

In jeder großen Trennung liegt ein Keim von Wahnsinn...

Goethe, 1788

Mit dem Ausgangspunkt der Reise, der Abreise, werden ihre Motive und ihre Bedeutung vorläufig festgelegt. Die Art der Abreise bestimmt auch die anfängliche Identität des Reisenden. Am Anfang der heroischen Reisen von Königen und solchen, die es werden wollen oder sollen, steht eine feierliche und öffentlich zelebrierte Abreise, während die Reise (und die Identität) von Gefangenen, Exilanten, Flüchtlingen und Berufsreisenden mit einer erzwungenen, heimlichen bzw. routinemäßigen Abreise beginnt. Die vier Beispiele von Aufbrüchen, die ich in diesem Kapitel behandeln werde – die von Gilgamesch, Adam und Eva, Yvain und Alexander Kinglake –, stehen stellvertretend für die Gründe, aus denen je Menschen eine Abreise unternommen oder erlitten haben.

In diesen vier Abreisen wird auch ein historischer Wandel hinsichtlich der Wahrnehmung und Definition der Reise und des heroischen Reisenden

erkennbar. Im Mittelalter verbinden sich bestimmte Aspekte antiker heroi-
scher und nicht-heroischer Reisen zu einer neuen, adelnden Reise, die
gleichzeitig ein Exil ist und das Streben nach Ruhm beinhaltet. Diese Neu-
bestimmung geht auch in die modernen Abenteuerreisen wie die von Alexander Kinglake ein; ihre verallgemeinerte Form ist der moderne Tourismus,
der eine Flucht aus der Zivilisation verspricht.

Verschiedene Epochen und Kulturen mögen die Bedeutung der Abreise
verschieden bewerten – als Beginn der Selbständigkeit oder als Selbstauf-
gabe, als Aufbruch zur Freiheit oder als Entfremdung –, aber das Wesen der
Abreise bleibt immer dasselbe: Immer und überall löst sie das Individuum
aus seiner sozialen und kulturellen Umgebung heraus. Auch das subjektive
Empfinden dieses Ereignisses ist durch die Geschichte hindurch bemerkenswert gleich geblieben. Schon in der frühesten Reiseliteratur finden wir
den Protest und die Verzweiflung, die John Bowlby als »Trennungsangst«
bezeichnet. Vor dem Hintergrund dieser objektiven und subjektiven Kontinuitäten sollte die Geschichte des Reisens gesehen werden.

Heroische und nicht-heroische Reisen

Die heroische Reise dient dazu, die Persönlichkeit des Helden über Raum
und Zeit hinweg zu entfalten und seine Macht und seinen Status zur Gel-
tung zu bringen (vgl. Munn 1986). Sie beginnt mit dem öffentlich zelebrier-
ten Aufbruch, um die Identität des Abreisenden zu verdeutlichen und diejenigen Beziehungen zu bekräftigen, auf denen sie fußt. Die Abreise ist also
nicht nur die »Ausgliederung« aus einer sozialen Körperschaft, sondern
gleichzeitig auch eine »Eingliederung«, mit der die Identität eines einzelnen oder einer Gruppe als Reisende ins Leben gerufen wird. Sich in der
Welt einen Namen zu machen, Anerkennung zu finden, ist das wichtigste
und kennzeichnende Motiv einer heroischen Reise – man denke an die
mythischen Reisen von Osiris, Dionysos und Herakles, die legendären
Wanderungen von Odysseus, Jason, Theseus und Gilgamesch oder die
historischen Feldzüge von Alexander und Caesar.

Die bewaffnete Expedition war in der Antike nicht nur ein Weg, auf dem
ein ehrgeiziger Mann zu Ruhm gelangen konnte, sondern darüber hinaus
ein Mittel, um die Grenzen der Zivilisation und der bekannten Welt zu
erweitern. Für Plinius bedeutete der Feldzug die wichtigste Art, Kenntnis
über die Welt zu erlangen. Das ist auch der Grund, warum die Nilquellen
zu seiner Zeit unbekannt blieben: Nur unbewaffnete Forscher hatten

danach gesucht, »ohne die Kriege, in denen alle anderen Länder entdeckt wurden« ([1988] 257). Weiterhin beinhalten heroische Reisen, zumindest in ihrer antiken Form, immer eine Rückkehr; es handelt sich um Rundreisen, nicht um ein Exil oder eine Auswanderung. Die zirkuläre Struktur der heroischen Reise ergibt sich schon aus ihrem Zweck – der geographischen und zeitlichen Erweiterung der Identität. Eine Reise, die unternommen wird, um eine Persönlichkeit zu feiern und festzuhalten – an den Orten ihrer Taten, in der Literatur, in Denkmälern, in der menschlichen Erinnerung –, impliziert ein Publikum, eine beobachtende Öffentlichkeit, ohne die es keinen Ruhm geben kann. Zufällig vorbeikommende Fremde oder ein Gott mögen diese Funktion erfüllen, aber in den meisten Fällen wird die Rolle der beobachtenden »dritten Person« von einem Ort gespielt, so wie bei Gilgamesch, der nach Hause zurückkehrt und dort die vollständige Geschichte seiner Reise in Stein meißelt.

Ein anderes, schon angesprochenes Charakteristikum der heroischen Reise ist die Freiwilligkeit. Die Bereitschaft, mit der Gilgamesch seine Reise beginnt, ist natürlich ambivalent, denn sie geht darauf zurück, daß ein Gott ihm die Unausweichlichkeit des Todes, der letzten Abreise und Trennung enthüllt hat. Aber Gilgamesch hat durchaus eine Wahl – im Gegensatz zu den nicht-heroischen Abreisen von Exilanten und Flüchtlingen. Diesem Element der Wahl, der freien Entscheidung, kommt in der mittelalterlichen heroischen Reise eine immer größere Bedeutung zu; geradezu grundlegend wird es für die Auffassung von der Reise als Weg, die »zweite«, nichtbiologische Natur des Menschen zu betonen.

Die antike heroische Reise ist immer eine Rundreise, ähnlich wie die modernen Touristen- und Abenteuerreisen. Trotz ihrer dominierenden Rolle in der Reiseliteratur handelt es sich dabei jedoch nicht um die einzige Form menschlicher Mobilität. Die rituelle »Tour«, sei es eine Pilgerfahrt, eine Reise oder eine Parade, ist mit Sicherheit nicht charakteristisch für die überwiegende Mehrzahl der Reisen, nämlich die von Nomaden, Exilanten, Flüchtlingen, Gefangenen, Kolonisten oder Vertriebenen. Die nicht-heroische Reise fängt immer mit einer erzwungenen Abreise an: Der Reisende wird nicht von seinen eigenen Motiven getrieben, sondern von Notwendigkeit oder Zufall, von einer Katastrophe, einem Verbrechen oder der Verletzung irgendeiner Norm. In den meisten Fällen handelt es sich um eine Reise ohne Wiederkehr oder sogar eine endlose Wanderung, die die Persönlichkeit und den Charakter des Reisenden eher verdunkelt als erhellt.

Gilgamesch: Die Suche nach Ruhm

Die früheste Abreise der Literatur ist die von Gilgamesch, dem König von Uruk, der ungefähr im Jahre 2500 v. Chr. zu seinem Feldzug in den Libanon aufbricht. Den Anstoß dazu gibt Gilgameschs Gott Schamasch, der Enkidu, einem Gefolgsmann von Gilgamesch, im Traum enthüllt, daß das Schicksal des Königs der Tod sei und nicht das ewige Leben. Enkidu war ursprünglich ein in den Bergen lebender Wilder, der von Jägern eingefangen, von Gilgamesch besiegt und zu seinem Gefährten und Diener gemacht wurde und jetzt mit am Tisch des Königs sitzt. Er hat seine eigenen Motive für den Aufbruch. Auf dem Weg in die Zivilisation, der ihn von der Peripherie seiner animalischen Freiheit in das streng geordnete städtische Zentrum geführt hat, hat er seine Kraft verloren, und außerdem langweilt er sich: »Schlaff wurden, Freund, die Sehnen meines Halses, Die Arme sind mir schwach, die Kraft verließ mich!« (*Gilgamesch*: 41)

Gilgameschs Motive dagegen sind andere; sie sind typisch für die heroische Reise: Er strebt nach Ruhm. Im vorliegenden Falle hat dieses Motiv seinen Ursprung in dem Vorgefühl des Todes, der Endlichkeit des menschlichen Lebens. Gilgameschs Reise ist der Versuch, Gottes unergründlichen Ratschluß zu umgehen, der dem einfachen Menschen die Unsterblichkeit verweigert. Viele Könige und Königsanwärter sind später aus demselben Grund aufgebrochen. Letztlich spielt er auch in der Reiseliteratur eine Rolle, die etwas so Vergängliches und zeitlich Begrenztes wie menschliches Handeln und Unterwegssein festzuschreiben und dauerhaft zu machen versucht. Die Vorstellungen von Tod und Abreise waren historisch immer schon miteinander verbunden. Im Gilgamesch-Text soll die Abfolge, in der sie erscheinen, eine bestimmte Kausalität demonstrieren: Die Idee des Todes weckt die Idee der Abreise.

Diese älteste überlieferte Abreise hat also mehrere Motive: Enkidu möchte seine Kraft und Freiheit zurückgewinnen und sehnt sich zurück in die Landschaft seiner Kindheit. Gilgamesch will sein Bild dauerhaft in die »Steine« eingraben und jene wenn auch kürzere Form von Unsterblichkeit erlangen, die in der menschlichen Erinnerung liegt. Dafür nimmt er sogar seinen Tod in Kauf, ja, er will dieses Ziel gerade *durch* seinen Tod erreichen: »Fiele ich selbst – meinen Namen richtet' ich auf: ›Gilgamesch hat wider den reckenhaften Chumbaba den Kampf gewagt‹, wird es heißen.« (*Gilgamesch*: 32).

In diesem Aufbruch werden die Kerngedanken jeder Abreise sichtbar. Zuerst und vor allem löst sie das Individuum aus seinem gegebenen sozialen Umfeld – in diesem Falle Uruk, der Heimat Gilgameschs – und aus jenem Geflecht von Beziehungen, das seine Identität ausmacht. Durch die Trennung wird der Betreffende zu einem autonomen sozialen Wesen. Natürlich ist die Intensität des Abreisevorgangs abhängig von der Stärke der Bindungen, die bei der Trennung strapaziert oder zerbrochen werden. Die Abreise aus dem Heim oder der Heimat, d. h. aus einem Raum, der dem Körper und all seinen Bedürfnissen angepaßt ist, ruft in starkem Maße jene Emotionen hervor, die für alle Trennungen charakteristisch sind: Protest, Kummer, Verzweiflung, Trauer. Gilgamesch trauert zuerst um sich selbst, wenn er sich vorstellt, unbehaust durch eine unsichere Welt zu wandern, und hadert mit seinem Gott: »Aus Gilgameschs Augen rannen die Tränen: ›einen Weg, den ich nimmer befahren / Auch kenne ich gar nicht seinen Wandel, o mein Gott! / Soll ich da heil am Leben bleiben, / So will ich dir dienen nach Herzenslust, / Will mich sättigen am Haus in deiner Wonne / Will dich sitzen lassen auf Thronen.‹« (*Gilgamesch*: 34) Gilgameschs »Tränenopfer« bewegt den Gott dazu, ihm zahlreiche bewaffnete Gefährten zur Seite zu stellen, ihm die Hilfe der Winde zuzusichern und ihm guten Rat für die einzuschlagenden Wege und wichtigsten Ziele der Reise zu geben. Die Tränen, die die Mutter bei dieser Trennung vergießt, entlocken ihm weitere Zusicherungen und Vorkehrungen.

Die subjektive Seite des Aufbruchsvorgangs zeigen die Emotionen, die Gilgamesch bei seiner Abreise durchmacht – Protest, Verzweiflung und schließlich Loslösung und emotionale Distanz (*detachment*). Dieses Syndrom, das in der Psychoanalyse als »Trennungsangst« bezeichnet wird, tritt zum erstenmal auf, wenn ein Kleinkind den Bezug zu wichtigen Personen verliert. »Zuerst *protestiert* es heftig und versucht mit allen ihm zur Verfügung stehenden Mitteln seine Mutter wiederzufinden. Später scheint es die Hoffnung, sie wiederzufinden, aufzugeben und zu *verzweifeln*, aber es beschäftigt sich dennoch mit ihr und ersehnt ihre Rückkehr. Danach scheint es das Interesse an der Mutter zu verlieren und sich von ihr emotional *abzulösen*.« (Bowlby 1976: 45) Diese Abfolge ist typisch für viele Abreisen. Die Ablösung (*detachment*), die letzte Phase der Trennungsangst, ist ein anhaltender Zustand der Verdrängung, ein Schutzmechanismus gegen die schmerzhaften Gefühle aus häufigen Trennungen. Bei einem erfahrenen Reisenden kann es so zur Entwicklung eines »objektiven« oder »distanzierten Charakters« kommen. Die moderne Verklärung und Verharmlosung von Abreisen – den routinemäßigen, emotionslosen Abreisen, die in einer Gesellschaft von Reisenden zur Norm gehören – ist das Produkt von Vorgängen, die Bowlby auch bei Kindern beobachtete, die, alleingelassen, weder Protest noch Verzweiflung zeigten: »Die einzigen Kinder, die (...) nicht gestört schienen, waren Kinder, die nie irgendeine Figur

gehabt hatten, an die sie sich gewöhnen konnten, oder Kinder, die wiederholte und lange Trennungen erfahren haben und bereits mehr oder weniger
dauerhaft abgelöst waren.« (Ebd.: 33) Die emotionale Abfolge, die für die
Trennungsangst charakteristisch ist, ermöglicht andererseits erst positive
Veränderungen: Loslösung und Trennungsfähigkeit.

Wenn wir über Trennungen lesen, dann reagieren wir unwillkürlich mit
Mitgefühl auf das sich darin ausdrückende Leiden. Der Vorgang der Trennung und des Verlassens ist eine Form menschlichen Leidens. Das wirft die
Frage auf, wie stark die Motive sein müssen, die einen dazu bringen, freiwillig etwas zu tun, was »zutiefst im Widerspruch zur menschlichen
Natur« (Navarette) steht. Warum nehmen so viele Menschen unter so großem Aufwand überhaupt den Schmerz einer Abreise auf sich?

Die Antwort liegt vielleicht in der oben beschriebenen Abfolge von
Emotionen. Jede Trennung von einem Ort muß im Zusammenhang sowohl
mit der spezifischen Geschichte des Individuums als auch mit den Brüchen
und Ablösungsprozessen gesehen werden, die die Vergangenheit der betreffenden Person ausmachen. Da jede Abreise, so routinemäßig und wenig
außergewöhnlich sie auch sein mag, Teil einer Geschichte von Trennungs-
prozessen ist, kann jede Abreise die Erinnerung an die ursprüngliche Trennung von der Mutter oder anderen maßgeblichen Personen wachrufen.
Diese Assoziation findet sich auch in einem Gedicht, das Olearius – Hof-
mathematiker, Bibliothekar und Berater des Herzogs von Holstein – anläß-
lich seines Aufbruchs aus seiner Heimatstadt nach Rußland im Jahre 1636
in sein Reisejournal schrieb:

> »Germania / du läßt die Arme von mir sincken /
> Dieweil du sihst daß'mir itzt andre Länder wincken. /
> Nun / Mutter, gute Nacht / Ach mache nicht so naß /
> Mit Thränen deinen Schoß / darin ich frölich saß. /
> Ich lasse ja bey dir den besten Theil noch bleiben.« (1647: 54)

Hier führt die Abreise zu einer Spaltung innerhalb des Ichs, einer Selbstre-
flexion – die häufig genug in Selbstmitleid mündet – über den Kontrast zwischen einer angepaßten und einer nichtangepaßten Identität, so wie bei Gilgamesch, der sich selbst als unbehausten Reisenden beweint. Wie die
Abreise von Gilgamesch und vielen anderen reisenden Helden ist auch der
Aufbruch des Olearius freiwillig, aber die Reise weckt möglicherweise
Erinnerungen an jene unfreiwilligen früheren Trennungen und wird
dadurch zu einer Wiederholung der persönlichen Geschichte, kunstvoll
ausgestaltet und verklärt als Schicksal, das mit der ersten Trennung – der
Geburt – begann und mit dem Tode endet. Gewohnheitsmäßige Reisende

brauchen und verklären ihre Symptome vielleicht wie Neurotiker, um tief-
verwurzelte seelische Konflikte zu entschärfen. Eine Abreise ist immer ein
Bruch; sie ist gleichzeitig Ende und Neubeginn, ruft die Erinnerung an eine
Vergangenheit wach und entwirft eine Zukunft. Genau darin liegt letztlich
jener latente »Keim von Wahnsinn«, der nach Goethe jeder Trennung innewohnt.

Und schließlich markiert Gilgameschs Abreise nicht nur eine »Ausglieder-
rung« aus allen Beziehungen, die ihn erst zu einer identifizierbaren Person
gemacht haben, sondern gleichzeitig auch die »Eingliederung«, die »Inkar-
nation« des reisenden Körpers, jenes transportablen sozialen Organismus,
der ihm als Schutzpanzer gegen eine gefährliche und ungewisse Welt dienen
wird. Die Art und Weise, wie die Abreise eine abtrennbare und transportab-
ble soziale Umgebung erzeugt, innerhalb derer Gilgamesch seine soziale
Natur bewahrt, wird durch die Handlungsweise von Gilgameschs Mutter,
der Königin Ninsun, verdeutlicht, die seinen Freund und Diener Enkidu
rituell in ihren Bauch aufnimmt und ihn dadurch zu seinem Bruder werden
läßt. Gilgamesch reist in zahlreicher Begleitung ab, umgeben von bewaffneten Männern, die seine wichtigste Stütze bei dem Versuch sein werden,
seine Identität über Raum und Zeit hinweg herauszuschälen und auszuweiten.

Adam und Eva: »Nicht mehr da sein«

Das Musterbeispiel der nicht-heroischen Reise findet sich im Abschied des
ersten Menschenpaares aus dem Garten Eden. Dieser Aufbruch beginnt
ähnlich wie der von Gilgamesch mit einem Akt Gottes. Hier jedoch handelt es sich um ein göttliches Verbot statt um eine göttliche Offenbarung:
»Dann gebot Gott, der Herr, dem Menschen: Von allen Bäumen des Gartens darfst du essen, doch vom Baum der Erkenntnis von Gut und Böse
darfst du nicht essen; denn sobald du davon ißt, wirst du sterben.« (Gen.
2,16 ff.) Natürlich essen sie trotzdem davon, und der Rest ist Geschichte –
eine Geschichte immer neuer Wanderschaft und Niederlassung, Gefangenschaft und Befreiung.

In gewissem Sinne tragen Adam und Eva selbst die Verantwortung für
ihren Tod und für das Zerbrechen der ursprünglichen Harmonie mit Gott
und seiner Schöpfung, und so könnte man behaupten, ihre Abreise sei aus
eigenem Antrieb geschehen. Anders gesehen erscheint jedoch Gott und
nicht der Teufel als der erste Versucher, denn der Urheber des Tabus
erschafft auch die Sünde. Wie berechtigt die als Strafe für die Sünde ver-

fügte Vertreibung auch sein mag, sie ist auf jeden Fall nicht freiwillig, sondern ein aufgezwungenes Schicksal, eine Zurückweisung, der Beginn eines permanenten Exils.

Durch sein Verbot stellt der biblische Gott die Urmenschen vor eine Wahl, infolge derer sie aus der Symbiose mit einer nährenden Welt herausgelöst werden, in der sie allen Dingen ihren Namen gegeben hatten. Durch ein weiteres Verbot versperrt derselbe Gott den Rückweg:

> »Gott, der Herr, machte Adam und seiner Frau Röcke aus Fellen und bekleidete sie damit. Dann sprach Gott, der Herr: Seht, der Mensch ist geworden wie wir; er erkennt Gut und Böse. Daß er jetzt nicht die Hand ausstreckt, auch vom Baum des Lebens nimmt, davon ißt und ewig lebt! Gott, der Herr, schickte ihn aus dem Garten von Eden weg, damit er den Ackerboden bestellte, von dem er genommen war. Er vertrieb den Menschen und stellte östlich des Gartens von Eden die Kerubim auf und das lodernde Flammenschwert, damit sie den Weg zum Baum des Lebens bewachten.« (Gen. 3, 21–24)

In der Schöpfungsgeschichte besiegelt das Verschließen der Tore zur Unsterblichkeit die Endgültigkeit des Aufbruchs und macht ihn damit unwiederholbar. Die Abreise markiert das Ende eines »heiligen« und den Beginn eines »unheiligen« Zustandes. All das impliziert der Begriff des *Exils*, wie Elie Wiesel ihn definiert:

> »Ich kenne kein anderes Exil als das echte Exil, und dieses Exil ist vollkommen. Es umfaßt alle Unternehmungen, alle Erkundungen, alle Illusionen, alle Hoffnungen, alle Triumphe, und das bedeutet, daß alles, was wir tun, unvollständig ist und bleibt. Unser Leben ist unvollständig: Man stirbt nicht dann, wenn man sterben sollte, und man stirbt nicht so, wie man sterben sollte.« (Zit. n. Thurman 1985: 27)

Hier erhält die Reise ihren Stellenwert durch das, was man mit dem Aufbruch verliert: Heiligkeit, Ganzheit, Gewißheit, Sicherheit, Einheit und Beziehung zu anderen. Die erzwungene Abreise war im Verlauf der menschlichen Geschichte immer die Regel – es ist eine Geschichte von Kriegen und Vertreibungen, Migrationen und neuen Niederlassungen.

Wie alle Mythen müssen wir auch den Mythos von Adam und Eva rückwärts lesen. Er impliziert die Annahme, daß der Zustand, der darin angesprochen wird, real existiert: Der angebliche »Urzustand« von Zeitlosigkeit und Ganzheit ist um so eindrucksvoller, als er das Gegenteil der erfahrenen Realität von Umherziehen und erzwungenem Reisen darstellt. Der Paradiesmythos setzt also die von Pascal beschriebene *conditio humana* voraus:

»Das ist unser wahrer Zustand. In ihm sind wir unfähig, sicher zu wissen und absolut nichts zu wissen. Wir treiben über einen weiten Mitten-Raum dahin, stets unsicher und schwankend, von einem Ende zum andern getrieben. Wo immer wir an eine Grenze zu geraten und fest Fuß zu fassen vermeinen, gerät sie in Bewegung und entgleitet uns; wenn wir ihr folgen, entzieht sie sich unserm Griff, entschwindet uns, in ewiger Flucht vor uns. Nichts bleibt vor uns stehen. Das ist der Zustand, der uns natürlich ist und trotzdem zu unsern Neigungen im größten Widerspruch steht (...).« (*Gedanken*: 152)

In diesem Zustand entstehen Phantasien von Stabilität, von Heimat, Sicherheit und Trost, wie sie offenbar auch der unbekannte Autor der altenglischen Elegie »Der Wanderer« hatte, als er seiner Sehnsucht nach Freundschaft und Gesellschaft Ausdruck verlieh:

»›Oft erfährt der Einsame die Gnade,
die Milde des Herrn, obwohl er traurigen Sinnes
auf Meeresstraßen lange
mit seinen Händen die eiskalte See rühren,
Wege der Verbannung gehen mußte.
Das Schicksal ist ganz vorbestimmt!‹
So sprach der Ruhelose und dachte an [seine] Mühsal,
an erbitterte Schlachten, an den Tod der Verwandten (...)
›So mußte auch ich,
oft sorgenschwer, weit von der Heimat,
fern von den edlen Verwandten, mein Innerstes mit Fesseln binden,
seit ich vor langer Zeit (...)
wintermüde fortzog über das weite Meer,
heimatlos einen Schatzspender suchte,
wo ich, nah oder fern, jemanden finden könnte,
der mir in der Methalle Freundschaft schenkte
oder mich Freundlosen tröstem,
mit Gaben locken wollte. Wer es erlebt hat, weiß,
wie schlimm die Sorge als Gefährtin für den ist,
der wenig liebe Freunde hat.
Sein Los ist ein Leben in der Verbannung und nicht gewundenes Gold,
eine erfrorene Brust und nicht Ruhm auf Erden. (...)
All die Freuden sind vergangen!« (Zit. n. Breuer/Schöwerling 1972: 13 ff.)

Die Einsamkeit und Heimatlosigkeit des Reisenden sind das Ergebnis zahlreicher Abreisen und abgebrochener Verbindungen, die sich nie wieder herstellen lassen. Der Verlust, der diesem »Fremden« widerfahren ist, welcher vor langer Zeit seine Heimat verließ, nachdem er seinen »freigebigen Herrn mit dem Dunkel der Erde bedeckte«, ist ein spezifisch sozialer Verlust.

Niemand »kennt« oder erkennt den Wanderer; er lebt in einer Welt, in der er keine An-erkennung seiner sozialen Existenz erfährt, die unter dem liebevollen Blick anderer entstanden und gewachsen ist. Der Verlust der Heimat ist ein Verlust des dort entstandenen Selbst. Diese schmerzhafte Verletzung bringt das immer stärker werdende Gefühl des Unsichtbarseins mit sich, das jeden Reisenden in einem fremden Land befallen kann, aber besonders in einer langdauernden Verbannung akut wird. Günther Anders, der aus Hitlerdeutschland fliehen mußte, beschreibt das Gefühl, »nicht mehr da zu sein«:

> »Es hat wohl keinen unter uns gegeben, der nicht eines Tages an irgendeiner Ecke irgendeiner Stadt stehengeblieben wäre, um festzustellen, daß die Rufe und Geräusche der Welt plötzlich so klangen, als wären sie nur für die anderen gemeint – kurz: der nicht die Erfahrung gemacht hatte, daß er *nicht mehr da war.*« (Zit. n. Maimann 1979: 17)

Beide, der Autor des Gedichts »Der Wanderer« und Günther Anders, beschreiben einen sozialen Tod, der durchaus real ist und nicht bloße Metapher. Bei der Abreise wird der Reisende von all den Anerkennungsprozessen und -instanzen abgeschnitten, die seine soziale Identität ausmachen – und damit in der Tat von seinem eigentlichen Leben; denn es gibt kein Leben ohne ein Gegenüber, ein anderes.

Der Tod des sozialen Selbst, den die Exilanten und alle Vertriebenen erleiden, denen die Rückkehr verwehrt bleibt, ist gleichzeitig etwas, was von zahlreichen Reisenden immer wieder verklärt wird, so z. B. von Pietro Della Valle, einem Römer, der im 17. Jh. den Nahen und Fernen Osten bereiste, aber auch von James Boswell, für den die Trennung von der Heimat die Möglichkeit eröffnete, ein anderer zu werden (vgl. Kap. 10). Die Abtrennung des Individuums von der Anerkennung und Identifikation durch andere, die für unfreiwillig Verbannte solch großes Leid bedeutet, ist gleichzeitig eine Quelle unserer modernen Lust am Reisen als einer Form der Flucht und der Freiheit:

> »Warum ist Reisen so aufregend? Zum Teil deshalb, weil es einem den Schauer einer Flucht vermittelt (...) Es ist eine Flucht (...) aus der häuslichen Identität des Reisenden, und unter Fremden kann man ein neues Gefühl von Individualität anprobieren wie ein Kostüm.« (Fussell 1987: 13)

Gleichgültig, wie negativ oder positiv der Reisende die Abreise empfinden mag, die Quelle dieser weitgespannten Gefühlsskala bleibt immer die gleiche: die Trennung vom identitätsstiftenden Kontext.

Die Vertreibung aus dem Paradies ist die Erfahrung der überwiegenden Mehrzahl der Menschen, für die Reisen eine Lebensform, ein unfreiwilliger Zustand, eine Notwendigkeit ist. Die meisten mittelalterlichen Reisenden scheinen ihr Leben als ausgesetzte Kinder begonnen zu haben, entweder von Anfang an ohne Zuhause oder später verstoßen. Es ist erstaunlich, wie leicht Bindungen in der vormodernen Gesellschaft geknüpft und gelöst werden konnten und wie flexibel und durchlässig der präindustrielle Haushalt war, ganz im Gegensatz zur modernen Kleinfamilie, die eher wie eine Festung wirkt.

Natürlich lebten diejenigen, die aus Notwendigkeit reisten oder weil sich ihnen keine bessere Alternative bot, nicht immer nur schmerzlich und qualvoll. John MacDonald, ein schottischer Kutscher und Kammerdiener aus dem 18. Jh., erzählt voll Sehnsucht und Begeisterung von seiner ersten Reise. Seine Mutter war bei seiner Geburt gestorben, sein Vater (»ein heißblütiger und streitsüchtiger Mann«) war im Kampf gefallen und hatte seine sechs Kinder völlig mittellos zurückgelassen. Die vierzehnjährige Schwester Kitty führte die drei jüngsten Knaben (sieben, vier und zweieinhalb Jahre alt) in zwei Monaten über 150 Meilen von Inverness nach Edinburgh. John, der Jüngste, »erinnert« sich an diese Reise vor allem durch die Erzählungen seiner Schwester und berichtet, mit welcher Freundlichkeit die Menschen den Waisen begegneten; sie gaben ihnen eine Handvoll Haferbrei oder gestatteten ihnen, wenn sie selbst keinen hatten, ihre Kuchen auf ihrem Rost zu garen. Er schreibt, er könne sich daran erinnern, unter freiem Himmel oder in Scheunen geschlafen zu haben, zugedeckt mit einer Wolldecke, ebenso wie an den Geruch von Heidekraut und Stroh und an den Mann, der sie davor bewahrt hatte, in einem Fluß zu ertrinken. Vielleicht war die erste Reise der Ausgangspunkt für John MacDonalds Vorliebe fürs Reisen, die er erst im Alter von über vierzig Jahren aufgab, als er sich in Spanien niederließ, eine Frau fand und eine Familie gründete (MacDonald 1927).

Die Tatsache, daß in der Geschichte die weitaus meisten Reisen unfreiwillig waren, kann uns die Relativität unserer modernen Auffassung bewußt machen, die Reisen nur aus dem Blickwinkel des Tourismus und als Vehikel des Freiseins betrachtet. Dieser Aspekt traf zwar bereits für Gilgameschs Abreise zu, fand aber erst im Mittelalter zumindest für eine gesellschaftliche Oberschicht größere Verbreitung, um dann in unserer modernen Zeit zur Norm zu werden.

Yvain: Das Exil des Helden

Das eigentliche Vorbild für die moderne Vorstellung vom Reisen als Befreiung ist vielleicht Chrétien de Troyes' Epos *Yvain* aus dem 12. Jh.: Yvain, der Löwenritter, bricht zu der Reise auf, die ihm seinen Beinamen eintragen wird. Den eigentlichen Anstoß zu dieser Abreise liefert Yvains Cousin Calogrenant, der den am Hofe des Königs Artus versammelten Rittern der Tafelrunde von einem Abenteuer erzählt, bei dem er besiegt wurde. Das bringt die anderen Ritter auf den Gedanken, sie könnten es besser machen. Yvain will seinen Kameraden zuvorkommen, um dieses Abenteuer ganz für sich allein zu haben, und die Verwirklichung dieses Plans macht seine heimliche Abreise erforderlich.

> »Herr Yvain stiehlt sich heimlich vom Hof fort und gesellt sich zu niemand, sondern er begibt sich ganz allein zu seiner Behausung. Sein ganzes Hausgesinde traf er an, befahl zu satteln und rief einen seiner Knappen, dem er nichts zu verheimlichen pflegte: »Wohlan!«, spricht er, »komm mir dort hinaus nach und bringe mir meine Waffen! Ich werde durch dieses Tor auf meinem Zelter im Schritt hinausreiten. Sieh zu, daß du dich nicht aufhältst; denn ich habe eine sehr weite Reise vor. Und laß mein Pferd gut beschlagen und führe es mir schnell nach, dann kannst du meinen Zelter zurückbringen. Aber sieh gut zu, das befehle ich dir, wenn dich einer nach mir fragen sollte, daß du ihm ja nichts darüber sagst. Wenn du mir nur in einer Sache traust, so traue ja keinem anderen.« (*Yvain*: 49ff.)

Yvain reitet auf seinem Zelter allein vom Hof. Sein Diener folgt ihm mit seinem Streitroß, seiner Rüstung, seinen Waffen und einem großen Vorrat an Hufeisen und Nägeln. Die beiden tauschen die Pferde, und Yvain begibt sich auf sein Abenteuer, bei dem er eine Dame, Ländereien, Gefolgsleute und einen fürstlichen Besitz erobern wird.

Die Unterschiede zwischen der Abreise von Gilgamesch und Yvain und der von Adam und Eva sind offensichtlich. Es besteht kein Zweifel daran, daß Yvains Abreise freiwillig geschieht. Gleichzeitig ist sie jedoch ausdrücklich nichtöffentlich und nichtzeremoniell; im Gegenteil, ein beträchtlicher Aufwand ist nötig, um sie geheimzuhalten. Hier macht sich der Ritter allein auf statt in Gesellschaft, um den Ruhm des Abenteuers ganz für sich zu haben. Die Einsamkeit ist ein immer wiederkehrendes Motiv in ritterlichen Reisen, wie auch das Beispiel von Calogrenant zeigt, der seinen Bericht folgendermaßen beginnt: »Es geschah, fast sind es sieben Jahre her, daß ich, allein wie ein Bauer, ausritt, um Abenteuer zu suchen, mit allen Waffen gerüstet, so wie ein Ritter es sein soll.« (Ebd.: 25)

Der einsam ausreitende Ritter sucht seine neue Identität als Reisender bewußt allein und nicht in der Gruppe. Vor allem dieser Aspekt macht deutlich, daß es sich hier um eine neue, modernere Version der heroischen Reise handelt, eine Reise mit dem Ziel der Individuation.

Zwischen der Abreise von Yvain und Gilgamesch gibt es einen charakteristischen Unterschied, der auf Veränderungen im Verständnis der heroischen Reise hinweist. Auch Yvain ist ein Held, dem es um Ruhm und Ehre geht, aber eine Rückkehr wird dabei nicht vorausgesetzt, denn die Runde der Standesgenossen – die Institution, die Yvains Taten gutheißen und beurteilen sollte – hat selbst keinen festen Sitz. Bei Yvains Abreise fehlt jeder Hinweis auf die Verbindungen zum Land und zum Ort, in denen das Selbst und der Status des Individuums normalerweise wurzeln. Alles hängt ab vom Ausgang der Reise, auf der diese Zugehörigkeit gerade erworben werden soll – ein weiterer Grund dafür, warum die Abreise heimlich stattfindet. Wenn niemand weiß, daß Yvain sich auf dieses Abenteuer begibt, dann wird er auch nicht – wie Calogrenant – sein Gesicht verlieren, falls er versagen sollte. Er weiß, daß man sich nicht an ihn erinnern wird, falls er scheitert, denn er hat weder ein Haus noch Kinder, die ihn zurückerwarten würden. Unsterblichkeit ist also das Ziel, nicht der Auslöser seiner Reise.

Yvain ist ein Gefolgsmann, kein Herr über Länderein oder über Menschen; darum ist die Reise für ihn in erster Linie ein Mittel, sich Namen und Status überhaupt erst zu erwerben, statt seinen Status zu demonstrieren oder zu erhöhen. Dieser Unterschied ist von größter Bedeutung; er zeigt sich schon im Fehlen jener Zeremonie, die die Identität des Reisenden bei den früheren heroischen Reisen noch einmal bekräftigen sollte. Yvains Identität, im Sinne von Freiheit und Autonomie, ist ohnehin von Anfang an zwiespältig und problematisch; sie erfährt im Verlauf seiner Reise eine Reihe von Maskierungen und Transformationen.

Die realistische Sprache von Calogrenants Bericht, die Erich Auerbach in seinem klassischen Werk *Mimesis* eindrucksvoll analysiert hat (1982: Kap. VI), kennzeichnet auch Yvains Abreise. Die Betonung liegt auf den praktischen Aspekten und kaum auf der tieferen Bedeutung der Abreise oder den mit ihr verbundenen Emotionen. Eine solche Sprache bezeichnet die Politikwissenschaftlerin Jean Bethke Elshtain als »strategische Stimme«: Sie ist »kühl, objektiv, wissenschaftlich und überwältigend männlich« (1989: 263). Der Ton ist unbeteiligt und »merkwürdig dissoziiert« – ohne die kleinste Andeutung von Protest, Kummer oder Trauer, die normalerweise eine Abreise begleiten. Offensichtlich ist diese Abreise eine reine Routinesache und unterscheidet sich von anderen ritterlichen Aufbrüchen nur durch die besonderen Sicherheitsvorkehrungen zur Geheimhaltung. Der nüchterne Grundton und routinemäßige Charakter entspricht genau der emotionalen Distanz (*detachment*) von Berufsreisenden – und von Kindern, »die wiederholte und lange Trennungen erfahren haben und bereits mehr oder weniger dauerhaft abgelöst« sind (Bowlby 1976: 33).

Yvains Reise ist nicht allein Mittel zum Zweck – sich einen Namen zu machen –, sondern auch Ausdruck seiner Zugehörigkeit zum Ritterstand. Gutierre Diéz de Games führt in seiner Abhandlung über das Rittertum aus: »Wer gewöhnlich auf einem anderen Reittier als einem Pferd reitet, ist kein Ritter; wer aber ein Pferd reitet, ist auch noch lange kein Ritter; ein Ritter ist nur der, der es zu seiner Berufung macht.« ([1928]: 11) Waffentaten und Reisen sind weniger eine besondere Handlungsweise als eine *Seinsweise*, eine »Berufung«; es sind personifizierende und nicht instrumentelle Handlungen. Mit anderen Worten, Mobilität – Reisen – ist zum Symbol einer neuen Spezies von sozialem Wesen geworden, die sich als ungebunden und immer in Bewegung definiert: der Ritter. Die besondere Rolle, die das Reisen für die Identität des Ritters spielt, wird deutlich, wenn Yvain zum zweitenmal aufbricht und die Ländereien und die Ehefrau verläßt, die er als Preis für das erfolgreiche Bestehen seines ersten Abenteuers erhalten hat. Nur wenige Wochen hat er Gelegenheit gehabt, den erworbenen Besitz zu genießen, dann drängen ihn seine Kameraden zu erneutem Aufbruch. Sein Freund Gawain meint, das seßhafte Leben werde Yvain als Ritter wertlos machen und seine Gemahlin werde es bereuen, ihm seine Liebe geschenkt zu haben, denn sie habe sich schließlich in einen abenteuerhungrigen Ritter verliebt und nicht in einen bequemen Stubenhocker:

> »Besser werden soll durch eine schöne Dame, wer sie zur Freundin oder zur Frau hat, und es ist nicht recht, daß sie ihn noch weiter liebt, sobald sein Ruhm und Preis schwindet. Gewiß, Ihr werdet noch ihrer Liebe nachtrauern, wenn Ihr verweichlicht, denn eine Frau steht schnell von ihrer Liebe ab, und sie hat nicht unrecht, wenn sie den gering achtet, dessen Tapferkeit nur etwas nachläßt, sobald er Herr im Lande ist. Doch Euer Ruhm soll nun erst recht wachsen! Zerreißt Zügel und Halfter, und wir werden zusammen turnieren, Ihr und ich, damit man Euch nicht eifersüchtig schilt. Ihr dürft jetzt nicht vor Euch hinträumen, sondern müßt auf Turniere reiten, Kämpfe ausfechten und Lanzen brechen noch und noch, was es Euch auch kosten mag! Der träumt zuviel, der sich nicht vom Fleck rührt. « (*Yvain*: 131 ff.)

Wenn, wie hier, Liebe vom »Wert« eines Menschen abhängig gemacht wird, der sich seinerseits an ständigen Waffentaten mißt, kann ein »anständiger« Ritter nicht aufhören, Abenteuer zu suchen, ohne aufzuhören, ein Ritter zu sein. Seine Reise dient der Personwerdung und endet daher nie.

Yvains zweite Abreise gestaltet sich schwieriger als die erste, denn jetzt hat er eine Frau, die er verlassen, und Bindungen, die er lösen muß. Natürlich fließen deshalb jetzt auch Tränen: »Nun hat Herr Yvain seinen Urlaub, und beide haben beim Abschiednehmen sehr geweint.« (Ebd.: 137) Darüber hinaus setzt mit dieser zweiten Abreise jene »Ichspaltung« ein, die so viele Reisende erfahren, wenn sie sich plötzlich nicht mehr im sicheren Heim, sondern als einsame Wanderer sehen:

> »Herr Yvain hat sich sehr ungern von der Dame getrennt, so daß sein Herz nicht mit auf die Reise geht. Der König kann den Leib mit sich fortführen, aber nicht das Herz; denn es klammert sich so fest an das Herz jener an, die zurückbleibt, daß seine Macht nicht dazu ausreicht, es nachzuziehen. Der Leib kann ohne Herz nicht weiterleben, und wenn er es doch tut, so ist das ein Wunder, das noch keiner sah. Dieses Wunder ist hier geschehen; jener ist noch am Leben ohne sein Herz, das früher bei ihm war, aber nicht länger bei ihm aushalten wollte. Das Herz ist in aller Annehmlichkeit zurückgeblieben, und der Leib lebt in der Hoffnung, wieder mit ihm vereinigt zu werden.« (Ebd.: 139)

Yvain bleibt länger als das ihm zugestandene Jahr fort und reist zu immer neuen Turnieren. Er wird von seiner Frau verstoßen und verliert sein Heim. Seine dritte Abreise, diesmal in die Wälder, markiert das letzte Stadium seiner Entfremdung, die Vollkommenheit seiner Einsamkeit und Freiheit: »Er hat Abschied von den Rittern und von der Dame genommen, und so leid es ihnen tut, es ist ihnen nicht beschieden, ihn länger bei sich zu behalten.« (Ebd.: 171) Yvain wird zu einem Verrückten, der den Wald durchstreift, bis er auf einen Löwen trifft, der mit ihm Freundschaft schließt. Er verbindet sich mit dem Herrn des Waldes und nimmt die *persona* dieses Totemtieres an: Als Löwenritter setzt er seine Abenteuersuche fort.

Die »zweckfreie« Reise im Mittelalter

Die Vorstellung von der zweckfreien Reise, die freiwillig und einzig deshalb unternommen wird, um den Charakter des Betreffenden zu »erweisen«, hat ihren Ursprung im Mittelalter und war charakteristisch für eine bestimmte herrschende Gesellschaftsschicht. Im 12. Jh., als Chrétien de Troyes seinen *Yvain* verfaßte, hatte sich diese Vorstellung der zweckfreien Reise, des Abenteuers, offenbar noch nicht bis in die Schicht der Gemeinen verbreitet. Als Calogrenant sich dem riesigen, häßlichen Hirten im Wald als Ritter vorstellt, benutzt er Begriffe, die diesem ungebildeten Simpel offenkundig nicht vertraut sind:

»Ich bin, wie du siehst, ein Ritter, der sucht, was er nicht finden kann; lange habe ich schon gesucht und finde nichts.«

»Was möchtest du denn finden?«

»Abenteuer, um meine Rittertugend und meine Kühnheit zu erproben. Nun bitte und ersuche ich dich, daß du, wenn du es kannst, mir Auskunft gibst über Abenteuer oder Wunder.«

»Auf die«, spricht er, »wirst du verzichten müssen: von ›Abenteuer‹ weiß ich nichts und hörte noch nie davon reden...« (Ebd.: 33)

Die ständigen Wanderungen des Hirten zeichnen ihn in keiner Weise aus und machen ihn auch nicht zu einer »Persönlichkeit«. Als Calogrenant ihn bittet, sich zu erkennen zu geben, kann er nur antworten: »Ich bin ein Mensch (...) Ein solcher wie du siehst, anders bin ich allemal nicht.« (Ebd.: 31) Die Reisen und Wanderungen der Gemeinen entspringen der Notwendigkeit und sind ökonomisch motiviert; mit Abenteuer oder Reisen als Selbstzweck haben sie nichts zu tun.

Dieser neue Begriff »Abenteuer« unterscheidet sich grundlegend von antiken heroischen Reisen, denn jetzt wird den Gefahren der Reise ein positiver Wert beigemessen. Im *Yvain* werden sie bewußt gesucht, und zwar im sagenhaften Reich des Waldes, der alle jene Möglichkeiten in sich birgt, die die häusliche Ordnung so mühsam ausklammert. Antike Helden unterwarfen sich den Risiken und Unwägbarkeiten des Weges um der Belohnungen willen, die durch die Reise erworben werden konnten. Michael Nerlich führt in seiner *Kritik der Abenteuer-Ideologie* aus, daß der mittelalterliche Abenteurer eine ganz andere Einstellung hat und der Ritter sich vor allem durch »das freiwillige Eingehen von Wagnissen, die Suche nach besonderen Ereignissen, eben Abenteuern mit (mehr oder weniger) unberechenbarem Risiko« auszeichnet« (1977: 24).

Yvains Einstellung zu Risiko und Gefahr ist eine ganz andere als die von Gilgamesch. Für ihn ist der Wald der angemessene Schauplatz ritterlicher Betätigung und nicht einfach nur Lieferant von Nutzholz. Der Wald ist das Reich des Zufalls, des Sagenhaften und Wunderbaren, und als solches erwählt es Yvain, um sich zu bewähren und auf diese Weise sich selbst zu finden. Der mittelalterliche Abenteurer sehnt geradezu das herbei, was der antike Abenteurer notgedrungen in Kauf nimmt: das Unerwartete, das Neue, das Fremde. Diese Einstellung ist bezeichnend für die nachfolgenden Generationen von Abenteurern und Reisenden; sie findet sich bei Entdeckern, neugierigen Amateurforschern und unerschrockenen Touristen, die die ausgetretenen Pfade zu meiden suchen.

Aber Nerlich irrt, wenn er meint, diese Auffassung sei kennzeichnend für eine bereits etablierte »Klasse«, nämlich den mittelalterlichen Adel und später die »Bourgeoisie«. In Wirklichkeit ist das Abenteuer mitsamt den nachfolgenden Varianten ein Weg, sozialen Aufstieg durch Ortsveränderung zu erlangen. Generationen von »einfachen« Menschen, die Söhne von Holzfällern und Wasserträgern, haben diese Einstellung und diese Begriffe übernommen, um sich zu definieren und freie, adlige Männer zu werden. Die Idee des Abenteuers verkörpert einen Zusammenhang zwischen räumlicher und sozialer Mobilität, der in der abendländischen Kultur bis heute Gültigkeit behalten hat. Wer den Status eines freien Mannes erlangen wollte, konnte das durch einsame Reisen tun, die also nicht nur der Abenteuersuche oder der Erprobung eigener Fähigkeiten dienten.

Das echte Abenteuer im mittelalterlichen Verständnis ist immer uneigennützig; es wird unternommen, um anderen zu helfen, oder erscheint als reiner Selbstzweck. Diese moralischen Prinzipien, Altruismus und Zweckfreiheit, blieben auch in der Folgezeit gültig, so bei den Reisen der Renaissancezeit, den Entdeckungsfahrten und den humanistischen Bildungsreisen, die ausschließlich die Neugier und den Wunsch befriedigen sollten, die Welt kennenzulernen. Die ritterliche Reise – die heroische Reise – wird so zunehmend intellektualisiert und erhält eine philosophische Dimension.

Alexander Kinglake: Die Flucht aus der Zivilisation

Der Aufbruch zu einer modernen Reise ist eine Abreise aus einer seßhaften, geordneten Welt – einer vollständig entwickelten, aber auch als Belastung empfundenen Zivilisation. Heutzutage erhält die Abreise ihre Bedeutung zum großen Teil aus dem, was der Reisende zurückläßt. Ein eindrucksvolles Beispiel für eine Abreise als Flucht aus der Zivilisiertheit sind die Erfahrungen des englischen Reisenden Alexander Kinglake, der im Jahre 1837 seine Heimat im christlichen Europa verließ und die Grenze zwischen Österreich und dem türkischen Ungarn überquerte. Seine Flucht aus der Zivilisation begann an dieser Grenze, wo er einen »anrüchigen« Beamten traf, d. h. einen, »der mit Menschen oder Dingen, von denen man glaubt, daß sie die Ansteckung [die Pest] weiter verbreiten können, in Berührung gekommen ist«: »Als Alles zu unserer Abreise bereit war, gingen wir nach den Außengebäuden der Quarantaineanstalt hinab und hier erwartete uns ein ›anrüchiger‹ Beamter der österreichischen Regierung, welcher in einem Zustande immerwährender Excommunication lebt. Die Kähne mit ihren ›anrüchigen‹ Fährleuten standen ebenfalls bereit.« (1846: 2). Hier, am Ufer der Sau (Save), nahmen seine Freunde von ihm Abschied, und der »anrüchige« Beamte kam auf ihn zu und »fragte noch einmal, ob wir mit der civilisirten Welt abgeschlossen hätten, streckte dann die Hand aus, ich hielt ihm die meinige hin und wir hatten der Christenheit nun auf geraume Zeit entsagt« (ebd.: 3). So gelangte Kinglake nach Budapest – eine offenkundig fremde, »andere« Welt, in der die Männer Turbane trugen.

Auch diese Abreise war, wie alle anderen, eine Trennung, aber für Kinglake bildete der Fluß die äußerste Grenze seiner Zivilisation, die er zu verlassen *wünschte*. Schon beim ersten Anblick der Quarantainestation am Ufer des Flusses hatte Kinglake den Eindruck, sich nicht mehr im Bereich der Hygiene zu befinden, der sich mit Begriffen wie Christentum, Respektabilität und Maschinen verband, und einen Bereich des Schmutzes und der Krankheit zu betreten. Kinglake empfand bei diesem Übergang vom Heiligen zum Unheiligen, vom Sauberen zum Unsauberen nicht etwa Kummer oder Trauer, sondern im Gegenteil ein Gefühl der Erleichterung und Befreiung. Er empfahl diese Form des Aufbruchs einem nicht genannten Freund, an der er seine Reisebriefe adressierte: »Es ist so angenehm, sich von der abgestandenen europäischen Civilisation frei zu fühlen! (...) Und wen Du dann bedenkst, wie viele arme Teufel in einem höchst achtbaren Zustande leben, so wirst Du Dich um so mehr freuen, daß Du glücklich entronnen bist.« (Ebd.: 21)

Auf diese Weise fühlte sich Kinglake plötzlich befreit von einer kulturellen Ordnung mit eindeutig erkennbaren und klar identifizierbaren Merkmalen. Beim Warten auf die Überfahrt war er noch »von dem Anblick und den Klängen des mir vertrauten Lebens umgeben; das Gelärme einer geschäftigen Welt störte und erheiterte mich noch. (...) Ich war gleichsam an das Ende des auf Rädern gehenden Europa gekommen, und nun sollten meine Augen den Glanz und den Verfall des Orients sehen.« (Ebd.: 1) Ironischerweise und wider besseres Wissen verklärte Kinglake die vermeintliche »Unordnung« des unchristlichen Ostens zu einer Flucht in eine freiere europäische Vergangenheit, in die gute alte Zeit, als die Menschen noch monatelang im Sattel saßen. Seine Abreise markiert die Ablehnung der Sauberkeit und Ordnung, die seine Identität als Europäer genährt hatten, und gleichzeitig die Flucht in ein Anderssein. Es ist dies die Abkehr von einer zusammenhängenden, festgefügten, heiligen Ordnung, einem sicheren, wenn auch hektischen Leben, ein selbstgewähltes, als Befreiung verklärtes Exil – gleichsam die Umkehrung des erzwungenen Exils von Adam und Eva.

Das Europa, das Kinglake bei seiner Abreise hinter sich ließ, war nicht so sehr ein bestimmtes Land oder eine bestimmte Stadt, sondern vor allem ein Bewußtseinszustand, der sich als undefinierbar, aber äußerst umfassend erwies und dem man vielleicht schon damals, im Jahre 1837, nicht entkommen konnte. Als er so über den äußersten Rand seiner Welt, den Jordan, hinausschaute, der die Grenze zwischen dem besiedelten Palästina und den Nomaden der Wüste bildete, machte er sich Gedanken über die unterschiedlichen Verhältnisse auf beiden Seiten:

»Du verfolgst Deinen Pfad durch das dicht gedrängte Europa und endlich an den Ufern des Jordans wirst Du Dir freudig bewußt, daß Du nun an der Grenze aller gewohnten Respectability angelangt bist. Hier auf der andern Seite des Flusses (...) herrscht ein Volk, das im Stande ist, Dich zum Tode zu verurteilen, weil Du *nicht* ein Vagabund, weil Du *nicht* ein Räuber, weil Du *nicht* bewaffnet und ohne Obdach bist. Es liegt etwas Schönes darin – Gesundheit, Behaglichkeit und Stärke für einen Mann, der aus purer Langeweile über diese arme, gute, mittelalterlich verdienstliche, gebildete, pedantische, sich so viel Mühe gebende Gouvernante Europa dem Tode nahe ist.« (Ebd.: 140f.)

Die Befreiung, die Kinglake an den Grenzen seiner Zivilistation empfand, war für ihn die Befreiung von dem alles erfassenden Blick des wachsamen und richtenden Auges, das auf die Bewahrung von »Respectability«, Gesetz, Sauberkeit und Anstand achtet. Drüben, »auf der andern Seite«, lag jene so ganz andere Welt, die das Gegenstück zur eigenen zivilisierten Sicherheit bildete, ein Land der Gesetzlosigkeit und der Mobilität, der Wildnis und der Freiheit. Kinglake gehörte zu den vielen, die im viktorianischen Zeitalter als Homosexuelle unter der Tyrannei des »Anstands« litten, mit der die Bourgeoisie ihre kulturelle Hegemonie über die Arbeiterklasse und die Aristokratie aufrechterhielt. Der Historiker George L. Mosse hat sich mit der Ausweitung dieses Phänomens im 18. und 19. Jh. beschäftigt und dabei festgestellt, daß die Wüste immer wieder als Metapher für Freiheit benutzt und der Araber als der neue »Edle Wilde« betrachtet wurde, »dessen Sitten zwar unkonventionell waren, der aber in seiner eigenen Umgebung das Abnorme zu etwas Sauberem machte. Viele Männer und Frauen in England hatten ihre Phantasievorstellungen mit Erzählungen aus Arabien ausstaffiert, und sie sahen in den Arabern die letzten Vertreter sowohl von Ritterlichkeit als auch von Sexualität ohne Scham.« (1987: 156) Während die Engländer und Franzosen dazu neigten, die Araber als kulturelles Gegenbild zu benutzen, projizierten deutsche Schriftsteller ihre Auffassung von Freiheit vor allem auf die Indianer, »die in den Ebenen Nordamerikas lebten und jagten«, und stellten deren vermeintlich »freien« Willen das »Gefängnis« gegenüber, »›das der zivilisierte Mensch sein Zuhause nennt‹« (ebd.: 157 – Mosse zitiert hier Karl May), und das zu einer Zeit, da diese Indianer in ihrer Heimat längst schon in Reservate gepfercht wurden.

Bei Alexander Kinglake – darin ist er sehr europäisch und modern – liegt
das Schwergewicht auf der Auffassung von Abreise als Befreiung, allerdings mit einer zusätzlichen subjektiven Bedeutung. Die Gefangenschaft,
aus der Kinglake zu entkommen suchte, bestand in einem System verinner-
lichter Verbote und Verdrängungen, die den äußeren Anschein von Zivilisiertheit, Normalität und Respektabilität stützen sollten. Aber er nahm
diese Verbote und Verdrängungen mit sich, und so mußte seine Suche nach
einer Fluchtmöglichkeit aus der Moderne letztlich ergebnislos bleiben:
Seine Hoffnungen zerbrachen an der Wirklichkeit der Welt, mit der er sich
konfrontiert sah. Unglücklicherweise traf er, als er den Jordan überquert
hatte, auf eine Gruppe von Nomaden, die sich nicht so verhielten, wie er es
erwartet hatte:

> »Ich bemerkte allerdings, daß sie mir nicht das Brot und Salz anboten, welches,
> wie ich gehört, das Unterpfand des Friedens bei den Nomadenstämmen ist,
> aber ich vermuthete, daß sie sich dieses Akts der Gastfreundschaft nicht in
> Folge eines feindseligen Entschlusses, sondern aus dem Grunde enthielten, daß
> der Raub meines Eigenthums vor der Hand noch eine unerledigte Frage
> bleibe.« (Ebd.: 159 f.)

Später fand er heraus, daß diese »Herren der Wüste« ganz einfach kein
Brot, kein Salz und auch sonst keinerlei Lebensmittel besaßen. Es waren
Ausgestoßene, die buchstäblich hier in der Wüste vom Gras lebten und ver-
zweifelt nach einer Möglichkeit suchten, in jene besiedelten Landstriche
zurückzukehren, aus denen Kinglake auf seiner Reise gerade geflohen war.
So mußte Kinglake – wie viele andere zeitgenössische Reisende – erkennen,
daß es keinen Ausweg aus der Moderne gibt, »denn wo auch immer der
Mensch wandert, so bleibt er immer an die Kette gefesselt, die ihn an seines
Gleichen bindet« (ebd.: 206).

Das Selbst auf Reisen: Ichspaltung und Selbstfindung

*So hat denn die Gewohnheit des Heimatlandes eine Art natürlichen Reiz
[für den, der] die Zeit vom frühesten Kindesalter bis zum Erwachsensein
dort verbringt.*

Diodorus Siculus, 49 v. Chr. ([1992]: 229)

Die tiefere Bedeutung der Abreise als Trennung manifestiert sich nicht nur
in dem Phänomen der Trennungsangst, sondern auch in der Ichspaltung,

die eintritt, wenn man seine ortsgebundene Identität hinter sich läßt. Diese Spaltung findet ihren Ausdruck in den Tränen, die Gilgamesch vergießt, wenn er um sich selbst weint als denjenigen, der die Straßen entlangwandert und die Gefahren und Unwägbarkeiten der Reise erdulden muß. Sie begegnet uns auch in den Schriften von Karl Philipp Moritz, einem deutschen Geistlichen aus dem 18. Jh., dessen Tagebuchaufzeichnungen über seine Reisen in England zu den Klassikern der Reiseliteratur gehören. Moritz fragte sich, wie er, als einsamer Wanderer in einem fremden Land, wohl aus der Sicht seines besten Freundes daheim erscheinen mochte; dabei wurde ihm bewußt, wie wichtig die Frage der Distanz wird, wenn es darum geht, sich selbst zu betrachten:

> »Ich ruhete mich hier eine Weile aus, und da ich nun wieder fortging, dachte ich an den Ort meines Aufenthalts, an alle meine Bekannte, und auch an Sie, liebster Freund, und dachte, wenn Sie mich hier so wandern sähen! – und in dem Augenblick fühlte ich erst eigentlich den Gedanken der Entfernung, und daß ich nun in England war, welches eine ganz sonderbare Empfindung bei mir hervorbrachte, die ich nur einigemale in meinem Leben gehabt habe.« ([1981]: 96)

Wenn man von den Bedingungen der Ortsgebundenheit und Verwurzelung ausgeht, dann hat eine Abreise soziale, psychische und intellektuelle Folgen. Mit der Loslösung aus dem vertrauten System von Anerkennungen und Beziehungen wird die soziale Existenz des Reisenden mehrdeutig und verformbar. Psychisch gesehen bewirkt die Abreise eine Art Entfremdung, die die Betroffenen unterschiedlich erleben: Adam und Eva als Leiden und Buße, Gilgamesch als Möglichkeit, sich selbst objektiver zu betrachten, Yvain als Anlaß zur Selbstfindung, und Alexander Kinglake als eine Form der Therapie. Intellektuell gesehen verleiht die mit der Abreise einsetzende Entfremdung dem erfahrenen Reisenden eine gewisse »Ungebundenheit« und »Objektivität« und den Status eines Beobachters. Die mit der Abreise gegebene Entfremdung des Selbst entspricht ziemlich genau dem, was Karl Marx mit diesem Begriff meint. Die Abreise »verdinglicht« den Reisenden: Er wird zu einem Gegenstand, der außerhalb der ihn definierenden Beziehungen existiert, d. h. zu einem autonomen Individuum wird. Die Welt verwandelt sich in eine ungeordnete Ansammlung von »Gegenständen«, deren Bedeutung dem Außenseiter rätselhaft bleibt und die er nur aus der äußeren Erscheinung entschlüsseln kann. Durch die Distanz wird man plötzlich in die Lage versetzt, die eigene Kultur, in die man hineingeboren wurde und die einem bis dahin als Filter für die Betrachtung der Welt gedient hat, als Objekt, als geschlossenes, von außen beschreibbares Phänomen zu sehen.

Der Wahrnehmungspsychologe James Gibson hat darauf hingewiesen, daß es sich, wenn man sich »außerhalb« von etwas befindet, um eine Substanz handelt, wenn man sich »darin« befindet, jedoch um ein »Medium«. Für einen Fisch ist das Wasser also ein Medium, für Landbewohner eine Substanz und für Amphibien wechselweise Substanz und Medium (1982: 16ff.). Viele Reisende erleben diesen Übergang als eine plötzliche neue, objektive Wertschätzung der Heimat. Freya Stark, die moderne Abenteurerin und großartige Reiseschriftstellerin, betrachtete ihren Aufenthalt im Libanon vor allem deshalb als so wertvoll, weil sie hier eine neue Art von Entfremdung empfand: »Einer der interessantesten Aspekte einer solchen Zivilisation besteht darin, daß man seine eigene plötzlich auf ganz neue, frische Weise sieht. Es ist fast so, als hätte man die Welt verlassen und könnte sie von außen als Objekt betrachten.« (1974: I, 139)

Auch Goethe stieß auf seiner Italienreise darauf, daß es einen Unterschied gibt zwischen der Wahrheit des Reisenden (des Außenseiters) und der Wahrheit des Eingeborenen (des »Innenseiters«). Man hatte ihn nämlich als Spion verdächtigt, nachdem er dabei beobachtet worden war, wie er eine Skizze der mittelalterlichen Burg oberhalb des Städtchens Malcesine am Gardasee angefertigt hatte. Bei seinem Verhör vor den versammelten Bewohnern der Stadt hielt er den Anwesenden eine Rede über die Bedeutung und Ästhetik mittelalterlicher Bauwerke, fügte jedoch einschränkend hinzu, »[i]hnen sei freilich nicht zu verargen, daß sie an diesem von Jugend an gekannten Gebäude nicht so viele malerische Schönheiten als ich entdecken könnten.« Die Bewohner des Ortes hörten ihm mit wachsender Aufmerksamkeit zu und ließen ihn schließlich ziehen, nachdem sie zu dem Schluß gekommen waren, er sei kein Spion, sondern »ein braver, kunstreicher Mann (...), wohlerzogen, welcher herumreist, sich zu unterrichten ([1962]: I, 27f.). Der Begriff des »Malerischen« geht, zumindest wenn man von realistischen und naturalistischen Stilrichtungen der Malerei spricht, von einem Standpunkt des Betrachters außerhalb des »Rahmens« aus. Den gleichen Standpunkt nimmt notwendigerweise der Reisende ein, der sich in einem bestimmten Zusammenhang befindet, ohne diesem jedoch anzugehören.

Es ist keine Frage, daß eine Abreise immer eine Trennung und Entfremdung bedeutet; die Art und Weise jedoch, wie diese jeweils persönlich erfahren wird, ist höchst unterschiedlich. Viele Reisende empfinden die Ichspaltung, den Prozeß der zunehmenden Entfremdung und die plötzliche Unbestimmtheit der eigenen Identität als Schmerz und Leid, als Grund zum Protest. Abd-Er-Razzak, ein arabischer Beamter und Schreiber, der gegen seinen Willen im Jahre 1413 eine arabische Gesandtschaft nach Indien begleiten mußte, verspürte dieses Gefühl der Entfremdung sehr stark:

»Bei dem Gedanken an meine Gemahlin und meine Heimat weinte ich so bitterlich, daß ich am liebsten die ganze Welt um das Vergnügen und die Gewohnheit
des Reisens gebracht hätte. Meine Heimat ist das Land der Araber und keine
andere. Allmächtiger Gott (....), mach, daß ich wieder in die Gesellschaft meiner Freunde zurückkehren kann!« (Zit. n. Majors 1857: 9)

Andere jedoch, darunter auch Alexander Kinglake, begrüßten diese Entfremdung und erlebten sie als eine Befreiung, als Gewinn. Mit der Abreise
bietet sich einem die Gelegenheit, sich aus einer als dysfunktional empfundenen Beziehung zwischen Selbst und Kontext zu lösen: »In einem ganz
konkreten Sinne ist es so, als würde man eine Psychoneurose hinter sich
lassen. (...) In der Anonymität des Reisens fällt jeder Selbsthaß von einem
ab.« (Farber 1954: 269) Diese Trennung von einem »verorteten« Selbst war
ein wichtiger Gesichtspunkt für die Bildungsreisenden des 17. Jh. Richard
Lassels, der als reisender Privatlehrer junge englische Gentlemen auf ihren
Europareisen begleitete, sah in der mit der Abreise einsetzenden Entfremdung einen Aspekt der moralischen Weiterentwicklung:

> »Ein Reysender muß sonderlich zusehen / daß er in seinem Reysen sich nicht
> selbst mitnehme. Mancher / spricht Seneca / kompt nicht besser heim / als er
> außgezogen / dieweil er sich im Reysen selbst mitnimpt.« (Lassels 1673: III)

Mit dem Herkunftsort läßt man unter Umständen auch gewisse schimpfli-
che persönliche Eigenschaften zurück: Laster, schlechte Manieren, Stolz.
Lassels ermahnt die jungen Herren:

> »So kommt mancher junge Mensch wiederum heim / wohl gereiset / aber nicht
> viel weiser und erfahrner / dieweil er seine böse Affecten und Manieren mit sich
> reisen lassen. Deßwegen wolte ich / es liesse ein jeder seine vorigen Gewohnhei-
> ten / weibischen Gebärden und Kinderpossen; Meide allerley liederliche
> Gesellschafften / mit dem Gesind und dergleichen sich nit zu gemein mache /
> die Wirths= und Spiel=Häuser ec mei=de / und den Spruch des weisen Seneca
> oft im Mund und Gedächtniß habe: *Major sum & ad majora natus, quam ut
> mancipium sim corporis mei; Ich bin zu gut dazu / daß ich meinen Leib sol zum
> Schlaven machen.*« (Ebd.: IV).

Kurz gesagt: Die mit der Abreise verbundenen Trennungen sind eine Art
moralisches Experiment, bei dem sich erweist, welche Aspekte des Selbst
im Kontext ihrer Entstehung zurückgelassen werden können und welche
unauslöschlicher Bestandteil dieses Selbst bleiben. Genau das ist gemeint,
wenn immer wieder davon die Rede ist, Reise und Abreise seien eine Läuterung, eine Bloßlegung des gewohnten, angepaßten Selbst, die dazu dienen
könne, die Konturen einer Persönlichkeit zu schärfen und zu erhellen.

Aber diese Einschätzung ist nur eine positive Bewertung jener Mehrdeutigkeit des Selbst, jenes Verschwimmens der Identität, das die antiken Exilanten und unfreiwilligen Reisenden so oft als schmerzlich erfuhren.

Der freie Ritter: Mobilität und Autonomie

Der Bedeutungswandel der Abreise und die Schwerpunktverlagerung von einem Verlust zu einem Gewinn zeigen sich am deutlichsten im Mittelalter. Der neu aufkommende Begriff des Abenteuers und des «freien» Helden spiegelt eine tieferliegende Wirklichkeit. Die Figur des Ritters diente den feudalen Kriegern des Mittelalters dazu, die Kriterien für die Zugehörigkeit zu ihrem Stand zu definieren. Macht und Status sollten nicht durch Gewalt und Raub, sondern durch die mit dem Bestehen von Abenteuern verknüpften Tugenden erworben werden. Status war in diesem Sinne die Belohnung für die selbstlose Bereitschaft, Risiken einzugehen. Der Begriff des ritterlichen Abenteuers war innerhalb einer mittelalterlichen Gesellschaft, die gerade dabei war, sich als Feudalismus zu konstituieren, durchaus funktional, denn er wies bestimmten Elementen, die innerhalb jener Sozialordnung zunehmend anomal wirkten, eine Funktion, eine Aufgabe und Würde zu.

Der mittelalterliche Chronist Guibert von Nogent vertrat die Auffassung, Gott habe den Kreuzzug eingeführt, »damit der Ritterstand und das unbeständige Volk, die nach heidnischer Art gegenseitig ihr Blut vergossen, einen neuen Weg hätten, das Heil zu gewinnen« (zit. n. Erdmann 1980[1935]: 311), und Balderich von Dol, selbst ein Kreuzritter, war der Meinung, es sei durchaus ein gutes Werk, gegen die Heiden Männer auszuschicken, die ihnen so ähnlich seien: »ihr Bedrücker der Waisen und Witwen, ihr Mörder, ihr Tempelschänder, ihr Rechtsbrecher, die ihr Räuberlohn suchet für vergossenes Christenblut« (ebd.: 313).

Der Gedanke, bewaffnete Abenteurer mit einer sinnvollen Tätigkeit »nach außen hin« abzulenken, kennzeichnet sowohl die *Reconquista* auf der iberischen Halbinsel als auch ihre Ausweitung in Übersee im Zeitalter der Entdeckungsreisen nach Afrika, Asien und Amerika. Er sorgte auch in der Folgezeit für die wichtigste Exportware Europas – junge Männer. Ein Bürgerkomitee, das im Jahre 1540 darüber befinden sollte, ob es die Kolonie Mexiko schwächen würde, eine große Anzahl von Männern auf die Coronado-Expedition zu schicken, war sich darin einig, daß die Entsendung dieser überschüssigen jungen Männer die Kolonie von einer großen Last befreien würde. So meinte Pero Almidez:

»Es war sehr von Vorteil, daß diese Leute Mexiko verließen, da sie den Bewohnern mehr Schaden als Nutzen brachten, denn es waren zumeist gelangweilte junge Herren, die weder in Mexiko noch in ihrer Heimat eine Beschäftigung hatten.« (Zit. n. Hammond 1940: 113)

Dazu kam, daß diese jungen Männer durchaus freiwillig und mit großen Hoffnungen in das große Unbekannte im Norden aufbrachen.

Das mag den »Expansionsdrang« der europäischen Gesellschaft im Mittelalter und in der Neuzeit besser erklären als irgendein angeblicher abendländischer Eroberungswille. Gleichzeitig deutet sich damit eine Korrelation an zwischen der »Expansion« durch den Export überschüssigen Menschenmaterials und der sich im Spätmittelalter herauskristallisierenden europäischen Sozialordnung. Die Anthropologin Mary Douglas verweist in diesem Zusammenhang auf eine wichtige strukturalistische Erkenntnis: »Wenn sich etwas mit Bestimmtheit als anomal klassifizieren läßt, treten die Umrisse der Gruppe, zu der es nicht gehört, deutlicher hervor« (1988: 55 f.). Stellungslose junge Männer ohne Familie und – abgesehen vom Waffenhandwerk – ohne Beruf stellten für die zunehmend stratifizierte Adelsgesellschaft Europas vor 1789 eine eindeutige Anomalie dar. Der Export dieser Anomalien diente dem Ziel, Frieden und Ordnung zu schaffen. Es liegt eine gewisse Ironie darin, daß gerade die störenden Elemente dazu benutzt wurden, das System auszuweiten und zu verteidigen.

Das Bild des Ritters als freier, autonomer Persönlichkeit, die ihre Identität durch Reisen findet, machte aus der »Anomalie« auf höchst effektive Weise ein kulturelles Ideal, das jedem jungen Mann offenstand, der über Waffen und ein Pferd verfügte. Gleichzeitig legte dieses Image auch die Richtung fest, in der sich die Selbstfindungsreise des ungebundenen Ritters zu bewegen hatte, nämlich *nach außen*, in eine Sphäre der unbegrenzten Möglichkeiten, den Wald und die Wildnis. Im Mittelalter vollzog sich eine Neudefinition von Freiheit in ganz praktischem Sinne, nämlich als Gegenteil der Gebundenheit an die Scholle oder das Haus – eine Definition, die bis heute ihre Gültigkeit behalten hat. Frei waren demnach alle, die das Recht auf freie Abreise hatten und ihre Autonomie auch verteidigen konnten. In England konnte ein Leibeigener dadurch den Status eines Freien erlangen, daß er den Boden, an den er gebunden war, verließ und erst nach Ablauf eines Jahres zurückkehrte. Jeder Mensch konnte sich also tatsächlich durch seine Abreise befreien.

Die Verknüpfung von Mobilität und Autonomie ist demnach eine historische Entwicklung; im Laufe der Zeit wurde sie zu einem konstituierenden Element der modernen abendländischen Kultur. Der Status des unge-

bundenen Individuums und die Wertschätzung der mit vielen Abreisen verbundenen Trennungserfahrungen liefern den Bedeutungsrahmen, in dem
sich moderne Abreisen vollziehen und der auch unsere Reiseerfahrungen
färbt. Jede Abreise erhält dabei die Bedeutung einer Rekapitulierung der
persönlichen und kulturellen Geschichte und dient dazu, den Abscheu vor
dem allzu Vertrauten abzubauen. So schreibt der Romanschriftsteller John
Knowles:

> »Der letzte Rülpser Amerikas war am äußeren Rand der Lagune von Venedig
> verhallt, und als ich so durch die ruhige, bleiern in der Sonne liegende Adria
> fuhr, war ich noch nicht wirklich weg. Es war ein erfrischendes Gefühl, irgend-
> wie süß, fast wie eine Rückkehr in die früheste Kindheit. Es lag etwas von
> einem neuen Morgen darin, ja sogar eine gewisse Unschuld. Das war es, was das
> Reisen in mir bewirkte, aber nur in weitester Ferne, wo die Spuren noch nicht
> ausgetreten waren von anderen – Benjamin Franklin, Henry James, Zelda Fitz-
> gerald oder Elizabeth Taylor –, wo es nur wenige, unleserliche Hinweisschilder
> gab und primitive oder gar keine Unterkünfte, wo ich mich in einer neuen,
> unbekannten Welt befand und improvisieren mußte; mit anderen Worten: wo
> ich mich verhalten mußte wie ein noch sehr junger Mensch.« (1964: 36)

Diese Erfahrung der Reise als Verjüngung, als Rückkehr in die frühe Kindheit setzt die Existenz einer Peripherie voraus, hinter der die »weiteste
Ferne« liegt – eine fremde und unbekannte Welt. Aber die unzähligen europäischen Reisenden auf der Suche nach dieser Erfahrung haben dafür
gesorgt, daß nur noch wenige Bereiche der Welt unerforscht oder unbeachtet geblieben sind – das Fremde ist längst vertraut geworden. Die Desillusionierung des modernen Reisenden ist nicht zuletzt das Produkt einer
Geschichte, die das Verlangen nach »Anderssein«, nach Flucht, zur Norm
erhoben und gleichzeitig jene Bereiche des Anderen, in die man auf der
Suche nach Abenteuer und Selbstfindung tatsächlich noch fliehen konnte,
weitestgehend vernichtet hat. Vielen modernen Reisenden, die sich der Ironie dieser Geschichte bewußt werden, geht es wie Michel Leiris: »Sein
Fluchtversuch war ein kompletter Mißerfolg, und er glaubt ohnehin längst
nicht mehr daran, daß es Zweck hat, zu fliehen.« (Zit. n. Clifford 1988:
166)
   Was die modernen Reisen betrifft, so muß das nach Selbstfindung
suchende, durch die modernen Verhältnisse geprägte Individuum oft genug
erkennen, daß man der Moderne nicht entkommen kann, daß es keine
Grenze mehr gibt zwischen dem Zivilisierten und dem Unzivilisierten. Bit-
ter beschreibt Claude Lévi-Strauss die Paradoxien, denen man in den entferntesten Winkeln der Erde begegnet, wo sich das Strand- und Treibgut

einer industriellen Zivilisation findet, die zu einem globalen System geworden ist:

> »Heute, da die polynesischen Inseln in Beton ersticken und sich in schwerfällige, in den Meeren des Südens verankerte Flugbasen verwandeln, da ganz Asien das Gesicht eines verseuchten Elendsgebiets annimmt, Afrika von Barakkenvierteln zerfressen wird, Passagier- und Militärflugzeuge die Reinheit des amerikanischen oder melanesischen Urwalds beflecken, noch bevor sie seine Jungfräulichkeit zu zerstören vermögen, – was kann die angebliche Flucht einer Reise da anderes bedeuten, als uns mit den unglücklichsten Formen unserer historischen Existenz zu konfrontieren? (...) Was uns die Reisen in erster Linie zeigen, ist der Schmutz, mit dem wir das Antlitz der Menschheit besudelt haben.« ([8]1991: 31)

Der moderne Reisende kann sich nicht mehr in den Wald verkriechen, wo Yvain noch reichlich Gelegenheit für Abenteuer fand; dieser Weg zum Selbst ist heute durch die Auswirkungen der Modernität »verunreinigt« und entweiht. Gerade die Unmöglichkeit, den modernen Verhältnissen zu entkommen, macht es erforderlich, den traditionellen Topos in einen Bereich außerhalb der Welt zu projizieren, in Phantasievorstellungen von Weltraumreisen und Erwartungen von Ungeheuern, die uns jenseits unseres Globus bedrohen. Das Bedürfnis nach Flucht und Selbstfindung durch die Loslösung vom Bekannten und Vertrauten hat seine Wurzeln in der Geschichte der Seßhaftwerdung: Sie hat eine Ideologie hervorgebracht, zu der eine Wildnis gehört, ein Reich »alternativer Wirklichkeiten«, in dem das Selbst seine Einzigartigkeit erkennen und in einem Klima des Neuen und Unerwarteten seine Freiheit wiedergewinnen kann – in einer Zeit, da die Geschichte die reale Möglichkeit einer solchen Alternative weitgehend eliminiert hat.

»Wir hatten jedes Stückchen Tuch, das uns zur Verfügung stand, gehißt,
als ob Neptun selbst anwesend wäre, ohne jeden Widerstand.«
(William Sloan, zit. n. Drake [1854]: 13)

Kapitel 2

»SUCH SWEET WAYFARING« – DER REIZ DER PASSAGE

Gegen zehn Uhr abends drehten wir bei, etwa sieben Seemeilen Luv von Kap Passado. Der Wind flaute ab. So lagen wir die ganze Nacht und ließen uns treiben, um von den Anstrengungen des Tages auszuruhen. Am 18. Tag hatten wir bis zum Nachmittag wenig Wind, dann setzten wir Segel und fuhren die Küste entlang nordwärts; der Wind kam aus SSW, das Wetter war schön.

William Dampier, 1691
([1906]: I, 34)

Daß uns diese Zeilen überliefert sind, verdanken wir einer Gewohnheit, die im 18. Jh. geradezu zur eisernen Regel wurde: Jeder ehrgeizige junge Seemann, der sich die Würde eines Reiseberichterstatters erwerben wollte, machte jeden Tag eine Eintragung in sein Logbuch, ob es nun etwas Besonderes zu berichten gab oder nicht. Einer davon war William Dampier. Dieser englische Privatier, Hydrograph und Kaufmann, der ständig auf Reisen war, hielt schon im späten 17. Jh. in seinen Logbüchern Tatsachen und Beobachtungen fest, die für die Herren von der Royal Society, die diese Aufzeichnungen später veröffentlichten (Dampier 1906), von großem Interesse waren. Seine Kameraden staunten nicht schlecht, als sie sahen, wie er, als sie auf der Flucht vor der spanischen Miliz einen Fluß überqueren mußten, alle seine Habseligkeiten zurückließ und nur seine Logbücher, die er in eine Ölhaut eingewickelt hatte, auf dem Kopf über den Fluß trug. Als er die oben zitierten Zeilen niederschrieb, kreuzte er mit seinem Schiff auf der Suche nach Abenteuern im Golf von Panama, mit Kurs auf den Isthmus.

Was aber sagt diese Eintragung aus und was beschreibt sie tatsächlich? Auf den ersten Blick hat es den Anschein, als handle sie von einer Phase der Bewegung – einer Fahrt über einen Tag und zwei Nächte, und zwar ohne ein bestimmtes Ziel. Aber trifft das tatsächlich zu? Das eigentliche Wesen einer Passage – nämlich die räumliche Fortbewegung – fehlt völlig. Der Text bezieht sich auf bestimmte Orientierungspunkte – ein Kap, den Äquator, Kompaßpunkte, Tag und Nacht, Morgen und Abend. Es gibt während dieser Windstille keinerlei bemerkenswerte Vorkommnisse, die unsere Seeleute auf die Probe stellen und ihnen Gelegenheit geben würden, zu zeigen, aus welchem Holz sie sind. Die Bewegung wird nur erzählbar durch den Wechsel von Tag und Nacht, durch Veränderungen der Richtung und des jeweiligen Bewegungs-»Zustandes«: Beidrehen und ohne Fahrt Liegen, unter Land Treiben, dann langsame und schließlich gute Fahrt. So lassen sich zwar Veränderungen der Art und Geschwindigkeit der Bewegung und damit ihre Unstetigkeit mitteilen, nicht aber die Bewegung selbst. Diese merkwürdige Beschreibung überläßt es unserer Phantasie, sich auszumalen, was viele Jahrhunderte hindurch den weitaus größten Teil der Seefahrt bestimmt haben muß, aber nie notiert wurde und vielleicht auch gar nicht notiert werden konnte: das Stampfen und Rollen des Schiffes, das Wehen und Strömen von Wind und Wasser, die hypnotisierende, gleichmäßige und doch ständig wechselnde Bewegung des Wellengangs, das Spiel von Wolken und Licht, die Routinearbeiten der Schiffsführung, der Wechsel von Wende und Schlag. Hier gibt es keine Geschichte, die erzählt werden könnte, wenn man einmal von der Geschichte der Segeltechnik absieht.

Jeder, der einmal versucht hat, sich mit den Auswirkungen der Erfahrung des Reisens, der Bewegung, auf die menschliche Wahrnehmung und das menschliche Denken zu beschäftigen, sieht sich einer frustrierend geringen Zahl von Texten gegenüber, die ihm Anhaltspunkte liefern könnten. In Reiseaufzeichnungen, Log- und Tagebüchern finden sich über solche Passagen meist nur kurze Eintragungen wie »am 10. März kamen wir nach...« oder »nach zwei Tagen erreichten wir...«. In den meisten Fällen notieren die Reisenden, wohin sie wollen oder wo sie gewesen sind, und beschreiben die Eindrücke und besonderen Vorfälle während ihrer Reise, nicht aber die alltäglichen Vorgänge, die ohne Höhepunkte und zur Zufriedenheit verlaufen. Perioden angenehmer, ruhiger Passage sind schwer zu erzählen, weil sie nichts Ungewöhnliches zu bieten haben. Patrick Brydone, ein englischer Reisender und Schriftsteller des 18. Jh., vermerkte dankbar ein Unwetter, das eine ansonsten ereignislose Passage von Neapel nach Sizilien unterbrach: »Eine Expedition zur See ist nichts ohne einen Sturm. Unser Journal wäre vollständig unlesbar, wenn es diesen nicht gegeben hätte.« (1790: 50)

Man findet vor dem 18. Jh. nur selten Beschreibungen ruhiger Überfahrten, geschweige denn der Annehmlichkeiten einer solchen Fahrt. Eine der wenigen Ausnahmen, William Sloans Schilderung eines Reisetages entlang

der afrikanischen Küste während der Weltumseglung von Sir Francis
Drake, verzeichnet die gleiche charakteristische »Bedeutungslosigkeit«
und Allgemeinheit, jenen seltsamen Mangel an Subjektivität, der so viele
Reisenotizen kennzeichnet: »Jetzt segelten wird weiter die Küste entlang
nach Süden in Richtung Kap Blanco (. . .) Wir hatten jedes Stückchen Tuch,
das uns zur Verfügung stand, gehißt, als ob Neptun selbst anwesend wäre,
ohne jeden Widerstand. « (Zit. n. Drake 1854 [1628]: 13) Sloan betont in seiner Schilderung vor allem das, was fehlte – Widerstand, Reibung, Entscheidungen – und nicht so sehr die reine, unwiderstehliche Bewegung, die um
ihn herum bestanden haben muß.

Das Fehlen von Angaben über die Fahrt selbst ist also nicht nur ein Problem für diejenigen, die die unterwegs stattfindenden menschlichen Veränderungsprozesse untersuchen wollen, sondern liefert gleichzeitig auch
einen ersten Hinweis darauf, worin diese Veränderungen bestehen: Sie sind
leicht, angenehm, ereignislos und scheinen bei dem, der sie erlebt, ein
Schweigen, eine Sprachlosigkeit zu erzeugen. Eine weitere Schwierigkeit
liegt darin, daß die Passage diejenige Phase der Reise ist, die sich selbst
genügt und gleichsam ihre eigene Motivation zu erzeugen scheint. Häufig
werden Reisen ohne einen bestimmten Zweck unternommen oder dienen
gerade dazu, einem zweckbestimmten Leben zu entkommen – man macht
eine Spritztour mit dem Wagen oder geht auf Kreuzfahrt. Daneben gibt es
jene passionierten und gewohnheitsmäßigen Reisenden, zu denen auch
Dampier gehört, die nicht reisen, um Handel zu treiben oder um Reichtum
oder Ruhm zu erlangen, sondern ihr Vermögen opfern und die Entfremdung von Gattin und Kindern in Kauf nehmen, nur um unterwegs zu sein.
Die Reise wird gewissermaßen zum Selbstzweck für diese Reisenden, die
sich vor allem im Transportgewerbe und unter Nichtseßhaften finden.
Stellvertretend wird diese Kategorie vielleicht am besten durch den Yankee-
Matrosen verkörpert, dem der amerikanische Schriftsteller William Dean
Howells in Venedig begegnete: Dieser Mann ging selbst in der dieser wohl
romantischsten Stadt der Welt während seines dreiwöchigen Aufenthaltes
nicht ein einziges Mal an Land. Howells, der selbst in den *genius loci* verliebt und ein passionierter Tourist war, gestand, daß solche Menschen ihm
vollkommen unverständlich seien: »Was für seltsame Menschen diese Seeleute doch sind. Sie bereisen die ganze Welt und wissen doch nichts von ihr,
sie sind noch unwissender und hilfloser als Kinder am Strand. « (1872: 58)

Diejenigen, für die der einzige Sinn und Zweck der Reise darin besteht,
unterwegs zu sein und die in einem Stadium des Übergangs verharren, führen häufig eine Randexistenz innerhalb seßhafter Gesellschaften; sie haben
keine Heimat und kein Zuhause, so wie jener Mann der Straße, der vor den

Augen des Druckers Thomas Gent, der sich in den 30er Jahren des 18. Jh.
auf dem Wege nach London befand, plötzlich unrasiert und schmuddelig
aus einer Hecke auftauchte: »Als ich ihn fragte, was sein Ziel sei, antwortete er: ›hier und dort auf der Welt‹, denn jeder Ort sei für ihn wie jeder
andere.« (1832:54) Unter diesen gewohnheitsmäßigen Reisenden und Wan-
derern sind aber auch die großen Stars des Reisens: Marco Polo, Charles
Montagu Doughty, Freya Stark, Thomas Coryate und zahlreiche andere.
Mark Twain, ebenfalls ein Reisender aus Neigung und Berufung, gestand
seinem Bruder seine Reisesucht, ehe er im Jahre 1867 zu jener Pilgerfahrt in
die Alte Welt aufbrach, die die Grundlage seines Buches *The Innocents
Abroad* (1869; dt.: Die Arglosen im Ausland) bilden sollte: »Du siehst, daß
sich unter meinem fröhlichen Äußeren ein Geist verbirgt, der mir böse ist
und keinen Hehl macht aus seiner Verachtung für mich. Dem kann ich nur
entfliehen, wenn ich auf See bin und mich entspannt und zufrieden fühle.«
([1971]: 21)

Offensichtlich läßt das Unterwegssein alle äußerlichen Motive zurücktreten und wird zum Selbstzweck: Es beruhigt und befriedigt und verschafft ein ganz eigenes Vergnügen, für das Gewohnheitsreisende ihr Vermögen und ihr Leben opfern, als handele es sich um eine teure Geliebte.
Die verführerische Wirkung des Reisens besteht darin, daß es den Bezug
des Reisenden auf feste Punkte so stark verändert, bis die Bewegung selbst
seine Wahrnehmung der Welt, seines Selbst und des »anderen« bestimmt.

Die eigentliche Passage unterscheidet sich deshalb qualitativ sowohl von
der Abreise als auch von der Ankunft: Es ist eine Erfahrung des Sich-Bewe-
gens über Grenzen und durch den Raum, während Abreise und Ankunft
immer in bezug auf die Orte erlebt werden, von denen man sich löst bzw.
an die man sich bindet. Unterwegs wird die Bewegung zum Medium der
Wahrnehmung und gleichzeitig zum bestimmenden Element des eigenen
körperlichen Zustands. Der Passagier findet sich mehr und mehr als
Betrachter und Beobachter einer an ihm vorüberziehenden Welt – einer
Welt, die sich in eine Folge von kontinuierlich abrollenden Bildern verwandelt. Das ist es, was jene Mrs. Gordon meinte, die auf einer Bahnfahrt
durch Schottland zu Paul Theroux sagte: »Mit dem Zug fahren ist für mich
wie ins Kino gehen.« (Theroux 1983: 321)

Aber nicht jeden beeinflußt die Passage auf gleiche Weise; eine Reise, die
die Identität des einen von Grund verändert, verändert die des anderen
überhaupt nicht oder nur wenig oder erzeugt nur Übelsein und Reisekrank-
heit. Sicher entscheidet nicht zuletzt die Einstellung des Reisenden zur
Phase des Unterwegsseins darüber, wie stark sich seine Verfassung und sein
Bewußtsein wandeln. Das hat zumindest Alexander Kinglake beobachtet:

»Einen Tag, vielleicht eine Woche, ja sogar einen Monat nach dem andern ruht Dein Fuß im Steigbügel. Den kalten Hauch des frühesten Morgens zu kosten und die Cavalcade anzuführen oder ihr zu folgen durch Wälder und Gebirgspässe, durch Thäler und öde Ebenen bis zum Sonnenuntergang, alles Dies wird Deine gewohnte Lebensweise (...) Wenn Du klug bist, so wirst Du die lange Zeit, die so durch die wirkliche Bewegung in Anspruch genommen wird, nicht als die bloße Kluft betrachten, die Dich von dem Ziele Deiner Reise trennt, sondern vielmehr als eine jener seltenen und plastischen Zeiten Deines Lebens, von welchen Du vielleicht in spätern Jahren die eigentliche Form und Bildung Deines Charakters – das heißt Deine eigentliche Identität her datirst. Sobald Du dies nur einmal erst fühlst, wirst Du bald fröhlich und zufrieden in der Heimath Deines Sattels sitzen.« (1846: 22f.)

Was Kinglake hier so nachdrücklich beschreibt, ist äußerst aufschlußreich. Für ihn ist die Passage eine Bewegungsfolge, die den Charakter, ja sogar die Identität eines Menschen verwandeln kann, vorausgesetzt, sie findet freiwillig statt und dient nicht irgendwelchen äußerlichen Zwecken. Diese Auffassung entspricht weitgehend Joan Didions einleitend zitierter Beschreibung des »Rauschs der Autobahn«: Zur »Gemeinde der Autofahrer« kann nur gehören, wer nicht daran denkt, wohin er reist oder woher er kommt und sich ganz dem Zustand der Bewegung überläßt. Das ist nicht jedem möglich.

Didion und Kinglake beschreiben den Genuß des Reisens als das Einsetzen dessen, was der Soziologe Mihaly Csikszentmihalyi ein »Flow-Erlebnis« nennt. Dieses Erlebnis wird ausgelöst durch das Eintreten in einen ganz speziellen Zustand; dabei »folgt Handlung auf Handlung, und zwar nach einer inneren Logik, welche kein bewußtes Eingreifen von seiten des Handelnden zu erfordern scheint« (1985: 95). Das Befinden und das Bewußtsein des Passagiers, der sich dieser Logik überläßt, werden »verändert«. Die Frage ist, wie wir diese Veränderungen verstehen können.

In diesem Kapitel beschäftigte ich mich mit der Möglichkeit, das Wesen der Passage an den Merkmalen des Reisenden abzulesen, die über Jahrhunderte hinweg so auffallend konstant geblieben sind. Dabei ist natürlich unbestritten, daß die Charakterzüge des Reisenden das Ergebnis der Entscheidungen sind, die er trifft, und der Abwehrmechanismen, die er aufbaut, um sich gegen den Zustand des Fließens und des Ungleichgewichts zu schützen. Die »Erfahrung der Ferne« resultiert nicht aus irgendwie gearteten äußeren Einwirkungen auf das fühlende und empfindende Wesen während der Passage, sondern vielmehr daraus, was es mit den Ideen, Eindrükken und Wahrnehmungen macht, die es während dieser Bewegung sammelt.

Die Macht der Mobilität, die immerwährende Verwandlung der Umgebung, erzeugen bestimmte Abwehrmechanismen, aber auch dauerhafte Bewußtseinsmerkmale und eine neue Erfahrungsstruktur mit eigener Logik und Ordnung, die deutlich von der Logik des Ortes, der Territorialität abweicht. Wenn ich diese Thesen aufstelle, geht es mir darum, den Vorurteilen zu begegnen, die aus der Warte der Seßhaftigkeit entstehen. Die Person des »Passagiers«, die von einer Reihe von Sozialphilosophen analysiert wurde – darunter Georg Simmel (1908) mit seiner bis heute gültigen Beschreibung des »Fremden«, Robert Park (1925) und Everett Stonequist (1930) mit ihrem Konzept der »marginalen« Persönlichkeit und Victor Turner (u. a. 1987 a und b) mit seiner Beschreibung des Schwellenzustands –, wurde und wird mißverstanden, weil in all diesen Fällen die Autoren von der Perspektive derjenigen ausgehen, die in einer stabilen Gemeinschaft verwurzelt sind. Der Fremde, der Außenseiter, die »Schwellenfigur« befinden sich »zwischen« (Turners »betwixt and between«) Orten, Gemeinschaften oder dauerhaften Bindungen, und meist wird versucht, sie durch das Fehlen einer klaren Position und nicht von der Erfahrung der Bewegung her zu definieren. Aber die Passage ist nicht einfach nur die Erfahrung eines Zwischen-Raumes, sondern besitzt, wie ich bereits gesagt habe, eine eigene Struktur, Logik und Wirkung. Nur wenn wir diese Erfahrung anhand der von ihr erzeugten Charaktereigenschaften betrachten, können wir uns ein Bild machen von der Einzigartigkeit dieses Phänomens wie auch von den Gründen, warum die Passage den Reisenden zum Schweigen bringt, ihn beruhigt, ihn süchtig macht und eigene, neue Zwecke und Bedürfnisse erzeugt.

Der wandernde Philosoph

He travels on, and in his face, his step
His gait, is one expression: every limb
His look and bending figure, all bespeak
A man who does not move with pain, but moves
With thought (...)

William Wordsworth, »*Old Man Travelling*«, 1797
([1969]: IV, 247)

Dann kommt die Zeit, wer's lebt zu sehn,
Daß man mit Füßen pflegt zu gehn.

William Shakespeare, *König Lear* (III.2.93–94)

Wenn der Charakter des Reisenden gleichzeitig Reaktion auf und Abwehr gegen den Zustand der Bewegung ist, so fällt auf, daß in diesem Zusammenhang traditionell von »intellektuellen« und »bewußten« Reaktionen die Rede ist. Seit den Anfängen der Reiseliteratur dachte man, daß die Passage den Wissenshorizont des Reisenden erweitert und dadurch einen qualitativen geistigen Wandel bewirkt. Die Vorstellung, daß Reisen den Intellekt fördert, geht bis auf Gilgamesch zurück, der durch seine Wanderungen »alles schaute bis zum Erdenrande, Jed' Ding erkannte und von allem wußte, Verschleiertes enthüllte gleichermaßen, Der reich an aller Weisheit und Erfahrung, Geheimes sah, Verborgenes entdeckte (...)« (*Gilgamesch*: 23). In der antiken Welt galt das Unterwegssein als der angemessene Zustand für einen Philosophen. Als Dio von Prusa sich zur Wanderschaft bis ans Ende der Welt aufmachte, wozu er vom Delphischen Orakel als Buße für seine Sünden verurteilt worden war, wurde er »von einigen für einen Landstreicher gehalten, von anderen für einen Bettler, von wieder anderen für einen Philosophen« (Sykes 1961: 16). Der weitgereiste griechisch-römische Geograph Strabo faßte diejenigen, die »nach dem Sinn des Lebens suchen«, mit denen zusammen, die »die Berge durchstreifen«, und er wiederholte, was schon im ersten vorchristlichen Jahrhundert sprichwörtlich war: »Schildern nicht die Dichter die vielerwärts gereiseten und umhergeirrten Helden als die Verständigsten?« ([1988]: 11f.) Diese antike Assoziierung des Philosophen mit dem Wanderer ist heute noch geläufig.

Als Wiederbelebung und Erweiterung des antiken Topos findet sie sich auch in der Renaissance. Abhandlungen »zum Lobe des Reisens« aus dieser Zeit gehen davon aus, daß Reisen die Intelligenz schärft. Es wurde zunehmend als Abschluß und Vollendung der Bildung und als »angenehme Belehrung« empfohlen:

> »Jeder Geist, so aufgeschlossen er auch sein mag, wird notwendig stumpf und stirbt sogar, wenn er innerhalb der engen Grenzen seiner festen Behausung gefangen bleibt, und (...) es gibt keine Stumpfheit des Geistes, keine Finsternis, die so groß wäre, daß sie nicht im Verlaufe einer Reise wieder angeregt und in jeder Hinsicht wieder Klarheit und Kraft finden würde.« (Hermann Kirchner, zit. n. Coryate 1905: 129)

Der schon erwähnte reisende Privatlehrer Richard Lassels empfahl im 17. Jh. gutbetuchten Gentlemen, die ihre *Grand Tour* planten, seine Dienste mit einer Begründung, die schon seit Jahrtausenden fast zum Klischee geworden war:

> »Ist einer vorhin weise / es macht ihn noch klüger / wann er was bey andern Gutes oder Böses / selbst in Acht nimmt / daher der Weise Mann sagt: *sapiens in*

terra aliegenarum gentium pertransiet: bona enim & mala in hominibus tentabit. Es macht / wann einer schon wider da heim / daß er fast allenthalben ist.«
(1673: VII)

Oder, wie Kolumbus zu sagen pflegte: »Je weiter man reist, um so mehr lernt man.«

In der Renaissance sahen die Befürworter der Disziplin und Kunst des Reisens es als selbstverständlich an, daß das Kennenlernen so mannigfaltiger Menschen, Verhaltensweisen, Tieren, Pflanzen, Landschaften und Architekturen den Reisenden günstig beeinflussen mußte. Der italienische Humanist Andreas Francesius bemerkte dazu:

> »Wenn man so viele verschiedene Dinge und so andersartige Sitten kennenlernt, dann führt das dazu, daß auch der, der nur geringe Klugheit besitzt, bald geistreich und klug wird. In der Tat wird es wohl niemanden geben, der dadurch, daß er sich das Beste und Schlechteste von dem heraussucht, was er sieht, nicht sehr bald vernünftige Lebensgewohnheiten annehmen und seine Tugenden vermehren wird.« (Zit. n. de Beatis 1979 [1517/18]: 19)

Hier besteht Veränderung hauptsächlich in einer Schärfung der Urteilsfähigkeit, in der Unterscheidung des »Besten« vom »Schlechtesten«. Sie ist ein Ergebnis der mehr oder weniger bewußten Vergleiche, die der aufmerksame Reisende bei jeder neuen Erfahrung anstellt, und nicht so sehr der Ausweitung des Erfahrungshorizonts selbst. Erst die Verarbeitung der Erfahrungen verändert das Bewußtsein, d. h. die Instanz, die für das Gefühl der Kontinuität innerhalb der Identität verantwortlich ist.

Der Beobachter

Ich machte die Entdeckung, obgleich unbewußt und ohne es zu bemerken, daß das Vergnügen zu beobachten, zu schließen und zu urteilen viel höher stand als das der Geschicklichkeit des Jagens.
Die Urinstinkte des Wilden machten in mir allmählich den erworbenen Neigungen des zivilisierten Menschen Platz.

Charles Darwin, 1878
([1982]: 97)

Im 16. und 17. Jh. setzte sich zunehmend eine neue Auffassung durch, nach der der wichtigste Gewinn des Reisens in der Entwicklung der Beobachtungsfähigkeit bestand. Das für den Reisenden charakteristische Bewußtsein war das Bewußtsein eines Betrachters, und die Philosophie, inzwischen zu einer Wissenschaft unter vielen herabgewürdigt, galt in immer stärkerem Maße als bloßes Mittel zu disziplinierter und objektiver Beobachtung. Die wandernden Philosophen der Antike wurden durch den humanistischen Reisenden der Renaissance und den wissenschaftlichen Reisenden des 17. und 18. Jh. abgelöst. Beobachtung, Vergleich und die Fähigkeit, daraus ein allgemeines Bild oder eine Darstellung der Welt zu formulieren, galten als hauptsächlicher Nutzen des Unterwegsseins, und diese Vorstellung hat sich bis heute gehalten.

Im Verlauf der vier Jahre, die er an Bord der *Beagle* verbrachte, gab Charles Darwin seine jugendliche Begeisterung für die Vogeljagd langsam auf und verlegte sich auf eine weniger endgültige Form, sich die Welt anzueignen: Beobachtung, Messung, Notizen und das Sammeln von Proben. Die Tatsache, daß er die Beobachtung mit »Zivilisiertheit« in Verbindung brachte, liefert bereits einen wichtigen Hinweis darauf, daß der disziplinierte Betrachter im Europa der beginnenden Neuzeit eine zunehmende Wertschätzung erfuhr.

Noch bedeutsamer ist die Tatsache, daß sich durch die Zeiten hindurch die uralte Erkenntnis erhalten hat, daß das Reisen eine bestimmte Form von »Vernunft«, einen »Standpunkt«, ein Bewußtsein von sich selbst beinhaltet, welches in der Betrachtung der Welt und ihrer vielfältigen Zusammenhänge wurzelt. Die intellektuellen Prozesse, die seit alters her dem Reisen zugeschrieben werden, erklären sich nicht nur durch die Ausweitung des Erfahrungshorizonts, sondern durch die Beschränkungen, denen die Wahrnehmung des Reisenden während der Passage unterliegt, und den Versuch, diese Beschränkungen zu überwinden und zu kompensieren.

Generationen von Reisenden haben das gespürt. Mobilität verkürzt die Weltsicht des Reisenden auf kurze Augenblicke. Sie schafft eine charakteristische Distanz zwischen dem mobilen Betrachter und der betrachteten Welt und begrenzt die Wahrnehmung auf Oberflächen, Linien und Figuren. Jean Cocteau erkannte auf seiner Reise um die Welt dieses Problem und war dankbar für die moderne Technik der Fotografie, die die eingeschränkte Wahrnehmungsfähigkeit für ihn kompensierte: »Ich empfehle diese Methode: Mit den Dingen leben oder aber nur einen flüchtigen Blick auf sie werfen. Ich sehe kaum hin. Ich nehme auf. Ich fülle meine Camera obscura. Entwickeln werde ich zu Hause.« (1991: 21) Die implizite Unterscheidung zwischen bloßem Betrachten und Aufzeichnen – ersteres konsumiert die Welt und ihre Sehenswürdigkeiten, letzteres hält sie in Worten und Bildern fest – markiert den Unterschied zwischen dem oberflächlichen und dem ernsthaften Reisenden. Sie basiert auf der Aufwertung des Beobachterstatus, die sich mit der neuen Wissenschaft des 17. Jh. etabliert hat. Aber diese Wissenschaft der Beobachtung gründete in einem klaren Verständnis der Grenzen und Verzerrungen aller Betrachtung, insbesondere durch vorüberziehende Fremde. Dies ist die Quelle des begründeten Vorwurfs, daß der Blick des Reisenden zwangsläufig die Tiefe und Komplexität vermissen läßt, die dem »Insider« möglich sind.

Claude Lévi-Strauss versuchte die Weltsicht des Reisenden gegen den Vorwurf der Oberflächlichkeit zu verteidigen, indem er den antiken Topos wiederaufgriff und darauf verwies, daß gerade die Begrenztheit der Beobachtungen auf Reisen intellektuelle Weiterentwicklung und geistige Reifung ermöglichen kann: »Seither habe ich gelernt, wie sehr solch kurze Blicke auf eine Stadt, eine Region oder eine Kultur die Aufmerksamkeit schulen und es zuweilen sogar ermöglichen – dank der starken Konzentration, die eine so kurz bemessene Zeit erfordert –, bestimmte Merkmale des Gegenstands zu erfassen, die unter anderen Umständen möglicherweise lange verborgen geblieben wären.« (1991 : 55) Das Beobachten, Nachdenken und Aufzeichnen erscheinen hier als Kompensation für jene Beschränkungen, Zwänge und Handicaps, die die Bedingungen der Reise dem bewußten Erkennen des Betrachters auferlegen. Die Bewegung verbindet den Reisenden mit der Welt, distanziert ihn aber gleichzeitig auch von ihr. Wenn er diese Distanz überwinden will, muß er neue Techniken entwickkeln, von den Oberflächen der Gegenstände und Menschen etwas über ihr Inneres, ihre Beziehungen, Funktionen und Bedeutungen abzulesen – eben das Beobachten und Interpretieren. Die Wahrheit des gelehrten und beobachtenden Reisenden ist immer die Wahrheit des »Außenseiters«, nicht die Wahrheit des »Handelnden«.

Bronislaw Malinowski erkannte diesen Unterschied, als er verstand, daß das System des Prestige-Handels bei den Trobriandern, das er zum erstenmal in dem Buch *Argonauten des westlichen Pazifik* beschrieb, ein Produkt der Beobachtungen und charakteristischen Aktivitäten des Ethnographen war. Das »System« erschien dem Eingeborenen, der darin agierte, überhaupt nicht als solches, »denn das zusammenhängende Bild existiert nicht in seinem Bewußtsein, er lebt in ihm und kann das Ganze nicht von außen wahrnehmen« (1979 : 116). Es mag sein, daß das »Ganze« und das »System« immer nur von außen erkennbar sind, und hier zeigen sich die Stärken der Sichtweise des Reisenden. Was für den Eingeborenen ein Medium ist, das seine besondere Situation definiert, ist für den Reisenden ein Gegenstand, der im Hinblick auf seine Beziehung zu anderen Teilen eines Systems verstanden werden muß.

Der Fremde

Der Fremde ist ein Außenseiter in einer Welt, (...) die mehrdeutig, voller Brüche und in ständigem Fluß ist.

Dennison Nash, 1963

Zu dem Bild, das sich die Soziologie des 20. Jh. vom Reisenden als »Fremdem«, als Außenseiter macht, gehört immer noch der antike »wandernde Philosoph«, aber auch das, was man zu Beginn der Neuzeit unter einem richtigen Reisenden verstand: einen objektiven Betrachter der Welt, der seine Beobachtungen zu Papier bringt.

Georg Simmel schreibt dem Fremden vier charakteristische Eigenschaften zu: Freiheit, Objektivität, Allgemeinheit und Abstraktheit. »Freiheit« und »Objektivität« bedeuten im wesentlichen dasselbe: Der Fremde ist durch seine Mobilität von der Gemeinschaft, in der er zu Hause ist, »losgelöst«. Dank dieser Ungebundenheit ist er in der Lage, die Konflikte und Situationen, in die die Einheimischen verstrickt sind, »objektiv« zu betrachten; das ist der Grund, warum Fremde immer wieder als Richter, Beichtväter und Vertrauenspersonen begrüßt wurden. Simmel beschreibt den Fremden folgendermaßen: »Er ist der Freiere, praktisch und theoretisch, er übersieht die Verhältnisse vorurteilsloser, mißt sie an allgemeineren, objektiveren Idealen und ist in seiner Aktion nicht durch Gewöhnung, Pietät, Antezedentien gebunden.« (1983: 510f.)

Mit »Allgemeinheit« und »Abstraktheit« meint Simmel die Art und Weise, wie der Fremde von den anderen betrachtet wird, und nicht so sehr dessen eigenen Standpunkt. Mit seinem für die Eingeborenen »allgemeinen« und »abstrakten« Charakter repräsentiert der Fremde den Menschen an sich: Befreit von allen Besonderheiten, verkörpert er all jene Dinge, die die Eingeborenen mit allen anderen Menschen gemeinsam haben, denen die Eingeborenen dann ihre Besonderheit gegenüberstellen können.

Die von Simmel eingeführten vier Merkmale wurden schon seit langer Zeit mit Reisenden assoziiert, auch wenn sie mit anderen Begriffen beschrieben wurden – als »philosophische« Haltung oder als Wesensmerkmal des »objektiven Betrachters«. Für Stonequist beruht die Förderung der Intelligenz des Reisenden auf seiner Stellung zwischen verschiedenen Gemeinschaften: »Zwischen zwei Gruppen zu stehen, verlangt geistige Beweglichkeit. Es ist dem Individuum nicht gestattet, zur Ruhe zu kommen und vielleicht sogar Wurzeln zu schlagen. Die Notwendigkeit, sich ständig anzupassen, zwingt die Sinne zu blitzschnellem Handeln.« (1930:

94) Die raschere Auffassungsgabe und größere Intelligenz des Außenstehenden sind also das Ergebnis einer »Zweisprachigkeit«, d. h. der Notwendigkeit, zwischen den Kulturen und Normen verschiedener Gruppen zu »übersetzen«: »Eine Wanderung beinhaltet mehr als nur die Anpassung oder Umstellung alter Sitten und Gewohnheiten an neue geographische und ökonomische Bedingungen: Sie macht den Geist beweglicher und regt die höheren geistigen Funktionen an.« (Ebd.: 2)

Beide, der Fremde und die Randfigur, sind soziale Wesen, die von den Gruppen definiert werden, zwischen denen sie vermitteln, und beide sind eigentümlich passiv und statisch – eine Folge der Zwischenstellung an der Grenze zwischen organisierten, ortsgebundenen Gemeinschaften.

Bewegung und Wahrnehmung

Es ist alles, wie ich mir's dachte und alles neu. Ebenso kann ich von meinen Beobachtungen, von meinen Ideen sagen. Ich habe keinen ganz neuen Gedanken gehabt, nichts ganz fremd gefunden, aber die alten sind so bestimmt, so lebendig, so zusammenhängend geworden, daß sie für neu gelten können.

Goethe, 1786
([1962]: 111)

Mehr als 4000 Jahre lang war man der Meinung, das Unterwegssein rege die höheren geistigen Funktionen an und erzeuge Individuen, die außerhalb und zwischen seßhaften Gemeinschaften stehen und deshalb gewissermaßen »objektive« Beobachter der Unterschiede der menschlichen und natürlichen Landschaft seien. Die Merkmale, die man dem Reisenden zuschreibt – Freiheit, Objektivität, Allgemeinheit und Abstraktheit – folgen zum Teil zwangsläufig aus der Tatsache des Unterwegsseins. Bewegung ist einerseits die *conditio* des Reisenden, unabhängig von seiner Beziehung zu Ausgangs- und Ankunftsorten, andererseits formt sie auch seine Wahrnehmung der Welt und seiner selbst. Das Reisen ist in der Tat nur eine spezifische Form menschlicher Bewegung ganz allgemein, und die Auswirkungen tage- oder wochenlangen Reisens unterscheiden sich nur graduell, nicht grundsätzlich von den Wahrnehmungen, die man macht, wenn man von der Wohnung zum Arbeitsplatz fährt oder auch nur einen Raum durchquert.

Besonders aufschlußreich für das Verständnis der Rolle der Fortbewegung für die Wahrnehmung ist die Erkenntnis von James Gibson, daß Fortbewegung grundsätzlich eine notwendige Bedingung für adäquates Erkennen ist und daß wir die Wahrnehmung selbst als eine mobile und aktive Leistung auffassen müssen, nicht als eine passiv aufgenommene »Erscheinung auf der Bühne des Bewußtseins«:

> »Sich von Ort zu Ort zu bewegen, wird als »physisch« angesehen, während die Wahrnehmung »geistig« (mental) sein soll. Doch diese Dichotomie ist irreführend. Fortbewegung wird von der visuellen Wahrnehmung geleitet. Sich Fortbewegen hängt aber nicht nur von der Wahrnehmung ab, sondern auch die Wahrnehmung hängt von der Fortbewegung ab; das insofern, als für ein ausreichendes Kennenlernen der Umgebung ein bewegter Beobachtungsort nötig ist. Man muß also wahrnehmen, um sich fortzubewegen; zugleich muß man sich weiterbewegen, um alles genau wahrzunehmen.« (1982: 240)

Aus Gibsons Sicht leitet sich der Inhalt von Begriffen wie »Objekt« und »Subjekt« aus der Relativität der Bewegungen ab. »Objekt« und »objektiv« werden in diesem Sinne für Invarianzen oder vorhersagbare Varianzen gebraucht, die wir in der »optischen Anordnung« (*optical array*) wahrnehmen, während »Subjekt« und »subjektiv« auf Invarianzen innerhalb der Bedingungen und des Rahmens der Wahrnehmung verweisen. Das Unterwegssein intensiviert nun gerade diese Wechselwirkung von Bewegung und Veränderung, so daß objektive und subjektive Kontinuitäten leicht wahrgenommen werden können. Außerdem könnte man erwarten, daß wir um so mehr wahrnehmen, je mehr wir uns bewegen, und daß die Welt in der anhaltenden und intensiven Fortbewegung des Reisens objektiver würde, eine bloße Anordnung von Gegenständen, während das ganz in der Betrachtung aufgehende Selbst immer subjektiver und deutlicher würde.

Die Vergegenständlichung oder »Objektifizierung« der Welt und die »Subjektifizierung« des Selbst als Betrachter sind dabei Prozesse, die sich bei der Erfahrung der (Fort-)Bewegung gegenseitig hervorbringen. Die gleichen Prozesse haben sich auch auf historischer und kollektiver Ebene vollzogen, als die Welt in Reiseberichten aus dem 17. und 18. Jh. zunehmend »objektifiziert« und gleichzeitig das Subjekt als dauerhafter Standpunkt entdeckt wurde; beides verbindet sich mit der individuellen Erfahrung des Reisens, wie sie Wordsworth in seinem Gedicht »*In a Carriage Along the Banks of the Rhine*« (1820) beschreibt:

> »Amid the dance of objects sadness steals
> O'er the defrauded heart – while sweeping by,
> As in a fit of Thespian jollity,
> Beneath her vine-leaf crown the green Earth reels
> Backward, in rapid evanescence, wheels

The venerable pageantry of time.

(...)

To muse, to creep, to halt at will, to gaze –
Such sweet wayfaring – of life's spring the pride
Her summer's faithful joy – that still is mine,
And in fit measure cheers autumnal days.«

([1969]: III, 169)

Die Mobilität, die den »Tanz der Dinge« choreographiert und mit der festen Ordnung der Dinge spielt, ist dieselbe, die den Reisenden von der Welt distanziert, durch die er sich bewegt. Hier wird diese Distanz mit einem Gefühl der Trauer erfahren, dem Gefühl, um den »Inhalt« betrogen zu werden und von den Innenwelten und Beziehungen ausgeschlossen zu sein, die das Betrachtete »eigentlich« ausmachen.

Die Objektivität des Reisenden

Wenn wir von »Objektivität« und der »Objektifizierung« der Welt sprechen, dann ist damit vor allem der Prozeß gemeint, der dem Reisenden die Innensicht verschließt und seine Wahrnehmung auf Oberflächen und Formen beschränkt. Ein solches Gefühl der Verlassenheit und des Ausgeschlossenseins überfiel auch den Reiseschriftsteller Colin Thubron, als er während seiner Fahrt durch Rußland eines Nachts allein auf einem Campingplatz ankam: »Die Russen hatten ihr Lager zwischen uns in Zelten und baufälligen Hütten aufgeschlagen. Die nach Fichten duftende Dunkelheit war erfüllt von ihren Stimmen und Lichtern. Auf unerträgliche Weise fühlte ich mich ausgeschlossen.« (1984: 16) Der Gegenstand kann nicht im Sinne seines inneren Gehalts verstanden werden, den der Reisende ja durch die Bedingungen des Unterwegsseins gar nicht erfassen kann, sondern nur im Hinblick auf seine Form und Funktion, seine Beziehung mit anderen Gegenständen, die beobachtbar und evident sind. Den zweideutigen, unbeständigen Zustand des Reisenden hilft der »Gegenstand« als Orientierungspunkt erträglicher zu machen. Aber es gibt in der fließenden Bewegung der Passage noch einen anderen Fixpunkt: das Bewußtsein des sinnenden, langsam wandernden, innehaltenden und schauenden Betrachters, das für Wordsworth (s. oben zitiertes Gedicht) und viele andere Vielgereiste eine kontinuierliche Identität ermöglichte.

So entsteht die Objektivität, die seit alters her dem Reisenden zugeschrieben wird, nicht einfach nur aus der Freiheit von den üblichen Bindungen, sondern sie ergibt sich auch aus den Bedingungen der Fortbewegung, die eine Distanz zwischen Betrachter und Betrachtetes legen. Diese Objektivität läßt sich am besten als Behelf des Reisenden verstehen, um in einer im Fluß befindlichen Welt Kontinuität und Vorhersagbarkeit zu finden, während die beiden anderen charakteristischen Qualitäten des Fremden – Abstraktheit und Allgemeinheit – wohl die normale Reaktion eines Passagiers auf die Welt darstellen, die an ihm vorbeizieht, während er sich durch sie hindurch bewegt.

Die Fortbewegung macht es für den Reisenden einfacher, die Form der Gegenstände von der Reihenfolge ihres Auftretens, also von ihren unterschiedlichen Kontexten zu trennen. Die Fortbewegung verstärkt das, was William James das »Gesetz der Dissoziation durch Variation der Begleitumstände« nennt: »Was bald mit einem, bald mit einem anderen Ding assoziiert ist, hat das Bestreben, sich von beiden zu trennen und sich für das Bewußtsein in ein Objekt abstrakter Betrachtung zu verwandeln.« (1909: 251) Die zeitlich aufeinanderfolgende Erfahrung einzelner Gegenstände – ein Haus, eine Scheune, ein Mensch, ein Tier – in einer Vielzahl unterschiedlicher Umgebungen hat zur Folge, daß diese Gegenstände von ihrem Kontext abstrahiert werden und der Reisende sich ihrer gleichbleibenden Merkmale, ihrer »Identität« bewußt wird. Wenn es eine Version von Platons Höhlengleichnis für Reisende gäbe, dann ginge es darin vor allem um die Befreiung des Betrachters vom festen Standpunkt und um den Eintritt in die Bewegung als dem Augenblick, in dem man anfängt, mit der Idee und Form der Dinge vertraut zu werden. Das war die Erfahrung, die Goethe auf seiner Reise durch Italien immer wieder machte, wenn er bekannten Dingen in einer unbekannten Welt begegnete: »Es ist alles, wie ich mir's dachte und alles neu.« ([1962]: 111)

Die Wahrnehmung der Form der Dinge unabhängig von ihrem jeweiligen Kontext ist das Ergebnis eines unaufhörlichen Vergleichens. Der erfahrene Reisende oder »Kosmopolit«, wie der Schriftsteller Henry James ihn nannte, entsteht aus der Angewohnheit, »zu vergleichen, nach jeweiligen Unterschieden und Ähnlichkeiten zu suchen, nach vorhandenen oder fehlenden Vorzügen«. James war sich nicht sicher, ob diese Angewohnheit gut oder schlecht sei; für ihn war sie ganz einfach eine scheinbar unvermeidliche Konsequenz des Unterwegsseins:

> »Es ist schwer zu sagen, was es nützt, eine Rasse mit einer anderen zu vergleichen und die Sitten und Gebräuche benachbarter Länder gegeneinander abzuwägen; sicher ist nur, daß wir genau das ständig tun, wenn wir uns in der Welt bewegen. Das trifft besonders dann zu, wenn wir zufällig vom quälenden Geist des Kosmopoliten infiziert sind – die unangenehme Folge davon, daß man viele Länder gesehen hat und sich in keinem heimisch fühlt.« (1970: 213)

Dieses ständige Vergleichen ist vielleicht die auffälligste Gemeinsamkeit von Reiseberichten und vermittelt die interessantesten Erkenntnisse auf Reisen. Der italienische Historiker Antonello Gerbi, der sich mit den Reisen der Renaissancezeit beschäftigt hat, weist darauf hin, daß der Vergleich, die Suche nach Ähnlichkeiten, das beherrschende Schema der Renaissance-Reiseliteratur bildet:

> »In der Tat ist dieser grundlegende Vorgang (. . .) außerordentlich fruchtbar. Zu sagen, eine neue Spezies von Tier oder Pflanze sei ›wie in Europa‹ oder ›wie in Spanien‹ (. . .), bedeutet, daß man sie in seinen geistigen Horizont integriert, in die bekannte, vertraute Welt, und anerkennt, daß sie genauso normal und vernünftig ist wie die Tiere und Pflanzen in seinen eigenen Breiten.« (1985: 6)

Im 16. und 17. Jh. galt das Reisen als philosophische und wissenschaftliche Unternehmung, weil es dem Reisenden erlaubte, Vergleiche anzustellen und sich »das Beste und das Schlechteste herauszusuchen«. Damit hatte der Reisende die Möglichkeit, unabhängig von Vertrautem und Bekanntem universale Wertvorstellungen zu formulieren. So schrieb der französische Wissenschaftler Joseph-Marie de Gérando in seinen Instruktionen für die Forscher, die den Entdecker Nicolas Baudin auf dessen zweiter Expedition in die Südsee im Jahre 1797 begleiten sollten, die Wissenschaft sammle »Fakten, um sie zu vergleichen, und vergleicht sie, um sie besser verstehen zu lernen. Die Naturwissenschaften sind nichts anderes als eine Folge von Vergleichen.« ([1969]: 62) Es ist klar, daß Vergleichen keine Erfindung des Reisenden ist, aber es ist ebenso klar, daß das Reisen diesen Mechanismus nachhaltig verstärkt, den Wahrnehmungsfluß deutlicher strukturiert und damit das Einordnen erleichtert.

Der Vergleich ist die Art und Weise, wie der Reisende sich an Vertrautem orientiert angesichts des Neuen und Fremden, das als solches nur in Beziehung zu Bekanntem wahrgenommen wird. Er verringert die Angst, die normalerweise durch alles Fremde und Ungewöhnliche ausgelöst wird. Reisen im allgemeinen und »Forschungsreisen« im besonderen haben ihre Motive vielleicht weniger in einer Vorliebe für das Fremde und Unbekannte als in dem Wunsch, durch aktives und aggressives Verhalten die Unsicherheit und Ungewißheit abzubauen, die mit dem Unbekannten verbunden sind. In diesem Sinne läßt sich der Vergleich, der für den Reisenden zur Gewohnheit wird, als Schutzmechanismus gegen das Fremde verstehen, der sich nur im Hinblick auf die Richtung, nicht aber im Hinblick auf die Motivation von Flucht- und Vermeidungsstrategien unterscheidet.

Forschungsreisen, die in der Neuzeit zu einer kulturell wertvollen Aktivität geworden sind, werden durch das Vorhandensein von Unbekanntem ausgelöst und enden dann, wenn es vertraut geworden ist – und genau darin liegt vielleicht ihr Sinn. »Die besondere Eigenschaft von Erkundungsverhalten ist die, daß es das Neue in ein Vertrautes verwandelt und durch diesen Vorgang einen Aktivierungsreiz in einen Endreiz transformiert«, wie Bowlby es ausdrückt (1975:224). Damit wäre eine der größten Vergnügungen des Reisens, die Freude angesichts der Begegnung mit dem Andersartigen, Fremden, vielleicht nichts anderes als der Abbau der Spannung und Angst, die es schon von Kindheit an uns auslöst.

Der Vergleich ist gleichzeitig aber auch der Mechanismus, der den Fremden, den Kosmopoliten erzeugt, d. h. die Person, die, nachdem sie einmal »die Welt gesehen hat«, »nirgends« mehr zu Hause ist. Wenn das Unbekannte durch den Vergleich mit dem Bekannten vertraut wird, wenn sein Anderssein definiert und Ähnlichkeiten festgestellt werden, dann kann das vorher Fremde selbst zum Vertrauten und damit zur Grundlage für künftige Vergleiche werden. Ein Forschungsreisender denkt bei seiner ersten Begegnung mit den südamerikanischen Kordilleren vielleicht daran, inwieweit sie sich von den Bergen Spaniens unterscheiden oder ihnen ähneln, um schon wenig später andere Gebirge mit den Kordilleren zu vergleichen. So führt die Forschungsreise als eine aggressive Form des Umgangs mit der Angst vor dem Unbekannten von ihrem Wesen her zu einer Ausweitung der Erfahrung auf eine Vielzahl von Dingen, die zu Beispielen für zunehmend eindeutigere Kategorien und Formen werden. Anders gesagt: Im Verlaufe lebenslanger Reisen wird die ursprüngliche Vergleichsgrundlage erweitert und gleichzeitig auf allgemeinere Formen reduziert, für die jedes einzelne Ding nur ein Exemplar, ein Beispiel ist. Auf Reisen wird man zum »Komparatisten« und Relativisten, wie Henry James schreibt:

> »Wenn man einmal woanders gelebt hat, dann hat man jenes Gefühl von Absolutheit und Unantastbarkeit der Gewohnheiten seiner Landsleute verloren, das einen früher in ihrer Mitte so glücklich sein ließ. Man hat erfahren, daß es sehr viele *patriae* auf der Welt gibt, und jede ist voll von großartigen Menschen, für die die eigenen Idiosynkrasien das einzige sind, was nicht barbarisch ist.« (1970:213)

Hier ist der Prozeß der Generalisierung, den das Unterwegssein mit sich bringt, gleichbedeutend mit einem Verlust des Absoluten, mit dem Schwinden des Gefühls für die Heiligkeit des Zuhauses. Die Begegnung mit vielen verschiedenen Vorzügen, die Erkenntnis, daß alle *patriae* ihren Wert haben, macht es der durch Reisen geformten Person unmöglich, weiterhin an ein »auserwähltes Volk" zu glauben (ebd.:213).

Andererseits können die Erfahrungen der Reise neue, andere Formen von Absolutheit entstehen lassen. Eine davon ist der Begriff der »Humanität«, der sich im Zeitalter der Entdeckungen entwickelt hat und untrennbar mit dessen besonderen Interessen verbunden ist. Reisen ist eine generalisierende Aktivität, nicht nur, weil sie den Reisenden mit zahlreichen Sphären konfrontiert, innerhalb derer immer gleiche Formen wahrgenommen werden, sondern auch, weil der Reisende selbst einen »allgemeinen« Charakter annimmt. Als Henry Blount im Jahre 1637 an Bord einer venezianischen Galeere in Richtung Türkei fuhr und feststellte, daß er der einzige christliche Passagier unter lauter Türken und Juden war, lernte er die Freiheit kennen, die man in der Gesellschaft von Fremden empfindet, welche nicht das Geringste von einem wissen: »Da hatte ich die Freiheit, ihnen auf ihre gelegentlichen Fragen zu antworten, wodurch ich allen alles wurde und zu vielen Herzen Zugang fand.« ([1811]: 223) Beim Durchqueren fremder Länder erkennt der Reisende nicht nur die »Allgemeinheit« der anderen, sondern auch seine eigene – das, was er mit den anderen gemeinsam hat, ungeachtet aller Unterschiede von Sprache, Kultur, Rasse, Religion oder Ernährung. Das war die grundlegende Erkenntnis, die Charles Doughty von seiner Reise durch Arabien mitbrachte: »Es ist ein Vergnügen, den fröhlichen, nachdenklichen Gesprächen der Beduinen zu lauschen, eine Lektion in der Schule der einfachen Menschlichkeit, die der Reisende durchmacht – und kein Land ist so gefährlich, daß er es nicht mit dieser Menschlichkeit bereisen könnte, denn die Menschen sind sich überall gleich.« (1923: I, 262)

Eine weitere Quelle der Abstraktheit und Allgemeinheit ist die Entdeckung invarianter Beziehungen zwischen den Dingen im Verlauf der Reise. Diese Beziehungen, wie auch die Entdeckung von Grundformen bei ähnlichen Dingen, werden für den Reisenden zu einem Anker im Fluß der Reise.

Darwin lernte auf seinen langjährigen Reisen ein sehr viel breiteres Spektrum von Varietäten der Flora und Fauna kennen, als ihm in England zur Verfügung stand. Das brachte ihn darauf, die den Varietäten zugrundeliegenden Arten festzustellen und über die *Beziehung* zwischen der Abweichung und dem Kontext der jeweiligen Abweichung nachzudenken. Dieses Problem beschäftigte ihn auch nach seiner Rückkehr nach England, und die Umstände, unter denen er die Lösung fand – nämlich unterwegs – sind bezeichnend für die Art dieser Lösung: »Ich kann mich selbst noch der Stelle der Straße erinnern, wo mir, während ich in meinem Wagen saß, die Lösung einfiel; und das geschah lange Zeit nach meiner Übersiedlung nach Down. Die Lösung ist, wie ich glaube, die, daß die modifizierten Nachkommen aller vorherrschenden und zunehmenden Formen dazu neigen, vielen und in hohem Grade verschiedenartigen Stellen im Naturhaushalt angepaßt zu werden.« ([1982]: 93)

Während seiner Reise an Bord der *Beagle* interessierte sich Darwin nicht nur für eine enorme Vielfalt der Arten, sondern auch für die Rolle, die die Umgebung bei der Veränderung einer Art spielte. Ein Reisender muß sich an viele unterschiedliche Kontexte anpassen und lernt dabei nicht nur eine große Vielfalt von Beziehungen kennen, sondern auch eine bemerkenswerte Konsistenz im Charakter von Beziehungen. So mag ein Bleistift »weit entfernt« von meiner Hand sein, und Japan ist »weit entfernt« von Europa, aber die Unterschiedlichkeit dieser Begriffe ändert nichts an der Beziehung des »Weit-entfernt-Seins«. Jemand, der im Verlauf einer Reise mit vielen verschiedenen menschlichen Gruppen in Berührung kommt, kann plötzlich darauf verfallen, über die Beziehungen nachzudenken, die ganz allgemein Gruppen konstituieren. Genau das ist die Eigenschaft, in der für Simmel die Objektivität des Fremden besteht: die Fähigkeit, sich von den jeweiligen örtlichen Begriffen für einen Sachverhalt zu lösen (was die Bewohner des betreffenden Ortes nicht können).

Das Selbst des Reisenden

Die Lehre, daß Sehen exterozeptiv sei, da es nur »äußere« Informationen erbringen könnte, ist schlechthin falsch. Sehen erbringt Informationen über beides, über die Umgebung und das Selbst. Faktisch arbeiten alle Sinne so, wenn man sie als Wahrnehmungssysteme auffaßt ...

James Gibson, 1979
(1982: 197)

Das Selbst des mobilen Betrachters, des »Passagiers«, ist das Gegenstück zu einem »sozialen« Selbst, d. h. der Identität, die in dem Bewußtsein verwoben ist, von anderen beobachtet, (an-)erkannt und klassifiziert zu werden. Man kann nicht gleichzeitig Beobachter und Beobachteter sein. Die Konflikte, die aus der (Nicht-)Anerkennung durch andere entstehen, lassen sich manchmal lösen, wenn man für eine Weile auf Reisen geht und sich stärker darauf konzentriert, die vorüberziehende Welt zu beobachten. Das empfand auch Darwin, wenn er meinte, er sei durch seine Reise verändert worden, da sie ihn den Erwartungen und Zweifeln eines starken, anspruchsvollen Vaters entzog und ihn zu einem Beobachter der Welt und ihrer Vielfalt machte – eine Rolle, in der er schließlich seine Berufung fand. Goethe unternahm seine Italienreise in der Erwartung, die genaue, unmittelbare Beobachtung einer Welt andersartiger Dinge und Menschen werde es ihm ermöglichen, jenes »natürliche« Selbst zu erkennen, das sich hinter sozialen Zuschreibungen verbirgt: »Ich mache diese wunderbare Reise nicht, um mich selbst zu betrügen, sondern um mich an den Gegenständen kennen zu lernen.« ([1962]: 37)

Das in der Welt der Gegenstände entdeckte Selbst des Beobachters rückt so ins Zentrum der Aufmerksamkeit und verschafft ihm Sicherheit innerhalb seiner veränderlichen Umwelt. Kinglake beklagte sich darüber, daß die Wahrheiten der Welt, die ein ehrlicher Reisender so gerne vermitteln will, nie von seiner subjektiven Perspektive getrennt werden können:

> »Gerade sein Egoismus – die Gewohnheit, die ganze äußere Welt in Bezug auf seine eignen Empfindungen zu betrachten, zwingt ihn, beim Schreiben gleichsam die Gesetze der Perspective zu beobachten – er schildert die Gegenstände nicht wie er weiß, daß sie sind, sondern wie sie ihm erscheinen.« (1846: VIII)

Die Bewegung als Medium der Wahrnehmung ermöglicht es also dem Reisenden, das »Unwandelbare inmitten des Wandels« der Welt zu erkennen; gleichzeitig erfährt er mehr über sich selbst als wahrnehmendes Wesen. In einer sich stets und intensiv verändernden Umgebung wird er darauf gestoßen, welcher Art eigentlich die Raster, d. h. die Organe sind, durch die er die Welt wahrnimmt. Hier sind wir bei den körperlichen Voraussetzungen des schauenden und beobachtenden Selbst, das trotz einer Vielzahl verschiedener Kontexte immer das gleiche bleibt, von der Kindheit bis zum Alter. Das Bewußtsein des Reisenden läßt sich nicht trennen von seinem Körper, und die Veränderungen, die sich als Denkgewohnheiten manifestieren, als Objektivität, Abstraktheit, Relativismus, vergleichendes Bewußtsein oder Allgemeinheit, haben ihren Ursprung im Körper, in der sinnlichen Wahrnehmung und in den Reaktionen auf die Erfahrung der Bewegung. Darauf verweist auch Darwin ausdrücklich an einer Stelle seiner Autobiographie, wo er die Veränderungen, die das Reisen bewirkt, als gleichzeitig geistige und körperliche beschreibt:

> »Daß sich mein Verstand infolge meiner Bestrebungen während der Reise entwickelt hat, wird durch eine Bemerkung verdeutlicht, die mein Vater machte, der der scharfsinnigste Beobachter war, den ich je gesehen habe, von skeptischer Anlage und weit entfernt, an Phrenologie zu glauben; denn als er mich nach der Reise zum ersten Male sah, drehte er sich zu meinen Schwestern um und sagte: »Ei, die Gestalt seines Kopfes ist ganz anders geworden.« ([1982]: 62)

Ich habe zu zeigen versucht, daß dies mehr ist als nur eine Metapher. Die Auswirkungen des Unterwegsseins auf den Geist – die Entwicklung der Beobachtungsfähigkeit, die Konzentration auf Formen und Beziehungen, das Gefühl der Distanz zwischen dem beobachtenden Selbst und der Welt der Dinge, die zuerst in ihrer Materialität und ihrer Oberfläche wahrgenommen werden, die Subjektivität des Beobachters – sind untrennbar verbunden mit den physischen Bedingungen der Bewegung durch den Raum.

Die Struktur der Passage

Du kannst nicht auf dem Pfad gehen, bevor du nicht der Pfad selbst geworden bist.

Gautama Buddha
(Zit. n. Chatwin 1990: 244)

Bis jetzt habe ich die charakteristischen Eigenschaften des Reisenden als Reaktion, vor allem als Abwehrreaktion auf gewisse Aspekte des Unterwegsseins betrachtet. Aber das Reisen verleiht der Erfahrung auch eine besondere Struktur, die eine der Freiheiten und Freuden des Reisens darstellt und bei gewohnheitsmäßigen Reisenden durchaus eine Art Abhängigkeit erzeugen kann.

Die Ordnung, der die Erfahrung durch die Bewegung unterworfen wird, ist die Ordnung eines »Fortschreitens«, einer Aufeinanderfolge von Ereignissen. Die Fortbewegung löst jede räumliche Ordnung – Topographie, Standort, Anordnung, Grenze – in eine empirische Ordnung nacheinander sich entfaltender Erscheinungen auf. Die Bewegung und die Anlage des Weges unterwerfen den Reisenden zwangsläufig einem Vorgang, den der Philosoph und Anthropologe Gregory Bateson als »fortschreitendes Ordnen der Wirklichkeit« bezeichnet. Damit meint er die Verarbeitung von Informationen in der Reihenfolge ihres Auftretens, im Unterschied zum »selektiven« Ordnen nach Kategorien. Laut Bateson lassen sich Menschen und Kulturen nicht zuletzt nach der Bevorzugung einer dieser Methoden eingruppieren:

»Es leuchtet ein, daß sich die Individuen im Hinblick auf die relative Bedeutung dieser beiden Prozesse unterscheiden. Die einen werden versuchen, sich in Situationen, in denen die zeitlichen Handlungsbezüge ein fortschreitendes Ordnen zu erfordern scheinen, selektiv zu verhalten, während die anderen sich selbst in Situationen, wo die auftretenden Phänomene womöglich einfacher in Kategorien zu fassen wäre, eher von einem fortschreitenden psychologischen Elan leiten lassen.« (1951: 185)

Möglicherweise kann diese Auffassung den oben zitierten Ausspruch von Gautama Buddha etwas erhellen. Alte Reiserouten und Reiseanleitungen, die kaum mehr sind als lineare Auflistungen von einzelnen Orten, Stationen und Städten und den Entfernungen zwischen ihnen, erhalten ihre Bedeutung durch die logische Sequenz des Weges. Die Struktur der Passage ist eine Erfahrung, die eine ganz bestimmte Struktur der Wahrnehmung und Darstellung generiert, nämlich die epische, tagebuchartige Aufzählung von Dingen, die nur durch die Bewegung des Reisenden miteinander verbunden sind. Die Übergänge zwischen den einzelnen Szenen der *Ilias* erfolgen fast ausnahmslos dadurch, daß ein Gott, eine Göttin oder ein menschlicher Held sich an einen anderen Ort begeben. Die lineare, fortschreitende Ordnung der Passage manifestiert sich nicht zuletzt in der Weggestalt und Straßenarchitektur, die unsere moderne Landschaft dominieren. Sie äußert sich aber auch in literarischen Texten, in der epischen Form oder rhapsodischen Verknüpfung. Die Abfolge der einzelnen Stationen blieb bis ins 19. Jh. das beherrschende Merkmal aller Reiseführer. Abgelöst wurde sie durch die neue Form des Baedeker mit seiner Darstellung »aller möglichen« Reiserouten und Orte und dem Blick von oben, d. h. aus der Sicht des Geographen und nicht des einzelnen Reisenden. Dabei bietet das nachordnende Prinzip der Reiseliteratur systematische Möglichkeiten, die die Reiseschriftsteller des 17. und 18. Jh. voll ausnutzten, indem sie die einzelnen »Orte« als praktische Kategorie nahmen, in die sie alles einbrachten, was sie über einen Ort, ein Land oder eine Region wußten oder gelesen hatten.

Den sichtbaren Überresten dieser fortschreitenden Ordnung, die uns in Straßenformen und Architekturen, in Reiserouten und Epen erhalten geblieben sind, fehlt das, was dieser Ordnung Leben und Seele verleiht: Bewegung und Veränderung. Der »Tanz der Dinge« (Wordsworth) erhält seine Ordnung immer durch die Bewegungen des Betrachters. Diese Funktion der Bewegung als Wahrnehmungsart und als Möglichkeit, die Permanenz der Erscheinungen aufzulösen, erkannte auch Victor Segalen, ein französischer Reisender und Ästhet des späten 19. Jh., der sein Leben auf Reisen verbrachte, auf der »unvollendeten Suche nach einem Selbst unter anderen«, und 1919 in China starb. Segalen hatte den Eindruck, daß viele Denkmäler, die er in China fand, ihren Ursprung in der nomadischen Tradition haben mußten und eigentlich steinerne Zelte darstellten, die durch die Bewegungen des beobachtenden Reisenden in ihren ursprünglichen Zustand zurückversetzt und belebt werden konnten: »Paläste, die nur zufällig stillstehen (...) So will ich es sein, der auf euch zugeht, und die Schwingungen meiner Schritte (...) werden euch den Rhythmus der

Schultern in Erinnerung rufen, die euch einst mit Leben erfüllten. Ich will zu euch kommen.« (Zit. n. Clifford 1988: 156) Die Struktur der Passage – der ständige Wechsel – kann sich also auch auf stabile, tote Formen übertragen, wenn sie sich mit dem Leben und der Bewegung des Reisenden erfüllen.

Die Vorstellung, daß die Struktur der Reise ständige Veränderung ist, mag für diejenigen verwirrend sein, für die »Struktur« das genaue Gegenteil von Veränderung ist, d. h. nicht das Grundprinzip von Wachstum oder Entwicklung, sondern von Festigkeit und Dauerhaftigkeit. Das einzige, was sich nicht verändert, sind indes die Gesetze, denen die Veränderungen der Erscheinungen während der Reise unterliegen. James Gibson zufolge wird die Erfahrung des Reisens, der Fortbewegung von zwei Invarianzen innerhalb eines Feldes ständiger Veränderung bestimmt, nämlich vom »Zielpunkt«, von dem die Dinge ausgehen und immer größer werden, je näher der Reisende kommt, und dem »Fluchtpunkt« an dem die Dinge immer kleiner werden und schließlich verschwinden (1982: 132). Diese beiden Fixpunkte innerhalb eines in ständigem Fluß befindlichen visuellen Feldes dienen dem Reisenden als Orientierungspunkte, an denen er seine Richtung bestimmt. Der »Zielpunkt«, von dem alles ausgeht, markiert die Richtung, in die man sich bewegt, während der »Fluchtpunkt«, in dem alles verschwindet, die Richtung angibt, aus der man gekommen ist. Durch die Fortbewegung überträgt der Reisende dieses fließende Muster von Zielpunkt und Fluchtpunkt auf die Umwelt und gewinnt daraus die Vorstellung von einer objektiven Welt, d. h. dessen, was sich inmitten der eigenen Bewegung nicht ändert. Natürlich sind diese Punkte der Divergenz und Konvergenz subjektiv; sie verändern sich mit der Fortbewegung und werden mit zunehmender Geschwindigkeit immer deutlicher. Diese Punkte sind gleichsam die Knoten, von denen aus jene Hülle der Wahrnehmung gesponnen wird, in der sich der Reisende während der Reise befindet – eine Art Kokon, der mit zunehmender Geschwindigkeit der Bewegung immer mehr die Gestalt eines Tunnels annimmt.

Alles Wissen, das der Reisende auf seiner Reise erwirbt, hat seinen Ursprung in dieser Erfahrung, die die räumliche wie auch die zeitliche Wahrnehmung des Reisenden nachhaltig verändert. Die innere Dauer des Bewußtseins, das wir als »Zeit« bezeichnen, wird durch die Fortbewegung auf den Raum übertragen und in unsere Erfahrung dieses Raumes integriert. Während der Reise ist die Zukunft das, was durch den »Zielpunkt« auf einen zukommt und immer größer wird, je mehr der Reisende sich ihm nähert. Die Gegenwart ist das, was an einem vorbeifließt. Die Vergangenheit bildet die zweite Hälfte dieses visuellen Feldes, in der alle Dinge kleiner werden und schließlich verschwinden, um nur noch in der Erinnerung an Formen und Beziehungen zu überdauern.

Paul Theroux fragte sich: »Was war das Besondere an diesen Zugfenstern, das die Leute dazu brachte, sich zu erinnern? Auf irgendeine Weise scheinen Zugfenster die Vergangenheit zu spiegeln.« (1983: 121) Von den Anfängen der Reiseliteratur bis heute wurde die Reise immer als ein Mittel betrachtet, »die Zeit zu negieren, indem man den Raum durchquert«, als ein »symbolisches Mittel, nicht zu altern« (Michel Leiris, zit. n. Clifford 1988: 165). Gilgamesch begab sich auf die Reise, um der ständigen Wiederholung, d. h. der Sterblichkeit, zu entgehen, die ihm von einem festen Standort aus unvermeidlich erscheinen mußte, und um den Zyklus von Geburt, Reifung und Tod durch die lineare Bewegung der Reise zu ersetzen. Die gleiche Vorstellung findet sich, in ironischer und fast komischer Gestalt, in Graham Greenes Roman *Reisen mit meiner Tante*. Greene erzählt von Onkel Jo, einer der Figuren des Romans: »Er wollte das Leben langsamer vorüberziehen lassen und empfand ganz richtig, daß Reisen den Lauf der Zeit bremse.« (1973: 46) So beschloß er, eine Reise um die Welt zu machen. Als Onkel Jo aber schließlich krank wurde und nicht mehr reisen konnte, wünschte er sich ein Haus mit vielen Zimmern, in dem er jeden Tag umziehen könne, um sich auf diese Weise weiter zu bewegen und nicht zu sterben.

Eine mathematische Formulierung dieses Gedankens findet sich in Einsteins spezieller Relativitätstheorie. Hier geht es darum, daß Zeit und Raum innerhalb der durch die Bewegung gewobenen Wahrnehmungshülle jeweils Funktionen des anderen sind: »Sie sind aber insofern relativ, als sie vom Bewegungszustand des gewählten Inertialsystems abhängen.« Die Absolutheit sowohl der Zeit wie des Raums ist abhängig von der Position: »Gemäß der speziellen Relativitätstheorie haben räumliche Koordinaten und Zeit noch insofern absoluten Charakter, als sie unmittelbar durch starre Uhren und Körper meßbar sind.« (1991: 132) Diese Integration von Zeit und Raum durch die Linearität der Bewegung, die für viele so schwer vorstellbar erscheint, ist vor allem für Reisende, Physiker, Kinder und Primitive verständlich. So hat der Kinderpsychologe Jean Piaget festgestellt, daß ein Kind bis zum Alter von sechs oder sieben Jahren keine Vorstellung von einer »homogenen« Dimension der Zeit besitzt: »In den Handlungen des Kindes hat jede Bewegung ihre eigene Zeit (...) So kann diese Zeit, da sie zur Handlung gehört, kein kontinuierliches Ganzes ergeben.« (Flavell 1963: 317) Erst im Verlaufe der Geschichte wie auch des individuellen menschlichen Reifungsprozesses entsteht die Vorstellung von Raum und Zeit als getrennten Dimensionen. Diese erlernte Vorstellung löst sich im Unterwegssein wieder auf.

Wie stark sich die Struktur der Passage tatsächlich auf den Reisenden aus-
wirkt, hängt von der Bereitschaft und Fähigkeit des einzelnen ab, sich auf die
Bedingungen der Fortbewegung und die daraus resultierende Ordnung der
Erfahrung einzulassen. Nur im Rahmen der Entspannung, des Einlassens
auf die Abfolge neu auftauchender Erscheinungen findet, so Joan Didion,
»eine Verzerrung der Zeit« statt: »Der Kopf ist leer.« Das Eingehen auf die
Unausweichlichkeit der Bewegung ist möglicherweise die Vorbedingung für
jene reinigende, läuternde Wirkung des Reisens, die Jack Kerouac als »Reinheit der Straße« bezeichnet. Der Zustand der Fortbewegung verleiht dem
negativen und passiven Charakter der »Schwellensituation« eine positive und
aktive Bedeutung: »In der Schwellensituation finden sich sowohl positive als
auch negative Qualitäten, besonders dann, wenn die ›Schwelle‹ sich ausdehnt
und zu einem ›Tunnel‹ wird.« (Turner 1987b: 76)

Insofern die Reisenden in der Lage sind, alles, was nicht Bewegung ist,
zu vergessen, gehen sie in der charakteristischen Struktur des Reisens auf –
die Bewegung reinigt, macht süchtig und wird zur Lust, zum Selbstzweck.
Wenn sie sich darauf einlassen, wird das Reisen zu einer »autotelischen
Erfahrung«, die ihre Belohnung in sich selbst findet, und führt zu jenem
flow-Zustand, den Csikszentmihalyi beschreibt. Solche Zustände wurden
von vielen der von ihm befragten Personen geschildert, die sich mit Sport,
Tanzen, Segeln oder Bergsteigen befaßten. Der Begriff selbst entstammt
dem Bericht eines Bergsteigers über seine innere Befriedigung und das
Gefühl der Kontinuität während des Kletterns: »Der Zweck dieses Fließens ist, im Fließen zu bleiben, nicht Höhepunkte oder utopische Ziele zu
suchen, sondern im *flow* zu bleiben. Es ist keine Aufwärtsbewegung, sondern ein kontinuierliches Fließen; aufwärts klettert man nur, um den *flow*
in Gang zu halten. Es gibt keine andere Begründung für das Klettern, als
das Klettern selbst; es ist eine Selbstkommunikation.« (1985: 73)

Der *flow*-Zustand, wie immer er auch induziert sein mag, kennt nur
einen Imperativ: Er will verlängert, ausgedehnt werden – und erzeugt so
selbst neue Bedürfnisse. Ausgelöst wird er durch eine Situation, in der
»Handlung auf Handlung [folgt], und zwar nach einer inneren Logik, welche kein bewußtes Eingreifen von seiten des Handelnden zu erfordern
scheint« (ebd.: 59). Dieses Zitat beschreibt in vollkommener Weise die
Struktur der Passage, die denen, die sich ihr überlassen, eine unwiderstehliche Logik des Fortschreitens aufzwingt. Im Zustand der Bewegung kann
die handelnde Person sich nicht als solche sehen, denn ihr Ich geht voll und
ganz in den Bedingungen dieses Handelns unter und taucht erst wieder auf,
wenn sich Gefahren oder Bedrohungen einstellen oder wenn das Ich sich
der Tatsache bewußt wird, daß es beobachtet wird.

Die besonderen Eigenheiten der autotelischen Bewegung sind vielleicht die Ursache jener sonderbaren Verschwommenheit und Sprachlosigkeit, die beim Reisen entsteht, und einer der Gründe dafür, warum angenehmes Reisen eher Schweigen auslöst und nur wenige Texte und Erzählungen hervorbringt. Die nahtlose Abfolge von Eindrücken bei der Reise vereint alle die Elemente – den Handelnden, die Welt, die Handlung, Vergangenheit, Gegenwart und Zukunft –, die ansonsten durch Worte oder Erzählung miteinander verknüpft werden können. Ein Sturm oder eine plötzliche Unterbrechung der Konzentration auf den *flow*, z. B. wenn man sich beobachtet fühlt (»Mache ich meine Sache gut?« [ebd.: 61]), können diese Elemente wieder voneinander trennen, was wieder das Bedürfnis nach Worten, nach der verbindenden Funktion der Sprache erzeugt. Ruhige, reibungslose Bewegung, der man sich ohne Widerstand überläßt, bewirkt einen *flow*: »Er [der Handelnde] erlebt den Prozeß als ein einheitliches ›Fließen‹ von einem Augenblick zum nächsten, wobei er Meister seines Handelns ist und kaum eine Trennung zwischen sich und der Umwelt, zwischen Stimulus und Reaktion, oder zwischen Vergangenheit, Gegenwart und Zukunft verspürt.« (Ebd.: 59) In diesem Zustand läßt die Hand den Federhalter fallen; ein Zeitraum von Stunden oder sogar Tagen einer solchen Bewegung erscheint dann in einem Logbuch nur unter der Eintragung: »in zwei Tagen gelangten wir...« – ein Zeitraum, in dem nichts geschieht, was aufzuzeichnen sich lohnen würde.

Der Grund dafür, warum die Erfahrung der Bewegung so häufig zu einem *flow*-Zustand führt, liegt offenbar in jener besonderen Qualität, die jeder Form von Bewegung eigen ist: Kontinuierlichkeit, Stetigkeit, Trägheit. Wie Zenons Paradoxa zeigen, hat die Bewegung keinerlei Realität mehr, sobald man ihre Kontinuität negiert und sie in einzelne kleine Abschnitte zwischen zwei Punkten im Raum gliedert: Achilles kann die Schildkröte niemals einholen, wenn man die Strecke des Wettlaufs in eine Folge fester Punkte unterteilt, denn dadurch wird die wesentliche Eigenschaft der Bewegung – die Kontinuität – aufgehoben. Es ist also falsch zu sagen, ein sich bewegender Körper befinde sich an einem Ort, denn dann bewegt er sich nicht mehr (vgl. Pande 1969). Mit anderen Worten: »Ort« und »Raum« sind Begriffe, die nur die Bezogenheit der Bewegung beschreiben können. Die Kontinuität der Bewegung läßt die Vorstellung entstehen, der Raum sei endlos. Jede Unterbrechung bewirkt, daß der Raum sich auflöst und zum Ort wird. »Wenn wir uns den Raum als das vorstellen, was Bewegung ermöglicht, dann ist der Ort eine Pause; jede Pause in der Bewegung macht es möglich, die jeweilige Stelle, an der man sich gerade befindet, in einen Ort zu verwandeln.« (Tuan 1977: 6) Wir könnten den Raum in einen Ort verwandeln, indem wir in unserer Bewegung innehalten, und einen Ort in Raum verwandeln, indem wir die Bewegung wieder aufnehmen. Die Kontinuität der Bewegung bildet die Voraussetzung für den *flow*-Zustand, der dann einsetzt, wenn man sich ganz den Bedingungen der Bewegung überläßt – ein Zustand, in dem alles automatisch aufeinanderfolgt, ohne das bewußte Eingreifen des Beobachters. Diese Form der Verknüpfung, die für das Bewußtsein des Reisenden charakteristisch ist, läßt es verständlicher erscheinen, warum das Reisen süchtig macht, warum es sogar die Bindungen eines Menschen an einen bestimmten Ort ersetzen kann. Das Ergebnis ist der gewohnheitsmäßige Reisende, der ewige Wanderer, der nirgends zuhause ist als in der Bewegung.

Befreiung durch Unterwegssein

Als ich klein war, machte es mir riesigen Spaß, mich wirklich zu bewegen. Ich fühlte mich wie losgelöst, weil ich mich um alle anderen herumbewegen konnte. Ich war frei.

Eric Nesterenko
(Zit. n. Terkel 1974: 383)

Folglich ist der Mensch insoweit frei, als er die Kraft hat, gemäß der Wahl oder Bestimmung des eigenen Geistes zu denken oder nicht zu denken, sich zu bewegen oder nicht zu bewegen.

John Locke, 1689
([1981]: I, 283)

Die Bewegung ist auch für den »therapeutischen« Effekt des Reisens verantwortlich, den selbst der Gelegenheitsreisende verspürt. Mit dem Beginn der Bewegung werden Grenzen zu Wegen und Schwellen zu Wahrnehmungstunnels mit unaufhörlich neu auftauchenden Erscheinungen. Kurz, die Bewegung führt dazu, daß sich die mit den festen Orten verbundenen Wirklichkeiten auflösen: Grenzen, zyklische Zeit und Sterblichkeit und all die überkommenen Zwänge innerhalb der abgegrenzten, eingrenzenden Ordnung eines bestimmten Ortes. Die Freiheit, die dem Reisen immer wieder zugeschrieben wurde, beginnt bereits mit dem Aufbruch, durch den der Reisende sich von definierenden Bindungen löst. Unterwegs, in Verbindung mit dem Zustand der Bewegung, erhält diese Freiheit noch eine weitere, eher positive und aktive Bedeutung. Wenn der Eishockeyspieler

Eric Nesterenko Freiheit mit Bewegung gleichsetzt, dann wird deutlich, daß die Freiheit der Reise in der Fähigkeit besteht, sich um Menschen und Orte *herum* zu bewegen, ohne mit ihnen in Kontakt zu treten, mit anderen Worten: Distanz und Loslösung sind gewissermaßen dem Zustand der Bewegung inhärent. Aber diese Freiheit hat auch Grenzen: Sie wird kanalisiert durch den linearen Rahmen der Straße, des Weges, des Kurses, und eingefaßt in das »Koordinatensystem« des jeweiligen Verkehrsmittels, sei es eine Kutsche, ein Flugzeug, ein Schiff oder ein Auto. Die Abfolge der ständig neu auftauchenden Erscheinungen entzieht sich dem Wollen des Reisenden, auch wenn er sich vielleicht freiwillig auf sie eingelassen hat – und hier liegt möglicherweise die Quelle des veränderten Bewußtseinszustands, der Verzückung, Gemütsruhe und Befriedigung, die diejenigen empfinden, sie sich voll und ganz den Bedingungen der Bewegung überlassen. Das Reisen gilt heute als eine Form der Freiheit, aber in der Phase der eigentlichen Bewegung wird der Wille des Reisenden negiert – er unterwirft sich einer geordneten Abfolge von Erscheinungen, die nicht mehr seinem Willen unterstehen. Das Unterwegssein gewährt eine durchaus ambivalente Form der Freiheit, die häufig gerade deshalb gewählt wird, weil sie dem Reisenden gestattet, nicht zu denken oder doch mit seinem Denken nur der Ordnung zu folgen, in der die Erscheinungen sich präsentieren. Der Reisende ist nur nach zwei Seiten hin frei – der Richtung, aus der er kommt, und der, in die er geht –, nach den anderen Seiten hin jedoch begrenzt durch die Bedingungen der Bewegung. Die Freiheit der Reise ist eher eine Freiheit des Handelns als des Wollens, ähnlich der, die John Locke am Beispiel eines Gefangenen verdeutlicht: »Wer in einem Raum von zwanzig Fuß im Quadrat als Gefangener eingeschlossen ist, hat, wenn er sich an der Nordseite seines Zimmers befindet, die Freiheit, zwanzig Fuß nach Süden zu gehen, weil er soweit gehen kann oder auch nicht gehen kann; aber er hat nicht gleichzeitig die Freiheit, das Gegenteil zu tun, das heißt zwanzig Fuß nach Norden zu gehen.« ([4]1981: I, 297) Mit anderen Worten: Die Freiheit der Reise schließt die Zwänge des Weges ein.

Die Erfahrung der Passage verwandelt Grenzen und Schranken in »Rahmen«, durch die man sich bewegt – ein Aspekt, auf dem wohl die dem Reisen zugeschriebene »de-repressive« und befreiende Wirkung auf die Psyche beruht. Die Reise kann überkommene Zwänge und Fesseln auflösen und als Heilung von den Krankheiten und Zuweisungen empfunden werden, die mit einem Ort verbunden sind. Grenzen erhalten ihre absolute Bedeutung aus der Position derjenigen, die außerhalb oder innerhalb von ihnen stehen, und diese Absolutheit wird, ebenso wie die Absolutheit von Raum und Zeit, durch das Einsetzen der Bewegung aufgelöst. Paul Theroux bemerkte auf seiner Reise rings um die Küste Großbritanniens immer wieder, wie zumeist ältere Briten am Strand an ihren Liegestühlen lagen oder in ihren Autos saßen und stundenlang auf die Weite des Ozeans blickten. Er interpretierte dies als preiswerte »Ersatz«-Reise: »Sie verlassen das Land – symbolisch. An die Küste zu fahren war alles, was ihnen in ihrer Situation möglich war. Es war der einzige Weg, auf dem arme Leute ins Ausland reisen konnten – am Ufer zu stehen und auf den Ozean zu starren.« (1983: 230) Jeder, und sei er noch so arm, kann die Verwandlung von Grenzen durch Fortbewegung am eigenen Leibe erleben, wenn er sich aus seiner sitzenden Position auf der einen Seite einer Grenze erhebt und an dieser Grenze, zum Beispiel zwischen Land und Meer, entlanggeht – damit wird diese Grenze zu einem Weg, auf dem man jederzeit »nach Belieben anhalten und schauen« kann (Wordsworth). Das lateinische Wort *limen* (Schwelle, Schranke, Grenze) ist eng verwandt mit *limes*, jener *Straße*, die das römische Weltreich begrenzte. Die äußerste Grenze des Herrschaftsbereiches war also ein Weg und damit eine eigene Welt mit eigener Logik, eigenen Freiheiten und Zwängen, nicht nur eine Grenze zwischen einem Innen und einem Außen.

Der mit der Abreise einsetzende Verlust der Integration mit der Umgebung erhält durch die Bewegung seine eigene Struktur und wird zu einem Zustand des Ungleichgewichts, der Flüchtigkeit, des Fließens, der eine eigene, spezielle Form von »Reflexion« beinhaltet. Wir haben das Bewußtsein des Reisenden als ein System von Abwehrmechanismen gegen dieses Ungleichgewicht beschrieben, in Verbindung mit der Entwicklung von Techniken, die ihn in die Lage versetzen, die Einschränkungen und Verzerrungen zu kompensieren, denen seine Wahrnehmung durch die Mobilität unterworfen ist. Der Zustand der Stabilität und Seßhaftigkeit mag den Wunsch nach Veränderung hervorrufen, der zum Aufbruch und zur Abreise führt, aber das Klima der Veränderung, das der Reisende unterwegs erfährt, erzeugt in ihm völlig andere Bedürfnisse – nach Dauerhaftigkeit, Vorhersagbarkeit und Orientierung. Die Auffälligkeiten im Bewußtsein des Reisenden sind also im wesentlichen Reaktionen auf diese Bedürfnisse. Dazu bemerkte Strabo schon vor 2000 Jahren:

> »Denn nicht, wie Jenen, welche durch grosse Ebenen, wie die Babylonischen, oder durch Meere reisen, Alles vor ihnen und hinten und seitwärts als Fläche sich darstellt, und für die himmlischen Erscheinungen und die Bewegungen der Sonne und der übrigen Gestirne, und ihre Verhältnisse gegen uns keine Abweichung darbietet; nicht so muss auch den Erdbeschreibern stets Gleiches sich darstellen. Denn wer auf See fährt, oder ebenes Land durchreist, richtet sich nach gewissen allgemeinen Erscheinungen (...)« ([1988]: 179)

Strabo stellt hier zwar das auf Reisen erfolgende »progressive« Ordnen der
Wirklichkeit innerhalb einer »Fläche« dem kategorisierenden Ordnen der
Wirklichkeit in Klimata, feste Orientierungspunkte und Sterne gegenüber,
wie es der Geograph tut, aber in Wirklichkeit ist es so, daß das eine das
andere zur Voraussetzung hat. Die Subjektivität der Sicht des Reisenden
und ihre Verwobenheit in die Bewegung machen äußere Beziehungspunkte
erforderlich, wie z. B. die Sterne, an denen sich Odysseus auf der Fahrt von
der Insel der Kalypso nach Phäakien orientieren konnte:

> »Ihm schloß kein Schlummer die wachsamen Augen,
> Auf die Pleiaden gerichtet, und auf Bootes, der langsam
> Untergeht, und den Bären, den andre den Wagen benennen,
> Welcher im Kreise sich dreht, den Blick nach Orion gewendet,
> Und allein von allen sich nimmer im Ozean badet.«
>
> (*Odyssee*, 5. Gesang, Vers 271–275)

Die Navigation, d. h. die Strukturierung der Welt mit Hilfe fester Punkte, ist
eine jener Techniken, mit denen der Reisende die Beschränkungen der Reise
überwinden und die entstehenden Ungleichgewichte stabilisieren kann.

Aber es gibt noch andere Veränderungen, die beim Reisen auftreten und
ihre Ursache in der besonderen Erfahrungsstruktur haben, die die kontinuierliche Bewegung mit sich bringt. Die Struktur der Passage *verbindet* und
kann, wenn sie die Bindung des Reisenden an einen bestimmten Ort
ersetzt, zu einer Sucht werden. Aber diese Bindungen sind mehr als nur
psychische oder sensorische Realität. Sie bilden eine eigene Welt. In der
Renaissance stellten Reise und Handel für die Menschen die wichtigste
Möglichkeit dar, das, was Gott in seinem unerforschlichen Ratschluß
getrennt hatte, aus eigener Kraft wieder zusammenzufügen. Der Reisende,
der Handel treibt oder auch nur seine Neugier befriedigt, zwingt einer
»verstreuten Schöpfung« seine eigene Ordnung auf, die Ordnung seiner
Bewegung. Die Tatsache, daß begehrenswerte Güter von der Schöpfung
über die ganze Welt verstreut worden waren, galt als Ursache für die Notwendigkeit des Handels. So begannen alle elisabethanischen Handelsver-
träge und Empfehlungsschreiben an fremde Potentaten mit den Worten:

> »Foreasmuch as God hath planted all realms and dominions in the whole world
> with sundry commodities of the other, so as the one hath need of the amity and
> commodities of the other, and by means thereof traffike is used from one to the
> other, and amity thereby increased ...« (Zit. n. Hakluyt 1927: 313)

Diese Haltung impliziert die Überzeugung, daß der Reisende eine Weltordnung schafft. Sie ist mehr als nur ein Topos der Renaissance – sie ist eine

historische Tatsache. Eine globale Wirklichkeit über Kontinente und natürliche Hindernisse hinweg wird durch die Struktur der Reise gewoben und durch die Kontinuität der Bewegung verbunden. Dieser Vorgang macht einen Großteil des Vergnügens, der Entspannung und der autotelischen Aspekte des Reisens aus. Die selbstgeschaffene Welt aus unzähligen, oft schon jahrtausendealten Wegen und Pfaden wird immer die eigentliche Heimat des Reisenden bleiben.

Cortez' Einzug in Mexiko

(Mit freundlicher Genehmigung des Bettmann-Archivs)

DER FREMDE AM TOR: ANKUNFT

Die Übergangszeit, die auf meine Emigration folgte, dauerte fast zwanzig Jahre und wurde durch den Großen Krieg noch zusätzlich verlängert. Die Rückkehr zu einem normalen Gefühlsleben zeigte sich daran, daß die Träume aufhörten, in denen ich mich selbst wieder in der Heimat sah...Jetzt richteten sich alle meine Pläne und Hoffnungen auf Amerika, und der Wunsch, für immer nach Europa zurückzukehren, verschwand. Auch die Angst vor dem Isoliertsein in Amerika hörte auf, und es entwickelte sich allmählich ein Gefühl der Verbundenheit und Identifizierung mit dem neuen Land.

Ein deutsch-österreichischer Emigrant im Gespräch mit Robert E. Park, 1925

Es gibt keinen eindeutigen Moment der Ankunft. Jede Ankunft ist ein langwieriger Prozeß – für den Touristen eine Sache von Stunden oder Tagen, für den länger Verweilenden von Wochen oder Monaten. Es dauerte zwanzig Jahre, bis der von Robert Park zitierte Einwanderer in den Vereinigten Staaten wirklich »angekommen« war, bis er aufhörte, von seiner früheren Heimat zu träumen und das Verlangen zu spüren, dorthin zurückzukehren, bis sich bei ihm »ein Gefühl von Verbundenheit und Identifizierung mit dem neuen Land« entwickelte (Park/Miller 1925: 55).

Welcher Art die Ankunft auch sei – sie ist immer ein Prozeß der »Identifizierung«: Der Reisende identifiziert den Ort, und der Ort bestimmt, was für ein Reisender da vor seinen Toren steht. Die Ankunft beinhaltet gleichzeitig einen Prozeß der Inkorporierung, aus dem heraus sich ein Gefühl der Verbundenheit zwischen Individuum und Ort entwickelt.

Als Yvain in die Burg von Esclados dem Roten einreitet, nachdem er mit dem Burgherrn gekämpft, ihn schwer verwundet hat und ihn nun verfolgt, um von ihm ein Siegeszeichen zu verlangen, fällt ein mit scharfen Klingen besetztes Fallgitter herunter und zerschneidet Yvains Pferd in zwei Hälften:

»Herr Yvain (...) hatte noch Glück, daß er sich vornüber gebeugt hatte: wäre dieser Umstand nicht gewesen, wäre er ganz entzwei gespalten worden, denn das Pferd trat auf das Holz, das mit der eisernen Falltür verbunden war. Gleichwie ein Höllengeist fährt die Tür hernieder und trifft hinten den Sattel und das Pferd und schneidet alles entzwei; doch erreichte sie Herrn Yvain gottlob nicht, außer daß sie ihm am Rücken vorbeistreifte, so daß sie ihm beide Sporen ganz nahe an der Ferse abschnitt.« (*Yvain*: 59 ff.)

Es ist naheliegend, hier von einem Moment der »Ankunft« zu sprechen, handelt es sich doch um das dramatische und endgültige Überschreiten einer lebensgefährlichen Schwelle zwischen einem Außen und einem Innen, einer offenen und einer geschlossenen Welt, zwischen dem Wald und der Burg. Tatsächlich aber beginnt Yvains Ankunft bereits mit dem voraufgegangenen Zweikampf, in dem er sich als »echter« Ritter erweist, der seinem Gegner überlegen ist. Und sie endet erst, als er voll und ganz in die häusliche Sphäre aufgenommen und zu ihrem Herrn und Beschützer wird. Dieser Prozeß der Inkorporierung vollzieht sich – wie so oft in der Geschichte des Reisens – nicht zuletzt durch die Vermittlung einer Frau; in diesem Falle ist es Lunette, die Dienerin der Dame des Hauses, die Yvain Speise und Kleidung gibt, den Fremden versteckt und sich bei der trauernden Lady Laudine für ihn einsetzt.

Diese beiden Vorgänge der Identifizierung und Inkorporierung finden häufig gleichzeitig statt. Der Zugangskampf, in dessen Verlauf Yvain sich als Ritter zeigt, ist gleichzeitig auch eine Art Inkorporierung in dem Sinne, daß das Töten letztlich ebenfalls eine Form der Einverleibung darstellt (diesen Hinweis verdanke ich J. Chernela.) Die einzelnen Schritte, mit denen Yvain in den neuen Ort inkorporiert wird und seine Energie, seine Stärke, sein »Mana« (s. Kap. 4) in den Dienst der häuslichen Ordnung stellt, sind eindeutig Identifikationen, denn sein Verhalten, gemessen am Bilde eines wahren, höflichen und tapferen Ritters, erweist ihn als würdigen Nachfolger des früheren Herrn. Der Vorgang der Ankunft findet erst dann seinen Abschluß, als Yvain seine früheren Kameraden besiegt, um die Quelle der Lady zu verteidigen, und bei den nachfolgenden Festlichkeiten als Gastgeber und Hausherr fungiert.

Die einzelnen Stufen der Ankunft führen im Laufe der Zeit zur Ausbildung von Regeln und Verfahren, die die Zugehörigkeit zu einer Gruppe definieren sollen. Letztlich materialisieren sich die Vorgänge von Identifizierung und Definition, Ausschluß und Einschluß in Mauern, Toren und Gängen und einer Folge hierarchisch gegliederter Bereiche. Die Architektur eines Ortes, die Palisaden eines Eingeborenendorfes ebenso wie ein antiker Zeremonialkomplex, sagt etwas aus über die menschliche Natur, die sie im Laufe der Jahrhunderte durchströmt hat, denn diese Architektur ist das materielle Residuum der gelebten Wirklichkeit dieses Ortes, die Summe aller Identitäten, Verhaltensweisen, Austauschprozesse und Begegnungen, die ihn ausmachen. Der Prozeß der Ankunft verrät uns auch etwas darüber, wie sich verschiedene Ethnien in der Landschaft verwurzeln, wie sich also Verwandtschaftsverhältnisse oder soziale Unterschiede in Stadtviertel, Mauern und Räume umsetzen. Auch die Art des Kontaktes mit der Außenwelt schlägt sich in der Architektur nieder; Völker, die gar keinen Kontakt mit anderen haben, brauchen weder Grenzen, Mauern und Tore noch Regeln zur Identifizierung und Inkorporierung.

Nun ist es aber nicht einfach so, daß die einzelnen Bestandteile der Ankunft jeweils Ausdruck einer bestimmten Kultur sind; sie *erzeugen* vielmehr erst bestimmte Bedeutungen. Es handelt sich nicht um die bloße Anwendung bestimmter Rituale, sondern um die Schaffung verschiedener Prüfungen, mit deren Hilfe Unbekanntes vertraut gemacht, Zugehörigkeit definiert und alles »Fremde« ausgegrenzt werden soll. Man könnte sagen, daß Grenzen von denen geschaffen werden, die sie überschreiten; sie verkörpern die gesammelten Erfahrungen einer langen Geschichte von Ankünften. Die Geschichte dieser Ankünfte, die nichts anderes ist als die Geschichte der sozialen Beziehungen, die sich zwischen Fremden entwickeln, gibt Aufschluß darüber, warum die menschliche Geschichte ganz allgemein eher die Geschichte einer zunehmend genaueren Artikulierung menschlichen Andersseins und menschlicher Vielfalt ist als einer immer größeren Gleichheit und Einheitlichkeit der Gattung Mensch. Im Laufe von Äonen haben sich die Unterschiede zwischen den einzelnen Kulturen keineswegs verwischt; im Gegenteil, mit jeder neuen Ankunft wurden Wahrnehmung und Bewußtsein der Unterschiede verstärkt und erweitert, wurden diese Unterschiede sogar zelebriert. So eröffnet uns die Geschichte des Reisens nicht *eine* Kultur und *eine* Welt, sondern eine Vielfalt von zunehmend selbstbewußten nationalen, ethnischen und kulturellen Bereichen, die auf ihrer Eigenständigkeit gegenüber einem transnationalen Anspruch beharren, wie ihn die »Gesellschaft der Reisenden«, mit der wir uns im dritten Teil dieser Untersuchung beschäftigen werden, verkörpert.

Mary Douglas hat in ihrem immer noch richtungweisenden Essay über Verunreinigung, Macht und Tabu aus dem Jahre 1970 die These vertreten, daß jede Art von Ordnung, und erst recht jede raumzeitliche Ordnung, durch die Übertreibung festgestellter Unterschiede entsteht: »Nur dadurch, daß man den Unterschied zwischen Innen und Außen, Oben und Unten, Männlich und Weiblich, Dafür und Dagegen scharf pointiert, kann ein Anschein von Ordnung geschaffen werden.« (1988: 15 f.) Erst wenn aus bloßen Abweichungen Antithesen entstehen und Gemeinsamkeiten ausgeblendet werden, können Grenzen geschaffen werden, die das voneinander trennen, was in der Praxis als ein kontinuierliches Ganzes wahrgenommen wird: Raum und Zeit. Das Tabu dient dazu, das »Heilige« zu erschaffen; so bestimmte Moses den »heiligen Bezirk«, indem er eine Grenze um den Berg Sinai zog und allen außer den Priestern und »Gereinigten« den Zugang verbot, wie ihm Gott selbst befohlen hatte:

> »Zieh um das Volk eine Grenze; und sag: Hütet euch, auf den Berg zu steigen oder auch nur seinen Fuß zu berühren. Jeder, der den Berg berührt, wird mit dem Tod bestraft. Keine Hand soll den Berg berühren. Wer es aber tut, soll gesteinigt oder mit Pfeilen erschossen werden; ob Tier oder Mensch, niemand darf am Leben bleiben.« (Ex. 19, 12 f.)

In der Folge erläutert Gott die korrekte Art und Weise, wie man sich dem Heiligtum zu nähern hat, damit die göttliche Macht als heiliges Gesetz empfangen werde. Ähnlich regeln auch Ankunftsrituale den Zugang zu heiligen Bezirken, um die besondere Macht des Fremden zu erschließen und nutzbar zu machen.

Identifizierung und Inkorporierung sind so wichtig, weil sie die Unterscheidung zwischen einem korrekten und einem vorschriftswidrigen Zutritt zu einem bestimmten Ort ermöglichen; genau hier liegt der Unterschied zwischen *Autorität* und *Verunreinigung*. Autorität ist das Ergebnis einer korrekten, regelhaften Zusammenführung von Bereichen, Menschen und Dingen, die normalerweise durch Tabus oder Grenzen voneinander getrennt sind, die jeweils eine bestimmte Ordnung aufrechterhalten; Verunreinigung resultiert aus unzulässigen Kontakten zwischen diesen getrennten Bereichen: »Kurz, unser Verhalten gegenüber Schmutz ist eine Reaktion, die alle Gegenstände und Vorstellungen verdammt, die die gängigen Klassifikationen durcheinanderbringen oder in Frage stellen könnten.« (Douglas 1988: 53) Der Fremde ist ein potentieller Verunreiniger der häuslichen Ordnung, gleichzeitig aber auch ein potentieller Kraftquell für diese Ordnung. Mit Hilfe der Ankunftsregeln erweist sich, wes Geistes Kind der Fremde ist; so heißt es im Johannesevangelium: »Amen, amen, das sage ich euch: Wer nicht durch die Tür in den Schafstall hineingeht, sondern anderswo einsteigt, der ist ein Dieb und ein Räuber. Der aber durch die Tür hineingeht, ist der Hirt der Schafe.« (Joh. 10,1 f.) Der unorthodoxe Eintritt des Räubers identifiziert ihn und sein Eindringen als eine Verunreinigung, eine Verletzung der häuslichen Ordnung. Mit seinem Eintritt durch die Tür steht der Schäfer als rechtmäßiger Herr der Schafe fest. In der gleichen Parabel spricht Jesus von sich selbst als »Tür« und »Eingang«;

damit charakterisiert er sich als regelgerechten Weg zu Gott und damit als »Kanal« von Macht und Autorität.

Wo der Reisende einen Ort auf korrekte Weise betritt, bringt er Macht, Ansehen und Gesundheit und bereichert das soziale Leben. Verschafft er sich jedoch anders Zutritt, so verunreinigt und bedroht er die heilige Ordnung von Klassifizierungen und Abgrenzungen, die sich in Mauern, Trennwänden und Korridoren materialisiert. Die Ankunftsregeln befreien den Fremden von den »Verunreinigungen«, die er sich beim Durchqueren unbekannter Bezirke und beim Überschreiten zahlloser Grenzen zugezogen haben kann. Sie ermöglichen auch seine Einordnung in die aufnehmende Kultur, indem sie seine Autorität oder »Macht« auf die Probe stellen. Unter diesen Prüfungen am Ankunftsort ist sicherlich der Kampf – eine kriegerische Auseinandersetzung oder ein Zweikampf – die typischste. Die Macht des Fremden ist, ehe sie zu einem mythischen Attribut wird, eine im Kampf etablierte historische Tatsache; deshalb brauchte man Mauern und Fallgitter, Tore und Verteidigungsanlagen. So ist die Ankunft von vielen bewaffneten Fremden eine primäre Quelle historischer Veränderungen und trägt unter Umständen die Ursprünge neuer politischer und gesellschaftlicher Strukturen in sich. Es waren mächtige Fremde von außerhalb, die in Hawaii und Fidschi, im antiken Latium, in Athen, in Rußland und in zahlreichen afrikanischen Königreichen neue Herrscherklans begründeten. Etwa um die Mitte des 19. Jh. luden die slawischen Stämme, die rund um den Ladogasee wohnten, Rurik und seine Brüder zu sich ein, weil, wie es in der Chronik heißt, Krieg zwischen den Stämmen herrschte: »Und sie sprachen bei sich: ›Lasset uns einen Fürsten suchen, welcher uns regiere und gerecht richte‹«. (Zit. n. Zenkovsky 1968: 12 f.) Die Alur, ein an den Grenzen der heutigen Staaten Uganda, Zaïre und Sudan lebendes Volk, suchten sich traditionsgemäß einen Herrscher von außerhalb, weil sie annahmen, daß solche Männer mächtiger als ihre eigenen Häuptlinge seien, d. h. für gutes Wetter und Fruchtbarkeit sorgen und mächtigen Zauber wirken könnten:

> »Das Königtum kommt von außerhalb in die Gesellschaft. Anfangs ein Fremder, der Schrecken verbreitet, wird der König von den Einheimischen integriert und domestiziert, wobei sich dieser Prozeß durch seinen symbolischen Tod und seine darauffolgende Wiedergeburt als lokaler Gott vollzieht.« (Georges Dumézil, zit. n. Sahlins 1992: 79)

Dies ist das Szenario, das der Ethnologe Marshall Sahlins auch in den Mythen fand, die die Entstehung der Herrscherdynastien in Hawaii und Fidschi beschreiben. Der erste König ist dabei immer ein Fremdling, der in sei-

nem eigenen Land ein Fürst war und, sei es wegen eines Verbrechens oder
infolge irgendeines Unglücks, in die Verbannung geschickt wurde. Mit seinen Begleitern »ergreift er an einem anderen Ort die Macht, und zwar
durch eine Frau: die Prinzessin des einheimischen Volkes, die er durch eine
heldenhafte Tat gewinnt, zu der Stärke, List, Raub, athletisches Können
und/oder die Ermordung seines Vorgängers gehört (...) Bevor dies eine
Sage war, war es eine Gesellschaftstheorie.« (Ebd.: 87) Würden wir bei der
Formulierung unseres Verständnisses von historischen Veränderungsprozessen die zahllosen Beispiele solcher militärischer Eroberungen berück-
sichtigen, dann müßten wir zwangsläufig zu dem Schluß kommen, daß der
Staat ein Einwuchs ist, der von außen in eine territorialisierte Gesellschaft
hineingetragen wird, und nicht etwas, das aus gesellschaftlichen Wider-
sprüchen von innen heraus wächst. Historische Veränderungen wären
dann in den meisten Fällen eine bloße Substitution, bei der ein Ding durch
ein anderes ersetzt wird (wie die chinesische Definition von Veränderung
lautet), und nicht etwas organisch Gewachsenes, d. h. die Entfaltung eines
immanenten, erst im nachhinein erkennbar werdenden Potentials.

Die folgenden Überlegungen beschäftigen sich vor allem mit dem Motiv
des Zweikampfs, der über das Zugangsrecht zu einem Ort entscheidet, und
der Vermittlerrolle von Frauen und stellen eine neue Interpretation der Reiseliteratur, besonders der Ankunft in vormoderner Zeit, vor. Ich habe darauf verzichtet, näher auf die neuzeitliche Ankunft einzugehen, und lasse
auch viele Begleiterscheinungen der früheren Ankünfte – Austausch von
Nahrung, Geschenken, Handelswaren und Anerkennungen – unberück-
sichtigt; statt dessen behandle ich um so ausführlicher die Grundgegeben-
heiten der Gastfreundschaft, deren anfänglicher Bezug zur Gewalt später
durch Symbole, Rituale und friedlichere Wechselbeziehungen abgelöst
wurde. Wenn ich der vermittelnden Rolle von Frauen bei vormodernen
Eingliederungsprozessen so breiten Raum widme, dann nicht nur deshalb,
weil diese Vermittlerfunktion in der Reiseliteratur so häufig auftaucht, sondern auch, weil es mir Gelegenheit gibt, eine weitgehend unbeachtet geblie-
bene Thematik zu beleuchten, nämlich die Rolle der Geschlechtszugehörigkeit und Sexualität in der Geschichte des Reisens. Die Reiseliteratur handelt fast ausschließlich von *männlicher* Mobilität und geht davon aus, daß
Frauen seßhaft sind und bleiben. Ein großer Teil der Reisen, die nicht dem
Vergnügen oder der Abwechslung dienen, wird von jungen Männern unternommen, die auf der Suche nach einer neuen Heimat sind, wobei in fast
allen Fällen Frauen die Vermittlerrolle spielen. Eine Ankunft im tieferen
Sinne einer Symbiose zwischen Individuum und Ort ist häufig nichts anderes als die Herstellung von Beziehungen zwischen den Geschlechtern.

Die Mobilität des Mannes und Seßhaftigkeit der Frau sind die ständig variierten Grundthemen: Letztere verkörpert den festen Ort, sie wohnt in den Mauern und Einfriedungen, die von Männern gebaut wurden, und hat die Aufgabe, den Fremden in die bestehenden Verwandtschaftsbeziehungen zu integrieren und ihm Nahrung zu geben.

Der Zugangskampf

Laut ruf' in Uruk ich: ›Ich bin der Stärkste!‹
[Wo ich erscheine,] ändre ich die Dinge,
Geboren in der Steppe, bin ich stark!«

Enkidu im Gilgamesch-Epos, ca. 1900 v. Chr.
(Gilgamesch: 32)

Die erste Ankunft, die in der Reiseliteratur aufgezeichnet und verbürgt ist, ist die von Enkidu in der Stadt Uruk, wie man sie im *Gilgamesch-Epos* nachlesen kann. Enkidu beginnt seine Reise in die Stadt als »Wilder«. Als er einem Jäger und Fallensteller begegnet, reagiert dieser so erschreckt, daß er plötzlich um Jahre gealtert erscheint: »Sein Antlitz glich dem Wandrer ferner Wege«. Der Fallensteller denkt sich einen Plan aus, wie er diesen wilden Mann der Steppe fangen könnte. Dazu bedient er sich der Hilfe einer Prostituierten aus der Stadt, einer »Tempeldirne«. Er heißt sie an jene Stelle am Fluß setzen, wo Enkidu gewöhnlich zum Trinken kommt, und gibt ihr folgende Anweisungen:

> »Da ist er, Dirne! Zeig ihm deine Brüste,
> Den Schoß tu auf ihm, daß er sich dir nahe!
> Sei ohne Scheu und laß ihn zu dir eingehn,
> Erblickt er dich, so wird er sich dir nahn!
> Wirf ab dein Kleid, daß er sich auf dich lege,
> Errege seine Lust nach Frauenweise,
> Denn (siehe, danach) wird das Wildgetier,
> das in der Steppe aufwuchs, vor ihm fliehn,
> Wenn seine Fülle sich dir mitgeteilt!«

In sechs Tagen und sieben Nächten löscht die Tempeldirne Enkidus frühere Identität aus. Durch die gegensätzliche Verbindung mit der Frau aus der Stadt verliert Enkidu seine frühere Kraft und seine animalische Gewandtheit; seine ehemaligen Begleiter, die wilden Tiere, kann er nicht mehr wiederfinden. Die Tempeldirne eröffnet ihm, welche Zukunft ihm nun bevorsteht, bekleidet ihn, badet ihn, gibt ihm zu essen, lehrt und führt ihn. Sie macht ihn zum Menschen, indem sie ihm typische Güter der Zivilisation vorsetzt: »Iß nun das Brot, O Enkidu, denn das gehört zum Leben, Trink auch vom Bier, wie es des Landes Brauch!« Enkidu ißt und trinkt, und damit vollendet sich seine Verwandlung: »Da unterschied ihn nichts von einem Manne.« (*Gilgamesch*: 29, 31, 36 f.)

Seinen Einzug in die Stadt stellt Enkidu sich kriegerisch vor, so wie es für seine Zeit und seine Welt charakteristisch ist. Er tritt vor die Mauern der Stadt hin und fordert Gilgamesch, den höchsten Vertreter der bürgerlichen Ordnung, zum Kampf auf, indem er seinen Namen nennt und verkündet, er sei gekommen, um die alte Ordnung zu ändern. In dem folgenden Zweikampf jedoch wird Enkidu besiegt und erneut von der Ordnung, der er sich genähert hat, verwandelt: Er wird zum Gefolgsmann des Königs, dessen Platz er einnehmen wollte. Seine neue Identität ist vollständig, als Gilgameschs Mutter ihn in den Tempel der Liebe aufnimmt, in dem sie als Priesterin herrscht und aus dem auch die Dirne kam, die ihm als Lehrerin gedient und ihn in das Reich der Zivilisation eingeführt hatte.

Hier wie auch bei der Ankunft von Yvain ist der Zweikampf ein Vorgang, bei dem eine Grenze verteidigt und die Beziehung des Fremden zu dem Ort, den er betritt, festgelegt wird. Wie so oft in der Geschichte verkörpert der Gewaltakt eine Grenzziehung oder -markierung, mit der zwischen »uns« und »ihnen« unterschieden wird, eine Linie, die nicht ohne das Einverständnis der jenseits dieser Grenze wohnenden Ethnien übertreten werden darf. Selbst wenn diese Grenzen symbolischer oder sakraler Natur sind oder durch Steine, Mauern und Hoheitszeichen kenntlich gemacht werden, lassen sich ihre konkreten Ursprünge in Gewaltakten erkennen und zurückverfolgen. Das war auch den Menschen der Antike klar und wird an den Inschriften deutlich, die der Pharao Ursurtasen III. (12. Dynastie) an den Säulen anbringen ließ, die die südliche Grenze des ägyptischen Reiches markierten. In diesen Inschriften rief er seine Söhne und deren Söhne auf, diese Grenze zu verteidigen, denn sie sei durch das Blut Tausender von Soldaten geheiligt, welche bei den Eroberungszügen des Pharao ihr Leben verloren hatten: »Wenn er sie jedoch im Stich läßt und nicht darum kämpft, dann ist er nicht mein Sohn, dann ist er nicht mir geboren. Ich habe mein eigenes Bild aufrichten lassen an dieser Grenze, die ich gezogen habe, aber nicht nur, damit ihr es anbeten möget (...), sondern damit ihr darum kämpfen sollt.« (Zit. n. Trumbull 1896: 179) Der Vorgang der Grenzziehung findet in der Geschichte des Reisens immer und immer wieder statt. Ein charakteristisches Beispiel ist die Landung des portugiesischen Seefahrers Pedro Fernandez de Quirós vor mehr als 400 Jahren auf der Insel Espirito Santo, als er sich mit einer Schar bewaffneter Eingeborener konfrontiert sah: »Der König der Eingeborenen zog mit seinem Bogen einen Strich auf die Erde und sagte, niemand dürfe diese Linie übertreten. Luis Vaez [ein Leibgardist] betrachtete es als Feigheit, diesem Gebot Folge zu leisten, und überschritt die Linie.« (Fernandez de Quirós [1967]: II, 242) Sofort folgte ein Hagel von Pfeilen, den die Spanier mit einer Salve aus ihren Büchsen beantworteten. Damit herrschte Krieg zwischen Gastgebern und Gästen. Die Spanier waren gezwungen, die Insel, auf der sie eine Kolonie hatten gründen wollen, zu verlassen.

Marco Polo war durchaus mit der Bedeutung solcher Schwellen vertraut, als er den Thronsaal von Kublai Khan betrat, dessen Eingang von zwei riesigen Gestalten bewacht wurde,

> »einer auf jeder Seite, mit einem Stabe in der Hand, um die Leute daran zu hindern, daß sie mit den Füßen die Türschwelle berühren, und sie zu nötigen, über dieselbe hinwegzuschreiten. Wenn sich einer aus Versehen dieses Vergehens schuldig macht, nehmen ihm die Wächter das Kleid, welches er für Geld einlösen muß, oder geben ihm ihrem Auftrag gemäß eine Anzahl Schläge. Da aber Fremde mit diesem Verbote unbekannt sein können, sind Kämmerer da, die sie einführen und warnen.« ([1972]: 153)

Es ist klar – oder war zumindest denen klar, die vor dem Zeitalter des industrialisierten und nuklearisierten Krieges lebten –, daß Gewalt eher verbindet als trennt, daß sie Beziehungen zwischen verschiedenen ethnischen Gruppierungen herstellen kann und Gegensätze längst nicht nur akzentuiert, sondern auch aufzulösen vermag. Der Anthropologe Franz Boas erkannte am Beispiel des Zugangsrituals, das die Stämme der Central Eskimo praktizierten, wie ein fest umschriebener Akt körperlicher Aggression Beziehungen schaffen kann, wo vorher keine existierten:

> »Wenn ein Fremder (...) zu Besuch kommt, wird er dadurch willkommen geheißen, daß ein großes Fest gefeiert wird. Bei den Stämmen im Südosten bilden die Eingeborenen eine lange Reihe, vor der ein Einzelner Aufstellung nimmt. Der Fremde nähert sich ihm langsam, die Arme verschränkt und den Kopf nach rechts gewandt, und dann schlägt ihn der Eingeborene mit aller Kraft auf die rechte Wange, worauf er seinerseits den Kopf wendet und auf den Schlag des Fremden wartet (...) So geht es fort, bis einer der beiden Kontrahenten besiegt ist.« (Zit. n. Pitt-Rivers 1968: 13 f.)

Für die Eingeborenen hat dieser Zweikampf die Bedeutung, daß »zwei Männer sich begegnen und wissen wollen, wer von ihnen der Bessere ist.« Der Zugangskampf stellt ein Verhältnis von Dominanz und Unterwerfung her, das dann normalerweise die Rollenverteilung von Gastgeber und Gast bestimmt. Der Anthropologe Julian Pitt-Rivers erklärt die in diesem Ritual vollzogene Wandlung folgendermaßen: Das Recht des Siegers auf das Leben des Besiegten existiert nur, damit der Sieger darauf verzichtet, so daß daraus eine Beziehung zwischen zwei Männern entsteht, deren einer sein Leben dem anderen schuldet: »Diese Tatsache muß mit Sicherheit eine Form der sozialen Anerkennung oder Beziehung bedeuten; wenn jemand gegen einen anderen um sein Leben gekämpft und verloren hat und geschont wird, dann kann man kaum noch so tun, als handle es sich nur um eine oberflächliche Bekanntschaft.« (Ebd.: 17) Wenn der Fremde den Zweikampf gewinnt, fühlt sich die Gemeinschaft geehrt durch den Besuch eines Mannes, der dem stärksten Kämpfer der Einheimischen überlegen ist. Wenn er dagegen unterliegt, wird er »in gewisser Weise zum Gefolgsmann desjenigen, der ihn besiegt hat« und dieser nun als sein Schutzherr und Gastgeber fungiert. In jedem Fall dient der Zweikampf dazu, den Status des Fremden und seine Beziehung zur Gemeinschaft zu klären. Das gilt mit Sicherheit sowohl für Enkidu – er wird zum Gefolgsmann und Diener des Königs, der ihn besiegt hat – als auch für Yvain, der durch seinen Sieg und sein Werben Herr des Territoriums wird, das er betritt.

Die sportlichen Wettkämpfe, die bei fast allen antiken Ritualen zur Begrüßung bedeutender Fremdlinge eine große Rolle spielen, lassen sich als symbolische Einrahmung jenes Zugangskampfes verstehen. Sie wurden in Gestalt von Spielen institutionalisiert und dienten damit der regelmäßigen Verbindung zwischen den Städten Griechenlands. Der tatsächliche rituelle Kampf ist die ursprüngliche Grundbedingung für die Gastfreundschaft und kommt gelegentlich auch in unserer modernen Zeit noch vor. Die im folgenden geschilderte erste Begegnung eines einwandernden serbischen Jugendlichen mit der Neuen Welt zu Anfang unseres Jahrhunderts ähnelt den ältesten Ankunftsritualen. Kaum hatte der Junge im Hafen von New York amerikanischen Boden betreten, wurde er von einer Menge von Zeitungsjungen und Schuhputzern umringt, die sich über den Fez lustig machten, den der Fremde trug:

> »Sofort kam einer der größeren Burschen auf mich zu und schlug mir den Fez vom Kopf. Ich gab ihm einen Hieb auf die Nase, und wir begannen zu ringen. Dabei kamen mir meine Erfahrungen aus zahlreichen Ringkämpfen auf den Weidegründen von Ilvas sehr zustatten und retteten mich. Der Raufbold lag im Nu am Boden, und seine Kumpane brachen in lautes beifälliges Gelächter aus. Ich dachte, das sei das Signal für einen allgemeinen Angriff, aber niemand legte Hand an mich oder kam mir irgendwie zu nahe. Sie verhielten sich wie unparteiische Zuschauer, die gespannt darauf warteten, daß der Bessere von beiden

siegen würde. Da fühlte ich, wie eine starke Hand mich am Kragen packte und hochzog, und als ich aufschaute, sah ich einen riesigen Polizisten mit einem Schlagstock in der Hand und einem finsteren Ausdruck auf dem Gesicht. Er wirkte entschieden unfreundlich, aber nachdem er sich die Erklärungen der Zeitungsburschen und Schuhputzer angehört hatte, die Zeugen des Kampfes gewesen waren, nahm er eine weichere Miene an und reichte mir meinen Fez. Die Jungens, die mich eben noch verhöhnt und verspottet hatten, setzten sich offenbar sofort für mich ein, als der Polizist auf der Bildfläche erschien. Sie waren in der Tat meine Freunde geworden. Als ich mich umdrehte und auf den Schloßgarten zuging, den roten Fez stolz nach hinten geschoben, brachen sie in lauten Jubel aus. Ich dachte im stillen, daß der unangenehme Vorfall sich doch gelohnt hatte, denn er hatte mir gezeigt, daß ich in einem Lande war, in dem selbst die Gassenjungen einen starken Sinn für Fairplay hatten, sogar einem serbischen Greenhorn gegenüber.« (Zit. in Stonequist 1930: 218)

Mit diesem rituellen Zweikampf wird der Fremde nicht nur eingegliedert, sondern kann auch die »moralische Ordnung« des Ortes kennenlernen. Hier wie auch in Boas' Beschreibung des rituellen Begrüßungszweikampfes bei den Central Eskimo und in Enkidus Zweikampf mit Gilgamesch ist die Gewalt eindeutig eine Form von Sprache – die erste Sprache, mit deren Hilfe Grenzen markiert und überschritten werden.

Die Prüfung

Als ich ankam, General (...), besetztet Ihr die Mauern und Tore mit Tausenden von Waffen und Schilden, und überall flatterten die Banner. Gongs und Trommeln dröhnten. (...) Ich bin ein Fremder, wir kennen uns erst seit diesem Tag. Trotzdem habt Ihr mir Eure Macht gezeigt, mich großzügig behandelt und mir Freundlichkeit erwiesen.

Ch'oe Pu, 1492
([1965]: 65)

In der Geschichte des Reisens trat bei Ankunftszeremonien allmählich das Blut von Tieren an die Stelle des menschlichen Blutes, das beim Zugangskampf floß. Das einfache Kampfritual wurde mehr und mehr ersetzt durch Identifizierungsprozesse, Prüfungen, Befragungen und den Austausch von Dokumenten. In dem Maße, wie die Verbindungen zwischen bestimmten Völkern im Verlaufe von Generationen enger wurden, wandelte sich der gewaltsame Akt zur symbolischen Machtdemonstration, mit der der Gast geehrt anstatt zum Kampf gezwungen werden sollte. Als Ch'oe Pu, ein koreanischer Beamter, im 15. Jh. an der chinesischen Küste gestrandet war und auf dem Weg nach Peking eine Stadt verließ, bedankte er sich beim kommandierenden General mit den oben zitierten Worten für die erwiesenen militärischen Ehren.

Vorausgegangen war natürlich eine genaue Prüfung von Ch'oe Pus Rang und Identität in Form von strengen Verhören und Kontrollen. Nach seiner Landung an der chinesischen Küste war er als Pirat betrachtet und von den Dorfbewohnern ausgepeitscht worden. Erst als man ihn nach Ning Po brachte, konnte er vor dem zuständigen Ausschuß des Präfekten seine Identität beweisen, als die Beamten ihn aufforderten: »Wenn Ihr Koreaner seid, dann schreibt uns einen Abriß über die historische Entwicklung Eures Landes und erklärt uns die verschiedenen Herrscher, die Hauptstädte, die Geographie, die Menschen, die Sitten, die Opferrituale, die Regeln der Trauer, die Größe der Bevölkerung, das Militärwesen, die Bodensteuern und die Art der Kleidung. Wir werden Eure Angaben mit unseren Geschichtsbüchern vergleichen und feststellen, was zutrifft und was nicht.« (Ch'oe Pu [1965]: 70) Dieses Verlangen stellte hohe Ansprüche – wer es erfüllte, konnte als kultivierter Staatsbürger gelten. Es ging nicht um die Fähigkeit des Lesens und Schreibens, sondern um die Beschlagenheit in Geschichte und Literatur, soweit sie der damaligen chinesischen Zivilisation bekannt waren.

Ch'oe Pu löste die gestellte Aufgabe zur Zufriedenheit des Präfekten, aber damit war der Prozeß seiner Aufnahme noch keineswegs abgeschlossen. Man gab ihm Nahrungsmittel zur Verpflegung seiner Begleiter und Soldaten und schickte ihn weiter nach Hangtschou, wo er erneut verhört wurde, diesmal von dem Großen Oberaufseher und den Drei Leuchtenden Autoritäten, die ihn nach den Beamtenprüfungen in Korea fragten und seine Kenntnis der Klassiker prüften.

In Peking zeigte er hervorragende Leistungen. Er schrieb einen Vierzeiler über den Schatten einer japanischen Pagode und ein achtzeiliges Gedicht im Stil der Tang-Zeit zum Thema der »Fahrt über das Meer«, in dem er aus Chang Nings Gedicht »Abschied vom Goldenen Pavillon« zitierte:

> »*Licht spielt auf dem Boot,*
> *Der Bug gleicht dem Kernbeißer.*
> *Mein Blick schweift in die Ferne –*
> *Sehe ich das Ende der Welt?*
> *Ich schwebe:*
> *Die Erde treibt unter mir dahin.*«(Ebd.: 80)

Ch'oe Pu gelangte vom Rande der Erde, von dem Punkt, an dem »Wasser und Himmel sich im endlosen Raum treffen«, zum Mittelpunkt der Welt, und seine Ankunft vollzog sich in einem langen Prozeß von offiziellen wie inoffiziellen Prüfungen, in denen er zeigen mußte, daß er das Vokabular des sozialen Status beherrschte, also jene Kriterien, nach denen der Wert einer Person in der Zivilisation bemessen wird. In Chien T'iao geriet er in ein Wortgefecht mit einem örtlichen Beamten, der sich damit brüstete, er stände auf der Prüfungsliste für Beamte für das Jahr 1486, bezöge eine staatliche Reiszuwendung für einen großen Haushalt und hätte darüber hinaus ein Bannertor (ein Ehrentor vor dem Haus mit dem Namen des Besitzers) mit zwei Etagen. Ch'oe Pu konterte mit der Bemerkung, er habe zweimal auf der koreanischen Liste gestanden und einmal den zweiten Platz bekleidet, erhielte eine sehr viel größere Reiszuwendung und habe ein Bannertor mit drei Etagen. Daraufhin fiel der Beamte vor Ch'oe Pu auf die Knie und meinte: »Ich stehe tief unter Euch.«

Die Prüfungen und Untersuchungen, die an die Stelle der rituellen Machtkämpfe bei der Ankunft treten, sind oft sehr ausgeklügelt. Die Betroffenen müssen ihre Kultur unter Beweis stellen und mit den Regeln gesellschaftlichen Austauschs vertraut sein. Ch'oe Pu bewies in dieser Hinsicht ein weit überdurchschnittliches Verständnis, als er das Buch, das jemand ihm schenken wollte, ebenso wie dessen Bitte um ein Gedicht ablehnte. Als ein Freund ihn deswegen tadelte und sagte, selbst Konfuzius hätte ein solches Angebot angenommen, antwortete er: »Diesem Mann ging es nicht darum, mir das Buch zu schenken, sondern ein Gedicht zu bekommen. Der Tausch wäre also nicht im Sinne des T'ao gewesen, und unsere Begegnung hätte dem Anstand widersprochen. Hätte ich das Buch angenommen, dann wäre das wie eine Bezahlung für das Gedicht gewesen, das ich ihm gegeben hätte. Darum habe ich abgelehnt.« (Ebd.: 82) Sich auf einen solchen Handel einzulassen, wäre nicht mit den Regeln der höheren Stände vereinbar gewesen, deren materielle Beziehungen zu anderen eher einseitig sein sollen: Man schenkt, aber man tauscht und handelt nicht.

So brachte die Reise, die mit einem Sturm so unglücklich begonnen hatte, Ch'oe Pu bei seiner Rückkehr in die Heimat großen Ruhm und eine Rangerhöhung ein, die er sich in einer Folge von Prüfungen auf einer Reise ins Zentrum der fernöstlichen Zivilisation erworben hatte.

Der Fremde als Gott

Denn oft tragen die Götter entfernter Fremdlinge Bildung;
Unter jeder Gestalt durchwandeln sie Länder und Städte,
Daß sie den Frevel der Menschen und ihre Frömmigkeit schauen.

(Odyssee, 17. Gesang, Vers 485 ff.)

Der Prozeß der Identifizierung ließe sich vielleicht am treffendsten als das Anbieten einer Reihe von Entscheidungen und Wahlmöglichkeiten beschreiben und nicht als ein Aufzwingen bestimmter Vorstellungen. Die erste Wahl, vor die die ankommenden Fremden gestellt werden, ist die zwischen »Freund« und »Feind«, d. h. sie müssen zeigen, ob sie potentiell eine Hilfe oder eine Bedrohung darstellen.

Im Zusammenhang mit seiner Untersuchung der Tabus gegen den Umgang mit Fremden erkannte der Mythenforscher James G. Frazer, daß diese Tabus »zu den elementaren Bestimmungen primitiver Vorsicht« gehören (1989: 285); sie bestimmen unter anderem auch die Bedingungen des »stummen Tausches«, welche der Anthropologe P. J. Hamilton-Grierson in seiner klassischen Studie über die Ursprünge von Gastfreundschaft und Handel (1903) ausführlich beschrieben hat. Jeder Fremde gilt bis zum Beweis des Gegenteils als Feind. In einem alten englischen Sprichwort heißt es: »Der Fremde, der kein Händler ist, ist ein Feind.« Mit der gleichen Alternative werden Neuankömmlinge in der *Odyssee* konfrontiert:

»Fremdlinge, sagt, wer seid ihr? Von wannen trägt euch die Woge?
Habt ihr wo ein Gewerb, oder schweift ihr ohne Bestimmung
Hin und Her auf der See, sie küstenumirrende Räuber,
Die ihr Leben verachten, um fremden Völkern zu schaden?«

(9. Gesang, Vers 252–255)

Überschreitet man ohne Erlaubnis die Grenzen eines Ortes, dann macht man damit deutlich, daß man als Feind gekommen ist.

Eine weitere Option, vor die die Fremden in der vormodernen Zeit gestellt wurden, insbesondere wenn sie von völlig unbekannter Art waren, war die zwischen Mensch und Gott. Die Griechen begründeten ihre Gastfreundschaft gegenüber Fremden, selbst wenn sie als Bettler kamen, damit, daß der Fremde ein Gott oder der Bote eines Gottes sein konnte. Wie das obige Motto deutlich macht, beruht die Macht des Fremden zum großen Teil auf seiner kommunikativen Funktion, d. h. auf der Tatsache, daß er ein Zeuge ist, der irgendwann weiterreist, sein Wissen um diesen Ort mitnimmt und auf diese Weise den Ruf und die kollektive Ehre des Ortes in den

Augen anderer bestimmt. Aber das gottähnliche Ansehen des Fremden läßt sich auch daher erklären, daß er aus der Außenwelt kommt, und die Außenwelt ist für seßhafte Gesellschaften die Projektionsfläche für all das, was innerhalb ihrer heimischen Ordnung unmöglich oder unzulässig ist. Damit wird der Fremde zum Objekt von Phantasien, zu jemand, der vielleicht in der Lage ist, alte Zwänge aufzulösen und die Langeweile des Bekannten und Vertrauten zu durchbrechen; er verkörpert wunderbare Dinge und Kräfte, von denen Menschen, die an einen bestimmten Ort gebunden sind, nichts ahnen. Wenn der Fremde also als Gottheit betrachtet wird, dann ist das eine durchaus logische Reaktion, die von Vorsicht und Klugheit zeugt und dazu dient, ihn in bestehende Zeremonien und Gebräuche einzugliedern, mit denen das Gemeinwesen seine Beziehungen zur Außenwelt regelt.

Diese Projektionen führen fast immer zu überhöhten Erwartungen an den Fremden, die er, da er auch nur ein Mensch ist, zwangsläufig enttäuschen muß. Das zeigen die Erfahrungen von W. B. Grubb, einem reisenden Kaufmann, der als erster Weißer eine Zeitlang bei den Lenguas im Gran Chaco lebte und ihnen so fremd erschien, daß sie ihn mit göttlichen Eigenschaften ausstatteten:

> »Man unterstellte mir die wunderbarsten Fähigkeiten und Kräfte. Ich sollte in der Lage sein, Menschen und Tiere in Schlaf zu versetzen, Stürme und die Südwinde nach Belieben zu rufen, Krankheiten zu vertreiben, wenn ich wollte (...) Sie glaubten, daß ich den bösen Blick hätte und in die Zukunft blicken könnte, daß ich alle Geheimnisse entdecken könnte und wüßte, was die Menschen in entfernten Gegenden des Landes täten, (...) daß ich das Wild vertreiben und mit den Toten reden könnte.« (Zit. n. Levy-Bruhl 1923: 362)

Alfred Russel Wallace, der in der Wildnis der Aru-Inseln zoologisches Material sammelte, verfügte nach Meinung der Eingeborenen über ähnliche Kräfte:

> »Sie glauben nämlich, daß alle Tiere, die ich präpariere, wieder ins Leben zurückkehren werden, und ihren Kindern wird man erzählen, daß genau das eingetreten sei. Eine ungewöhnliche Schönwetterperiode, die genau bei meiner Ankunft einsetzte, ließ sie glauben, ich könne die Jahreszeiten beeinflussen (...) Wenn ich sage, davon wüßte ich nichts, dann meinen sie, ich wolle ihnen nur nicht zuviel verraten.« (1869: 359)

Die Eingeborenen hegen derartige Erwartungen gegenüber einem Fremden, weil sie annehmen und auch sehen, daß er »anders« ist. Lord MacCartney, der erste englische Botschafter am Hofe des Kaisers von China in den Jahren 1793/94, schreibt, die Zeitung von Tientsin habe berichtet, unter

den Geschenken, die die Engländer mitgebracht hätten, seien unter anderem mehrere nur etwa 30 Zentimeter große Zwerge gewesen, ein Elefant,
der nicht größer als eine Katze sei, ein Huhn von der Größe einer Maus, ein
Singvogel so groß wie ein Huhn, der jeden Tag 50 Pfund Kohle fresse,
sowie »ein verzaubertes Kopfkissen, auf dem jeder, der seinen Kopf darauf
legt, sofort in Schlaf versinkt, und wenn er von einem weit entfernten Ort
träumt, (...) wird er sofort dorthin versetzt, ohne die Ermüdung der langen Reise zu verspüren« (zit. n. Cranmer-Byng 1972: 114).

Je begrenzter und abgeschiedener ein Ort ist, um so stärker sind die Fiktionen und Erwartungen, die man mit der Ankunft eines Fremden verbindet. Während also die Macht des Ortes weitgehend auf der Vorstellungskraft des Reisenden beruht, ist die Macht des Fremden zum großen Teil
eine Projektion des Ortes und eine notwendige Folge der mit der Seßhaftwerdung verbundenen Zwänge und Regeln.

Wenn göttliche Qualitäten auf den Fremden projiziert werden, dann ist
dies meist nur eine erste Phase der Zuschreibung, die keineswegs endgültig
zu sein braucht. Die fortschreitende Identifizierung des Fremden ist
zwangsweise häufig mit einer Desillusionierung verbunden. Reverend
Moffat, einem im 19. Jh. in Südafrika wirkenden Missionar, wurde von den
Eingeborenen ein trockenes, unfruchtbares Stück Land zugewiesen, weil
sie glaubten, es würde durch seine Macht über das Wetter fruchtbar werden. Als er sich beim Häuptling des betreffenden Stammes beschwerte
und erklärte, nur Gott könne Regen machen, er sei aber nicht Gott,
schenkte ihm der Häuptling keinen Glauben: »Warum sprecht Ihr zu mir
von Gott? Ihr selbst seid Gott – also gebt uns Regen.« (Zit. n. Levy-Bruhl
1923: 364)

In polytheistischen Kulturen ist die Kategorie »Gott« fast unbegrenzt
dehnbar. Welchen Gott, Geist oder Teufel der Fremde verkörpert, ist oft
von seinem eigenen Verhalten oder vom Zufall abhängig. Als in den 80er
Jahren des 19. Jh. zum ersten Mal christliche Missionare auf den Banks-
Inseln (Neue Hebriden) landeten, wurden sie als Geister betrachtet, auch
wenn man nicht genau wußte, um welche Art von Geistern es sich dabei
handelte, bis die Fremden selbst für Aufklärung sorgten:

> »Als Mr. Patterson zum erstenmal in Mota an Land ging, (...) gab es unter den
> Eingeborenen verschiedene Auffassungen. Manche sagten, die Brüder von Jat
> seien zurückgekehrt, das waren gewisse übernatürliche Wesen, von denen man
> sich Geschichten erzählte. Andere behaupteten, es handle sich um Geister. Mr.
> Patterson suchte vor der Hitze Schutz in einem leeren Haus, dessen Besitzer
> vor kurzem gestorben war. Damit war das Problem gelöst: Er war der Geist des
> verstorbenen Hausherrn und kannte sein Heim.« (Zit. n. Wood 1934: 80)

Man kann sich vorstellen, daß man Mr. Patterson völlig andere Eigenschaften zugeschrieben hätte, wenn er statt in der Hitze des Tages in der Kühle des Abends angekommen wäre. Diese Ankunft hatte also über die anfängliche Identifizierung hinaus spürbare Folgen für die Kultur der Gastgeber, denn sie erforderte die Einführung einer neuen Kategorie von Anderssein, der des »weißen Mannes«. Captain Cook profitierte anfänglich davon, daß seine Ankunft auf Hawaii mit dem Fest des einheimischen Gottes Lomo zusammenfiel, für den man ihn prompt hielt. Damit bestand eine geregelte Beziehung zwischen den Fremden und den Gastgebern. Aber die Tatsache, daß Cooks Leute gemeinsam mit den Frauen aßen und damit ein elementares Tabu brachen, machte die Eingeborenen mißtrauisch, und Cooks nicht eingeplante Rückkehr auf die Insel zwecks Reparatur eines gebrochenen Ruders war im Ritual nicht vorgesehen. Er wurde getötet – keineswegs der erste Gott, dem dieses Schicksal widerfuhr.

Viele Reisende haben nicht gezögert, sich die ihnen zugeschriebenen göttlichen Attribute zunutze zu machen. Da Götter und Geister als unsterblich betrachtet wurden, achteten die Spanier bei ihrer Ankunft in Mexiko streng darauf, diesen Eindruck nicht zu zerstören. So auch im Kampf gegen die Tlaxcateken, die die Spanier für *Teules*, d. h. für unbesiegbare Götter oder Teufel hielten: »Unseren Toten begruben wir in einer der unterirdischen Wohnungen, auf die wir eine Menge Erde häuften. Die Indianer sollten auch weiterhin glauben, daß wir unsterblich sind.« (Diaz del Castillo [1988]: 139) Alarcón, der erste Erforscher des Colorado River, war sehr viel geschickter als viele andere seiner Landsleute, wenn es darum ging, freundschaftliche Kontakte mit den Eingeborenen zu knüpfen; er machte sich z. B. die Mühe, die Namen ihrer Götter zu lernen: »Durch Zeichen erfuhr ich, daß jene Eingeborenen vor allem die Sonne anbeteten und verehrten. Ich gab ihnen zu verstehen, daß ich von der Sonne käme, worüber sie über die Maßen erstaunten. Sie starrten mich von Kopf bis Fuß an und erwiesen mir noch größere Achtung als vorher.« So konnte Alarcón für sich die Eigenschaften in Anspruch nehmen, die die Eingeborenen auf die Außenwelt und auf die Fremden projizierten. Diese Identität sollte auch seine weiteren Beziehungen zu diesen Eingeborenen bestimmen, die häufig zu ihm kamen, um seinen Rat zu erbitten und sich über »ihre früheren und jetzigen Schwierigkeiten und ihre gute oder schlechte Einstellung untereinander« zu beschweren. Es gelang Alarcón, dieser Rolle lange Zeit hindurch gerecht zu werden, während viele andere spanische *Teules* sehr bald als Räuber und einfache Sterbliche entlarvt wurden. Als einige Indianer Alarcón töten wollten, verteidigte ihn ein alter Häuptling mit den Worten: »Dies ist ein Sohn der Sonne und unser Herr. Er tut Gutes. Er weigert sich, unsere

Häuser zu betreten, auch wenn wir ihn einladen; er nimmt uns nichts fort; er stellt unseren Frauen nicht nach.« (Zit. n. Hammond 1940: 130; 44; 46) Alarcón blieb ein Gott, weil er ein guter Gast war und die Grenzen des Ortes respektierte, weil er mehr brachte, als er nahm, und vor allem, weil er auf jeden verbotenen Kontakt mit den Eingeborenenfrauen verzichtete.

Wenn der Fremde mit einem Gott gleichgesetzt wird, so ist das ein Mittel, ihn bekannt und vertraut zu machen. Der Gott ist kein absolut Fremder, sondern ein Wesen, das in einer festen, durch Rituale, Gebete und Zeremonien geregelten Beziehung zur Gemeinschaft steht. Der Fremde, der sich diesen Beziehungen anpaßt, kommt häufig in den Genuß heiliger Bräuche, so wie die Leute von Captain Cook bei den Hawaiianern, die »ihm [Cook, der für den Gott Lomo gehalten wurde] Schweine, Taro, Tapa und alle möglichen Dinge in der gleichen Weise gaben, wie diese den Göttern gegeben werden; sie feilschten nicht« (zit. n. Sahlins 1992: 122). In den vormodernen Kulturen sind die Götter vertraute Wesen, deren Behandlung oft genug radikal von unserer Auffassung von Gastfreundschaft abweicht: Man tötet und verzehrt sie, damit ihre Macht dem Gemeinwesen erhalten bleibe; man errichtet ihnen Schreine und zeigt sie der Bevölkerung als Symbol für die Macht der lokalen Fürsten.

Gregory Bateson berichtet von einem Vorfall, den ihm ein gewisser Dr. Stutterheim, ein auf Java arbeitender Archäologe, erzählte. Das betreffende Ereignis datiert aus der Zeit vor der Ankunft der Europäer auf Java. Nach einem schweren Sturm wurde an der javanischen Küste in der Nähe einer der großen Städte ein großer weißer Affe angeschwemmt. Er war halbtot und gehörte einer unbekannten Art an. Die Priester erkannten in ihm ein Mitglied des Hofes von Beroena, dem Gott des Meeres, und nahmen an, er sei von diesem verbannt worden, weil er irgendein Gebot übertreten habe. Der Raja befahl, den Affen am Leben zu halten und ihn auf dem Marktplatz an einen großen Stein anzuketten, wo er über Jahre hinweg die Einwohner unterhielt, die ihn fütterten und für ihn sorgten. Als die ersten Europäer den Ort betraten, zeigte man ihnen diesen Stein, auf dem sie in lateinischer, niederländischer und englischer Sprache den Namen eines Seemanns und die Geschichte seines Schiffsbruchs eingeritzt fanden. Zu dieser Zeit war die Figur des »weißen Affen« bereits fester Bestandteil des javanischen Puppentheaters geworden (Bateson 1951: 204 f.).

Die Wartezeit

Nähert man sich dem Hause eines Fremden, so ist es gewöhnlich, mehrere kleine Etikettenpunkte zu erfüllen: man reitet langsam bis an die Thür, gibt als Grusz ein Ave Maria, und bis irgend Jemand kommt und bittet abzusteigen, ist es nicht gebräuchlich, vom Pferde herunterzusteigen.

Charles Darwin, 1839
(1875: 49)

Da die genauere Bestimmung der universalen Kategorie des Anderen weitgehend von Verhalten und Erscheinung der potentiellen Gäste und von ihrer Macht und ihrem Benehmen abhängt, fällt es schwer, den Vorgang der Ankunft nur als rituelles Anlegen einer bestimmten Identität zu betrachten. Man gibt dem ankommenden Fremden die Wahl zwischen verschiedenen Zuordnungen, die er durch sein eigenes Verhalten und seine eigene Entscheidung bestimmt: Freund oder Feind, Gott oder Mensch, Verunreinigung oder Macht. Der potentielle Gast optiert zum erstenmal für die Alternative zur Feindseligkeit – d. h. die Gastrolle –, indem er außerhalb der Grenzen des betreffenden Ortes haltmacht und wartet. Der Anthropologe Arnold van Gennep hat auf sehr anschauliche Weise die in einer solchen vormodernen Situation einsetzenden Identifizierungsvorgänge beschrieben:

»Die Ankunft zahlreicher Fremder löst stets Handlungen aus, die die soziale Kohäsion einer Lokalgruppe stärken: Alle Bewohner verlassen das Dorf und ziehen sich an einen gut zu verteidigenden Ort (auf einen Hügel oder in einen Wald) zurück; oder sie verschließen ihre Türen, bewaffnen sich und geben Zeichen zum Sammeln (mittels eines Feuers, einer Trompete, einer Trommel usw.); oder der Dorfobere tritt in seiner Funktion als Repräsentant der Gesellschaft allein oder mit seinen Kriegern vor die Fremden, da er besser als die übrigen Dorfbewohner vor den negativen Auswirkungen des Kontakts geschützt ist. In anderen Fällen werden spezielle Vermittler oder ausgewählte Delegierte zu ihnen geschickt. Außerdem dürfen Fremde nicht sofort das Stammes- oder Dorfterritorium betreten (obwohl es zum Beispiel Ausnahmen politischer Art gibt); sie müssen aus der Ferne ihre Absichten zu erkennen geben und eine erste Phase der Kontaktaufnahme durchlaufen, deren bekannteste Form das langwierige afrikanische Palaver ist. Dieser Vorbereitungsphase, die mehr oder weniger lang ausfallen kann, folgt die Schwellenphase, in der beide Parteien Geschenke austauschen und die Dorfbewohner Nahrungsmittel und Unterkünfte anbieten. Die Zeremonie endet mit Integrationsriten, einem förmlichen Betreten des Dorfes, einem gemeinsamen Mahl, gegenseitigem Händeschütteln usw.« (1986: 36)

Die Phase des Wartens außerhalb der Grenzen ist eines der wichtigsten Anzeichen für die friedlichen bzw. feindseligen Absichten der Ankömmlinge. Auf das Warten folgen Befragungen und Prüfungen, die den Charakter der Gäste genauer klären helfen.

Die Wartezeit gilt fast auf der ganzen Welt als notwendige Voraussetzung für die Anerkennung als Gast. In dieser Zeit findet eine erste Identifizierung des Fremden statt, und zwar in den meisten Fällen auf der Grundlage seiner Erscheinung und des von ihm benutzten Transportmittels. Sie kann sich zu einer »Quarantäneperiode« ausdehnen, in der der Gast von den Verunreinigungen befreit werden soll, die ihm nach dem Durchqueren bestimmter Landstriche anhaften. Auf dieses Intermezzo kann unter Umständen auch verzichtet werden, um einen Gast zu ehren, dessen Rang und Status bereits bekannt sind, wie Darwin im Zusammenhang mit den Regeln der Reise in der argentinischen Pampa erfuhr.

Die Wartezeit ist mehr als nur Etikette, sie gibt dem Eigentümer des Bodens, auf dem sich der Fremde befindet, Gelegenheit, den Gast zu untersuchen, seine Erscheinung zu prüfen und herauszufinden, ob er eine Bedrohung oder eine Bereicherung darstellt und ob und wie er zu begrüßen sei. Daß der Ankömmling sich auf Gedeih und Verderb den Ortsansässigen ausliefert, ist eine der Vorbedingungen einer gewaltfreien Ankunft und geht der Gewährung des Gästestatus und der damit verbundenen Privilegien voraus. So versahen die australischen Aborigines ihre Boten in der Regel mit einem besonderen Paß (einem »Bullroarer«), mit dem sie sich legitimieren konnten; trotzdem mußten sie die Wartezeit beachten, wenn sie zu dem Lager kamen, an dessen Bewohner ihre jeweilige Botschaft gerichtet war:

> »Wenn er sich dem Lager nähert, setzt er sich hin und wartet, bis es den Männern des Ortes gefällt, ihn zu bemerken, was eine Stunde oder mehr dauern kann. In der Zwischenzeit zeigen sich alle gänzlich uninteressiert, als ob er gar nicht vorhanden sei, und erst dann gehen einer oder zwei der älteren Männer zu ihm hin; er zeigt ihnen seine Legitimation und überbringt ihnen seine Botschaft, woraufhin man ihn ins Lager bringt (...) und ihn mit Nahrung versorgt.« (Wood 1934: 67)

Der Reisende erzählt seine Geschichte

Auf! Erzähle mir jetzo von deinen Leiden, o Alter!
Auch verkündige mir aufrichtig, damit ich es wisse:
Wer, wes Volkes bist du und wo ist deine Geburtsstadt?
Und in welcherlei Schiff kamst Du, Wie brachten die Schiffer
Dich nach Ithaka her? Was rühmen sich jene für Leute?
Denn unmöglich bist du doch hierher zu Fuße gekommen!

Solche Wanderer suchen gewöhnlich milde Bewirtung
Durch die schmeichelnde Lüg, und reden selten die Wahrheit.

(Odyssee, 14. Gesang, Vers 185–190 u. 124f.)

Ähnlich wie der Besucher sich von einem Ort zunächst nur ein äußerliches Bild machen kann, so beurteilt auch der Ort den Fremden nach seiner Ausstattung, seinem Auftreten und danach, ob er eine Gefolgschaft hat – also den Anzeichen für Macht und Rang. Der Fremde, der allein und zu Fuß kommt und nicht einer besonderen Kategorie angehört (bei den westafrikanischen Mandingo und in vielen anderen alten Gesellschaften hatten Redner, Seher, fahrende Sänger und Schmiede selbst in Kriegszeiten das Recht auf freie Durchreise), wird einfach mit Verachtung behandelt und erhält einen niedrigen Platz auf der Stufenleiter der sozialen Ordnung. Karl Philipp Moritz, ein junger deutscher Geistlicher aus dem 18. Jh., der beschlossen hatte, zu Fuß durch England zu wandern, hatte immer wieder Gelegenheit, diesen Entschluß zu bereuen. Man begegnete ihm mit Mißtrauen, verweigerte ihm trotz freier Zimmer die Unterkunft in Gasthöfen und ließ ihn häufig nur in die Küche oder wies ihn an, die Hintertür zu benutzen. Wenn er das Bettzeug wechselte, wurde er dann wieder als Gentleman betrachtet – solange das Bettzeug sauber blieb. Moritz wußte sehr wohl um die Ursache der schlechten Behandlung, als der Wirt in einem leeren Gasthof ihm ein Zimmer verweigerte und ihm nur widerwillig gestattete, neben dem Ofen auf einem Küchentisch zu nächtigen:

> »Da man nun glaubte, ich schliefe, hörte ich in der Küche über mich deliberieren, was ich wohl für ein Mensch sein möge. Eine Frau nahm meine Partei, und sagte: ›I dare say, he is a well bred Gentleman‹ (ich glaube, er ist ein Mensch von gutem Stande); eine andre widerlegte sie damit, daß ich zu Fuß ginge, und sagte: ›he is a poor travelling Creature!‹ (er ist ein armes herumwanderndes Geschöpf). Von diesem ›poor travelling Creature‹ gellen mir noch die Ohren, wenn ich daran denke, denn es scheint mir alles Elend eines Menschen, der nirgends eine Heimat hat, und die Verachtung, der er ausgesetzt ist, in kurzen Worten auszudrücken.« ([1981]: II, 111f.)

Die neuzeitliche Methode, die Identität des Gastes festzustellen, ist die Befragung oder »Prüfung« in unterschiedlichster Ausprägung. Dabei treten Worte und Dokumente an die Stelle der früher eher gewaltsamen Formen der Grenzübertretung.

Bei den alten Griechen, die selbst viel reisten und Handel trieben, war es Sitte, erst dann mit der Befragung des Gastes zu beginnen, wenn seine körperlichen Bedürfnisse befriedigt waren, er also gebadet, gegessen und sich ausgeruht hatte. Dabei kam es in solchen Situationen häufig zu Unsicherheiten im Hinblick auf die Höflichkeit und die Umgangsformen. Als Telemach sich auf den Peloponnes begibt, um Kunde von seinem verschollenen Vater zu erhalten, wird er von seinem Gastgeber Menelaos erkannt:

> »Dieser dachte darauf umher in zweifelnder Seele,
> Ob er ihn ruhig ließe an seinen Vater gedenken,
> Oder ob er zuerst ihn fragt' und alles erforschte.«
>
> (*Odyssee*: 4. Gesang, Vers 117 ff.)

Das Dilemma wird gelöst, als Helena erscheint und in Telemachs Zügen die große Ähnlichkeit mit seinem Vater Odysseus entdeckt.

Darwin stellte fest, daß die Befragung der Fremden in Argentinien nach ganz anderen Regeln verläuft als denen der weißen Siedler in Südafrika:

> »Indesz zeigt sich der Unterschied zwischem dem Character des Spaniers und dem des holländischen Bauern darin, dasz der erstere seinen Gast niemals auch nur eine einzige Frage über die strikteste Regel der Höflichkeit hinaus fragt, während der biedere Holländer fragt, wo er gewesen sei, wo er hingehe, was sein Geschäft sei, und selbst wie viel Brüder und Schwestern oder Kinder er etwa zufällig haben möge.« (1875: 49)

Wie intensiv der Fremde befragt wird, hängt nicht zuletzt davon ab, wie groß die Bedrohung eingeschätzt wird, die er darstellt, aber auch davon, wie abgelegen der betreffende Ort ist, wie begierig seine Bewohner auf Nachrichten von außen sind, und welchen Regeln die Befriedigung der Neugier der Einwohner unterliegt. Die Verschwiegenheit oder Mitteilsamkeit des Fremden gilt oft als Hinweis auf seine Glaubwürdigkeit, und es kommt häufig vor, daß man einem Fremden keinen Glauben schenkt, weil er mehr erzählt, als er gefragt wird. Unter den nordischen Völkern gab es eine alte Regel, nach der es unhöflich war, einen Fremden nach seinem Namen zu fragen. Es wurde erwartete, daß er von selbst seinen Namen nannte, woraufhin der andere, wenn er es für richtig hielt, ihm ebenfalls seinen Namen mitteilen konnte. Wenn also Myrkjartan, ein irischer König, den gerade angekommenen Olaf nach seiner Herkunft fragt, so ist dessen

Verschlossenheit als ein Zeichen seines Stolzes, seines Selbstvertrauens und seiner Würde zu verstehen.

> »Der König fragte, wer der Führer des Schiffes sei. Olaf nannte seinen Namen und fragte, wer der stattliche Ritter sei, mit der er das Gespräch führe. Der antwortete: »Ich heiße Myrkjartan.« Olaf sprach: »Bist Du der König der Iren?« Er antwortete, so sei es. Darauf fragte der König nach allgemeinen Neuigkeiten. Olaf gab über alle Dinge wohl Bescheid, nach denen er gefragt wurde. Weiter fragte der König, von wo sie ausgesegelt seien und wessen Männer sie seien. Und dann fragte der König noch genauer nach Olafs Abkunft als zuerst, denn der König fand, daß dieser Mann ein stolzes Benehmen zeigte, und nur soweit Auskunft geben wollte, als er gefragt wurde.« (*Laxdaela Saga*: 77)

Es ist kein Zufall, daß gerade in Ländern, in denen Reisende sehr zahlreich auftreten, und insbesondere auch bei Nomaden das Frage- und Antwortspiel oft äußerst feinfühlig gehandhabt wird. Der Soziologe Nels Anderson stellt in seiner Untersuchung über Landstreicher fest, daß unter obdachlosen Männern alle persönlichen Fragen tabuisiert sind, außer bei minderjährigen, kranken oder sehr alten Personen: »Sie leben ein nach außen hin verschlossenes Leben und gewähren anderen das gleiche Vorrecht.« (1923: 20) Traditionell seßhafte Gesellschaften entwickeln dagegen ein komplexes, detailliertes System zur Befragung von Fremden. Ein Beispiel sind die überaus strengen Prozeduren, denen sich Ch'oe Pu bei seiner Ankunft in China unterziehen mußte.

Die Bedeutung des verbalen Austauschs und der Prüfung und Befragung von Reisenden orientiert sich dabei keineswegs nur an Sicherheitsüberlegungen oder an dem Bestreben, der Gemeinschaft die Kräfte und das Eigentum der Fremden zu erschließen. Reisende waren immer schon – vor allem vor der Entwicklung der modernen Presse und der elektronischen Medien – eine wichtige Quelle von Nachrichten und Informationen über die Außenwelt, und unser heutiger Journalismus hat seine Wurzeln in den Berichten der Reisenden des 17. Jh. Darüber hinaus dienten die Reisenden auch der ernsten und komischen Unterhaltung und brachten neue Vorstellungen und Gedanken mit. Es gab bestimmte Arten von Reisenden – Erzähler und Sänger, Barden (in Afrika *griots* genannt), fahrende Musikanten, Komiker und Clowns, Marktschreier –, die sich auf diese Funktionen spezialisierten und so zu willkommenen und geschätzten Gästen wurden. Bei den westafrikanischen Mandingo wie bei den alten Griechen und Kelten glaubte man, daß die Barden unter dem besonderen Schutz der Götter stünden, und gewährte ihnen selbst in Kriegszeiten das Recht auf freie Durchreise durch das Land. Aber die Zweideutigkeit, die für den Fremden so charakteristisch ist und ihn je nachdem als Gott oder Feind erscheinen lassen kann, gilt auch für seine Worte – man erwartet von ihm, daß er erzählt, aber man schenkt ihm nicht unbedingt Glauben:

> »Das Wesen des Fremden liegt gerade darin, (...) daß er unbekannt ist. Er kann alles mögliche sein: Held oder Taugenichts, von guter Herkunft, mit guten Beziehungen, wohlhabend, oder auch das Gegenteil, und da seine Angaben über sich selbst nicht nachprüfbar sind, lautet das oberste Gebot, ihm niemals zu vertrauen«. (Pitt-Rivers 1968: 16)

Der Fremde könnte lügen, er könnte sich angesichts der Unsicherheit bei der Ankunft eine neue, andere Identität geben. Reisende standen schon immer in dem Ruf, Fabeldichter, Aufschneider und Erfinder zu sein. In dieser Ambivalenz, die den Erzählungen von Reisenden eignet, liegt vielleicht der Ursprung der *fiction* – einer Erzählung, die weder wahr noch unwahr, aber durchaus glaubhaft ist. In der *Odyssee* heißt der Schweinehirt Eumäus seinen Herrn Odysseus, der sich als Bettler verkleidet hat, mit den üblichen Fragen willkommen. Odysseus nutzt die Gelegenheit, eine fiktive Person und eine Reihe von Abenteuern zu erfinden. Aber Eumäus *erwartet*, daß Odysseus lügt – er war selbst einmal Gefangener und Reisender und weiß aus eigener Erfahrung:

> »Solche Wanderer suchen gewöhnlich milde Bewirtung
> Durch die schmeichelnde Lüg, und reden selten die Wahrheit.«

Aus dem zweideutigen Status der Reisenden entsteht eine ganz neue Funktion: Er kündet von einer Welt, der alle jene fremdartigen und wundersamen Dinge zugeschrieben werden, die in einer häuslichen Ordnung (die ja gerade von der Unterdrückung von Anomalien lebt) ausgeschlossen bleiben müssen. Der Fremde wird selbst als eine solche Anomalie betrachtet, und man erwartet von ihm, daß er von all jenen unmöglichen Dingen erzählt, die die Außenwelt ausmachen.

Dieser Aspekt wird in der Tat zu einer Konvention innerhalb der traditionellen Reiseliteratur: »Jede Erzählung eines Reisenden, die den Anspruch erhebt, einen wahrheitsgetreuen Bericht zu geben, muß in sich die Kategorie von *Thoma* (Wunder und Merkwürdigkeiten) enthalten.« (Hartog 1988: 230) Lange Zeit kam der Reiseliteratur also die Funktion zu, alternative Welten zu beschreiben, deren tatsächliche Existenz denen, deren Weltanschauung durch Mauern und Tore begrenzt war, zumindest zweifelhaft erscheinen mußte. Die Reiseschriftsteller des 17. und 18. Jh. versuchten sich von dieser Rolle zu lösen und bemühten sich, einen erzählerischen Stil zu entwickeln, den wir heute als »nonfiktional« bezeichnen, die Welt also wahrheitsgetreu nach Beobachtungen und Fakten zu schildern. Viele Reisende fanden sich jedoch von vornherein damit ab, daß man ihnen keinen Glauben schenken würde: »Es würde mich nicht wundern, wenn die Leser dieser Geschichte meinen Berichten nicht glaubten, vor allem diejenigen, die noch nie selbst gereist sind, denn wer nur wenig gesehen hat, der glaubt nicht viel, während der, der viel gesehen hat, um so mehr zu glauben bereit ist.« (Mendez Pinto [1963]: 17)

Diese eigentümliche »Double-Bind-Situation« des Reisenden, der sich immer wieder einem Klima der Ungläubigkeit gegenübersieht, war insbesondere für die Reisenden der Neuzeit kaum erträglich. Oft warf man ihnen vor, sie seien langweilig, wenn sie die Wahrheit über die Welt berichteten. Jede ungewöhnliche Begebenheit oder Beobachtung, die sie vermittelten, wurde von den Daheimgebliebenen zwar als unterhaltsam aufgenommen, verstärkte aber gleichzeitig nur ihren Ruf, Lügner und Fabulierer zu sein. Lady Mary Wortley Montagu bereitete es großes Vergnügen, die Irrtümer und Erfindungen von anderen (männlichen) Reiseschriftstellern zu entlarven: »Ich bin eher geneigt, wahrscheinlich aus purem weiblichem Widerspruchsgeist, das, was Sie bei anderen Schriftstellern finden, zum großen Teil für falsch zu erklären.« (1763: III, 2) Gleichzeitig fand sie sich jedoch in genau derselben Situation wie diese männlichen Reiseschriftsteller:

> »Wir Reisenden sind in einer sehr schwierigen Situation: Wenn wir nichts erzählen, was nicht schon andere vor uns erzählt haben, dann gelten wir für langweilig, als hätten wir nichts gesehen. Wenn wir aber etwas Neues erzählen, verlacht man uns als Spinner und Romantiker, ohne Rücksicht darauf, daß verschiedene Menschen auch verschiedene Gesellschaft finden, gleichzeitig aber auch ohne Rücksicht auf die reine Neugier oder darauf, daß sich die Bräuche in jedem Land wenigstens alle zwanzig Jahre ändern (...) Was mich betrifft, so kenne ich die moralischen Vorstellungen all meiner teuren Freunde und Bekannten so gut, daß ich mich entschlossen habe, ihnen überhaupt nichts zu erzählen, um nicht den Eindruck zu erwecken, (...) ich erzählte zu viel.« (Ebd.: II, 312)

Aber natürlich blieb Lady Montagu nicht stumm, sondern füllte zahllose Briefe an ihre Freunde mit ihren Beobachtungen. Dank ihrer und vieler anderer Reiseschriftsteller des 17. und 18. Jh. entwickelte sich langsam der Kanon der nonfiktionalen Literatur. Das Reisen verlor immer mehr den Ruf, nur erfundene Geschichten hervorzubringen, und wurde statt dessen zu einem Instrument der »Wahrheitsfindung«.

Die mit der Ankunft verbundenen Identifikationsprozesse sind weit mehr als nur die Übertragung von vorhandenen Schablonen auf ein kon-

kretes Objekt. Es sind Erkennungs- und Anerkennungsprozesse, bei
denen vorgefertigtes Bild und beobachtete Wirklichkeit einander angepaßt
werden; auf diese Weise entsteht eine neue Identität. In der Ankunft lag für
viele Reisende die Möglichkeit, »ein anderer« zu werden, sich Verkleidun-
gen und Masken zuzulegen, die ihnen in der Heimat verboten oder unmöglich gewesen wären – und oft war dies wirklich nötig, um sich an die fremden Verhältnisse »anzupassen«. Als der französische Kaufmann François
Pyrard im 17. Jh. auf den Malediven strandete, erkannte er wie so viele
Generationen von Reisenden vor ihm, daß die Anpassung an ortsübliche
Erwartungen die Voraussetzung für sein Wohlbefinden war: »Ich wurde
ziemlich reich, zumindest nach den Vorstellungen des Landes, an die ich
mich so weit wie möglich anpaßte, wie auch an ihre Gewohnheiten und
Gebräuche, um von ihnen besser aufgenommen zu werden.« ([1887]: I, 92)
In der Tat haben viele Reisende, darunter auch James Boswell und Pietro
Della Valle, die Erfahrung gemacht, daß einer der angenehmsten Aspekte
des Reisens in der Möglichkeit besteht, seine Gestalt zu verändern, eine
Vielzahl von Masken und Rollen anzunehmen und sie vor immer neuem
Publikum auszuprobieren. Ich werde im 10. Kapitel näher auf diesen
Aspekt der Identitätsveränderung, der Wandelbarkeit des Reisenden einge-
hen und zu zeigen versuchen, welche Kräfte daraus entstehen und welche
Rückschlüsse wir daraus auf das Wesen menschlicher Gemeinschaften zie-
hen können.

Penelope mit ihrem Gefolge

Kapitel 4

RAUM UND GESCHLECHT:
DIE FRAU ALS VERMITTLERIN

Männliche Aktivitäten sind im allgemeinen eher mobiler Art und erstrecken sich über einen größeren Raum als weibliche; sie beziehen sich insbesondere unmittelbar auf das Meer und die äußeren Bereiche von Gawa. Ein Mann sagte mir, das Land sei weiblich, weil es an derselben Stelle bleibt, während das Kanu männlich sei, weil es sich bewegt.

Nancy Munn, 1986
(1986: 77)

Bei jeder endgültigen Ankunft – der Rückkehr nach Hause oder der Ankunft an einem Ort, an dem sich jenes Verhältnis zwischen Mensch und Ort entwickelt, das wir als »Zuhause« bezeichnen – bildet der Reisende in gewissem Sinne permanente Bindungen aus, die, so darf man annehmen, das soziale und sogar das biologische Selbst neu definieren und den Reisenden zum »Einheimischen« machen.

François Pyrard, der im Jahre 1601 auf den Malediven Schiffbruch erlitt, hatte erst dann das Gefühl, wirklich angekommen zu sein, als er das Malediven-Fieber überstanden hatte, das die meisten der Neuankömmlinge befiel und dem bereits viele seiner Schiffskameraden zum Opfer gefallen waren:

> »Wenn man sie überstanden hat, glaubt man wohl, auch die anderen Krankheiten überstehen zu können, die das Klima mit sich bringt; denn der Mensch paßt sich überall dem Klima und der Lebensweise an, und diese Krankheit verleiht ihm gewissermaßen einen neuen Leib, so daß er sich recht abgehärtet fühlt. In der Tat, wenn ein Fremder, den sie in ihrer Sprache einen *pouradde* (Reisenden) nennen, wieder gesund wird, dann sagen sie, er sei *diues*, oder wie wir sagen würden, naturalisiert und damit kein Fremder mehr.« ([1887]: I, 83)

Der Fremde und Gast wird also durch die Übertragung von bestimmten Substanzen – Luft, Wasser, Nahrung, Bakterien, natürlich auch durch kör-

Sylvia Kolk

Von der Selbsterfahrung über die Selbsterkenntnis zur Einsicht

Ein Befreiungsweg im Kontext feministischer Bildungsarbeit

Kleine Verlag

Frauen haben sich zu allen Zeiten ein Bild von sich und der Welt gemacht. Daß sie daraus einen eigenen Ansatz zur Bildungsarbeit machen, ist neu.

Sylvia Kolk entwickelt einen solchen Ansatz vor dem Hintergrund eines Rückbezugs auf das Selbsterfahrungskonzept der Neuen Frauenbewegung und reflektiert dabei unterschiedliche Konzepte zur feministischen Bildungsarbeit. Darüber hinaus geht sie der Frage nach, inwieweit die These der Geschlechterdifferenz eine theoretische Grundlage zur feministischen Bildungsarbeit bilden kann.

Feministische Bildungsarbeit ist für die Autorin das Konzept einer frauenbewußten Aneignung von Erfahrung, Wissen und Weisheit im Kontext eines Selbsterfahrungs- und Selbsterkenntnisprozesses, mit dem Ziel einer Überwindung dualistischer Wahrnehmungs-, Erkenntnis- und Interpretationsweisen. Einen zentralen Stellenwert nimmt die Kategorie „Bewußtsein" ein. Bildungsarbeit wird verstanden als bewußtseinsintensivierender und -verändernder Prozeß. Erkenntnistheoretischer Ausgangspunkt ist — vor dem Hintergrund des feministischen Diskurses der 90er Jahre — eine Dualismusanalyse und -kritik. Der Ansatz bringt in der Folge das zusammen, was im patriarchalischen Erkenntnisprozeß getrennt wurde: **Erfahrung — Erkenntnis, Gefühl — Intellekt, Vernunft — Intuition, Theorie — Praxis.**

Zur Autorin: geb. 1951, promovierte Erziehungswissenschaftlerin, seit Mitte der 70er Jahre Praxis in der feministischen Bildungsarbeit. Langjährige Mitarbeiterin des Frauenbildungshauses Zülpich, freiberufliche Bildungsreferentin. Seit 5 Jahren Umsetzung des eigenen Konzepts (G.A.I.A. = Gänzlichung analytischer und intuitiver Ansätze) in die Praxis, derzeit in Form von Lehrgängen zur feministischen Bildungsarbeit.

Bestellschein

Bitte liefern Sie mir/uns _____ Expl.

Sylvia Kolk

Von der Selbsterfahrung über die Selbsterkenntnis zur Einsicht

Ein Befreiungsweg im Kontext feministischer Bildungsarbeit

ISBN 3-89370-192-3, 1994, 274 Seiten, DM 35,00/ÖS 275/SFR 36,00

Kleine Verlag GmbH
Postfach 10 16 68
33516 Bielefeld

Bestellung nach Möglichkeit bitte über den Buchhandel

☐ Bitte informieren Sie mich / uns über weitere Neuerscheinungen

Name/Anschrift

Datum/Unterschrift

perlichen Kontakt – in einen Einheimischen verwandelt und damit zu einem neuen sozialen Körper in einer bestimmten Nische eines neuen Ortes. Dieser Vorgang der Inkorporierung oder Eingliederung beinhaltet Akklimatisierungs-, Integrations- und Adaptionsprozesse und verrät etwas über die Methoden der menschlichen Territorialisierung, d. h. die Art und Weise, wie menschliche Gruppen feste psychosomatische Bindungen an Land, Boden und Topographie entwickeln. Die Übertragung von Substanzen bildet auch die Quelle jenes »natürlichen Reizes«, den nach Diodorus Siculus das Land, in dem man aufgewachsen ist, ausstrahlt.

Als Alexander von Humboldt im Jahre 1799 nach einem nur zweiwöchigen Aufenthalt auf den Kanarischen Inseln Teneriffa verließ, war er beeindruckt von der tropischen Natur (»so mannigfaltig, so anziehend, so harmonisch«), die in ihm ein Gefühl von Vertrautheit und Heimat geweckt hatte: »Wir hatten nur kurze Zeit auf Teneriffa verweilt, und doch schieden wir von der Insel, als hätten wir lange dort gelebt.« ([1979]: 58) Offenkundig vollzieht sich der Eingliederungsvorgang nur dann, wenn der Reisende länger an einem Ort verweilt als der durchschnittliche Besucher. Diese Zeitdauer kann je nach Ort verschieden sein. In Arabien wie auch im alten Germanien, in Marokko und im Senegal wird sie mit zwei Nächten und dem dazwischenliegenden Tag angegeben (das ist die Zeit, die – so wird angenommen – die Nahrung, die der Gastgeber ihm gegeben hat, im Körper des Gastes verbleibt). Im alten Irland, in Rußland und bei den Angelsachsen betrug dieser Zeitraum drei Tage und zwei Nächte, so wie auch die Südslawen sagen: »Am dritten Tag beginnen Fische und Gäste zu stinken«, und in einem höchst aufschlußreichen angelsächsischen Sprichwort heißt es: »Zwei Nächte als Gast, in der dritten Nacht Teil des Haushalts« (d. h. ein Diener) (Hamilton-Grierson 1921: 886).

Eine umfassende Betrachtung der einzelnen Schritte der Eingliederung – Austausch von Geschenken, Lebensmitteln, sozialer Anerkennung usw. – würde mehrere Bände füllen. Das Ergebnis wäre gleichsam eine Geschichte der Art und Weise, wie menschliche Gruppen Fremde aufnehmen und dauerhafte Beziehungen zu ihrem Territorium und zu anderen Gruppen entwickeln. Deshalb beschränke ich mich in diesem Zusammenhang auf die Betrachtung der Rolle der Frauen in diesen Vorgängen – ein Thema, das in der Geschichte des Reisens eine unerwartet wichtige Rolle spielt. Es war bereits die Rede von der zentralen Rolle der Frauen bei der Ankunft von Enkidu, Yvain und vielen anderen mächtigen Fremden, die ganze Herrscherdynastien und Staaten begründeten. In der Tat beschäftigen sich die Anthropologen schon seit langem mit der Frage, wie in den traditionellen Gesellschaften die Beziehungen zwischen den Männern durch

Frauen und den Austausch von Frauen vermittelt werden. Für Lévi-Strauss ist das eine universale Tatsache: »Die globale Tauschbeziehung, welche die Heirat bildet, stellt sich nicht zwischen einem Mann und einer Frau her, (…) sondern zwischen zwei Gruppen von Männern, und die Frau spielt dabei die Rolle eines der Tauschobjekte und nicht die eines der Partner, zwischen denen der Tausch stattfindet.« (1981: 189) Die Frau ist also das »Medium« der Beziehungen zwischen Männern. Die Vermittlung von Frauen bei Ankunftsprozessen findet sich in der gesamten Geschichte, aber natürlich nicht in ein für allemal festgelegter Form, sondern in einem Spektrum von Möglichkeiten, die auf bestimmten historisch bedingten Annahmen über die Mobilität von Männern und die Ortsgebundenheit von Frauen beruhen.

Erotische Aspekte der Ankunft

Sie zeigte mir den Weg nach Minehead – nicht den kürzesten, aber dafür den schönsten, wie sie sagte. Sie hatte helles Haar und dunkle Augen. Ich sagte, ihr Haus sei sehr schön. Sie sagte, es sei ein Gästehaus; dann lachte sie. »Warum bleiben Sie nicht heute nacht hier?« Sie meinte es ernst und schien sehr begierig darauf, aber dann war ich mir nicht sicher, was sie mir da tatsächlich anbot. Ich stand einfach nur da und lächelte zurück (…) Es war noch nicht einmal ein Uhr, und ich hatte noch nie so früh am Tage an einem Ort haltgemacht. Ich sagte: »Vielleicht komme ich eines Tages zurück.« »Ich werde immer noch hier sein«, sagte sie.

Paul Theroux, 1983
(1983: 113)

Die erotische Dimension der Ankunft unterliegt bestimmten Realitäten in der Geschichte des Reisens: der Seßhaftigkeit der Frauen und Mobilität der Männer, der Unsicherheit und Zufälligkeit der Beziehungen, die sich bei der Ankunft zwischen ihnen entwickeln, der Ungewißheit darüber, was bei der Eingliederung eines neuen Mitglieds »angeboten« wird, was gewonnen wird und was verloren geht.

Unter den Bedingungen von Seßhaftigkeit und Zivilisiertheit ist Reisen eindeutig geschlechtsspezifisch und akzentuiert den Unterschied zwischen Männern und Frauen. Historisch gesehen waren es immer die Männer, die auf Reisen gingen, nicht die Frauen – es sei denn in Begleitung der Männer. So sind auch die Rollen im sexuellen Teil der Ankunft eindeutig geregelt:

Die Fremden – oft jüngere Männer – werden von einem einheimischen, weiblichen Bereich »absorbiert«. Pyrard schreibt, daß die portugiesischen Kolonisten in Übersee zum großen Teil junge Männer waren, die man zu Soldaten gemacht und »für ihre Missetaten nach Westindien in die Verbannung« geschickt hatte; sie durften nicht zurückkehren, ehe ihre Strafe abgelaufen war: »Die meisten von ihnen heiraten und bleiben ihr ganzes Leben lang dort.« ([1887]: II, 124) Selbst für eingeborene Adelsfamilien war es keineswegs eine Schande, einem Soldaten ihre Tochter zu geben; in den Kolonien war dies ein höchst ehrenhafter Titel. Gonzalo Guerrero, ein spanischer Seemann aus Palos, der in der ersten Dekade des 16. Jh. an die Küste von Yucatán verbannt wurde, erklärte einem Kameraden, der ihn in die Zivilisation zurückbringen wollte, warum er nicht zurückkehren, warum er den Prozeß seiner Ankunft nicht rückgängig machen konnte:

> »Bruder Aguilar, ich habe mich hier verheiratet, bin Vater von drei Kindern und gelte in diesem Land soviel wie der Kazike, wenn es Krieg gibt. Gehe du mit Gott! Ich kann mich nicht mehr unter meinen Landsleuten sehen lassen. Mein Gesicht ist bereits auf indianische Art entstellt, und meine Ohren sind durchbohrt. Was würden die Spanier zu mir sagen, wenn sie mich in diesem Aufzug erblickten. Sieh einmal die drei Jungen an, was sie für liebe Kinder sind.« (Diaz del Castillo [1988]: 62)

Solche Berichte kommen so häufig vor, daß man annehmen darf, ein großer Teil der Reisen entspringe dem Motiv der männlichen Reproduktion, d. h. dem Verlangen, seine Existenz auf dem Wege über Kinder zu verlängern, und dies ist nun einmal nur mit Hilfe von Frauen zu verwirklichen. Diese »spermatische« Reise findet ihre klassische Ausprägung in den Mythen von reisenden Göttern, Helden und Patriarchen.

Mit dem geschlechtsspezifischen Charakter des Reisens, wie er sich in zivilisierten und seßhaften Kulturen manifestiert, erhält das Reisen die Dimension einer »sexuellen Ökonomie«. Dieser Aspekt wird besonders deutlich in den traditionellen Worten, mit denen der Anführer einer Kula-Expedition (dem Prestige-Handel der Trobriander) sich von den Zurückbleibenden verabschiedet: »Frauen, wir anderen stechen in See; ihr bleibt im Dorf und kümmert euch um die Gärten und Häuser; ihr müßt keusch bleiben.« (Malinowski 1979: 244) Wenn eine verheiratete Frau unkeusch werden sollte, dann würde das Kanu ihres Mannes dadurch langsam und schwer, er würde im Kula-Handel keinen Erfolg haben, und bei seiner Rückkehr käme es mit Sicherheit zu Beschuldigungen und Sanktionen.

Fynes Moryson, ein vielgereister Mann aus dem 17. Jh., sprach die Bedenken seiner patriarchalischen Zivilisation aus, als er meinte, Reisen sei eine völlig unzumutbare Beschäftigung für tugendhafte Frauen und führe unter anderem dazu, daß die niederländischen Händlerinnen zunehmend männlicher würden: »Frauen sind im Hinblick auf die Keuschheit absolut ungeeignet für diese Tätigkeit, auch wenn die maskulinen Frauen der Niederländer durchaus immer wieder Handelsreisen unternehmen.« ([1907]: III, 349) Die mit Reisen einhergehende Promiskuität dient nicht zuletzt der genetischen Fortpflanzung, denn dadurch wird männlicher Samen verbreitet, aus dem neue Geschlechter entstehen und im übertragenen Sinne auch die Mauern, Wege, Bezirke und Grenzen, die den Frauen vorbehalten sind und den Zugang anderer Männer zu ihnen regeln. Die Keuschheit Penelopes ist die Voraussetzung für die letztendlich gelungene Heimkehr des Odysseus; denn sie bewahrt jene Beziehungen, in denen Odysseus' Identität als König, Ehemann, Vater und Sohn wurzelt.

Diese wiederholte Zurückweisung anderer Männer war keineswegs normal, nicht einmal zu Zeiten von Odysseus. Die *Odyssee* war ursprünglich Teil eines weit größeren, leider verschollenen epischen Zyklus mit dem Titel *Nostoi* [Rückkehr], der die Heimkehr der griechischen Helden nach dem Trojanischen Krieg beschreibt: Agamemnon wird von seiner Frau Klytemnestra und ihrem Liebhaber Ägisthos ermordet; Diomedes, der in seine Heimat Argos zurückkehrt, muß feststellen, daß seine Frau sich einen Liebhaber genommen hat, woraufhin er sich auf Wanderschaft begibt und mehrere Städte in Italien gründet, und Idomeneus' Frau hat ebenfalls Ehebruch begangen, wurde aber von ihrem Liebhaber, der sich selbst zum König von Kreta machte, getötet. Damit wird leichter erklärlich, warum uns gerade die *Odyssee* überliefert ist und nicht die anderen Berichte über die Rückkehr der Helden: Sie ist ungewöhnlich, weil sie von einer glücklich beendeten Reise berichtet und nicht von einer end- und ziellosen Wanderung.

Im Gegensatz zur Keuschheit der Penelope liegt die Tugend des Odysseus darin, daß er während seiner Irrfahrten nie seine Heimat vergißt, auch nicht, als er von Kalypso und Kirke gefangengehalten wird:

> »Siehe, mich hielt bei sich die hehre Göttin Kalypso
> In der gewölbten Grotte, und wünschte mich zum Gemahle;
> Ebenso hielt mich auch die ägäische Zauberin Kirke
> Trüglich in ihrem Palast und wünschte mich zum Gemahle:
> Aber keiner gelang es, mein standhaftes Herz zu bewegen.
> Denn nichts ist doch süßer als unsere Heimat und Eltern,
> Wenn man auch in der Fern' ein Haus voll köstlicher Güter,
> Unter fremden Leuten, getrennt von den Seinen, bewohnet!«
>
> 						(*Odyssee*: Gesang, Vers 29–36)

Durch die hier zum Ausdruck kommende »Doppelmoral« werden die räumlichen Bereiche des Inneren (weiblich) und Äußeren (männlich) zu Bereichen sexueller Beschränkung bzw. sexueller Freiheit. Die Keuschheit der Frauen stellt gewissermaßen eine Methode des Ein- und Ausschlusses dar, die die Mitgliedschaft, Rechte und Beziehungen der Männer untereinander regelt und die männliche Abstammungslinie festschreibt.

Die für seßhafte Gesellschaften charakteristische Identifizierung der Frauen mit dem Ort ist oft als »natürlich« bezeichnet worden, als Ausdruck der Erfordernisse der Reproduktion, für die Stabilität und männlicher Schutz notwendig sind. Die Anthropologin Nancy Munn (1986) hat geschlechtsspezifische Räume auch in der Kultur von Gawa festgestellt, wo – wie auf den Trobriand-Inseln überhaupt – Handel und Reisen die Grundlagen für männliches Prestige bilden, während von den Frauen erwartet wird, daß sie zu Hause bleiben. Auf Gawa werden die Frauen mit den Begriffen Immobilität, Dauerhaftigkeit, Schwere, Boden, zeitliche Kontinuität, Garten, Innenraum, Einfassung, Sicherheit und Unfreiheit assoziiert, Männer dagegen mit der Außenwelt, offenen Räumen, Gefahren und Unsicherheit, leichten und beweglichen Elementen wie Meer und Luft sowie mit der Überwindung der Zeit durch Geschwindigkeit (Munn bezeichnet das als »konzentrierte Potenz« des Mannes). Wenn die Frauen von Gawa Reisen unternehmen, dann sind es Phantasiereisen, nächtliche Flüge von Hexen, und man fürchtet sie, weil sie die etablierte Ordnung in Frage stellen, die kollektive Ehre männlicher Prägung. Diese Antithese basiert auf einer durchaus einleuchtenden Analogie, wonach die männlichen Potenzen exkorporierend, die weiblichen dagegen inkorporierend, verinnerlichend und versteckt sind.

Die geschlechtsbezogene Analogie von Außen und Innen, Überfluß an Sperma auf der einen und Singularität des Ovums auf der anderen Seite, wurde auch auf die menschliche Mobilität übertragen und zunehmend als fester Aspekt der menschlichen Natur betrachtet. Aber die »Immobilisierung« der Frauen ist das Ergebnis einer historischen Entwicklung und – neben der Verbindung von Göttern, Geistern und menschlichen Taten mit einem bestimmten Ort und der architektonischen Gestaltung des Raumes – einer der wichtigsten Mechanismen, mit deren Hilfe menschliche Gruppen dauerhafte Bindungen an ein bestimmtes Territorium herstellen. Diese Bindungen beeinflussen in der Folge die Bedürfnisse und Leidenschaften der Menschen, die Geschlechterrollen und das Verhältnis zur Natur insgesamt.

Bei den Nomaden sind Frauen, Männer und Kinder zusammen unterwegs, und die gemeinsame Wanderung sorgt für die Organisation und den Zusammenhalt der Gruppe. Auch in unserer heutigen industriellen Zivilisation ist das Reisen längst nicht mehr ausschließlich den Männern vorbehalten. Es gab jedoch eine lange und folgenreiche geschichtliche Periode – die Zeit der Entstehung patriarchalischer Gesellschaften –, in der Reisen als eine typisch männliche Betätigung angesehen wurde. Dem stand das Bild einer Weiblichkeit gegenüber, die fest in Boden und Garten und damit in den rein mütterlichen Eigenschaften der Erde verwurzelt war.

Mit der geschlechtsspezifischen Dimension des Reisens wird auch die Ankunft zunehmend erotisiert und weckt Hoffnungen und Ängste, die für die männliche Psyche offenbar charakteristisch sind: die Hoffnung auf Integration und Anschluß und die gleichzeitige Angst vor Gefangenschaft und Einbindung. Paul Theroux berichtet von den Hoffnungen und Möglichkeiten, die ihm durch den Kopf gingen, wenn er irgendwo ankam:

> »Oft verspürte ich ein leichtes, wärmendes Gefühl der Erregung, wenn ich einer jüngeren Wirtin vier Treppen hoch zu der winzigen Kammer ganz oben unter dem Dach des Hauses folgte. Ein wenig atemlos von den zahlreichen Stufen betraten wir den Raum und blieben leicht verwirrt neben dem Bett stehen, bis sie sich daran erinnerte, mich nach den fünf Pfund Vorauszahlung zu fragen – aber selbst diese Bitte hatte eine zweideutige, erotische Dimension.« (1983: 116)

Die durch die weibliche Eingliederung ausgelösten männlichen Ängste vor Unfreiheit und Aufsaugung werden auch in der Art und Weise deutlich, wie Yvain reagiert, als Lady Laudine ihn auffordert, sich ihr zu ergeben:

> »›Ich glaube nicht, daß sie Euch Böses tun wird, nur (denn ich darf Euch nicht belügen, das wäre Verrat) will sie Euch in ihrer Gefangenschaft haben, und zwar so, daß auch das Herz nicht draußen bleibt.‹
>
> ›Gewiß‹, spricht er, ›gern, das wird mir ja nichts schaden. In ihrer Gefangenschaft will ich gern sein.‹
>
> ›Das werdet Ihr, bei der rechten Hand, an der ich Euch halte! Nun kommt nur mit, und, wenn ich Euch raten darf, so betragt Euch ebenso demütig vor ihrem Angesicht, damit sie Euch keine schlimme Gefangenschaft bereitet. Fürchtet auch nichts anderes! Ich glaube nicht, daß Euch die Gefangenschaft allzu beschwerlich werden wird.‹
>
> So führt das Fräulein ihn fort und erschreckt und beruhigt ihn zu gleicher Zeit und redet in versteckter Weise von dem Gefängnis, in das er gebracht werden soll, denn kein Liebender entgeht der Gefangenschaft. Sie hat recht, wenn sie es so nennt, denn wohl ist ein Gefangener, wer liebt.« (*Yvain*: 106 f.)

Sexuelle Gastfreundschaft und Prostitution

Prostitution – mit anderen Worten: Geschlechtsverkehr gegen Entlohnung – ist keineswegs eine primitive Handlung, sondern ein Produkt der Zivilisation. (...) Wo immer Gruppen von »Dirnen« einem Tempel zugeteilt waren, dienten ihre Einkünfte wahrscheinlich dazu, die Tempelkasse aufzubessern, aus der auch sie bezahlt wurden. Es besteht durchaus Grund zu der Annahme, daß die Entlohnung keineswegs von Anfang an Teil dieses Ritus war, sondern nur eine spätere Entwicklung darstellt, die dazu diente, einen älteren Brauch an die veränderten Verhaltensformen und religiösen Ideen einer sich entwickelnden Zivilisation anzupassen.

E. Sidney Hartland, 1907
(1907: 195)

Die mit der Ankunft einsetzenden sexuellen Eingliederungsprozesse können für die Beteiligten durchaus unterschiedliche Bedeutung haben. Während die sexuelle Gastfreundschaft für den männlichen Fremden vielleicht die letzte Stufe der Ankunft bedeutet und in ihm die Hoffnung auf bzw. Angst vor Aufnahme in die einheimische Gruppe weckt, ist sie für die Frau unter Umständen der erste Schritt einer Trennung, ein Akt der Exogamie. In traditionellen Kulturen nimmt die Frau, wenn sie sich einem Fremden anbietet, häufig die einzige ihr mögliche Form von Mobilität wahr. Die Prostitution zum Zwecke der Erlangung einer Mitgift, wie sie auf Zypern, auf Chios, bei den Lydiern, den Etruskern, den Natchez von Louisiana, den indianischen Ureinwohnern von Nicaragua und Guatemala wie auch in Japan praktiziert wurde, war einer der Wege für eine Frau, sich mit dem Mann ihrer Wahl zu verheiraten und sich auf diese Weise dem Diktat ihrer Verwandtschaft zu entziehen. Auf Zypern wurde diese Form der Prostitution häufig von Frauen aus den unteren Gesellschaftsschichten betrieben, die sich am Strand mit fremden Matrosen einließen; sie riskierten die Verbannung, wenn sie dabei ertappt wurden. Königin Dido nahm auf ihrer Fahrt nach Karthago 80 dieser Frauen mit an Bord, die ihren Kolonisten als Ehefrauen dienen sollten.

In seßhaften Gesellschaften gelten die Frauen gewissermaßen als Verkörperung und Inhalt des »Ortes«, und es ist vor allem ihr Verhältnis zu Männern, das für ihre Beziehungen zur Außenwelt und damit für ihre Freiheit entscheidend ist. Bei Nomaden können die Frauen als Zugang zu einem Ort dienen, so wie Abraham seine Frau Sara benutzte, um im Lande Gerar, das von König Abimelech beherrscht wurde, Weiderechte zu erhalten. Dabei machte er sich die Tatsache zunutze, daß nomadische Völker in der

Regel nur endogame, polygame Eheschließung kennen: Abraham bezeichnete Sara gleichzeitig als seine Frau und seine »Schwester«, obwohl die beiden nicht dieselbe Mutter hatten: »Als mich aber Gott aus dem Haus meines Vaters ins Ungewisse ziehen hieß, schlug ich ihr vor: Tu mir den Gefallen und sag von mir überall, wohin wir kommen: Er ist mein Bruder.« (Gen. 20,13) Abraham bietet König Abimelech Sara an, indem er ihm erklärt: »Sie ist meine Schwester.« In der Nacht hat Abimelech einen Traum, in dem Gott ihm verkündet, daß Sara in Wirklichkeit Abrahams Ehefrau ist und er sich durch die Verbindung mit ihr gegen die Regeln der Ehe und des Patriarchats versündigen würde. Da Gott ihm zudem eröffnet hat, daß Abraham ein Prophet ist, stellt Abimelech ihm sein Land zur Verfügung und schenkt Sara einen Beutel mit Silber:

> »Darauf nahm Abimelech Schafe, Ziegen und Rinder, Knechte und Mägde und schenkte sie Abraham. Auch gab er ihm seine Frau Sara zurück; dabei sagte Abimelech: Hier, mein Land steht dir offen. Wo es dir beliebt, da laß dich nieder! Zu Sara aber sagte er: Da, ich gebe deinem Bruder tausend Silberstücke. Das soll allen Leuten in deiner Umgebung die Augen zudecken, und vor allen erfährst du Genugtuung.« (Gen. 20, 14 ff.)

Die Zahlung eines Geldbetrages gibt in diesem Fall Sara ihre Ehre wieder und beseitigt jeden Makel, der durch Abrahams Verwirrspiel entstehen konnte; unter modernen Bedingungen würde die Bezahlung eindeutig auf Prostitution und gewerbsmäßigen Einsatz von Sexualität verweisen. Sara ist trotzdem das Instrument der Bindung an den Boden, denn durch sie kann Abraham eine Beziehung zu Abimelech und seinem Reich herstellen.

Der sexuelle Austausch, der später von immer neuen Generationen von Patriarchen vollzogen wurde, kann als mythisch komprimierte Version des Prozesses der Territorialisierung von nomadischen Völkern betrachtet werden. Hier ist die Frau die Beweglichere und zieht unter Umständen diese Mobilität der Seßhaftigkeit vor. So ist zumindest die Äußerung von Scheich Sidi Ahmed el Beshir Hammadi zu verstehen, den der Reiseschriftsteller Bruce Chatwin in seinem Familienlager in der Wüste trifft und nach den Annehmlichkeiten des Nomadenlebens fragt: ›Bah!‹ sagte er und zuckte die Achseln. ›Ich täte nichts lieber als in einem Haus in der Stadt leben. Hier in der Wüste kann man nicht sauber bleiben. Man kann sich nicht duschen! Es sind die Frauen, die uns veranlassen, in der Wüste zu leben. Sie sagen, die Wüste bringe Gesundheit und Glück, ihnen und den Kindern.‹ (Chatwin 1990: 242 f.) Dieser Standpunkt ist durchaus verständlich: Die Seßhaftigkeit erlaubt einem zwar den Luxus einer Dusche, aber eben diese Sauberkeit und Ordnung besiegeln gleichzeitig die Einschließung der Frauen.

Die seßhaften Gesellschaften eigene Vermittlerrolle der Frauen kann eine Vielzahl unterschiedlicher Bedeutungen annehmen. Die sexuelle Gastfreundschaft, bei der dem Fremden eine Frau geliehen wird, dient dazu, ihn in eine ortsgebundene Gruppe einzugliedern. Institutionalisiert wurde sie in der Einrichtung der Prostitution, deren Geschichte gleichzeitig eine Geschichte von Ankünften und in der Tat eine Geschichte der Zivilisation selbst ist. Ihre Grundform als Ritual beschreibt Arnold van Gennep wie folgt:

> »Wenn der Ritus einseitig ist, werden Frauen ausgeliehen (z. B. eine Ehefrau, Tochter, Schwester, Verwandte, Frau des Gastgebers oder eine Frau vom gleichen Rang oder Stamm wie der Gastgeber). Obwohl man mit diesem Brauch in einigen Fällen das Ziel verfolgt, begabtere und kräftigere Kinder zu bekommen (aufgrund des *mana*, das alle Fremden besitzen), soll der Ritus gewöhnlich den Fremden in die mehr oder weniger geschlossene Gruppe eingliedern, zu der die ausgeliehene Frau gehört. Im Grunde hat er die gleiche Funktion wie ein gemeinsames Mahl.« (1986: 41)

Wenn van Gennep die sexuelle Gastfreundschaft mit einem »gemeinsamen Mahl« vergleicht, dann ist das mehr als eine bloße Metapher: In traditionellen Gesellschaften ist es häufig Aufgabe der Frauen, die Nahrung zu beschaffen, zuzubereiten und zu verteilen – Funktionen, die ihnen eine zentrale Rolle im Rahmen der Rituale der Gastfreundschaft zuweisen und, zusammen mit der Reproduktion, eine Quelle weiblicher Macht sind. In vielen Kulturen nehmen die Männer, die die Besucher bewirten und fremde Gäste unterhalten, eine herausragende Stellung ein. Wenn man einem Fremden von den eigenen Vorräten anbietet, dann ist das nicht nur ein Mittel, den Fremden zu »naturalisieren« und heimisch zu machen, sondern auch, mit vergänglichen Lebensmitteln die dauerhaftere Münze von Ruhm und Ansehen zu gewinnen. Auf Gawa ist ein »großer Mann«, ein *guyaw*, »einer, der Besucher bewirtet«, und fremde Nahrung zu essen ist eines der größten Vergnügen bei den ständigen Besuchen, die im Rahmen des Prestige-Handels (Kula) unternommen werden:

> »Wenn wir (...) jemand anderem zu essen geben, wenn ein Besucher aus dem Ausland kommt und Schweinefleisch und Gemüse ißt und Betel kaut, dann nimmt er die Laute dieser Dinge mit (...), ihren Ruhm. Wenn wir selbst essen, dann gibt es keine Laute, keinen Ruhm; es verschwindet einfach (...), nur Abfall, der sich auflöst. Wenn wir den Besuchern etwas geben, dann preisen sie uns, das ist gut. Wenn nicht, dann gibt es keinen Ruhm. Und wenn es keinen Ruhm gibt, dann hätten die Gawa keine Kula-Muscheln, keine *guyaw*, keinen Kula-Ruhm.« (Munn 1986: 46)

Wenn Frauen also mit Bewirtung und Gastfreundschaft assoziiert werden, dann sind dies gleichzeitig die beiden Hauptelemente, mit denen nach Auffassung dieser Menschen die Identität und die Substanz des Besuchers verwandelt werden. Die Rolle der Frauen bei diesen Praktiken wird auch in den Zauberformeln betont, mit denen die Kula-Händler auf den Trobriand-Inseln sich der willkommenen Aufnahme in den Dörfern ihrer Handelspartner zu versichern suchen: »Die große Frau steht mir bei als Freund, wo die Töpfe kochen; die gute Frau steht mir bei als Freund auf der Sitzplattform. (...) Sie ist nicht mehr meine Mutter, meine Mutter bist du, oh Frau von Dobu! Er ist nicht mehr mein Vater, mein Vater bist du, oh Mann von Dobu!« (Zit. n. Malinowski 1979: 374) Bei den Tscherkessen ist es üblich, daß, wenn ein Feind versucht, einen Gast zu entführen, »die Frau des Gastgebers ihm Milch aus ihrer Brust zu trinken gibt. Auf diese Weise wird er zu ihrem Sohn, und seine Brüder sind verpflichtet, ihn zu verteidigen und sein Blut zu rächen.« (Hamilton-Grierson 1903: 76)

Eine ähnliche Umkehrung einer ursprünglichen Beziehung könnte auch der sexuellen Gastfreundschaft zugrunde liegen. Es wird angenommen, daß alle diejenigen, die von den Frauen der Gruppe geboren wurden, durch das Gesetz und durch das Blut miteinander verwandt sind. So werden Männer, auch wenn sie ursprünglich Fremde sind, dadurch, daß sie in die Körper der Frauen der Gruppe eindringen, mit den übrigen Männern der Gruppe verwandt, zumindest vor dem Gesetz, wenn auch nicht im Sinne einer Blutsverwandtschaft. Mit anderen Worten: Eine Blutsverwandtschaft ist eine Identitätsbeziehung, die durch Sexualität und Fortpflanzung vermittelt wird. Sobald ein Fremder an den sexuellen und reproduktiven Beziehungen, die die Gruppe definieren, teilnimmt, geht man davon aus, daß er seine Identität verändert hat und zu einem »Verwandten« geworden ist. Auf diese Weise erfährt er eine Bindung an den Ort, die – anders als die Blutsverwandtschaft – jederzeit auflösbar ist und nur eine rechtliche Funktion hat. Sexuelle Kontakte, die nicht zur Fiktion einer Verwandtschaft und zu dementsprechenden Verpflichtungen führen – also »reine Sexualität« oder Prostitution –, scheinen eine Errungenschaft der Neuzeit zu sein.

Sexuelle Gastfreundschaft ist eines der immer wiederkehrenden Motive in den Erzählungen von Reisenden. Es findet sich in den Berichten von Herodot über die Babylonier, von Strabo über die Massegetäer, von Eusebius über die Geler und Baktrier, von Marco Polo über zahlreiche Völker des Fernen Ostens, von den vielen Besuchern der Marianen, der pazifischen Inseln und der Eskimos. Überall und zu allen Zeiten waren Frauen das verbindende Medium zwischen Männern verschiedener Gruppen, und ihre Funktion wurde institutionalisiert in den Praktiken der Exogamie und der Prostitution.

Selbst in mittelalterlichen Nonnenklöstern, wo die Frauen ihr Leben der Keuschheit statt der Sexualität widmen mußten, erhielt sich ihre Vermittler-funktion in christianisierter Form als »Ehe mit Gott« (der schließlich auch eher ein Fremder ist). In der Antike galten die verschiedenen Formen der institutionalisierten sexuellen Gastfreundschaft fast immer als Alternative oder als Vorbereitung zur traditionellen Ehe. Ein Beispiel dafür ist die Funktion der Prostitution bei den Armeniern, wie Eusebius berichtet:

> »Die edelsten Männer des Stammes weihen ihre Töchter in der Tat schon, wenn sie noch junge Mädchen sind; und es ist der Brauch, daß diese erst für eine lange Zeit in den Tempeln der Göttin prostituiert und anschließend verheiratet wer-den; und niemand hält es für unter seiner Würde, mit einer solchen Frau die Ehe einzugehen (...) und sie sind darüber hinaus so freundlich zu ihren Liebha-bern, daß sie sie nicht nur gastfreundlich bewirten, sondern auch Geschenke mit ihnen austauschen, wobei sie mehr geben als sie erhalten. (...) Allerdings akzeptieren sie nicht etwa jeden beliebigen Mann, sondern bevorzugen jene, die zumindest den gleichen Rang haben wie sie selbst.« (Zit. n. Henriques 1962: I, 24)

In einem von Herodot beschriebenen Ritus – dem »Keuschheitsopfer«, das von babylonischen Frauen im Tempel von Mylitta verlangt wurde –, mußte sich jede Frau einmal in ihrem Leben in den Tempel setzen und warten, bis ein Fremder ihr eine Münze in den Schoß warf und sie mit den rituell vorge-schriebenen Worten im Namen der Göttin aufforderte, ihm zu folgen. Sie war verpflichtet, mit ihm zu gehen. Herodot erwähnt, daß dieser Brauch auch in Zypern beheimatet war; aus Lydien wird ebenfalls davon berichtet. Hier wie dort war er für die Frauen das Mittel, sich eine Mitgift zu verschaf-fen und sich verheiraten zu können.

Im Rahmen der traditionellen Gastfreundschaft erfüllt der sexuelle Aus-tausch mehrere Funktionen gleichzeitig, denn die Sexualität ist ein *Medium* menschlicher Beziehungen und nicht unbedingt selbst eine feste, selbständige Beziehung. Sexueller Austausch kann dazu dienen, den Frem-den in die Gruppe einzugliedern, bestimmte Tabus im Zusammenhang mit der Jungfräulichkeit von Mädchen zu umgehen, bestimmte wirtschaftliche Zentren attraktiver zu machen, das »Mana« (die übernatürliche Macht) eines Fremden zu erhalten (häufig in Form von Geld und Waren) und den beteiligten Frauen ein gewisses Maß an Mobilität zu verleihen. Dieses breite Spektrum von verschiedenen Funktionen macht es überaus schwer, eine Geschichte der Prostitution oder der Sexualität zu entwerfen; denn was wir als Prostitution betrachten, ist in Wirklichkeit oft eine sexualisierte Form des kommerziellen Austauschs. Prostitution als Mittel, von Fremden etwas Bestimmtes zu erhalten, findet sich häufig in sogenannten Wirtsgesellschaften, die vom Handel leben und dabei von Reisenden abhängig snd. Unter den zahlreichen Berichten über Prostitution, die wir Marco Polo verdanken, ist in diesem Zusammenhang vor allem seine Schilderung der Bräuche eines Volksstammes von Bedeutung, der in der Provinz Kamul, westlich der Wüste Gobi an der alten Seidenstraße beheimatet ist:

> »Sie sind fröhliche Leute, sie musizieren, singen und tanzen bei jeder Gelegenheit und freuen sich des Lebens. Kommt ein Fremder in ihr Haus, sind sie freundliche Gastgeber. Der Gatte gebietet der Gattin, alles zu tun, was der Fremde wünscht; er selbst geht außerhalb des Hauses seinen Geschäften nach. Vor zwei oder drei Tagen kehrt er nicht zurück, der Gast bleibt mit der Frau allein und benimmt sich, wie es ihm beliebt; die beiden schlafen zusammen in einem Bett und haben das größte Vergnügen aneinander. Alle Männer der Provinz sind Hahnreie, doch sie schämen sich keineswegs.« ([1983]: 84)

Mangu Khan, der oberste Herrscher der Tataren, verbot diesen anstößigen Brauch; aber nach einer Dürreperiode ersuchten ihn die Menschen, er möge ihnen gestatten, zu ihren alten Sitten zurückzukehren, denn »von ihren Vätern wüßten sie, daß sich die Götter über den Ehebruch freuten und ihnen darum so reichen Erntesegen gewährten« (ebd.: 85). Diese Praxis unterscheidet sich nur wenig von der Art und Weise, wie seßhafte Gesellschaften sich die Macht des Fremden zunutze machen, um Fruchtbarkeit, Regen und häuslichen Wohlstand zu garantieren. In einer anderen Provinz in Tibet erfuhr Marco Polo, daß die Männer dieses Volkes jeden Fremden für einen Gott hielten, dessen Macht ihnen zunutze käme, wenn sie ihm ihre Frauen zur Verfügung stellten: »Denn sie sehen die gastfreundliche Aufnahme von Fremden, die nach den Gefahren und Mühen einer langen Reise der Freude und Erholung bedürfen, als eine ihren Göttern angenehme Handlung an, die den Besitz der Familie vermehrt, sie vor allen Gefahren schützt und Glück in allen Unternehmungen zur Folge hat.« ([1972]: 97)

Manchmal scheint sich aus der Prostitution gegenüber Fremden auch der Marktpreis für potentielle Bräute zu bestimmen, so daß man Unterschiede zwischen den heiratsfähigen jungen Frauen erzeugt, die ihren künftigen Ehemännern zum Vorteil oder auch zum Nachteil gereichen können. Bei einem am Rande des Himalaya lebenden Volk begegnete Marco Polo dem folgenden Brauch:

> »Sooft Fremde durch das Land reisen und ihre Zelte aufschlagen, um zu übernachten, kommen die alten Weiber aus den Dörfern und Weilern und bringen die Mädchen, zwanzig oder vierzig oder mehr oder weniger. Sie bieten sie den

Männern an, sie möchten mit ihnen nach Belieben umgehen und mit ihnen schlafen. Die Männer empfangen die Mädchen, vergnügen sich mit ihnen, solange es ihnen Spaß macht; doch auf den Weg dürfen sie danach keines mitnehmen.«

Jedes Mädchen erhält dabei von seinem Liebhaber ein angemessenes Geschenk, und dasjenige Mädchen, welches die meisten Geschenke angesammelt hat, wird am meisten geachtet und als Ehefrau geschätzt: »Die Frau mit dem reichsten Halsschmuck ist die beste und begehrteste; die Tibeter sagen, sie sei begnadet wie keine andere. (...) es wäre gar nicht abwegig für einen Burschen von sechzehn bis zwanzig Jahren, dieses Gebiet zu besuchen.« ([1983]: 182 f.)

Das Mana des Fremden läßt sich durchaus auch in rein monetärer Gestalt aneignen. Diese Praxis unterscheidet sich dann kaum noch von der modernen Form der kommerziellen Prostitution. Entlang der Route, die durch den Himalaya nach Indien führt, begegnete Marco Polo Männern, die durchreisenden Fremden ihre Frauen gegen Stoffe oder Schmuckstücke überließen und die Fremden überdies bei der Weiterreise mit Hohn und Spott überhäuften: »He, du dort, wo gehst du hin? Zeig, was du von uns mitnimmst! Zeig, was du für einen Gewinn gemacht hast! Sieh her, was du bei uns vergessen hast!« (Ebd.: 188). Die korinthischen Kurtisanen waren in der ganzen antiken Welt berühmt für ihre Fähigkeit, Fremden ihr Mana in Gestalt von Waren oder Geld abzunehmen. Ihre Fertigkeiten auf diesem Gebiet waren so groß, daß ein bekanntes Sprichwort lautete: »Nicht jedem Seemann bekommt die Reise nach Korinth.« Komana, die größte Marktstadt in Kappadokien, war laut Strabo »ein kleines Korinthos; denn auch dort entstand wegen der Menge der Buhlmädchen, welche der Aphrodite geweiht waren, von Fremden und im Orte Festfeiernden starker [Zulauf].« ([1988]: 495)

Hier wird die Frau eindeutig nicht dazu benutzt, eine formale Bindung des Fremden an den Ort herzustellen, sondern vielmehr dazu, dem Fremden das abzunehmen, wonach die Gemeinschaft am meisten strebt: Geld, Waren, Reichtum, seine »Substanz«.

Weil Fremde ohnehin als unrein gelten, wurden sie entsprechend häufig dazu benutzt, bei der Entjungferung eines Mädchens lokale Tabus gegen das Vergießen von Blut zu verletzen, mit dem sich die einheimischen Männer verunreinigt hätten. In Kulturen, in denen der Jungfräulichkeit kein großer Wert beigemessen wird, sie im Gegenteil als problematisch gilt, und wo das Jungfernblut eine heilige Grenze markiert, die nicht ohne Gefahr übertreten werden kann, wird diese Aufgabe oft Fremden übertragen. Das könnte möglicherweise auch die Ursache für den Brauch der vorehelichen Prostitution bei den Babyloniern und Armeniern gewesen sein. Als der italienische Reisende und Schriftsteller Lodovico di Varthema im 16. Jh. in die Stadt Tarnassari an der indischen Coromandel-Küste kam, wurden er und seine Begleiter von vier einheimischen Kaufleuten begrüßt, die sich selbst als »Freunde der Fremden« bezeichneten. Sie wandten sich an einen der Begleiter Varthemas, und einer sagte zu ihm: »In fünfzehn Tagen werde ich meine Ehefrau heimführen, und einer von Euch soll in der ersten Nacht mit ihr schlafen und sie für mich entjungfern.« Varthemas Begleiter, der aus einem Lande kam, in dem die Jungfräulichkeit als Garantie für die Vaterschaft des Mannes und für die Ehre der Familien beider Ehegatten betrachtet wurde, schämte sich für den Mann, der ihn so angesprochen hatte, bis er erfuhr, daß die Bitte durchaus dem Brauch des Landes entsprach. Er tat, was man von ihm verlangt hatte, und wurde dann aufgefordert, die Stadt zu verlassen – »es hätte ihn das Leben kosten können, wenn er je wieder zurückgekehrt wäre« (Varthema [1963]: 203).

Die sexuelle Gastfreundschaft hatte also einen doppelten Charakter: Sie diente gleichzeitig dazu, Männer in die Gruppe zu integrieren und Frauen von gewissen sozialen Bindungen zu befreien. Durch die patriarchale Brille gesehen spielen Frauen im wesentlichen eine passive Rolle bei der Konstruktion der »Geschlechterrollen«, die offenbar von den »dominierenden« Männern bestimmt wurden und deren sexuellen und reproduktiven Interessen dienen. Diese Sichtweise, die merkwürdigerweise auch im modernen Feminismus wiederkehrt, läßt jedoch die entscheidende Rolle außer acht, die den Frauen bei der Bestimmung der Zugehörigkeit zur Gemeinschaft zukommt. Die sakrale Prostitution muß uns heute natürlich fremdartig erscheinen, da Prostitution in unserer Welt alles andere als heilig ist. Dennoch hat sich in den Randbereichen der westlichen Zivilisation bis heute etwas von ihrer früheren Funktion erhalten.

Bei den Ewe in Westafrika wird die sakrale Prostitution immer noch im Tempel des Python-Gottes praktiziert. Wie die antiken Aphroditetempel ist er eine reine weibliche Institution, und jede Frau – ob alt oder jung, verheiratet oder ledig, frei oder versklavt – kann ihr Leben diesem Gott widmen. Die einzige Voraussetzung für ihren Eintritt in den Tempel ist eine öffentliche Demonstration in Gestalt einer ekstatischen Trance, die zeigt, daß sie von dem Gott besessen ist. Ihre Person wird damit unverletzlich, und während ihrer dreijährigen Probezeit als Novizin ist es ihr strengstens verboten, das Haus ihrer Eltern oder, wenn sie verheiratet ist, ihres Ehemannes zu betreten. Dieser Kult dient häufig dazu, den Zwängen der Familie zu entgehen oder sich sexuelle Freiheit zu verschaffen:

»Eine Priesterin gehört der Gottheit, der sie dient, und kann aus diesem Grunde keinem Manne gehören, wie es der Fall wäre, wenn sie heiraten würde. Dieses Verbot erstreckt sich allein auf die Ehe, und eine Priesterin ist nicht von sexuellen Verbindungen ausgeschlossen. (...) Priesterinnen sind gewöhnlich ausgesprochen zügellos, und der Brauch gestattet es ihnen, ihre Lust mit jedem Mann zu befriedigen, der ihnen gefallen mag.« (Henriques 1962: I, 38)

Jean La Fontaine verweist in ihrer Untersuchung über die »freien Frauen« von Kinshasa in Zaïre auf die wichtige Rolle, die die Prostitution als Alternative zu Clan und Ehe spielt. Die Prostituierten von Kinshasa sind freie Frauen in dem Sinne, daß sie ihr eigenes Schicksal bestimmen und sich von den Zwängen der Tradition, die innerhalb der Ehe die Unterwerfung unter den Mann vorschreibt, freigemacht haben. Allerdings verlieren sie mit diesem Ausstieg aus den traditionellen verwandtschaftlichen Bindungen auch die damit verbundenen Vorteile und Schutzfunktionen:

»Die *femme libre* (...) hat sowohl ihre eigene Verwandtschaft als auch ihren potentiellen Ehemann jener sozialen Vorzüge beraubt, die aus einer offiziellen Beziehung resultieren könnten. Auf diese Weise bedroht sie die Grundstrukturen des Verwandtschaftssystems, weil sie die Autorität der Männer über die Frauen, der Älteren über die Jüngeren in Frage stellt. Indem sie sich weigert, als Instrument zur Herstellung offizieller Beziehungen zu dienen, müssen alle Kinder, die sie vielleicht haben wird, auf den vollen Verwandtschaftsstatus verzichten, weil sie keine väterlichen Verwandten besitzen.« (1974: 111)

Erik Cohen hat in seiner Untersuchung über Prostitution in Thailand ähnliche Abweichungen von westlichen Vorstellungen festgestellt. Thailändische Prostituierte sind in der Mehrzahl Frauen, die sich aus der Ehe oder der Beziehung mit Thai-Männern befreit haben und diese ablehnen, während sie eine Vorliebe für Fremde (*farang*) entwickeln. Sie werden motiviert durch »das Interesse und die Erregung, die damit verbunden sind, merkwürdigen und häufig attraktiven Fremden mit respektablem Status und kulturellem Hintergrund zu begegnen; und die Hoffnung, einen Farang zu heiraten [und] auswandern zu können« (1982: 412). In vielen Fällen sind die Thai-Prostituierten also bemüht, ein flüchtiges Verhältnis zu einer dauerhaften Beziehung zu machen. Häufig arbeiten sie als Fremdenführerinnen in der Hoffnung, auf diese Weise die Möglichkeit zu bekommen, das Land zu verlassen.

Sexuelle Gastfreundschaft ist also traditionell ein *Medium* interkultureller Beziehungen und nicht selbst ein fest definiertes Verhältnis. Ich hoffe, diese kurze Darstellung der überaus komplexen Situation hat deutlich gemacht, daß es nicht möglich ist, aus diesen sexuellen Praktiken eindeutige Funktionen für den Inkorporationsprozeß bei der Ankunft abzuleiten. Was die Vergangenheit betrifft, so sollten wir den an den jeweiligen Ankunftsprozessen Beteiligten den gleichen Bewußtseinsspielraum einräumen wie zwei Fremden, die sich in einer modernen Singles-Bar treffen. Die tiefergehende Bindung an den Ort, d. h. der Anfang für eine »Heimat« oder ein »Zuhause«, findet sich vor allem bei Ankunftssituationen unter vorindustriellen Bedingungen und immer weniger im Maschinenzeitalter. Für die Mehrzahl der modernen Reisenden gilt, daß sie keine endgültige Eingliederung oder »Seßhaftwerdung« suchen – oder vielleicht doch? Vielleicht erkennen wir diese Vorgänge nur deshalb nicht als Integrationen, weil sie sich zwischen einzelnen Individuen ohne feste Gruppenbindung abspielen.

Die Eingliederungen und Substanzübertragungen, wie sie sich in vormodernen Ankunftssituationen so oft vollzogen, bedeuteten die Herstellung eines Zusammenhangs zwischen Mensch und Topographie, der die von uns bewohnte Welt historisch definiert und strukturiert hat. Solche rituellen Eingliederungen sind vormodern, weil es dabei um eine gegenseitige Übertragung von zutiefst Persönlichem geht, bei der das Selbst des Reisenden sich eine Landschaft »einverleibt« und diese soziale Landschaft ihrerseits den Reisenden integriert. Unter modernen Bedingungen würden solche Übertragungen als eine Form der Verunreinigung aufgefaßt, als Erosion der Grenzen, denen das »Individuum«, die autonome und freie Persönlichkeit, ihre Existenz verdankt. Heute geschieht es nur noch selten, daß Reisende tatsächlich im tieferen, vormodernen Sinne des Worte »ankommen«. Die tiefergehenden Verbindungen zwischen verschiedenen Völkern, ihre biologische und genetische Verschmelzung, sind das Ergebnis intensiver Austauschprozesse, die durch interkulturelle Sprachen – Geschenke, Sexualität, tägliche Anerkennungen – vermittelt wurden und unsere Welt geprägt haben.

»Die Kraft, die Völker in Bewegung bringt«

Macht ist das Verhältnis einer Person zu anderen Personen, bei dem diese eine Person um so weniger an einer Handlung teilnimmt, desto mehr sie Ansichten, Vorschläge und Rechtfertigungen der Handlung zum Ausdruck bringt, die in Gemeinsamkeit durchgeführt wird. (...) In moralischer Hinsicht stellt Macht die Ursache eines Ereignisses dar, in physischer Hinsicht sind es jene, die sich der Macht unterordnen. Da jedoch die moralische Tätig-

keit ohne die physische nicht denkbar ist, liegt die Ursache eines Ereignisses weder in der einen noch in der anderen, sondern nur in der Verbindung der beiden.

Leo N. Tolstoj: Krieg und Frieden, 1869
(1984: 460f.)

Nach Tolstoj entspringt politische Macht aus den Beziehungen zwischen verschiedenen Arten von gesellschaftlichen Akteuren: auf der einen Seite derjenigen, die sich auf kommunikatives Handeln spezialisieren (Meinungen äußern, rechtfertigen, begründen, legitimieren, in Frage stellen), auf der anderen Seite derer, die sich auf nonverbales, insbesondere physisches Handeln konzentrieren. Die Regeln für die Beziehungen zwischen diesen unterschiedlichen Handlungsbereichen sind das, was wir als »politische Struktur« bezeichnen. Mit anderen Worten: Tolstoj geht davon aus, daß Macht nicht aus dem Lauf eines Gewehrs kommt, sondern aus den Beziehungen zwischen denen, die über Gewehre verfügen, und denen, die keine oder weniger haben. Ebenso wie die Macht in den *Beziehungen* zwischen den Menschen ruht und nicht in den Personen, die diese Beziehungen eingehen, entspringt die Macht der Mobilität aus den Bewegungen von Individuen, Gruppen und Völkern.

Die Energien, die bei der Ankunft – im Kampf, im Festmahl, bei der Begrüßung und bei der Unterhaltung – zum Ausdruck kommen, rühren aus der Natur dieser Handlungen her, die eine Identifizierung und Eingliederung beinhalten, also Verbindungen zwischen Menschen schaffen. Die Macht, die dem Fremden traditionell zugeschrieben wird, und die Macht des Ortes, auf die ich als nächstes eingehen werde, sind nur Manifestationen und Symbole jener Energie, die freigesetzt wird, wenn die Abgrenzungen und Unterscheidungen, die wir normalerweise vornehmen, plötzlich aufgehoben werden. Diese Verbindung von unterschiedlichen kulturellen Inhalten in der Begegnung zwischen »Fremden« ist eine der Quellen der beim Reisen freigesetzten Energien und damit der Ursprung bedeutender menschlicher Kräfte.

Diese Erklärung liefert uns neue Anhaltspunkte zur Lösung eines Rätsels, das seit langem alle verwirrt, die sich mit menschlichem Verhalten beschäftigen: Warum haben die Menschen überhaupt so große Anstrengungen unternommen, um neue Begegnungen zu erleben, und warum tun sie das immer noch in ständig wachsender Zahl? Zu diesem Rätsel gehört auch die Frage nach der Exogamie und dem geschlechtsspezifischen Charakter menschlicher Mobilität sowie die generelle Frage nach dem Nutzen von Zusammenschlüssen. Eine mögliche Antwort wäre, daß die Menschen süchtig geworden sind nach den mit Reisen verbundenen Veränderungen und Energien.

Wenn aber die Grenzen immer häufiger überschritten werden, so werden sie zunehmend profanisiert und mehrdeutig, und der Vorgang verliert seinen Zauber und seine Wirkung. Als Enkidu zum erstenmal mit der Zivilisation in Berührung kommt, nimmt seine Kraft auf dramatische Weise ab – bildlicher Ausdruck für das Funktionieren eines Systems, in dem die Rekrutierung neuer Arbeitskräfte eine Quelle der »Macht« bildete. Gleichzeitig zeigt er aber auch, was tatsächlich geschieht, wenn sich auf Reisen Unterschiede begegnen und bei der Ankunft miteinander verschmelzen. Tolstoj spricht in seiner scharfsinnigen, wenn auch wenig beachteten Analyse des Wesens menschlicher Macht, jener »Kraft, die Völker in Bewegung bringt«, von einem Zyklus und einer Dynamik. Für ihn entstehen bestimmte Formen von Macht aus ganz bestimmten Begegnungen und Zusammenschlüssen, wobei diese Zusammenschlüsse selbst zum Anlaß für die Wiederholung dieser Vorgänge werden, aus denen sich in der Folge Rituale, feste Bräuche und Prüfungen der (bürgerlichen) Zugehörigkeit entwickeln. Aber die Ankunft ist nur ein Aspekt der Reise – ihre letzte Konsequenz.

Mit der Darstellung der einzelnen Vorgänge, die die Struktur jeder Reise ausmachen – Aufbruch, Passage und Ankunft –, habe ich zu zeigen versucht, daß die Kräfte, die die Mobilität im Laufe der menschlichen Geschichte freigesetzt hat, aus mehreren verschiedenen Elementen bestehen, die jeweils ihre spezifischen Auswirkungen auf den Reisenden haben. Die Abreise bedeutet die Trennung des Reisenden von der ihn definierenden Matrix und reduziert sein Leben auf die Dinge, die nicht statischer Natur sind. Die Anstrengungen und Vergnügungen des Unterwegsseins lassen das Wesentliche zutage treten. Es mag erstaunen, daß die mit Aufbruch und Reise verbundenen Veränderungen, die man normalerweise als Verlust von Substanz, Zusammenhalt und Identität empfinden würde, so lange Zeit hindurch positiv gewertet wurden – durch sie erlangte man Freiheit, Weisheit und Ruhm. So groß die Unterschiede zwischen der antiken und neuzeitlichen Bewertung der Leiden des Reisenden auch sein mögen, so bemerkenswert ist die Übereinstimmung hinsichtlich der Natur der Veränderungen, die durch Aufbruch und Reise bewirkt werden. Was die erste Phase der Reise betrifft, so läßt sich diese Kraft vielleicht am ehesten mit den Erosionskräften vergleichen, wie wir sie aus der Geologie kennen. Durch das Reisen werden die weicheren und jüngeren Sedimentschichten menschlicher Bedürfnisse abgetragen, so daß ältere Bedürfnisse zum Vorschein kommen, die früheren und härteren Schichten der persönlichen und kulturellen Geschichte entsprechen. Bei der Abreise werden auf diese Weise Erinnerungen an die frühesten Trennungserfahrungen der Kindheit wach, unterwegs dann die ersten Erfahrungen der Bewegungsfähigkeit und körperlichen Freiheit, und bei der Ankunft schließlich der Zauber der Rückkehr zu den Anfängen und der Aufnahme von Beziehungen zu anderen Menschen.

Die beim Aufbruch erfahrenen Verluste setzen sich während der Reise fort: Die Welt wird zunehmend verdinglicht und erscheint durch die eigene Bewegung als fließend, und der Reisende, der jedes Gefühl der Zugehörigkeit verloren hat, wird zum Betrachter der Welt, die an ihm vorbeizieht. Es gibt noch keine Psychologie des Reisens, aber wenn es eine solche gäbe, dann müßte sie sich mit den angenehmen Erfahrungen befassen, die der Zustand der Bewegung vielen Reisenden vermittelt, d. h. mit den autotelischen Aspekten des Reisens, der Art und Weise, wie die räumliche Bewegung die Wahrnehmung im allgemeinen und das Zeitempfinden im besonderen beeinflußt. Die Phase der Bewegung, des Unterwegsseins, ist der wichtigste Aspekt des Reisens und, wie ich glaube, auch der Ursprung geistiger und seelischer Eigenschaften, die den Reisenden vom seßhaften Menschen unterscheiden. Die Kräfte, die traditionelle, geschlossene, unbewegliche Gesellschaften aufzubrechen vermögen und in moderne, offene, durchlässige Gemeinwesen mit weit geöffneten Kommunikationskanälen verwandeln, sind die Erosionskräfte der Mobilität, gepaart mit den strukturierenden Prozessen der Ankunft.

TEIL II

DIE PHILOSOPHISCHE REISE

Selbstporträt eines Berufspilgers aus Frankreich, 12. Jh.

(Aus der Sammlung des Autors)

Kapitel 5

REISEN DURCH DIE ZEIT: ANTIKE UND MITTELALTERLICHE TRADITIONEN

Wenn der philosophische Reisende ans Ende der Welt segelt, dann ist das in der Tat eine Reise zurück in die Zeit.

Joseph-Marie de Gérando, 1797

Philosophisches Reisen ist eine Bewegung in der Zeit, eine Reise zu den Ursprüngen der Kultur. Man könnte diese Suche nach den Wurzeln ebensogut eine »historische Reise« nennen, denn bei dieser Art von Reise geht es darum, die Wege der Vorfahren mit all ihren Kreisläufen, Ankünften und Rückkünften nachzuzeichnen. Dabei besteht natürlich ein feiner Unterschied zwischen philosophischen Reisen und rituellen Reisen der Identitätsfindung, Pilgerreisen zu alten heiligen Stätten und Touren zu neuen Kultorten. Der philosophische Reisende unterscheidet sich von ihnen vor allem darin, daß er oftmals jene Anfänge setzt, die später zum Ziel für Pilger und Touristen werden, und damit zum Begründer neuer kultureller Pfade und Reisewege wird.

Im folgenden zweiten Teil dieses Buches geht es darum, wie sich die abendländischen Traditionen des philosophischen Reisens von den antiken Zentren der westlichen Zivilisation – Ägypten, Palästina, Griechenland, Rom – zunehmend an die Peripherie, in die Neue Welt verlagerten, die die großen Reisenden der Renaissance entdeckt hatten. Diese Welt lieferte eine unermeßliche Fülle neuen Materials – an Flora, Fauna und Menschen, das den Europäern des 17. und 18. Jh. dazu verhalf, ihre eigene Kultur als zeitgebunden und insbesondere als »neuzeitlich« zu definieren. Die Neuorientierung begann mit den großen Reisen der Renaissance und war bereits beendet, als Joseph-Marie de Gérando seinen Traktat »Über die Beobachtung wilder Völker« verfaßte, eine Art Handlungsanweisung für die Wissenschaftler, die Nicolas Baudins zweite Expedition um die Welt im Jahre 1797 begleiteten. Ausgerechnet im Südwesten Australiens, am äußersten Rand der westlichen Welt und nicht in ihren traditionellen Zentren hoffte de Gérando: »das Material zu finden, anhand dessen sich eine exakte Skala der verschiedenen Zivilisationsstufen aufstellen ließe, und jede nach ihren charakteristischen Eigenschaften einzuordnen; wir müssen dahin gelangen, herauszufinden, welche Bedürfnisse, Ideen und Gewohnheiten in den jeweiligen Altersstufen der Gesellschaft auftreten. Hier, wo die seelischen und geistigen Fähigkeiten noch nicht weit entwickelt sind, wird es viel leichter sein, ihr Wesen und ihre Gesetzmäßigkeit zu studieren. Hier (...) werden wir gewissermaßen zu den Anfängen unserer eigenen Geschichte geführt, was uns in die Lage versetzen dürfte, sichere Experimente über den Ursprung und die Erzeugung der Ideen, die Entstehung und Entwicklung der Sprache sowie die Beziehungen zwischen diesen beiden Vorgängen anzustellen. Wenn der philosophische Reisende ans Ende der Welt segelt, dann ist das in der Tat eine Reise zurück in die Zeit; er erforscht die Vergangenheit; mit jedem seiner Schritte durchquert er ein Menschenalter. Die unbekannten Inseln sind für ihn die Wiege der Menschheit. Diese Völker, die wir in dummer Eitelkeit verachten, erscheinen ihm als altehrwürdige, majestätische Zeugnisse des Anbeginns der Zeiten, als Denkmäler, die unendlich mehr Bewunderung und Respekt verdienen als die berühmten Pyramiden am Nil.« ([1969]: 62f.)

Hier werden die Annahmen deutlich, die lange die Grundlage aller philosophischen Reisen gebildet haben, wenn auch gefiltert durch Rousseausches Gedankengut, die Vorstellungen des 18. Jh. und die damals schon dreihundertjährige Geschichte europäischer Reisetätigkeit. Der philosophische Reisende bewegt sich zwar im Raum, unternimmt dabei aber »in Wirklichkeit eine Reise durch die Zeit«, zurück in die »Kindheit« einer kulturellen und geistigen Ordnung. De Gérandos Definition der philosophischen Reise ist deshalb so typisch neuzeitlich, weil sie die Stätte dieser Kindheit an die Peripherie der westlichen Zivilisation verlegt. Hier, auf unbekannten Inseln und unter wilden Völkern, gedachte de Gérando die entscheidenden Hinweise auf den »Ursprung der Zeiten« zu finden, die er ganz bewußt den ägyptischen Pyramiden gegenüberstellte.

In diesem 6. Kapitel werde ich darauf eingehen, wie man die neuentdeckten Randgebiete zum Schauplatz kultureller Ursprünge machte, denen gegenüber sich die Europäer abgrenzten und ein neues Bild ihrer eigenen Kultur entwarfen. Im 7. Kapitel geht es um die Auswirkungen dieser Neuorientierung und um die Flut von neuen pflanzlichen, tierischen und menschlichen Spezies, mit denen diese Peripherien das alte Zentrum bereicherten. Die Verarbeitung dieser neuen Kenntnisse führte letztlich zu einer tiefgreifenden Umwandlung alter Ordnungsbegriffe und auch der

Vorstellung vom reisenden Philosophen selbst, der zuerst zum humanistischen Reisenden und später zum wissenschaftlichen Erforscher, Beobachter und Sammler einer neuen Welt wurde. Dieser historische Augenblick einer kulturellen Neuorientierung verdient unsere Aufmerksamkeit nicht nur aufgrund der Tatsache, daß Europa zum neuen Zentrum der Welt und seine Geschichte zur Weltgeschichte wurde. Für unseren Zusammenhang ist vor allem die Verlagerung der philosophischen Reise von den antiken Zentren an die Peripherien interessant, weil sie ein anschauliches Beispiel dafür liefert, wie das Reisen eine kulturelle Ordnung und bestehende Deutungs- und Bedeutungsmuster verändern kann.

Zu den alten Kulturzentren

Alle Körper streben nach der Mitte.

Strabo, 19 n. Chr.
([1988]: 17)

Die Menschen der Antike standen den Randbereichen ihrer Zivilisation intellektuell gleichgültig, wenn nicht gar feindlich gegenüber. Charakteristisch für die barbarischen und nomadisierenden Völkerschaften jenseits der Grenzen waren ihr animalisches Wesen und die Verwirrung all dessen, was in der geordneten Zivilisation sorgfältig getrennt wurde. So handelt Strabo in seiner geographischen Beschreibung die Germanen und Briten herablassend und oberflächlich ab, da sie auf einer niedrigen Kulturstufe stünden und ohnehin so isoliert lebten, daß sie der zivilisierten Welt weder schaden noch nützen könnten. Aus dieser Sicht konzentriert sich die Zivilisation eindeutig auf jene Bereiche, in denen dank der Leistungen großer Persönlichkeiten Ordnung und eine gute Regierungsform herrschen. Notwendig waren die Randgebiete nur für die Kosmologie, denn sie verkörperten für die Alten die Angeln, um die sich das Firmament drehte, und die äußerste Grenze der Sternenbahnen. Die gleiche Vorstellung eines geordneten Raumes findet sich auch in den Irrfahrten des Odysseus, in den Kosmographien der Antike und in Plinius' Rechtfertigung dafür, daß er in seiner geographischen Rundreise durch das Mittelmeerbecken nur kursorisch auf Rom eingeht, das doch »nach dem Willen der Götter ausersehen ist, (...) die zerstreuten Mächte zu vereinigen, die Sitten zu veredeln, die verschiedenartigen und rohen Sprache so vieler Völker durch die Gemeinsamkeit der Umgangssprache zusammenzuführen, kurz das alleinige Vaterland aller Völker auf dem ganzen Erdkreis zu werden.« ([1988]: 37)

Auch Diodorus Siculus setzte voraus, daß Zivilisiertheit gleichbedeutend sei mit einer gemeinsamen Sprache, und daß jene Äthiopier, die im Süden des Städtegürtels lebten, von »tierhaftem Charakter« seien, weil sie ihre Nägel lang wachsen ließen und so unfreundlich miteinander umgingen; außerdem habe »ihre Stimme (...) einen schrillen Klang, und von allen Dingen, die bei anderen Völkern eine gewisse Lebenskultur ausmachen, besitzen sie so gut wie gar nichts, ja ihre Sitten sind sehr von den in unserer Welt gültigen verschieden.« ([1992]: 204) Strabo betrachtete die entlegenen Völkerschaften Lusitaniens (Portugals) nicht einfach nur deshalb als »wild«, weil sie gewalttätig und kriegerisch waren, sondern »da sie ungesellig sind, so haben sie Umgänglichkeit und Menschenfreundlichkeit verloren« ([1988]: 264). In den Randbereichen gerieten die Kategorien der Zivilisation durcheinander; so erwähnt Diodor, es gebe in Arabien an der Grenze zu Syrien hin »Landtiere von ungeheurem Körperbau, dazu Zwittertiere, ganz eigenartig anzuschauen« ([1992]: 191).

Ägypten

Für die alten Griechen und Römer stand die Wiege der Zivilisation in Ägypten; manche glaubten sogar, das Leben habe sich spontan aus dem Schlamm des Niltals entwickelt. Ihre »diffusionistische« Weltsicht ging davon aus, daß die Künste, die Regierung und die zivilisierten Verhaltensweisen sämtlich in Ägypten entstanden seien und sich von dort aus über den gesamten Mittelmeerraum verbreitet hätten, und zwar durch die mythischen, kulturstiftenden Reisen der Ursprungs- und Gründungsgötter. Osiris, der Gründer Ägyptens, der die Sprache einführte und – ähnlich wie Adam – den »namenlosen Dingen« Namen gab, erfand auch das Alphabet und bestimmte, wie die Götter zu verehren seien. Auf seiner paradigmatischen kulturstiftenden Reise verbreitete er die charakteristischen Güter des zivilisierten Lebens – Weizen, Weinrebe und Hafer – über die ganze Welt. Er war der erste, der die Ordnung des Himmels und der Gestirne erkannte und begründete damit die Astrologie, Astronomie, Mathematik und Musik – Disziplinen, denen eine immanente ordnende Kraft und universelle Gültigkeit zugeschrieben wurde. Die gemeinsame Harmonie aller Dinge kommt in einer der vielen Erfindungen des Osiris zum Ausdruck: »So schuf er eine dreisaitige Leier, indem er die Jahreszeiten nachahmte und drei Töne annahm, einen tiefen, einen mittleren und einen hohen: Der tiefe sollte dem Sommer, der mittlere dem Winter und der hohe dem Frühling entsprechen.« (Diodor [1992]: 43)

Nach der erfolgreichen Ordnung des Raumes gründeten die ägyptischen Könige, so berichtet Diodor weiter, Kolonien in Kreta, Argos, Babylon, Zypern, Palästina, Syrien und Athen. Nach Meinung der alten Griechen waren die Ägypter die Urheber jener typisch indoeuropäischen Dreiteilung der Gesellschaft in *Eupatriden*, edle und gelehrte Priester und Beherrscher der Gesellschaft, *Geomori*, Besitzer von Ländereien, die Waffen trugen und für die Verteidigung des Staates verantwortlich waren, und *Demiurgoi* oder »Diener des Volkes«, d. h. Bauern und Handwerker. Das Leben des ägyptischen Herrschers galt selbst schon als Verkörperung des geordneten Raumes Ägypten: »Nicht nur die Zeit für politische Handlungen und Rechtsentscheidungen war genau festgelegt, sondern auch für die Spaziergänge, Bäder, Geschlechtsverkehr und alles, was zum täglichen Leben gehört.« (Ebd.: 103) Die Zeremonien, die vom Pharao geleitet wurden, waren notwendige rituelle Handlungen, die dazu dienten, das Pulsieren der Lebensader Ägyptens zu garantieren – die regelmäßigen Überschwemmungen des Nils.

Ägypten war das erste Zentrum philosophischer Pilgerfahrten für jene Völker, die sich als Teil der mediterranen Zivilisation verstanden. Ganze Generationen von griechischen Helden und Gesetzgebern reisten nach Ägypten, um aus dem Brunnen der Weisheit zu trinken. Orpheus, Dädalus, Homer, Lykurg, Solon, Platon, Pythagoras, Demokrit und Eudoxos sollen der Überlieferung nach Ägypten besucht und seine uralte Regierungsform und sein streng geregeltes Leben bewundert haben, während die Ägypter sich noch lange erzählten, »daß sie [die berühmten Griechen] alles, was sie in Griechenland so bewundernswert mache, aus Ägypten übernommen hätten« (ebd.: 130). Diesen philosophischen Reisenden nach Ägypten folgten die Pilger und später die Touristen – ein Prozeß, der sich im Verlauf der Geschichte des Reisens immer wieder abgespielt hat. Ägypten behielt lange seine Macht und verlor nie seine Bedeutung für die abendländische Zivilisation, die durch Literatur, Fotografie, Souvenirs und Erzählungen heute noch lebendig gehalten wird.

Hier liegt womöglich die Quelle jener magischen Kraft des Ortes, die die philosophischen Reisenden suchten. Mit den sichtbaren Symbolen des Ortes, in diesem Fall den Pyramiden, verbindet sich eine Fülle unbewußter Vorstellungen des längst Vergangenen und weit Entfernten, die bei der Ankunft des Reisenden an diesen Stätten wieder ins Bewußtsein rücken. So ging es auch Alexander Kinglake, als er im Jahre 1838 zum erstenmal die Pyramiden sah:

»Als ich mich von dem Ufer des Nils ihnen näherte, hatte ich keinen Kupferstich, kein Bild vor mir, und doch zeigten sich ganz die alten Formen; es war ganz und gar nichts anderes; sie waren gerade so, wie ich sie immer gekannt hatte. (...) Sonderbarerweise war der Umfang der verschiedenen Steinblöcke das erste Zeichen, welches mich zum Gefühl der Unermeßlichkeit des ganzen Bauwerks hinleitete. (...) – dann und fast plötzlich bemächtigte sich meiner ein kaltes Verstehen und Begreifen der Enormität der Pyramiden.« (1846: 252)

Dieses »kalte« Gefühl der Unermeßlichkeit ließ in Kinglake viele Erinnerungen aufsteigen, und er mußte an einen Alptraum denken, der ihn zwischen seinem dritten und fünften Lebensjahr immer wieder heimgesucht hatte, den er aber später vergessen hatte. Es waren keine Bilder in diesem Alptraum, sondern nur »der einfache Gedanke an massenhafte Größe« (ebd.: 253). So kann die Begegnung mit einer bedeutsamen Stätte im Betrachter sowohl die persönliche als auch die historische Vergangenheit lebendig werden lassen.

Ein solches Erschauern, von dem Reisende, die zum erstenmal vor einem bedeutenden Kulturdenkmal stehen, immer wieder berichtet haben, läßt sich als plötzliche Sinnerfahrung deuten, bei der man sich des Zusammenhangs zwischen Fiktion und Tatsache, Phantasie und Realität bewußt wird. Das Zusammenfallen von geträumten, unbewußten Landschaften mit der tatsächlich beobachteten Wirklichkeit öffnet den Zugang zu einer Erfahrung der Kontinuität von Zeit und Raum, die der Kontiguität geschichtlicher Epochen und künstlich geschaffener Grenzen zugrunde liegt. Diesen Höhepunkt aller touristischen Wünsche erlebte auch ein gewisser Monsieur de la Guilletière, ein typischer romantischer Hellenist des 18. Jh., als er zum erstenmal Athen besuchte:

»Und hier kann ich nicht anders, als meine eigene Schwäche einzugestehen, die Sie auch Torheit nennen können, wenn Sie so wollen: Beim ersten Anblick dieser berühmten Stadt (gewissermaßen unter dem Eindruck der tiefsten Verehrung angesichts jener Wunder der Antike, die von ihr überliefert sind) erschrak ich sogleich und ein allgemeines Erschauern lief über meinen gesamten Körper. Auch war ich nicht der einzige, der diese bewegte Empfindung hatte; wir alle starrten, konnten jedoch nichts erkennen, so übervoll war unsere Phantasie von den großen Männern, die jene Stadt hervorgebracht hatte.« (Zit. n. Osborn 1963: 44)

Es war nicht so sehr der Anblick der Stadt (ohnehin gerade in Nebel gehüllt), der diesen Schauer, diesen touristischen Orgasmus auslöste, sondern einfach die Tatsache ihrer greifbar nahen Existenz.

Auch hier wieder hat die Macht des Ortes ihren Ursprung in der Phantasie des Reisenden, dessen Kopf mit einer ganzen Welt von Bildern und Vorstellungen gefüllt ist. So schrieb Kinglake: »Die hohe Ehrfurcht, die oft durch entfernte und unbekannte Gegenstände erregt wird, beweist vielleicht nicht sowohl die Verkehrtheit des Menschen, sondern vielmehr die gewaltige Kraft seiner Phantasie.« (1846: 170) Die unmittelbare Erfahrung der Macht eines Ortes ist offenbar das Produkt einer gefühlsmäßigen Verknüpfung von Bereichen, die ansonsten streng voneinander getrennt werden: Literatur und Wirklichkeit, Darstellung und Beobachtung, weit zurückliegende Vergangenheit und lebendige Gegenwart.

Auch Goethe empfand einen tiefen Schauer, als er bei seiner Italienreise auf einer Tiberbrücke stand und zum erstenmal auf das andere große Zentrum der Antike blickte – die Stadt Rom. Er konnte sich des verwirrenden Gefühls nicht erwehren, daß er all das schon einmal gesehen hatte: »Die ersten Kupferbilder, deren ich mich erinnere (mein Vater hatte die Prospekte von Rom auf einem Vorsaale aufgehängt), seh' ich nun in Wahrheit, und alles, was ich in Gemälden und Zeichnungen, Kupfern und Holzschnitten, in Gips und Kork schon lange gekannt, steht nun beisammen vor mir, wohin ich gehe, finde ich eine Bekanntschaft in einer neuen Welt; es ist alles wie ich mir's dachte und alles neu.« ([1962]: 111) Diese Erfahrung, daß in einer aktuellen Situation plötzlich verschiedene Schichten der Vergangenheit an die Oberfläche kommen und miteinander verschmelzen, war keineswegs angenehm für den Dichter, für den Individualität und Modernität eine so große Rolle spielten und der ein durchaus problematisches Verhältnis zu jenen klassischen Normen hatte, die die voltairianische Generation seines Vaters anbetete: »Zuletzt durfte ich kein lateinisch Buch mehr ansehen, keine Zeichnung einer italienischen Gegend (...).«

Beim Besuch der Ruinen von Paestum fiel ihm der Kontrast zwischen den »stumpfen, kegelförmigen, enggedrängten Säulenmassen« und seiner eigenen Vorstellung von »Klassik« auf, die sich an der »schlankere[n] Baukunst« der Renaissance orientierte, und er gestand, daß diese Steinmassen ihm »lästig, ja furchtbar erscheinen« (ebd.: 196). Insgesamt jedoch war die Italienreise für ihn wie eine Rückkehr zur Kindheit, zu jener Urszene, zu der für ihn antike Versatzstücke und die phallischen Formen der Klassik gehörten.

Indien

In den antiken Traditionen der philosophische Reisen gab es neben Ägypten noch ein zweites Kulturzentrum als Reiseziel: Indien und den Osten, wo die Anfänge der indoeuropäischen Völker lagen. Für die alten Griechen und Römer zeichnete sich Indien durch ähnliche Merkmale aus wie Ägypten: Es war ein überaus fruchtbares und reiches Land, besaß eine streng hierarchische Gesellschaftsordnung und war für seine Weisheit berühmt: »In diesem Indien gibt es viele und hohe Gebirge, voll von reichtragenden Fruchtbäumen verschiedener Art, dazu eine große Anzahl ausgedehnter, ertragreicher Ebenen, mannigfaltig in ihrer Schönheit und von einer Unzahl Flüssen durchströmt (...), Elefanten in ungeheurer Zahl und von gewaltiger Kraft; (...) Vorkommen an Gold und Silber, Kupfer, Eisen, sogar Zinn und allem anderen, was man zu Schmuck, zu allgemeiner Verwendung und auch zu militärischer Rüstung braucht.« (Diodor [1992]: 172 f.)

Die soziale Ordnung Indiens war (mit sieben statt nur drei Kasten) ungleich komplexer und auch »gerechter« als die Ägyptens. Die oberste Gesellschaftsschicht bildeten die Philosophen und Priester, die die Opferhandlungen vollzogen und die Totenfeiern abhielten. Ihnen folgten nicht etwa die Regierenden, sondern die Bauern, die von allen Steuern befreit waren und von allen anderen beschützt wurden, denn sie galten als Wohltäter der gesamten Gesellschaft, die sie mit Nahrung versorgten. Nach den Bauern kamen der Reihe nach, entsprechend ihrer Bedeutung für das Gemeinwohl, die Hirten und Jäger, die Handwerker, das Militär, die Aufseher und Beamten und als letzte Gruppe die Könige, Magistraten, Ratgeber und Richter. Die Einstufung der Philosophen über den Königen und der Priester über den Magistraten war für die Griechen eine ungeheuer faszinierende und bedeutsame hierarchische Variante. Die Begegnung Alexanders des Großen mit den indischen Philosophen oder Sophisten ist das zentrale Thema der *Anabasis*, einer Alexander-Biographie aus der Feder des griechischen Historikers Flavius Arrian, der im 2. Jh. v. Chr. lebte. Dort heißt es, Alexander habe seinen Botschafter Onesikritos zu Kalanus, dem obersten indischen Sophisten, geschickt und von diesem folgenden Bericht über die Entstehung der Welt erhalten:

> »Ursprünglich war alles mit Gerstenmähl und Weizenmähl erfüllt, wie jetzt mit Staube; die Quellen flossen theils mit Wasser, theils mit Milch, gleicherweise andere mit Honig, andere mit Wein, einige mit Oel; aber durch Ueberfülle und Ueppigkeit vefielen die Menschen dem Uebermuth, so dass Zeus, diesen Umstand hassend, Alles vernichtete, und das Leben auf Arbeit setzte. Da nun Mässigkeit und die übrigen Tugenden Eingang fanden, so entstand wiederum Ueberfluss der Güter; nahe aber ist schon jetzt die Wirkung der Sättigung und des Uebermuths, und Vernichtung aller dinge drohet zu erfolgen.« (Strabo [1988]: 157 f.)

Diese Geschichtsauffassung, die davon ausgeht, daß die Welt je nach dem moralischen Zustand der Menschheit zyklisch zerstört und neu aufgebaut wird, begegnet uns in zahlreichen Texten aus der Antike, unter anderem auch in Gilgameschs Bericht darüber, »was vor der Flut geschah«, und in der Geschichte von Noah. Die Geologen des 19. Jh. nahmen diese Vorstellung wieder auf, um ihre Auffassung von erdgeschichtlichen Veränderungen als einem endlosen Prozeß (in diesem Fall von Senkungen und Hebungen) zu untermauern. Einschlägig war besonders der Ausspruch des römischen Rhetorikers Seneca: »Jedes Tier wird aufs neue geschaffen, und Menschen ohne Schuld sollen der Erde geschenkt werden.« (Zit. n. Lyell 1834) Für die indischen Sophisten, die mit den Abgesandten Alexanders sprachen, war allein schon das Erscheinen des großen Eroberers ein Hinweis darauf, daß ihr Zeitalter sich seinem Ende entgegenneigte und eine neue Periode der Zerstörung bevorstand. Aus dem Munde dieser fremden, völlig anders denkenden Philosophen, die gewissermaßen – und darin liegt ein interessantes Paradox – ihre eigenen Vorfahren waren, hörten die Griechen zum erstenmal eine objektive Meinung über sich selbst. Mandanis, einer der Inder, antwortete auf die Frage, was er von den Griechen halte: »Ich glaube gern, dass sie über alles Andere vernünftig dachten; in Einem aber fehlten sie, dass sie die Sitte über die Natur setzten. Denn [sonst] hätten sie sich nicht geschämt, nackt, wie ich, einher zu gehen und von schlechter Kost zu leben; denn dasjenige Haus ist das beste, welches des wenigsten Hausraths bedarf.« (Strabo [1988]: 158)

Heilige Länder, heilige Bücher und Pilgerfahrten

Die obersten Männer Galliens eilen hierher [nach Palästina]; der Britannier, der so weit von unserer Welt entfernt wohnt, läßt, um im Glauben voranzuschreiten, die sinkende Sonne hinter sich und macht sich auf zu jenem Ort, den er nur vom Hörensagen und aus der Heiligen Schrift kennt. Was sollen wir sagen von den Armeniern, den Persern, den Stämmen Indiens und Äthiopiens und des nahegelegenen Ägypten selbst, die so viele Mönche haben, und von Pontus und Kappadokien, von Calle-Syrien und Mesopotamien und all den Strömen von Menschen aus dem Osten? Sie alle eilen zu diesen Orten und beweisen die unterschiedlichsten Tugenden.

Hl. Paula, ca. 370 n. Chr.

Alle Anfänge werden aus der Rückschau konstruiert –, erst wenn etwas bereits existiert, kann man es zu seinen »Anfängen« zurückverfolgen. Die Herstellung von Anfängen und Traditionen ist also ein unaufhörlicher Prozeß innerhalb der Geschichte; mit ihrer Hilfe definieren und legitimieren einzelne Individuen in einer Gegenwartssituation die äußere »Ordnung«, in der sie stehen, und werden sich ihrer oft erst richtig bewußt. Die Christianisierung der römischen Welt im 4. und 5. Jahrhundert bedeutete einen solchen Anfang: Uralte Traditionen wurden beseitigt oder umfunktioniert und ein »Heiliges Land« geschaffen, das zum neuen Zentrum philosophischer Reisen und später zum Ziel für zahllose Pilger und Touristen wurde. Als Folge von Prozessen, mit denen ich mich auf den folgenden Seiten näher befassen werde, wurden neue Götter eingesetzt und eine alte, vielschichtige, dichte klassische Topographie mit den Zeichen einer neuen Zeit überzogen.

Gleichzeitig mit der Schaffung eines neuen heiligen Bodens setzte ein sehr viel grundlegenderer Prozeß ein, der den Charakter der philosophischen Reisen veränderte, indem er die Begriffe »Anfänge«, »Weisheit« und »Ordnung« ganz allgemein von jedem örtlichen Bezug loslöste. Dazu gehörte, daß die göttliche Autorität in Texte verlegt wurde, insbesondere in kanonische Werke – sei es die Bibel, sei es der Koran. Die Schaffung von heiligen Stätten verlief seit dem 4. Jh. parallel zur Entstehung einer sakralen Literatur. Die heiligen Stätten veranschaulichten die Wahrheit des Textes, während der Text seinerseits der heiligen Stätte Bedeutung verlieh. Auf diese Weise entsteht eine »heilige Wirklichkeit«, sowohl durch ihre Darstellung und Reproduktion in Literatur, Reliquien und Andenken als auch in Gestalt von Kammern, Bezirken, Tempeln und Reisewegen. Das »Wahre« und »Authentische« wird durch Reproduktion erzeugt. Es ist die Reproduktion, die dem Reisenden bewußt und unbewußt eine Vision des Ortes vermittelt, die notwendig ist, um seine »Macht« und Magie wirklich zu erfahren. Die Errichtung heiliger Stätten wie in der Vergangenheit in Palästina ist durchaus vergleichbar mit ähnlichen Vorgängen in unserer heutigen Zeit, zum Beispiel der Schaffung von »Disney-Worlds« – abgesehen davon, daß den neueren Konstruktionen noch die Weihe des Alters fehlt.

Die Loslösung des philosophischen Reisens von jedem örtlichen Bezug ganz allgemein und die Neuorientierung an Texten wurde schon von dem durchaus heimatverbundenen Sokrates erkannt. Als Phaidros sich über ihn lustig machte, weil er sich außerhalb der Mauern Athens offenbar unwohl und orientierungslos fühlte, antwortete Sokrates:

»Verarge mir das nicht, mein Bester, bin ich doch einmal lernbegierig. Nun wollen die Fluren und die Bäume mich nichts lehren, wohl aber in der Stadt die Menschen. Du indessen scheinst das Zauberkraut gefunden zu haben, mich herauszulocken. Denn wie man hungriges Vieh weitertreibt, indem man es mit frischem Laub oder irgendeiner Frucht lockt, so kannst du mich offenbar in ganz Attika herumführen und wohin du sonst willst, wenn du mir so die Rollen mit Reden vorhältst.« (Platon [1957]: 20)

Die »Rollen«, die Bücher, von denen hier die Rede ist, sind Sokrates also wichtiger als die Orte selbst. Mit dem Anbruch der christlichen Ära wurden die Heilige Schrift und die Kommentare der Kirchenväter zum wichtigsten Bezugssystem, in dem alle Bedeutung verankert war. Diese Texte enthielten nun alle Anfänge und Gesetze, aus denen sich eine moralische Ordnung entwickelte. Während des gesamten Mittelalters wurden die Bibel und ihre hervorragendsten Ausleger selbst zum Gegenstand philosophischer Reisen. Der Text war nicht mehr nur eine Reproduktion, eine Darstellung und Fixierung von Handlungen, sondern wurde selbst zu einem mächtigen heiligen Gegenstand.

Im 4. Jh. entwickelten sich die philosophischen Reisen in zwei verschiedene, aber miteinander verwandte Richtungen: die Schaffung heiliger Länder und das Aufkommen gelehrter Reisen auf der Suche nach Texten. Die Schaffung einer sakralen Topographie unterscheidet sich nur wenig von der Schaffung touristischer Stätten, wie sie der Soziologe Dean MacCannel in seiner grundlegenden Untersuchung des Tourismus beschrieben hat. Als erstes wird die Stätte selbst von all jenen Bezügen befreit, die nicht zum Thema gehören. Dann wird sie »sakralisiert«, d. h. markiert, von der Umgebung getrennt und von ähnlichen Objekten isoliert. Als nächstes wird sie architektonisch »eingerahmt« mit Mauern und Grenzen. Zugangswege werden geschaffen, Gebühren festgesetzt und Wächter angestellt. Dann wird die Stätte in Form von Bildern, Modellen, Reliquien, Andenken und Ikonen mechanisch reproduziert, um ihren Ruf weiter zu verbreiten. Und schließlich erfolgt die Phase der »sozialen Reproduktion« dieser Stätte, bei der sich – wenn sie erfolgreich verläuft – eine Gemeinschaft um sie herum bildet und sie zu einer autarken ökonomischen Einheit wird. Solange dieser Ort eine heilige Stätte bleibt, wird er immer neue Literatur, Texte, Führer, Zeugnisse, Wunder und Reiseberichte hervorbringen, die ihrerseits neue Reisen auslösen, auf denen das Publikum die Zeichen der Heiligkeit mit eigenen Augen sehen kann.

Bereits im 4. Jh. war Palästina ein bedeutender Anziehungspunkt für Asketen und alle diejenigen, die das Jesuswort ernstnahmen und ihrer Familie, ihrem Besitz und ihrer Herkunft entsagten, um ihm zu folgen. Im 3. Jh. waren zahlreiche Klostergemeinschaften entstanden, die diesen Gottsuchern Zuflucht und Unterkunft boten. Unter den frühen Wallfahrern waren vor allem viele Frauen. Was so viele Pilger anzog, unter ihnen

auch die Hl. Paula, die in der zweiten Hälfte des 4. Jh. Rom verließ und sich
auf den Weg nach Palästina machte, waren nicht so sehr die konkreten Stätten von Christi Wirken und Lehren, sondern die frommen und heiligen
Männer, die aus der ganzen Welt – aus Gallien, Britannien, Armenien,
Indien – hierher kamen und von denen man sich erhoffte, selbst »im Glauben voranzuschreiten«.

Die Markierung, Einfassung und Ausgestaltung der heiligen Stätten, die
Verräumlichung des Lebens Christi und die Verehrung der Orte, die durch
seine Spuren – seine Geburt, sein Leben und seinen Tod – Bedeutung
erlangt hatten, begannen mit dem Palästinabesuch der Kaiserin Helena, der
Mutter Kaiser Konstantins, im Jahre 326 n. Chr., etwa zur gleichen Zeit, da
das Christentum als offizielle Religion des Römischen Reiches anerkannt
wurde. Die Kaiserin wurde dazu von Bischof Makarios von Aelia Capito-
lina (der Name Jerusalems seit der Zerstörung und dem Neuaufbau durch
Kaiser Hadrian 200 Jahre zuvor) angeregt, der ihr gegenüber auf dem Konzil von Nicaea im Jahre 325 geklagt hatte, es sei bislang nichts unternommen worden, um die Erinnerung an das Martyrium Christi am Ort des
Geschehens zu bewahren. Bei ihrem Besuch fand sie in Jerusalem den Kal-
varienberg und das Heilige Grab und in Bethlehem die Geburtsstätte Christi. Diese Reise Helenas war ein Beispiel von »Fußspuren-Anbetung«, dem
Nachvollziehen der paradigmatischen Wanderungen des Religionsstifters,
das für viele der großen Weltreligionen charakteristisch ist und auch die
Grundlage der Pilgerfahrt bildet: »Und als sie auf den Fußspuren des Heilands in Anbetung verweilt hatte nach dem Wort des Propheten, das da lautet: ›Lasset uns beten an den Stellen, wo sein Fuß gestanden hat‹, vermachte
sie sogleich denen, die nach ihr kommen sollten, die Früchte ihrer eigenen
Frömmigkeit.« (Palestine Pilgrim's Text Society 1971: 11)

Der Prozeß der Bebauung jener Stätten, die durch das Leben und Wirken
des Religionsstifters geweiht waren, begann mit der Säuberung des Bodens
im Sinne einer Eliminierung aller fremden und verunreinigenden Assozia-
tionen. Sie bedeutete eine Wiederherstellung der reinen »Essenz« des
Ortes: »Es erschien ihm [Konstantin] als eine Pflicht, den gesegneten Ort
der Auferstehung des Heilands kenntlich und allen Menschen zum Gegenstand der Verehrung zu machen.« Gottlose Menschen, die das Licht der
Wiederauferstehung Christi verdunkeln wollten, hatten an der Stätte des
Heiligen Grabes einen Aphroditetempel errichtet, der zuerst beseitigt werden mußte. Konstantin erteilte den Befehl, den Tempel abzureißen und das
Baumaterial, ja sogar die aufgeschüttete Erde zu einem weit entfernten Ort
zu bringen und sie dort zu zerstreuen. Bei diesen Arbeiten wurde die Grab-
höhle entdeckt: »So kam sie endlich wieder ans Licht und gestattete denen,

die gekommen waren, um zu schauen, einen tiefen Einblick in die Geschichte der Wunder, die sich dort ereignet hatten.« (Ebd.: 1; 3) Durch den Bau einer Basilika über dieser heiligen Höhle wurde die Macht des historischen Ortes verdichtet und »eingefaßt«. Kaiserin Helena ließ außerdem Kirchen an der Geburtsstätte Christi in Bethlehem und auf dem Ölberg bauen und markierte damit eine Route, auf der die Pilger den Weg Christi von seiner Geburt bis zu seinem Tode, seinem Begräbnis, seiner Auferstehung und seiner Himmelfahrt nachvollziehen konnten. Darüber hinaus erteilte Konstantin dem Bischof Makarios den Auftrag, ähnliche Einrichtungen am Standort der Eiche von Mamre zu schaffen, wo Gott zu Abraham gesprochen hatte und wo der Heiland nach seiner Auferstehung in Begleitung zweier Engel erschienen war.

Der Bau all dieser Kirchen in Palästina war Ausdruck eines bewußten Bemühens, die Geschichte zu reinigen, zu sakralisieren und sie in Stein und Landschaft zu fassen. Der berühmte Theologe Eusebius von Caesarea erwähnt in seiner Konstantinsvita, daß der Hl. Kyrill diese Stätten dazu benutzte, jeden Zweifel zu zerstreuen, den die Gläubigen an der Wirklichkeit des Lebens Christi hegen mochten: »Solltet ihr Zweifel daran [an der Kreuzigung] haben, so beweist eben dieser für aller Augen sichtbare Ort, daß ihr irrt, dieses gesegnete Golgatha (...), auf dem wir hier stehen. Verleugnet nicht den Gekreuzigten! Gethsemane legt Zeugnis ab, wo er verraten wurde.« (Zit. n. Wilkinson 1971: 14) So demonstriert die »Verankerung« und »Verortung« eines Mythos seinen Wahrheitsgehalt und seine Objektivität. Die Schaffung des Heiligen Landes war gewissermaßen die Übertragung eines Textes in Architektur, die wiederum als »Beweis« für diesen Text diente. Die christlichen Kultzentren, die vielfach an uralten Wallfahrtsorten errichtet wurden, konstituierten auf diese Weise einen neuen Bezugsrahmen, in dem die Grundannahmen des Glaubens mit der paradigmatischen Geschichte seines Stifters verwurzelt, konkretisiert und verewigt wurden.

Auf die Reinigung, Weihung und Einfassung der heiligen Stätten folgte unmittelbar ihre Reproduktion. Helena soll auf ihrer Pilgerfahrt nach Palästina das echte Kreuz Christi und die bei der Kreuzigung verwendeten Nägel entdeckt haben. Sofort wurde mit der Verteilung von »echten Kreuzessplittern« und Nägeln begonnen. Kyrill beklagte sich im Jahre 347, es gebe inzwischen so viele Stücke vom »echten Kreuz« als Reliquien, daß man die ganze Welt damit füllen könnte. Die damit angesprochene Spannung zwischen dem authentischen Gegenstand und den Reproduktionen dieses Gegenstandes fand ihre Lösung in der philosophischen Reise zum Ursprungsort. Der Markt für die Reproduktion materieller Beweisstücke für die Geschichte Christi blühte noch zusätzlich auf, nachdem das Zweite Konzil von Nicaea im Jahre 787 beschlossen hatte, daß keine Kirche ohne Reliquien geweiht werden könne. Das entscheidende Motiv der Pilgerreisen – die Suche nach den wahren Anfängen einer heiligen Weltordnung – wurde durch die Reproduktion der heiligen Elemente dieser Ordnung noch zusätzlich verstärkt. Die Kirche erklärte, daß Reliquien sich aufgrund ihrer besonderen heiligen Eigenschaft von selbst vermehren könnten, so wie Christus fünf Fische und zwei Laib Brot vermehrt und damit 5 000 Menschen gespeist hatte, und daß dies nicht mehr und nicht weniger wunderbar sei als die Heilkraft der Reliquien bei geistigen und körperlichen Erkrankungen. Reproduktionen von Reliquien wurden in vielen Kirchen gesammelt und ausgestellt, wodurch diese Kirchen selbst zum Ziel von Pilgerfahrten wurden: »Es war nicht nur die Hoffnung auf die erfolgreiche Jagd nach Reliquien, die mehr und mehr Pilger in den Osten lockte; schon die Ankunft und der Besitz einer Reliquie irgendeines östlichen Heiligen in ihrer Heimatstadt veranlaßte zahlreiche Bürger des Abendlandes, die Länder zu besuchen, in denen ihr neuer Schutzheiliger gelebt hatte.« (Runciman 1955: 70)

Im 4. Jh. bildeten sich auch die Hauptreiserouten für christliche Wallfahrten heraus. Im Jahre 333 unternahm ein anonymer Pilger aus Bordeaux eine solche Reise und notierte die Entfernungen, Etappen und Stationen seiner Route von Bordeaux über Toulouse, Narbonne, Mailand, Padua, Belgrad, Sofia, Adrianopel, Konstantinopel und dann die alte Heerstraße durch Syrien hinunter bis nach Jerusalem – damit war die auch für nachfolgende Generationen wichtigste Pilgerroute abgesteckt. Auf den Pilger von Bordeaux folgten zwischen 370 und 388 die Hl. Sylvia und nach 380 die Hl. Paula, Eustochium und Egeria. Letztere hat uns mit ihrem Reisebericht eine vollständige Beschreibung der Stätten hinterlassen, die ihr besonders besuchenswert schienen. Gegen Ende des 4. Jh. hatte man nicht nur, wie erwähnt, das echte Kreuz und die Nägel gefunden und in großer Zahl reproduziert, sondern auch das Rohr und den Schwamm, aus denen Jesus zum letztenmal getrunken hatte, die Lanze, mit der seine Seite geöffnet wurde, den Becher, der beim Letzten Abendmahl verwendet wurde, und das Tablett, auf dem Herodes Salome den Kopf Johannes des Täufers präsentiert hatte.

Trotz der Eroberung Palästinas durch die Araber wurden Pilgerfahrten im 9. und 10. Jh. immer häufiger und erfreuten sich vor allem bei Iren und Engländern großer Beliebtheit. Die keltische Kirche war die erste, die Pilgerfahrten als Buße anerkannte. Im 10. Jh. spielten vor allem die Mönche von Cluny eine ungemein aktive Rolle bei der Organisation von Pilgerreisen und beim Bau von Hospizen entlang der wichtigsten Routen sowie in Palästina selbst. In dieser Zeit vor Beginn der Kreuzzüge wurden auch strenge Regeln für die Pilger und ihre Kleidung festgelegt: Sie durften keine Waffen tragen und mußten barfuß laufen; ihre Kleidung war beschränkt auf ein einfaches, grobes Gewand, einen breitkrempigen Hut und eine Umhängetasche. Sie waren gehalten, zu fasten, kein Fleisch zu essen und nie mehr als eine Nacht an ein und demselben Ort zu verbringen. Darüber hinaus sollten sie keine Gegenstände aus Eisen benutzen, ihr Haar und ihre Fingernägel wachsen lassen und warme Bäder und weiche Betten meiden. Die Armut der Wallfahrer galt nicht nur als heiliger Zustand, sondern machte sie auch zu einer wenig versprechenden Beute für die Horden von Wegelagerern, die die Straßen unsicher machten. Trotz der Zweifel vieler Kirchenväter wurden Pilgerfahrten noch zusätzlich durch Privilegien gefördert, die später auch den Kreuzfahrern zuteil wurden. Wenn der Pilger ein Priester war, dann bezog er während seiner Reise volle drei Jahre weiterhin sein Gehalt. Laien waren von Steuern befreit und genossen während der Dauer ihrer Wallfahrt Immunität gegen Verhaftung, Gerichtsverfahren und Beschlagnahme ihres Besitzes durch eventuelle Gläubiger.

Im 11. Jh. fanden Wallfahrten häufig in großem Stil statt. So sollen insgesamt rund 7000 Männer und Frauen an einer Pilgerreise im Jahre 1064 teilgenommen haben, die von deutschen Bischöfen angeführt wurde. Im Jahre 1049 berichteten die Bewohner der französischen Stadt Narni, sie hätten eine große Zahl von Pilgern in leuchtenden Gewändern durch ihre Stadt ziehen sehen, und einer von ihnen habe erklärt, sie seien Seelen, die das ewige Leben gewinnen würden, solange sie ihre heilige Reise zu den geweihten Stätten fortsetzten. Sagenhelden wie König Artus, aber auch historische Könige wie Karl der Große (den allerdings auch schon eine legendäre Aura umgab), wurden nachträglich unter die Pilger eingereiht. Durch solche Vorbilder wurde eine Reise, die ohnehin von der Kirche gutgeheißen und empfohlen, mit Privilegien und Immunität belohnt und als Buße anerkannt wurde, zusätzlich sanktioniert. Sämtliche etablierten Kräfte der mittelalterlichen Gesellschaft, geistliche wie weltliche, förderten Pilgerreisen nach Palästina, Rom, Santiago de Compostela und anderen heiligen Stätten. Wallfahrten wurden zu einem Mittel, dem Alltag zu entkommen, ewigen Ruhm zu gewinnen, die verstreute Christenheit in aller Welt näher zusammenrücken zu lassen und persönliche Gnade zu erlangen – und das alles durch räumliche Fortbewegung.

Mit dem ersten Kreuzzug, zu dem Urban II. auf dem Konzil von Clermont im Jahre 1095 aufrief, waren die Reisen ins Heilige Land keine philosophischen Reisen mehr, sondern wurden zu militärischen Ausflügen. Die

Kreuzzüge verkörperten, wie der Historiker Carl Erdmann in seinem Werk *Die Entstehung des Kreuzzugsgedankens* (1935) zeigt, eine neue Kombination alter Reiseformen, eine »bewaffnete Pilgerfahrt«, die nicht nur den Beruf des Soldaten heiligte, sondern gleichzeitig auch eine passende Beschäftigung für »anomale« soziale Elemente lieferte.

In der Geschichte der Geographie wird die Christianisierung der klassischen Welt oft als Ende der rationalen und mathematischen Geographie und Rückschritt zu Mythen, Fabeln und phantastischen Topographien beklagt. So stellte man sich irgendwo im Osten das Paradies vor, und die beiden Riesen Gog und Magog standen an den Eisernen Toren Alexanders. Uralte Fiktionen – Amazonen, Riesen, Zwerge, Zyklopen, Menschen mit Hundegesichtern oder -köpfen, Hermaphroditen und Schirmfüßler, sämtliche sagenhaften Kreaturen aus den alten Reiseberichten und alle Arten von *Thoma* (Wunder und Kuriositäten) – fanden jetzt Eingang in das katholische Christentum und wurden in die Grenzbereiche der bekannten Welt verlegt. Diese »Mythisierung« der Landschaft macht deutlich, welche zentrale Rolle Texte bei der Schaffung einer bedeutungsvollen Topographie spielten. Mythen und Sagen bildeten nicht nur die Grundlage für konkrete Erfahrungen, sondern dienten auch als wichtige Hilfsmittel für die Herstellung einer zusammenhängenden, sinnhaften Welt.

Die fahrenden Scholaren des Mittelalters

Denn was in den französischen Schulen nicht bekannt ist, wird jenseits der Alpen gelehrt; und was du von den Lateinern nicht lernen kannst, wirst du bei den geschmeidigen Griechen finden.

Abaelard, 12. Jh.
(Zit. n. Parks 1954: I, 140)

Im Mittelalter orientierte sich die philosophische Reise zunehmend an Texten und nicht mehr an bestimmten Örtlichkeiten. In vielen Fällen verband sich diese Suche nach Texten mit einer Pilgerreise, denn Bücher galten, ganz unabhängig von ihrem Inhalt, als äußerst wichtig, um Provinzkirchen sakrale Würde und eine zentralere Bedeutung zu verleihen. Der englische Gelehrte Beda Venerabilis berichtet in seiner Lebensbeschreibung des Hl. Benedikt von mehreren Wallfahrten nach Rom. Die erste diente dem Ziel, die »Süßigkeit heilsamen Lernens« kennenzulernen, die zweite war eine richtige Wallfahrt zum Petersdom und der »durch die Überreste [des Apostels] geweihten« Stadt Rom, die dritte galt Büchern und Reliquien, und die vierte schließlich (bei der er einen Kantor namens Johannes aufsuchte, um von ihm den römischen Kirchengesang zu erlernen) dem Erwerb einer größeren Menge von geistlichen Waren und Andachtsbildern sowie der Erlangung von Privilegien. Der Dichter Aethelwald (7. Jh.) beschreibt in seinem Werk »Carmen de Transmarine Itinères« den Aufbruch einer Pilgerschar aus Rom und die reiche Beute, die sie mit sich führte:

> Then they carried off the volumes
> In their numerous battalions
> Written by the Manifold
> And secret tribal protocols
> Which the prophets and Apostles,
> Learned-Speaking oracles,
> Transferred to the willing parchment
> Inspired by the Holy Spirit.

(»So schleppten ihre Bataillone die Bände ab, an denen so viele Kopisten gearbeitet hatten, und die geheimen Stammesprotokolle, die die Propheten und Apostel, gelehrte Orakel, inspiriert vom Heiligen Geist, auf das geduldige Pergament übertragen hatten.«) Hier wird das Buch zur Ikone. Es besitzt Geheimnisse und verborgene Kräfte, die von denen, die es davontragen, vielleicht nicht bis ins letzte verstanden werden, aber das tut seiner magischen Wirkung keinen Abbruch. Alkuin reiste im Auftrag Karls des Großen zweimal nach Rom – das erste Mal im Jahre 766 und dann noch einmal 780: »Also reiste er und betete; geleitet von der Liebe zur Weisheit, durch viele fremde Länder auf einem fremden Weg, in der Hoffnung, das Neue zu finden in Büchern und Studien und mitnehmen zu können, was er in jenen Ländern finden würde.« (Zit. n. Parks 1954: I, 67f., 70)

Im Mittelpunkt der philosophischen Reise stand also das Buch. Dabei war die Suche nach dem »vollständigen Buch« keineswegs eine ausschließlich abendländische Entwicklung, sondern begleitete auch die Gründung und Verbreitung der anderen Weltreligionen, zumindest des Islam und des Buddhismus. Die Vorstellung, daß Widersprüche ihre Ursache in der Unvollständigkeit des Wissens, in der unvollkommenen Verteilung der Weisheit und in den bei der Weiterverbreitung autorisierter Texte unvermeidlichen Verfälschungen haben, war sowohl in der Christenheit als auch im Osten tief verwurzelt. Der berühmteste chinesische Reisende, Hsüan Tsang (auch Tripitaka genannt), der im 7. Jh. lebte, machte sich auf die Reise, weil er überzeugt war, daß die buddhistischen Texte, die den Weg von Indien nach China gefunden hatten, verfälscht, unvollständig und vol-

ler Widersprüche waren, die nur in Indien selbst geklärt werden konnten:
»Endlich verstand er, daß die Heiligen Bücher selbst bedeutsame Unterschiede aufwiesen, und zwar so große Unterschiede, daß er nicht wußte,
wem er folgen sollte. In dieser Situation beschloß er, in den Westen zu reisen und sich nach jenen zweifelhaften Textstellen zu erkundigen.« Tripitakas Reise war gleichzeitig auch eine Pilgerfahrt, auf der er alle Orte
besuchte, »die geweiht waren durch Geburt und Tod des Buddha, durch
seine Predigten und seine Wundertaten.« Sein Besuch am Bodhi-Baum, der
Stätte von Gautama Buddhas Erleuchtung, war eine traumatische Begegnung mit der Vergangenheit und vielleicht ungenutzten Möglichkeiten:

> »Als Tripitaka den Bodhi-Baum betrachtet und an den Augenblick der vollkom-
> menen Erleuchtung gedacht hatte, warf er sich an der heiligen Stätte mit dem
> Gesicht auf den Boden. Bei dem Gedanken an seine eigene Unzulänglichkeit
> mußte er weinen. Es war ihm unausweichlich klar, daß er, wenn er in seiner frü-
> heren Existenz nicht so sündhaft gelebt hätte, sich vielleicht das Recht hätte
> erwerben können, in jener goldenen Zeit zu leben, da Buddha auf Erden weilte,
> und nicht zur Existenz in dem jetzigen niederen Zeitalter verdammt worden
> wäre. ›Ich möchte wissen‹, dachte er, ›in welch unruhigem Strudel von Geburt
> und Tod ich gefangen war, als Buddha die Erleuchtung erlangte.‹«

Tripitakas Reise war, ähnlich wie die Reisen der mittelalterlichen Scholа-
ren, gleichzeitig ein Ausbildungsprozeß, in dessen Verlauf er sich mit vielen
alten Texten vertraut machte. In den fünf Jahren zwischen 633 und 637, die
er in Nalanda verbrachte, studierte er nicht nur die Veden, sondern auch
Logik, Grammatik, Medizin, Mathematik und Astronomie, hörte täglich
Vorlesungen und unterbrach seine Studien nur, um heilige Stätten zu besuchen. Als er sein akademisches Programm beendet hatte, stand er vor der
Entscheidung, ob er im Lande bleiben oder nach China zurückkehren
sollte. Es war klar, daß sein Ruhm und seine Gelehrsamkeit weit größer
werden würden, wenn er blieb, um weiterhin aus den Quellen der Weisheit
zu trinken; dennoch entschloß er sich zur Rückkehr, »um die Dunkelheit
in seinem eigenen Land zu vertreiben«: »Ich habe in Indien die heiligen
Stätten besucht und die geheime Bedeutung der verschiedenen Schulen
kennengelernt. Jetzt habe ich den Wunsch, zurückzukehren und die Texte
und Erläuterungen für andere zu übersetzen, damit sie auch erfahren, was
ich gelernt habe.« (Zit. n. Mirsky 1964: 33, 77, 79, 95)
    Nach seiner Rückkehr nach China wurde Tripitaka selbst zum Ziel phi-
losophischer Wallfahrten von jungen Leuten, die von ihm lernen wollten.
Tripitakas Reise repräsentiert eine neue Entwicklung, weil sie sich auf Texte
als wichtigstes Instrument zur Vermittlung von Weisheit und Gelehrsam-

keit, Kontinuität und Tradition richtet; daß ihr Ziel jedoch die Quelle einer langen Tradition ist, verbindet sie noch mit der alten Form der philosophischen Reise.

Im Abendland war die Suche nach Büchern und Gelehrten vor allem deshalb notwendig geworden, weil so viele Texte während der Barbareneinfälle vom 5. bis zum 9. Jh. zerstreut und vernichtet worden waren. Es wurde zu einer der wichtigsten Aufgaben der Klöster, das vom Untergang bedrohte abendländische Wissen zu sammeln, zu bewahren, zu kopieren und zu verbreiten. Bedeutende Sammlungen bestanden unter anderem im Kloster Bobbio in Norditalien, in der päpstlichen Bibliothek im Lateranspalast, in Irland und in der Bibliothek Bedas des Ehrwürdigen im Kloster Jarrow in England. Die Iren spielten unter den gelehrten Reisenden und Missionaren des 6. und 7. Jh. eine herausragende Rolle, abgesehen davon, daß sie auch die bedeutendsten Gastgeber für fahrende Schüler waren. So schreibt Beda in seiner *Historia Ecclesiastica*:

> »Dort waren in dieser Zeit viele Edle und auch gemeine Freie aus dem Volk der Engländer, die sich zur Zeit der Bischöfe Finan und Colman nach Verlassen der Inselheimat des göttlichen Studiums oder des enthaltsameren Lebens wegen dorthin zurückgezogen hatten. Und einige gaben sich ja sogleich dem Mönchsleben gläubig hin; andere fanden mehr Freude daran, sich beim Herumreisen in den Zellen der Lehrer um das Studium zu bemühen. Sie alle nahmen die Iren bereitwilligst auf, waren darauf bedacht, ihnen kostenlos den täglichen Lebensunterhalt, auch Bücher zum Lesen und unentgeltlichen Unterricht zu geben.« ([1982]: 299)

Die Versprengung des klassischen Wissens und der Texte, die die Grundlage der kulturellen Identität des Abendlandes gebildet hatten, machte es notwendig, das alte Wissen neu zu komprimieren und in einem handlichen Kanon von Texten zusammenzufassen; gleichzeitig entstand die allgegenwärtige Figur des fahrenden Scholaren. Da war natürlich in erster Linie die Bibel mit ihren gewichtigsten Kommentatoren: Augustinus, Hieronymus, Ambrosius und Gregor. Die antike Philosophie bestand in einer Vielzahl von Kompendien, Digesten und Kommentaren fort; als wichtigste sind zu nennen: Boethius' *De Consolatione Philosophiae*, die Logik des Aristoteles (die »alte Logik« im Gegensatz zur »neuen Logik«, die im 11. Jh. über arabische, jüdische und griechische Kanäle in den Westen gelangte), die Werke des Martianus Capella, Bedas 727 entstandenes Buch *De Temporum Ratione*, Cassiodors Handbuch der freien Künste und die *Etymologien* Isidors von Sevilla. Diese Werke bildeten den Kanon, der Wißbegierigen am Ende des 8. Jh. in der Regel zur Verfügung stand. Das Schrumpfen des gesamten antiken Wissens auf eine so kleine Zahl von Quellen hatte zur Folge, daß eine allgemeine Suche nach verschollenen Texten begann, und es wurde zu der vielleicht bemerkenswertesten geistigen Aktivität des Mittelalters, noch existierende Texte aufzuspüren, zu kopieren und zu interpretieren. Diese Beschäftigungen führten zu einer wahren Lust am Lernen, einer »Büchersucht« und jener typisch mittelalterlichen Einstellung zum Bekannten und Unbekannten, die Abaelard so anschaulich formuliert (siehe das Zitat zu Beginn dieses Abschnitts). Wenn man etwas nicht wußte, dann hieß das nicht, daß dieses Wissen überhaupt nicht existierte – wahrscheinlich gab es irgendwo jemanden, der darüber verfügte. Abaelards Spruch ließe sich durchaus erweitern: Was die Griechen nicht wußten, das wußte man vielleicht im Osten, in Alexandria, in Bagdad oder bei den Kopten und Nestorianern. Die mittelalterlichen Scholaren betrachteten die Welt als ein zerstreutes Buch mit vielen Kapiteln, und ihre Aufgabe war es, herumzureisen und neue Texte zu kopieren, zu studieren und auswendig zu lernen. Die Gelehrten, die dieses Buch der Weisheit zusammentrugen, »verkörperten« es gewissermaßen und wurden bald selbst zum Gegenstand philosophischer Reisen. Das ist durchaus wörtlich zu nehmen: Der Wert eines Textes war um so größer, je weniger zugänglich er war, und seine komplizierte Sprache wurde für Laien zunehmend unverständlicher und mußte übersetzt und interpretiert werden von denen, die den Schlüssel zu den darin verborgenen Symbolen besaßen.

Heute können wir, die wir in einer von den Massenmedien beherrschten, konsumorientierten Kultur leben, jene Suche, ja Sucht nach Wissen und Gelehrsamkeit, wie sie im 12. Jh. einsetzte, kaum noch verstehen. Moderne Wissenschaftler, die sich mit den Universitäten des Mittelalters beschäftigen, führen das intensive Werben von Königen und Kommunen um die Ansiedlung von Gelehrten häufig auf die ökonomische Bedeutung von Schulen mit ihren vielen Magistern und Schülern zurück. Der wahre Grund ist jedoch, daß die Magister ein Monopol auf die Rechtsquellen und deren Auslegung besaßen, die die einzige Autorität außer der Waffengewalt darstellten. Wo man auf das geschriebene Wort verweisen konnte, hatte jeder Zwist ein Ende. Wenn es um Recht und Gerechtigkeit ging, dann berief man sich auf die bekannten Präzedenzfälle, die vor allem die Magister in Bologna und Paris gesammelt hatten. Die authentischen, »heiligen« Bücher der Jurisprudenz zu kennen, bedeutete einen echten Machtfaktor, und die Inhaber dieses Wissens waren die einzigen Autoritäten, um öffentliches Handeln zu legitimieren.

Die Texte waren für diese Gelehrten die Quelle ihres gesellschaftlichen Rangs, ihres Ansehens. Zu dieser Autorität trug auch ihre Mobilität bei, die mit einer Vielzahl von königlichen Garantien und Privilegien abgesichert war. Die »Authentica Habita«, die Friedrich Barbarossa auf Bitten der Doktoren des Rechts in Bologna im Jahre 1158 allen Gelehrten innerhalb der Grenzen des Heiligen Römischen Reiches gewährte, war die erste Urkunde, in der die akademische Freiheit festgeschrieben wurde – eine Freiheit, die vor allem in dem Recht auf freie Abreise und ungehindertes Reisen bestand. Die »Habita« gewährte Sicherheit des Reisens »allen Scholaren und insbesondere jenen, die sich den heiligen und göttlichen Gesetzen gewidmet haben und zum Zwecke ihrer Studien zu Pilgern werden« (zit. n. Cobban 1975: 52). Darüber hinaus schützte sie die Studenten vor allen Zwangsmaßnahmen im Zusammenhang mit Geldschulden und verhinderte, daß sie auf ihren Reisen festgehalten wurden, um etwa für die Schulden eines Landsmannes aufzukommen. Die »Authentica Habita« sollte eine Art Gegengewicht zur Ausbreitung lokaler Rechte schaffen, indem sie kaiserlichen Schutz vor Durchsuchung und Haft garantierte, auch wenn man außerhalb seines heimatlichen rechtlichen Zuständigkeitsbereiches reiste. In der »Habita« ist bewundernd die Rede von »denjenigen, die aus Liebe zur Wissenschaft Heimatlose (exules) werden, ihr Vermögen dafür hingeben und ihr Leben allen möglichen Gefahren aussetzen« (Conrads 1982: 49; vgl. Stelzer 1978).

Grundsätzlich verlieh die »Habita« den Scholaren einen außerterritorialen Status, der sich in der Folge auch auf die Scholaren als Gruppe und auf die Institution der *universitas* als eine Art Kollektivperson erstreckte. Nach gewaltsamen Unruhen, in deren Verlauf eine Anzahl von Studenten getötet worden war, verlieh König Philipp II. August der Universität von Paris einen Freibrief, der die Studenten der Gerichtsbarkeit der weltlichen Gerichte entzog und die Bürger von Paris verpflichtete, jedem Scholaren, der sich in Gefahr befand, Beistand zu leisten. In den Jahren 1296 und 1297, als viele Pariser Gelehrte nach Reims, Orléans, Oxford sowie nach Italien und Spanien geflohen waren, bestätigte und erneuerte der französische König Philipp IV. viele der Freiheiten und Privilegien, die ihnen im Verlauf der vorangegangenen Jahre gewährt worden waren – Befreiung vom Militärdienst, von Zöllen und Abgaben auf ihren Besitz und von königlichen Steuern – und garantierte ihnen volle Freizügigkeit innerhalb des Königreiches:

»Wir halten es für richtig, daß wir uns große Sorgen machen um die Mühsal, die Anstrengungen, die schlaflosen Nächte, die Schinderei, die Entbehrungen, die Leiden und die Gefahren, denen die Scholaren auf der Suche nach der kostbaren Perle der Weisheit ausgesetzt sind, und daran zu denken, wie sie ihre Freunde,

ihre Verwandten und ihre Heimatländer verlassen haben, wie sie weltliche
Güter und Familienbesitz aufgegeben haben und aus weit entfernten Gegenden
gekommen sind, um von dem Wasser zu trinken, welches aus dem Brunnen des
Lebens fließt.« (Zit. n. Rebri 1954: 557)

Es war vor allem die Armut der Scholaren, die die wichtigste Grundlage
ihrer Macht bildete und mit der sie Kommunen, Könige und Päpste zwingen konnten, ihren Lebensunterhalt zu sichern und die für ihre Studien
notwendigen Bedingungen zu schaffen. Ihr ganzer Reichtum bestand in
einigen wenigen Büchern und den Gebühren, die sie für ihre Auslegung der
Texte verlangen konnten. Da sie keinerlei Eigentum besaßen und die
Räume für die Lehrveranstaltungen mieten oder leihen mußten, gab es bei
der Auflösung einer Universität keinerlei Besitz, der eingezogen werden
konnte. Falls doch einmal Geld übrigblieb, wurde es bei den unvermeidlichen Gelagen zum Schuljahrsende verbraucht. Wenn ein Magister Paris
oder Bologna verließ, wie es oft geschah, dann folgten ihm seine Studenten
nach, und wenn die Studenten infolge ungerechter Behandlung oder Schi-
kanen flüchten mußten, dann schlossen sich die Magister ihnen an. Studenten, die aus den wichtigsten Zentren – für die Juristen war das Bologna, für
die Theologen Paris – abwanderten, gründeten anderswo in der Provinz
neue Universitäten. So wurde in Italien die Universität Vicenza von Scholaren gegründet, die nach der Vertreibung von 1204 aus Bologna gekommen
waren. Die neue Universität gedieh nur bis 1209, dann zogen die Studenten
und Magister an andere Orte weiter. Die von Raffredus di Benevenuto 1215
in Arezzo begründete juristische Fakultät wurde 1338 von einer Gruppe
aus Bologna wiederbelebt, bestand jedoch nur bis 1373, als die Studenten
mit ihren Lehrern wieder weiterzogen. Die Universität Padua entstand
1220, als die Stadt eine Gruppe Bologneser Studenten mit der Zusicherung
von Darlehen, festen niedrigen Mieten und anderen Anreizen abwerben
konnte – die Reihe der Beispiele ließe sich noch beträchtlich verlängern.

Die Gelehrsamkeit nährte sich auch weiterhin aus der Suche nach alten
Texten und kostbaren Erkenntnissen, die ihren Höhepunkt in der Ausru-
fung der extraterritorialen »Gelehrtenrepublik« während der Renaissance
fand. Als erster hatte Sokrates von jenem »Zauber« gesprochen, der die
Anhänger der Weisheit aus ihren Heimatländern locken und »in die weite
Welt« ziehen konnte. Daraus entwickelte sich eine Mobilität, die Sokrates
nicht vorhersehen konnte, und diese Mobilität war die Grundlage jener so
bemerkenswerten Macht, die die Scholaren im Mittelalter genossen, die
freilich von den klerikalen wie auch den säkularen Herrschern weder
begrüßt wurde noch ihren Interessen entsprach. So kam es, daß ab dem

späten 14. Jh. die Universitäten zunehmend mit festen Gebäuden assoziiert wurden statt mit bestimmten gelehrten Personen. Das Ende der Ära der wandernden Scholaren kam mit dem Humanismus und mit der Entwicklung der ortsgebundenen Universitäten, d. h. dem Kollegiatssystem: »Die spätmittelalterlichen Universitäten waren so fest in ihre städtische Umgebung eingebunden, daß sie nur schwer mit ihrer Abwanderung drohen konnten. Das bedeutete einen grundlegenden Wandel gegenüber jener Zeit, da Unbeständigkeit das entscheidende Kennzeichen des universitären Lebens war und zeitweilige Wanderschaft eines der Risiken der akademischen Berufe.« (Cobban 1975: 117)

Die kirchlichen Autoritäten hatten fahrende Scholaren seit langem mit großem Mißtrauen betrachtet. Im Jahre 1231 sollte jeder Geistliche, der im Lande umherzog (*vagus*), seiner geistlichen Stellung enthoben und kahlgeschoren werden, damit nichts von seiner Tonsur bleibe, an der die Mönche und Weltgeistliche zu erkennen waren. 1291 verurteilte das Konzil von Salzburg alle Geistlichen, die »um ihres Bauches willen« auf Wanderschaft gingen: »Sie laufen nackt in der Öffentlichkeit umher, (...) liegen in Backöfen, suchen Tavernen, Spiele und Dirnen auf, verdienen ihr Brot mit ihren Lastern und klammern sich mit unermüdlicher Beharrlichkeit an diesen Lebenswandel, so daß keine Hoffnung auf Besserung bleibet.« Schon 1274 warnte das Konzil von Salzburg die Bischöfe davor, »Tonsur und Ordenskleid an solche zu vergeben, die dazu nicht geeignet und berechtigt sind, denn oft werden sie nur als Deckmantel zum Wandern benutzt.« Die mittelalterliche Kirche hatte die Wanderschaft nie wirklich gutgeheißen, und mit dem wachsenden Reichtum und der Territorialisierung der Kirche erschien die Wanderschaft zum Zwecke der Bildung und des Lernens immer weniger als ein selbstgewähltes Exil und immer mehr als ein für die Seele des Wanderers bedrohlicher Versuch, sich der Disziplin zu entziehen. Schon der Hl. Antonius warnte seine Mönche vor dem Umherstreifen: »Setze dich in deine Zelle, (...) und deine Zelle wird dich alle Dinge lehren. Der Mönch, der seine Zelle verläßt, ist wie ein Fisch außerhalb des Wassers.« (Zit. n. Waddell 1958: 206, 189, 177) Das Wanderleben ließ die Scholaren, vor allem jene aus den ärmeren Schichten der Gesellschaft, zu einer Unterschicht werden, einer marginalisierten Gruppe von Landfahrern, die im späten Mittelalter zunehmend als Faktor für Instabilität und soziale Unruhe betrachtet wurde. Das Reisen galt, wie so oft, als eine Form von Verunreinigung, sozialer Vermischung und Negierung bestehender Unterschiede und Kategorien.

In der Renaissance machten Kirche und Staat sich die Kontrolle und Regelung der Wanderschaft zu einem wichtigen Anliegen und erließen immer mehr Gesetze mit immer härteren Strafen gegen Personen ohne festen Wohnsitz. In einem Statut Königin Elisabeths zur »Bestrafung von Vagabunden« werden auch Scholaren zu dieser Unterklasse gezählt:

> »It ys nowe publyshed (...) that (...) all ydle persones goinge about in any countrey of the said Realme, using Subtyle Craftye and unlawful games of playes, and some of them saying themselves to have knowledge in physiomye, Palmestrye (...) and all fencers, bearwardes, common players in interludes and minstrels not belonging to any baron of this realme (...) all juglers, pedlars, tynkers and petye chapmen (...) and all scholers of the Universityes of Oxford or Cambridge that goe about begging (...) and all shipmen pretendinge losses by sea (...) shall bee deemed vages, vacabounds and sturdy beggars intended of by this present act.« (Zit. n. Jusserand 1973: 233)

Mit der Durchsetzung der ortsgebundenen feudalen Sozialordnung und der ständig dichter werdenden festen Besiedlung im Mittelalter wuchs das Mißtrauen gegen alles fahrende Volk – darunter auch die wandernden Scholaren. Theoretisch gründete sich ihr Status auf ihre Beziehung zu den heiligen oder juristisch maßgeblichen Texten, aber gleichzeitig wurden sie einer mobilen Unterschicht von Vaganten und fahrenden Sängern zugerechnet und deshalb mit unheiligen und damit unheilvollen Dingen in Verbindung gebracht.

Dennoch überwiegen die Gemeinsamkeiten zwischen philosophischen Reisen in der Renaissance und im Mittelalter. Die Impulse, die im 15. und 16. Jh. zu einer Rückbesinnung auf Bildung und Gelehrsamkeit führten, waren im Grunde die gleichen, die das Sammeln, Kopieren und Interpretieren antiker Texte im 12. Jh. vorangetrieben hatten. Die Autorität der Alten war um 1400 keineswegs geringer als zwei Jahrhunderte zuvor, und die grundlegenden Imperative, die die philosophische Reise im Mittelalter bestimmt hatten, blieben auch in der Neuzeit unverändert wirksam. Ausgehend von der Dezentralisierung des Wissens und der Reduzierung des klassischen Kanons auf wenige, immer wieder kopierte Bestände richtete sich das geistige Leben im Mittelalter konsequent auf das Auffinden alter Texte und die Weiterentwicklung bestehender Methoden der Lektüre und Analyse dieser Texte. Die zunehmende Verbreitung heiliger Gegenstände, unter denen die Bücher eine bedeutende Rolle spielten, führte zu einer Neuorientierung philosophischen Reisens: Im Mittelpunkt standen jetzt nicht mehr die antiken Zentren, sondern jene Literatur – biblische und griechisch-römische Texte –, in der man die Grundlagen der abendländischen Zivilisation bewahrt sah. Die im Zusammenhang mit der Völkerwanderung entstandenen schwerwiegenden Verluste verstellen nur allzuoft den Blick dafür, daß die klassische Welt vor allem in Literatur, Gesetzen und Texten sowie der christlichen Liturgie überlebt hat. Die Bücher bewährten sich, obwohl sie noch mühsam von Hand kopiert werden mußten, als das anpassungs- und überlebensfähigste Medium der Kultur. So schrieb der Abt von Fulda im 9. Jh. »an Eigilus zu dem von ihm geschriebenen Buch«: »Allein das geschriebene Wort trotzt dem Schicksal, es erweckt die Vergangenheit zu neuem Leben und straft den Tod Lügen.« (Zit. n. Waddell 1958: 53) Die Bedingungen, unter denen die mittelalterlichen *litterati* arbeiten mußten, waren natürlich von der Notwendigkeit der handschriftlichen Weitergabe maßgeblicher Texte und der Erweiterung des Kanons bestimmt, und so wurden sie zwangsweise zu mobilen Sammlern eines weit verstreuten Erbes.

Das so zusammengetragene Textkorpus, das mit der Erfindung des Buchdrucks eine beträchtliche Erweiterung erfuhr, bildete den kulturellen und literarischen Hintergrund für die Nachricht von der Entdeckung der Neuen Welt und die in der Folge vermittelten neuen Informationen. Erst mußte auf der Grundlage tradierten Wissens eine literarische Texttradition geschaffen werden, um die Erkenntnis des Neuen und Außergewöhnlichen zu ermöglichen, die zum beherrschenden offiziellen Motiv für die Entdeckungsfahrten der Renaissance und für humanistische Reisen wurde. Die Historikerin Elizabeth Eisenstein hat mit ihrer Untersuchung über die Erfindung und Auswirkungen des Buchdrucks (1979) unsere Vorstellung von der Renaissance nachhaltig korrigiert: Sie spricht von einer »Revolution der Kommunikation«, die die Beständigkeit der tradierten Texte noch verstärkte und sie zu einer unumstößlichen Autorität machte, an der sich jeder Fortschritt messen lassen mußte. Die Humanisten füllten im 15. Jh. dieses Gerüst aus und entwickelten eine Reihe von klassischen Modellen auf den Gebieten der Architektur, der Malerei, der Bildhauerei, der Rhetorik, der Geschichte, der Musik, der Dichtkunst und der Logik, innerhalb derer neue Variationen tradierter Themen und neue Entwicklungen möglich waren. So bildete die kulturelle Leistung zahlreicher Generationen von mittelalterlichen Scholaren die Voraussetzung für die Neuorientierung philosophischen Reisens von den Zentren der antiken Zivilisation hin zur Peripherie, zur Neuen Welt.

»Sie laden uns ein, alles, was sie besitzen, mit ihnen zu teilen, und zeigen uns gegenüber die allergrößte Herzlichkeit (...) Wie leicht wäre es, diese Leute zu bekehren – und für uns arbeiten zu lassen...« (Christoph Columbus)

Kapitel 6

DIE BEGEGNUNG MIT DER NEUEN WELT: EUROPA ENTDECKT SICH SELBST

Die Entdeckung Amerikas, die für so viele Bereiche des Denkens von Bedeutung war, spielte auch insofern eine wichtige Rolle, als sie (...) Europa zwang, sich offensiv mit in seiner eigenen Kulturtradition bereits existierenden Konzepten und Problemen auseinanderzusetzen.

John H. Elliott, 1970
(1992: 49)

Das Reisen vermittelt nicht nur Informationen über die Welt, sondern auch über den Reisenden selbst und über die Brille, durch die er das Andere, das Fremde betrachtet. Das gilt sowohl auf der kollektiven als auch auf der individuellen Ebene. Seit dem Anbruch des Zeitalters der Entdeckungsreisen gegen Ende des 15. Jh. sahen sich die Europäer mit einer Welt neuer, fremder Ethnien konfrontiert, die nach einer genaueren Bestimmung verlangten. Diese Bestimmung orientierte sich natürlich an traditionellen Kategorien, und so wurden beispielsweise die Indianer anfänglich mit den biblischen »Heiden« gleichgesetzt und als Menschen betrachtet, die der Schöpfung, der ursprünglichen Natur noch nahestanden. Nur aufgrund dieser Projektion klassischer Texttraditionen auf die neu entdeckten Völker konnte de Gérando die Randgebiete der Erde als Ursprungsorte des Menschen verstehen.

Durch den Vergleich mit den alten Texten wurde das Neue, Unbekannte in das Vertraute, Bekannte integriert – ein Vorgang, der weder überraschend noch neu, aber für alle Reisenden charakteristisch ist. Dieses zunehmend vertrauter werdende Neue wurde dann für die Europäer des 16. und 17. Jh. selbst zur entscheidenden Grundlage für neue Vergleiche. Die gleichen Ureinwohner, die ursprünglich als lebende Verkörperung der heidnischen Völker der Antike betrachtet wurden, dienten den Europäern schon bald als Ausgangspunkt für ihre Selbstwahrnehmung und Definition als fortschrittliche, ausgereifte und vernunftorientierte Kultur – mit anderen Worten: als hochentwickelte Zivilisation.

Die primitiven Naturvölker lieferten gewissermaßen eine neue Sprache kultureller Selbsterkenntnis, neue Worte und Vorstellungen zur Beschreibung einer aus der mittelalterlichen Wirklichkeit geborenen europäischen Kultur. Die ihrem Wesen nach personenbezogene mittelalterliche Gesellschaft, die aus kriegerischen Beziehungen hervorging und sich in Pakten, Zusammenschlüssen und Lehnseiden vermeintlich freier und souveräner Individuen manifestierte, war mit den Begriffen, die die klassischen Sprachen für soziale Ordnung und Hierarchie boten, nicht mehr zu fassen; verständlich und erklärbar wurde diese neue Wirklichkeit erst im Rahmen eines neuen, erweiterten Kontextes, d. h. im Rahmen der Anschauungsbeispiele und Berichte, die die Reisenden lieferten. Die neue Reiseliteratur traf zunehmend den Geschmack der bildungshungrigen Eliten des 17. und 18. Jh. und löste schließlich die höfische Literatur ab.

Im 16. und 17. Jh. gewann die nachklassische europäische Kultur ihre eigene Stimme, die sich zum erstenmal in der Projektion klassischer Modelle auf die Neue Welt äußerte, als die Europäer lernten, zwischen sich und anderen »Welten« zu unterscheiden, die nicht nur geographisch weit entfernt waren, sondern zunehmend auch als zeitlich entfernt, als »frühere« Stufen der menschlichen Entwicklung betrachtet wurden. So setzten die Entdeckungsreisen der Renaissance eine Dynamik kultureller Brechungen in Gang, die das alte Europa modernisierte und in den Europäern das Bewußtsein weckte, sich im Zentrum der Welt zu befinden und nicht mehr nur am Rand der antiken Kulturzentren. Für die modernen Europäer führten die Entdeckungsfahrten ganz allgemein zur Konzeption einer neuen Art von Geschichte, einer Naturgeschichte des Menschen, die mit zu dem wertvollsten, wenn auch nicht unproblematischen Erbe unserer heutigen Industriegesellschaft gehört. Im vorliegenden Kapitel werde ich mich als erstes auf den Vergleich – hier die Gleichsetzung von Indianern mit den Menschen der Antike – als Mittel der Bekanntmachung des Unbekannten konzentrieren und als zweites auf die Methoden eingehen, mit deren Hilfe sich die Europäer von einer neu entdeckten Natur distanzierten: Sie beriefen sich auf eine Geschichte, in der ihr Anderssein als Ergebnis einer fortschreitenden Entwicklung aus dem Naturzustand interpretiert wurde.

Die Indianer und das Goldene Zeitalter

Das Heidentum war die umfassendste, eindeutigste Kategorie des Anders-seins.

Michael T. Ryan, 1981
(1981: 525)

Die Entdeckungsfahrten der Europäer im 16. und 17. Jh. führten zur Herausbildung einer kulturellen Identität, die in ihrem Kern eher weltlich als religiös war, in der Natur statt in Büchern wurzelte und sich aus Beobachtung und nicht so sehr aus Lektüre speiste. Alle, die sich mit der Entdeckung der Neuen Welt und den Folgen dieser Entdeckung für die Alte Welt beschäftigt haben, sind sich einig, daß dabei weniger der Import neuer Ideen eine Rolle spielte als vielmehr die Projektion der eigenen Tradition auf den Hintergrund einer neugewonnenen räumlichen Dimension. J. H. Elliotts These, nach der die Bedeutung der Entdeckung Amerikas in der Notwendigkeit lag, die Tradition zu aktualisieren und zu mobilisieren (1992: 49), hat bis heute unbestritten ihre Gültigkeit bewahrt.

Die spanischen, portugiesischen und italienischen Entdecker waren angesichts der ersten unerwarteten Begegnung mit bis dahin unbekannten Völkern keineswegs so erstaunt, wie wir heute anzunehmen geneigt sind, denn sie konnten diese Völker sofort und problemlos kategorisieren. Es handelte sich entweder um die alten islamischen Feinde oder um eine andere Art von Heiden, Götzenanbetern oder Ungläubigen, verwandt mit denen, die durch das Wirken der Apostel und durch das Schwert der Kreuzritter christianisiert worden waren. War das Christentum die umfassendste Kategorie europäischer Identität im 15. Jh., so war das Heidentum die »umfassendste, eindeutigste Kategorie des Andersseins« (Ryan 1981: 525). Es war das unbezweifelbare Heidentum der neu entdeckten Völker, das die Entdeckungsreisenden veranlaßte, sie einer zeitlich weit zurückliegenden Stufe zuzuordnen. So geachtet und geehrt sie auch sein mochten, die alten Völker der Antike waren eindeutig Heiden gewesen, und die neue Welt dieser fremden Völker wurde gerade durch ihre vermeintliche Ähnlichkeit mit der Antike verständlich. So schrieb der portugiesische Entdecker Vasco de Quiroga im Jahre 1535: »Diese Welt hier drüben wird mit Recht eine Neue Welt genannt, aber nicht, weil sie neu entdeckt wurde, sondern weil sie mit ihren Bewohnern und in fast allen anderen Aspekten der Welt der Frühzeit, des Goldenen Zeitalters ähnelt.« (Zit. n. Gerbi 1985: 261) Diese Heiden waren noch älter als die, von denen das Neue Testament sprach; sie gehörten zu jenen, von denen die klassischen Schriftsteller gesagt hatten, sie stammten aus einem Zeitalter vor ihrer eigenen Zeit, dem Silbernen Zeitalter der Dichter oder dem Eisernen Zeitalter der ersten historischen Kriege. Die Ähnlichkeit konnte durch die Auswahl geeigneter Details untermauert werden:

> »Sie gehen nackt einher, kennen weder Maße und Gewichte noch das verderbenbringende Gold; kurz, sie leben in einem Goldenen Zeitalter, ohne Gesetze, ohne betrügerische Richter, ohne Bücher, zufrieden mit den Gaben der Natur und unbekümmert um die Zukunft. Aber von Machtgelüsten werden auch sie gequält, um derenwillen sie sich gegenseitig bekriegen. Ja, ich glaube, daß selbst das Goldene Zeitalter von dieser Seuche nicht verschont war (...).« (Martyr [1972]: I, 42)

Von Anfang an jedoch wiesen die Bewohner der Neuen Welt auch Merkmale auf, die alle Versuche der Entdeckungsreisenden, sie mit den traditionellen europäischen Kategorien zu erfassen, zum Scheitern verurteilten. Was die oben zitierte Beschreibung betrifft, so war der Autor, der italienische Humanist Peter Martyr von Anghiera (der dank seiner Stellung am spanischen Hof nach 1487 unmittelbaren Zugang zu den Informationen hatte, die die Entdeckungsreisenden zurückbrachten), sich des offensichtlichen Widerspruchs zwischen paradiesischem und kriegerischem Dasein durchaus bewußt. Die Nacktheit der Indianer schien auf einen Zustand noch vor dem Sündenfall hinzudeuten, ebenso wie die Tatsache, daß sie kein Geld kannten, und das Fehlen jeder staatlichen Obrigkeit mit Gesetzen, Magistraten und Richtern. Gleichzeitig jedoch wies das kriegerische Element, das von allen Reisenden immer wieder betont wurde, auf einen post-paradiesischen Zustand.

Columbus betonte in seinem ersten Brief, in dem er die Entdeckungen während seiner ersten Reise schilderte, nachdrücklich die Friedfertigkeit der Eingeborenen auf Hispaniola und den Bahamas: Sie hätten »weder Eisen noch Stahl, besitzen keine Waffen, mit denen sie umzugehen wüßten, nicht etwa deshalb, weil es ihnen an körperlicher Kraft gebrechen würde, sondern weil sie von Natur äußerst furchtsam sind.« In seinen ersten Eindrücken beschrieb er die Eingeborenen immer wieder als »von einer unheilbaren Feigheit«, als »ehrliche und freigebige Menschen«, friedfertig und ohne jede Neigung für alles Kriegerische ([1956]: 204). Typisch barbarische Merkmale – Wildheit, Aggressivität und kriegerischer Geist – fanden sich dagegen bei den Kariben sowie bei den Einwohnern Puerto Ricos und der Kleinen Antillen, die als Kannibalen galten und von den Spaniern wegen ihrer Standhaftigkeit und ihres Mutes bewundert wurden. Dieses widersprüchliche Bild der Eingeborenen – einerseits friedfertig und damit leicht zum Christentum zu bekehren, andererseits kriegerisch und somit zur Versklavung geeignet – kam ganz offensichtlich dem Interesse der Entdecker entgegen, die von ihnen entdeckten Länder auszubeuten. Die ersten Indianer, die Columbus aus der Neuen Welt nach Spanien schickte, wurden dort als Kannibalen betrachtet und als Sklaven verkauft, und er erkannte darin schnell eine Möglichkeit, die Kosten der Kolonisierung zu decken. In einem Brief an Königin Isabella schrieb er im Anschluß an eine Aufstellung von Gütern, die die Kolonisten in Hispaniola benötigten: »Bezahlen könnte man sie für diese Dinge mit Sklaven in Gestalt dieser Kannibalen, einem sehr wilden und für diesen Zweck geeigneten Volk, gut gebaut und von sehr großer Intelligenz. Wir glauben, daß sie, wenn sie diese Unmenschlichkeit aufgegeben haben, besser als andere Sklaven sein werden, und das wird sofort der Fall sein, wenn sie außerhalb ihrer Heimat sind.« (Zit. n. Jane 1930: I, 92)

Als Columbus von seiner zweiten Reise nach Spanien zurückkehrte, um sich einer offiziellen Untersuchung seiner Verwaltung zu stellen, hatte sich seine Einschätzung der Völker, die er entdeckt hatte, von Grund auf gewandelt, nicht zuletzt unter dem Eindruck des wachsenden Widerstandes der Eingeborenen gegen die Ausbeutung durch die Spanier. Jetzt waren die Indianer für ihn in den Bereich der Wildheit und Barbarei gerückt: »Ich dachte, man würde mich als Kapitän beurteilen, der von Spanien bis nach Indien gesegelt ist, um ein zahlreiches, kriegerisches Volk zu unterwerfen, dessen Sitten ganz verschieden von unseren sind, das in den Bergen und im Hochland lebt, fern von uns und ohne feste Behausungen.« (Ebd.: II, 66) Er behauptete, nicht die »Gelehrten«, sondern nur »Ritter des Schwertes« könnten verstehen und nachvollziehen, welch schwierige Bedingungen er angetroffen und überwunden hätte. Natürlich diente es nicht zuletzt Columbus' Selbstverständnis als Ritter, Eroberer und neu ernanntem Adligen, wenn er die von ihm Unterworfenen nicht als unkriegerische Naturmenschen, sondern als aggressive Wilde bezeichnete.

Der spanische Dominikanermissionar und Historiker Bartolomé de Las Casas verwies nicht nur mit Nachdruck auf die zutiefst vernünftigen Lebensverhältnisse der Indianer, sondern auch auf die Tatsache, daß sie zwar nicht unbedingt Pazifisten, ihre Kriege jedoch im wesentlichen gerecht seien und allein der Verteidigung gegen die grausamen Eroberer dienten. Trotzdem behauptete sich das Bild von der kriegerischen Natur der Indianer und widersprach beharrlich den Vorstellungen von ihrem friedfertigen und paradiesischen Urzustand. Auch in Thomas Morus' *Utopia* (1516/17), dem ersten Buch, in dem die Reiseliteratur als Spiegel für die Unzulänglichkeiten der Europäer benutzt wurde, werden die Bewohner

Utopias keineswegs als Pazifisten dargestellt. Im Gegenteil, sie bekriegen sich mit einer Gründlichkeit und Rücksichtslosigkeit, die ganz im Gegensatz steht zu jener Ethik der Ritterlichkeit, mit der der europäische Adel seine militärische Machtausübung verklärte. Ende des 16. Jh. schrieb Montaigne in seinem Essai *Über die Kannibalen*, sie blieben nur zwei moralischen Grundsätzen treu: »der Standhaftigkeit im Kriege und der Liebe zu ihren Frauen« ([1953]: 235).

Die Vorstellung von der Neuen Welt als Paradies und Goldenes Zeitalter – so berechtigt sie auch erscheinen mochte bei der Vielfalt und Üppigkeit der Pflanzenwelt, der Nacktheit der Menschen und dem Fehlen von Geld, Gesetzen und staatlicher Obrigkeit – war angesichts der Kriegsliebe und »Barbarei« der Indianer, denen sich die bewaffneten und raubenden Eroberer gegenübersahen, nicht mehr ohne weiteres aufrechtzuerhalten. Die ersten Kommentatoren, die sich mit Amerika beschäftigten, waren durchaus noch zu einer differenzierteren Beurteilung der verschiedenen indianischen Kulturen fähig. Garcilaso de la Vega, Sohn einer Inka-Mutter und eines spanischen Vaters, kam in den Genuß einer humanistischen Bildung und emigrierte schließlich von Peru nach Spanien. In dem Bemühen, seine eigene Herkunft von der Wildheit abzugrenzen, die den Bewohnern der Neuen Welt zugeschrieben wurde, verlegte er die von den Berichterstattern am meisten übertriebenen Wesensmerkmale der Indianer – Teufelsanbetung, Menschenopfer und Kannibalismus, Wohnungen in Höhlen und Felsen, schamlose Nacktheit, ungezügelte Sexualität, Inzest, Sodomie, schwarze Magie und Hexerei – in eine »heidnische« Vorzeit vor der Ankunft der Inka-Fürsten, die diese »wilden Kreaturen (. . .) zu Menschen und sie der Vernunft und jeder guten Lehre zugänglich gemacht« hätten ([1869]: I, 61). Der Jesuitenpater José de Acosta, der 17 Jahre in Panama und Peru verbrachte, unterscheidet in seinem 1588 veröffentlichten Bericht drei verschiedene Phasen in der moralischen Entwicklung der Eingeborenen: zuerst die Barbarei, dann die Gemeinschaft, zuletzt die Reichsbildung und den Triumph des Staates. Die ersten Einwohner Mexikos, die Chichimeken, waren, so schreibt er, »ursprünglich barbarische und wilde Leute«:

> »Diese Menschen betrieben keinerlei Ackerbau, auch wohnten sie nicht in festen Siedlungen zusammen, sondern streiften dauernd jagend umher. Denn die Jagd war ihre einzige Nahrungsquelle, weshalb sie auch ganz vorzügliche Jäger waren. Sie lebten auf Steinfelsen oder an sonstigen öden Orten auf dem Gebirge – wie das Vieh und ohne ein geregeltes Gemeinwesen.« ([1991]: 131 f.)

Der Zustand der Barbarei wird hier als ein vorgesellschaftlicher Zustand betrachtet, vergleichbar mit dem der Zyklopen, jenen gesellschaftsfeindlichen Völkern, denen Odysseus begegnete:

»Dort ist weder Gesetz noch öffentliche Versammlung,
Sondern sie wohnen all' auf den Häuptern hoher Gebirge
In gehöhleten Felsen, und jeder richtet nach Willkür
Seine Kinder und Weiber, und kümmert sich nicht um den andern.«

(*Odyssee*, 9. Gesang, Vers 112–115)

Acosta stimmt mit den antiken Quellen darin überein, daß der »Wilde«, der Mensch in der Natur, allein und einsiedlerisch lebt und nicht die Bindungen und Übereinkünfte kennt, die eine soziale Lebensweise ausmachen. Auf diesen wilden Zustand, so Acosta, folgte ein Stadium sozialer Gemeinschaftlichkeit: Die Indianer verfügten gemeinsam über das Land, wobei sie nur Führer wählten, wenn kriegerische Auseinandersetzungen das erforderlich machten:

> »Sie haben es (...) vorgezogen, in freien Gemeinden ohne Herrschaftszwang zusammenzuleben. Nur in Kriegszeiten haben sie sich Fürsten und Hauptleute gewählt, denen sie dann Gehorsam leisteten, aber nur solange ein Krieg andauerte. Danach sind sie wieder zu ihrer alten Freiheit zurückgekehrt. Auf die eben geschilderte Weise wird der größte Teil der Neuen Welt regiert: Es gibt dort weder richtige Königreiche, weder gewisse Res Publicae oder Gemeinden, noch Könige oder Fürsten. Wahr ist indes, daß man bei einigen Völkern vornehme Leute vorfindet, die vom gemeinen Mann für Ritter gehalten werden. (...) Auf der anderen Seite stößt man in diesen Ländern auf viel Barbarisches, und zwar gerade weil die Menschen dort niemanden als ihr Oberhaupt anerkennen und allesamt regieren und gebieten zu können glauben. Es geht deshalb so, wie es jedem von ihnen gerade in den Kopf kommt. So kommt es, daß dort überall viel Gewalt geübt wird.« ([1991]: 92f.)

Der Grad der Barbarei wird mit dem Grad der politischen Organisation in Verbindung gebracht, d. h. mit dem Ausmaß, in dem einige Menschen über andere gestellt werden und als »Herren« fungieren. Acosta geht davon aus, daß es im Zustand der Gemeinschaftlichkeit auch noch keine Geldwirtschaft gab, sondern man »wie zu den Zeiten eines Homer oder Plinius« Tauschhandel betrieb. Auch Peter Martyr beschrieb den Zustand der eingeborenen Bewohner Kubas bei ihrer Entdeckung durch die Europäer als eine Art primitiven Kommunismus, der noch kein Geld, kein Privateigentum und keine staatlichen Strukturen kannte:

> »Die Spanier erfuhren auch, bei jenen Menschen gelte der Boden als gemeinsamer Besitz aller wie die Sonne und das Wasser, und ein Streit um Mein oder Dein, die Wurzel allen Übels, komme bei ihnen nicht vor. Die Bewohner geben sich nämlich mit so wenigem zufrieden, daß in diesen weiten Räumen eher Land unbenutzt bleibt, als daß daran Mangel herrscht. Diese Menschen haben

noch das Goldene Zeitalter; weder durch Gräben, Mauern oder Zäune trennen
sie die Felder ab; sie leben in Gärten ohne Grenzen. Ohne Gesetze, ohne
Bücher, ohne Richter tun sie ganz natürlich das Rechte. Für schlecht und böse
sehen sie den Menschen an, welcher sich darin gefällt, anderen Unrecht zu
tun.« ([1972]: I, 61)

Hier wird ein deutlicher und bewußter Gegensatz zur europäischen Kultur
hergestellt, die auf dem Prinzip des Privateigentums beruht und in der private Ländereien von Hecken und Gräben umgeben, die Rechtsprechung
professionalisiert und alle Wirtschaftsbeziehungen in zunehmendem Maße
kommerzialisiert worden sind.

Acosta war einer der ersten, die die Meinung vertraten, die Ursprünge
des Staates seien darin zu suchen, daß es in kriegerischen Zeiten notwendig
wurde, Anführer zu wählen. Sobald der Feldzug vorüber war, hatten auch
die Anführer keine Existenzberechtigung mehr und kehrten auf ihre Güter
zurück. Nach Acostas Auffassung ist die Institution des ständigen König-
tums aufgrund der außerordentlichen Führungsqualitäten einzelner Personen entstanden, die ihre Autorität in Notsituationen unter Beweis stellten
([1991]: 92 f.). In der Neuen Welt schien das politische Gemeinwesen also
weder eine Erweiterung von Paternität und Familie zu sein, wie es Aristoteles postulierte, noch das Ergebnis gemeinsamer Bedürfnisse, wie Platon
annahm. Hier erwuchs der Staat vielmehr aus echtem Adel, aus Kraft und
Intelligenz, aus dem Klima kriegerischer Auseinandersetzung, das auch in
Friedenszeiten andauerte.

Auf die Folie der neu entdeckten Welt wurden nicht nur antike Texte und
Traditionen projiziert, sondern auch mittelalterliche Vorstellungen vom
Staat als individualisierter Autorität, als Institutionalisierung der natürlichen Tugenden und Vorzüge desjenigen, der Autorität ausübt. Das Bemühen, zwischen den verschiedenen Staatswesen und Gemeinschaften zu dif-
ferenzieren, die man in Amerika antraf, war geprägt von der spezifisch mittelalterlichen Vorstellung, daß der Staat aus der Gesellschaft erwächst, und
zwar durch die Auswahl von Individuen, die in der Lage sind, die Gemeinschaft gegen jede äußere oder gar militärische Bedrohung zu schützen. Der
Historiker J. H. Elliott meint durchaus zu Recht: »Gegen Ende des 16. Jh.
waren die Europäer aufgrund ihrer Kenntnisse von Amerika schließlich
zumindest in groben Umrissen im Besitz einer Theorie der gesellschaftlichen Entwicklung.« (1992: 52) Acosta und Garcilaso de la Vega lieferten die
Voraussetzungen für die Vorstellung eines linearen Fortschritts vom
Zustand eines »wilden« Individualismus über eine vorstaatliche Form
der Gemeinschaft mit kollektivem Besitz bis hin zum souveränen Staat

(Monarchie oder Fürstentum), der seine Entstehung individualisierter Herrschaft verdankt.

Unter den Philosophen der Nachrenaissance gab es mit John Locke nur einen Theoretiker des Gesellschaftsvertrags, der den »Naturzustand« tatsächlich als konkrete historische Ära und nicht nur – wie später Thomas Hobbes und Jean-Jacques Rousseau – als logisches Konstrukt oder Fiktion betrachtete. Zu seiner umfangreichen Bibliothek gehörte auch ein vielgelesenes und mit zahlreichen Anmerkungen versehenes Exemplar der englischen Übersetzung von Acostas Werk aus dem Jahre 1606 (vgl. Batz 1974). Der Naturzustand war für Locke der Niederschlag des natürlichen Individualismus auf gesellschaftlicher Ebene: »Es ist ein Zustand vollkommener Freiheit, innerhalb der Grenzen des Naturgesetzes seine Handlungen zu lenken und über seinen Besitz und seine Person zu verfügen, wie es einem am besten scheint – ohne jemandes Erlaubnis einzuholen und ohne von dem Willen eines anderen abhängig zu sein.« Dieser Naturzustand war gleichzeitig ein Zustand der Gemeinschaftlichkeit, in dem die Erde allen gehörte, der aber aufgrund seiner »Mängel und Unvollkommenheiten« bald von einer auf einem Gesellschaftsvertrag basierenden Form der Gemeinschaft abgelöst wurde. Nach Lockes Meinung war das Geld, durch das sich die Europäer so offensichtlich vom primitiven, naturnahen Menschen unterschieden, diejenige Erfindung, die dem gemeinsamen Besitz ein Ende machte und die Möglichkeit einer ungerechten Verteilung der Reichtümer eröffnete:

> »Dies aber wage ich kühn zu behaupten: daß ebendiese Eigentumsregel, daß nämlich ein jeder so viel haben sollte, wie er nutzen kann, auch jetzt noch gelten würde, und zwar ohne daß jemand Not leiden müßte (denn es gibt genug Land auf der Welt, genügend sogar für die doppelte Zahl von Bewohnern), wenn nicht die Erfindung des Geldes und das stillschweigende Übereinkommen der Menschen, ihm einen Wert zuzumessen (mit ihrer Zustimmung), die Bildung größerer Besitztümer und das Recht darauf mit sich gebracht hätte.« ([1974]: 4 f., 29)

Jeder der in der Neuen Welt vorgefundenen Unterschiede ließ sich als »Errungenschaft« innerhalb einer Entwicklung interpretieren, die vom Naturzustand bis zur Ausbildung einer Staatsordnung reichte. Alle Dinge, die die ersten Entdecker in diesem seltsamen und widersprüchlichen Paradies der Neuen Welt vermißten – Geld, Privateigentum, Königtum, sexuelle Unterdrückung oder Scham – verstand man als Bereicherungen, die das Europa des 16. Jh. in moralischer, politischer und ökonomischer Hinsicht letztlich zu dem gemacht hatten, was es war. Die Neue Welt vermittelte den

Europäern weder radikal neue Ideen noch löste sie eine Bewußtseinskrise aus; man könnte allenfalls sagen, sie lieferte die Materialien, mit deren Hilfe sie ihr Bewußtsein für die eigene Kultur schärfen konnten, indem bestimmte Aspekte in den Blick rückten, an denen der Abstand zur Stufe des »Goldenen Zeitalters« augenfällig wurde.

Die Trennung zwischen Betrachter und Betrachtetem

Die Geschichte unserer Wissenschaft zeigt, daß die Zeit fast immer dazu benutzt wird, diejenigen, die man betrachtet, von der Zeit des Betrachters zu distanzieren.

Johannes Fabian, 1983
(1983: 25)

Die Entdeckung neuer Kontinente machte unzweifelhaft deutlich, daß das Wissen der Alten Grenzen hatte, so daß sich selbst ein so überzeugter Aristoteliker wie Acosta fröhlich davon befreien konnte. Als Acosta nach Peru kam, fand er die nach antiker Auffassung »sengend heißen« Breiten so kalt, daß er sich im Freien in die Sonne setzen mußte: »Was konnte ich da anderes tun, als des Aristoteles Meteorologie und Philosophie auslachen, als ich und meine Freunde in der Gegend und Jahreszeit, die nach seinen Regeln sengend heiß sein mußten, vor Kälte mit den Zähnen klapperten?« ([1970]: I, 105) Der eigene Augenschein konnte dazu beitragen, die Bürde der Vergangenheit zu erleichtern. Die eingeborenen Bewohner der neu entdeckten Länder wurden als weit tieferstehend als ihre europäischen Entdecker betrachtet – als Primitive. In ähnlicher Weise ging die Abnahme der Autorität der Alten, die im 17. und 18. Jh. einsetzte, mit einem neuen Verständnis der Alten als infantiler Menschen, als »großer Kinder« einher. Die Europäer begannen sich selbst als eine hochentwickelte und immer weiter fortschreitende Zivilisation zu begreifen, als eine reife, erwachsene Kultur, die den antiken und klassischen Anfängen notwendig überlegen sein mußte.

Der englische Philosoph und Wissenschaftler Francis Bacon war der erste, der diese Schlußfolgerungen zog und der Antike ihre alte Bedeutung absprach. An ihre Stelle trat die erprobte, »reife« europäische Zivilisation:

»Die Auffassung aber, die die Menschen von der Antike hegen, ist sorglos und entspricht nicht einmal dem Wort. Denn für das Altertum ist doch in Wahrheit das Greisen- und großväterliche Alter der Welt zu halten; und dieses muß von unserer Zeit ausgesagt werden und nicht von jenem jüngeren Zeitalter der Welt, in dem die Alten lebten. Denn jenes ist zwar mit Rücksicht auf unsere Zeit älter und entfernter, in bezug auf die Welt selbst aber neuer und jünger. Wie wir eine größere Kenntnis der menschlichen Verhältnisse und ein reiferes Urteil mit Recht von einem Greis als einem Jüngling erwarten, wegen der Erfahrung und der Vielfalt und Menge der Dinge, die er sah und hörte und bedachte, so kann man auch von unserer Zeit, wenn sie nur ihre Kräfte erkennen, anwenden und anstrengen wollte, weit mehr als von den alten Zeiten erwarten, ist sie doch für die Welt die ältere und um unzählige Experimente und Beobachtungen vermehrt und bereichert.« ([1990]: 179 ff.)

Die Implikationen dieser neuen Auffassung sind offensichtlich: Die modernen Europäer sind kein jugendlicher, verwilderter Trieb einer großartigen, antiken Zivilisation, sondern stellen einen höherentwickelten Stamm dar, der seine Kenntnisse durch Erfahrung und Beobachtung erweitert hat und weit über seine barbarischen Anfänge hinausgelangt ist. Dieses Selbstverständnis paßt zu einer Welt, die zu einem eigenständigen neuen Zentrum geworden und nicht mehr nur Peripherie ist, verzweifelt darum bemüht, die Verbindung mit den alten Zentren der Ordnung aufrechtzuerhalten und sich auf längst vergessene Weisheiten zu besinnen. Für Bacon dienten Reisen in diesem Zusammenhang dazu, den Wissensschatz, der den modernen Geist über die bloße Anpassung an alte Strukturen hinausgeführt hatte, immer mehr zu erweitern. Das enorme Anwachsen der Informationen durch Reisen, Beobachtungen und Experimente erforderte dabei einen neuen Rahmen und eine neue Ordnung, die Bacon mit seinem *Novum Organum* (1620) entwickeln wollte:

> »Auch ist es nicht gering einzuschätzen, daß durch die weltweiten Fahrten zu Wasser und zu Lande, die in unserer Zeit so zugenommen haben, sehr vieles in der Natur entdeckt und aufgefunden worden ist, was über die Philosophie ein neues Licht ausbreiten kann. Es wäre ja auch eine Schande, wenn die Verhältnisse der materiellen Welt, nämlich die der Länder, Meere, Gestirne zu unserer Zeit bis ins Äußerste eröffnet und beschrieben worden sind, die Grenzen der geistigen Welt indes auf die Enge der alten Entdeckungen beschränkt bleiben sollten.« (Ebd.: 181)

Die wissenschaftlichen Gesellschaften des 17. Jh. bemühten sich, Regeln für die richtige Beobachtung aufzustellen, die geeigneten Objekte und Themen zu umreißen und ein Forum zur Verfügung zu stellen, innerhalb dessen die Beobachtungen Einzelner mit dem Fortschritt der Wissenschaft und des menschlichen Wissens ganz allgemein verbunden werden konnten. Die Wissenschaft vom Menschen sei, so definierte de Gérando, eine beob-

achtende Wissenschaft, und die Methode der Beobachtung sei ganz einfach: »Sie sammelt Fakten, um sie zu vergleichen, und vergleicht sie, um sie
besser kennenzulernen. Die Naturwissenschaften sind letztlich nicht mehr
als eine Folge von Vergleichen.« ([1969]: 62)

Bei ihren Beobachtungen sahen die Europäer in jenen Völkern, die sich –
in ihrer Nacktheit, ihrer Unschuld, ihrer Friedfertigkeit und dem Fehlen
von Privateigentum – am stärksten von ihnen unterschieden, die frühesten
und primitivsten Menschen. Sie schienen dem Naturzustand noch am
nächsten und verkörperten Tugenden und Eigenschaften, die überall sonst
längst verdorben, verunreinigt und abgelegt waren. In einem Brief an
König Manuel I. von Portugal beschreibt Pêro Vaz de Cominha die Kontakte mit brasilianischen Indianern während der Reise des Pedro Alvarez
Cabral im Jahre 1499 und betont immer wieder die Schönheit und Gesundheit der Eingeborenen, die den Europäern um so mehr auffallen mußte, als
ihre Flotte mehr als die Hälfte der Besatzung und sieben von ingesamt 13
Schiffen verloren hatte:

> »Ich schließe, daß es ein rohes, unwissendes und deshalb so störrisches Volk ist.
> Bei alledem sind sie jedoch wohlgepflegt und sehr sauber. Das bestärkt mich
> noch mehr darin, daß sie wie Vögel oder Bergwild sind, denen die Luft bessere
> Federn und besseres Fell verleiht als den Haustieren; denn ihre Körper sind so
> sauber, so wohlgenährt und wohlgestaltet, wie sie nicht besser sein könnten.
> Das läßt mich vermuten, daß sie weder Häuser noch Wohnungen haben, wo sie
> Zuflucht suchen; die Luft, in der sie aufwachsen, macht sie so.« (Zit. n. Cabral
> [1986]: 78)

Erst später erkannte Cominha, daß er sich geirrt hatte – die Eingeborenen
wohnten doch in Häusern. Aber seine Betrachtung hatte sich auch hauptsächlich auf ihre Gesundheit, »Unschuld« und Schönheit gestützt: Diese
Menschen befanden sich noch im Paradiesgarten und lebten wie die Tiere
des Waldes. Die Unterschiede, die die Europäer zwischen sich selbst und
diesen Eingeborenen feststellten, wurden nicht unmittelbar wahrgenommen, sondern vermittelt über die Annahme einer moralischen Entwicklung, innerhalb derer ein abweichendes kulturelles Erscheinungsbild einge-
ordnet und zeitlich entfernt werden konnte. Diese Entwicklung stellte sich
gleichzeitig als Korrumpierung der ursprünglichen Unschuld und als Fortschritt dar, der aus dem primitivsten Zustand der menschlichen Existenz
herausführte. So konnte man die Zeit zwischen dem natürlichen und dem
zivilisierten Zustand des Menschen, die den Unterschied zwischen einfachen und komplexen Gesellschaften vermittelte und erklärte, als Sündenfall, Fortschritt oder eine Mischung von beidem auffassen. Ähnliches galt

auch für das Verhältnis zwischen Europäern und Eingeborenen – der Kontakt führte entweder zur Verunreinigung und Zerstörung eines ursprünglichen Zustands von Glück und Unschuld oder zur Weiterentwicklung eines einfachen, rückständigen Menschenschlages zu Erwachsensein, Zivilisiertheit und Reife. Die Europäer wußten, daß sie Geschenke, aber auch Krankheiten brachten – sie waren Zerstörer der Unschuld und gleichzeitig Zivilisatoren. Im 19. Jh. wurden diese Aspekte schließlich voneinander getrennt. Immer mehr setzte sich die Auffassung durch, daß die Natur eine Geschichte hat, und diese Geschichte wurde im Sinne einer Evolution dargestellt, einem Fortschreiten von ursprünglicher Einfachheit zur aktuellen Komplexität. Das frühere, hauptsächlich christliche Verständnis von der Geschichte als Sündenfall und zunehmender Barbarisierung – so wie die Menschen der Renaissance das Mittelalter betrachteten – ist bis heute in Anthropologie und Ethnologie vorhanden. Insgesamt aber wurde in der Neuzeit der Kontakt mit Menschen, die Gott offensichtlich so anders geschaffen hatte, regelmäßig als eine Begegnung zwischen der Jugend und der Reife des Menschen verstanden. Dieser Deutung von räumlichen Unterschieden als zeitliche Unterschiede liegt eine kaum verhüllte Hierarchie zugrunde – die Vorstellung von der Überlegenheit der Europäer über andere Völker. Die Überlegenheit des Beobachters über das Beobachtete, deren sich de Gérando bewußt war, kommt nicht zuletzt in seinen Anweisungen für die Zoologen, Botaniker, Geographen und anderen Wissenschaftler zum Ausdruck, die Baudin auf seinen Reisen begleiten sollten: »Geht zu ihnen, um ihnen Unterstützung und Hilfe zu bringen. Bringt ihnen unsere Kunst und nicht unsere Verderbtheit, unsere hohe Moral und nicht unsere Laster, unsere Wissenschaften und nicht unseren Skeptizismus, die Vorteile unserer Zivilisation und nicht ihre Falschheiten und Verirrungen.« ([1969]: 64)

Die Franzosen scheinen bei ihren Entdeckungsfahrten im 18. Jh. eine völlig ungetrübte Vorstellung von der Reinheit ihrer Motive gehabt zu haben; sie verstanden sich durchweg als Boten des Fortschritts und potente Gönner der weniger Vollkommenen und Zivilisierten. Unter den Trinksprüchen, die bei der Abreise von Baudins Expedition ausgebracht wurden, ist auch der eines gewissen Monsieur Millin überliefert: »Auf die Inselbewohner – mögen sie die guten Taten der furchtlosen Seeleute zu schätzen wissen, die heute ihr Leben aufs Spiel setzen, um ihren Zivilisation, nützliche Künste und die Liebe zur Menschheit zu bringen.« (Ebd.: 24) Die Kehrseite dieser Annahme war die Vorstellung, die Europäer könnten, wenn sie weniger gut waren, Krankheiten und Verderben über diese Menschen bringen – »Menschen, frisch aus Gottes Hand (Seneca Epist. XC:

viri a diis recentes)«, wie Montaigne schreibt ([1953]: 230). Wie die Entdek-
ker aus so vielen anderen Nationen hielten die Franzosen die Eingeborenen
häufig für undankbar, wenn sie ihnen diese großen Geschenke machten,
und beschwerten sich bitterlich:

> »Wir haben sie mit Geschenken überhäuft. Die Hinfälligen und Schwachen,
> insbesondere die Kinder an der Mutterbrust, waren die Hauptempfänger unse-
> rer Zärtlichkeiten. Wir haben auf ihren Äckern alle Arten nützlicher Getreide
> ausgesät. Wir haben in ihren Dörfern Schweine, Ziegen und Schafe zurückge-
> lassen, die sich wahrscheinlich gut vermehren werden, und dafür im Austausch
> keine Gegenleistungen verlangt. Dennoch warfen sie mit Steinen nach uns und
> beraubten uns aller Dinge, die sie irgendwie davonschleppen konnten.« (de la
> Perouse [1968]: I, 329)

Dieser Bericht von Jean François de Galaup la Perouse, einem französischen Seefahrer und Entdecker, der 1788 von Eingeborenen getötet wurde,
macht deutlich, daß er keineswegs an die Unschuld der Eingeborenen
glaubte, sondern überzeugt war, sie seien »so verdorben, wie die Bedingungen, unter denen sie leben, es ihnen gestatten« (ebd.: 327).

Die Neigung der Europäer, zu »historisieren«, d. h. räumliche Unterschiede mit zeitlichen Unterschieden gleichzusetzen – das wesentliche
Merkmal philosophischer Reisen –, wirkte als fundamentale These der
europäischen Naturwissenschaften in Gestalt der Evolutionstheorie fort.
Die Temporalisierung der Unterschiede gestattete es den Europäern, ihre
Ausbeutung und Aneignung der reichen Ressourcen der Welt moralisch als
Vormundschaft und Erziehung zu rechtfertigen und so darzustellen, als
würden sie Kindern zur Reife verhelfen. Diese zeitliche Abgrenzung des
betrachtenden Beobachters vom beobachteten Objekt, die auf der
Annahme verschiedener »Altersstufen« beruhte, machte den Augenblick
des Kontakts, den gegenseitigen Lernprozeß, der bei der Kommunikation
zwischen verschiedenen Kulturen tausendfach stattfindet, gleichsam zu
einem Rufen über einen Abgrund von Jahrtausenden hinweg, nicht zu
einer Begegnung zwischen gleichrangigen Völkern. Die Belehrung und
Unterweisung von »Kindern« durch eine hochentwickelte, moderne europäische Kultur erschien als Gebot der Natur. Gewalt ließ sich interpretieren als eine notwendige Bestrafung ungehorsamer Kinder, Ausbeutung als
Schaffung einer Arbeitsmoral, die Kontrolle über natürliche Ressourcen
als Ausdruck der Herrschaft von Erwachsenen über Unmündige.

Die Anthropologen beklagten zwar die Art und Weise, wie die Europäer
mit ihren Waren und Sitten unschuldige Menschen verdarben, die man
schützen und studieren mußte, ehe sie ausstarben, gingen aber von genau

den gleichen Annahmen aus. Reisen im Raum waren auch für sie Reisen in der Zeit, und die Zeit wurde dazu benutzt, »diejenigen, die man betrachtet, von der Zeit des Betrachters zu distanzieren« (Fabian). Für die Anthropologen hat die Zeit die gleiche Funktion wie für die Historiker der Renaissance. Die Jahrtausende, die zwischen der Kindheit und der Reife des Menschen liegen, dienen dazu, die angeblichen Kennzeichen primitiver Gesellschaften in den Blick zu rücken und sie gewissermaßen zu »heiligen«. So übernahm die Anthropologie die Funktion, die die Geschichte in der Renaissance hatte, nämlich die Zusammenstellung einer Galerie von »menschlichen Modellen« – zeitlich entrückt, aber ständig gegenwärtig und der Beobachtung zugänglich. Diese Modelle bildeten die Grundlage für das Verständnis und die Beurteilung der Neuzeit. Letztlich trat das anthropologische Modell des primitiven Menschen an die Stelle der Antike als einer Art Vorrat liebgewonnener Normen und Regeln und wurde so zum Ausgangspunkt einer neuen, auf das Industriezeitalter zugeschnittenen Klassik.

Für diejenigen, die in der industriellen Kultur zu Hause sind, ist dieses Erbe keineswegs unproblematisch. Auf der einen Seite kann es dazu beitragen, die Informationsflut einzudämmen und in Form einer wie auch immer gearteten linearen Geschichte zu ordnen. Mit Hilfe der Temporalisierung lassen sich die auf räumlichen Reisen vorgefundenen Unterschiede in eine Abfolge bringen – durchaus mit Wertungen hinsichtlich der Gesundheit und Evolution der menschlichen Gattung. Unterschiede scheinen Übergänge aus dem einen Stadium in ein anderes anzuzeigen. Diese Annahme war, wie ich im folgenden Kapitel ausführlich erläutern werde, ein entscheidendes Element in der Schaffung einer Geschichte, die ihren Höhepunkt in der Evolutionstheorie von Charles Darwin und Alfred Russel Wallace fand – einer Theorie, die Mensch und Tier in einen neuen Zusammenhang, eine zeitliche, natürliche Ordnung stellte und neue Begriffe von Geschichte und Zeit hervorbrachte.

Auf der anderen Seite führt dieses Muster wie jedes intellektuelle Instrument nicht nur zu einer gewissen Blindheit, sondern ist vielleicht auch im Grunde unmoralisch. Es blendet jene Gegenwart aus, die die handelnden Personen auf Reisen miteinander verbindet. Die strikte Rollenteilung von Beobachter und Beobachtetem lenkt notwendigerweise von der aktiven Rolle des Beobachters ab, der an der Schaffung der beobachteten Welt beteiligt ist. Die Temporalisierung menschlicher Beziehungen und die Betrachtung dieser Beziehungen durch das Objektiv der Geschichte hat in der Tat zur Folge, daß historische Prozesse geleugnet und verhindert werden, weil das Bewußtsein der Gegenwart, des Augenblicks, in dem die Geschichte sich ständig darstellt, systematisch ausgeblendet wird:

»Die Entfernung zwischen dem Westen und dem Rest der Welt, auf der alle klassischen anthropologischen Theorien aufgebaut sind, wird heute in fast allen möglichen Aspekten (moralischen, ästhetischen, intellektuellen und politischen) in Frage gestellt. Dabei scheint nur wenig mehr übrig zu bleiben als Technologie und reine ökonomische Ausbeutung, womit man die Überlegenheit des Westens ›erklären‹ könnte. (. . .) Es bleibt »nur« die grundsätzliche Verneinung einer Gleichzeitigkeit oder Gleichaltrigkeit, die letztlich Ausdruck eines kosmologischen Mythos von erschreckender Reichweite und Langlebigkeit ist. Es gehört viel Phantasie und Mut dazu, sich vorzustellen, was aus dem Westen (und aus der Anthropologie) werden würde, wenn unsere zeitliche Festung plötzlich von der Zeit ihres ›Anderen‹ überrannt würde.« (Fabian 1983: 35)

Heute gibt es auf diesem Planeten keine Zeit des »Anderen« mehr. Es gibt nur noch *eine* Zeit und *eine* Welt, die von Generationen von Reisenden geschaffen wurde. Wir können der Moderne nicht entkommen – zumindest nach Aussage derjenigen, die es versucht haben: Sie ist eine Realität, vor der wir die Augen nicht mehr verschließen können und gegen die auch kein Wünschen hilft.

Wir sollten das alte Evolutionsschema endlich über Bord werfen und jene Strukturen und Denkgebäude abreißen, die die historischen Augenblicke zu einer Geschichte verbinden, die entweder menschlichen Fortschritt oder menschlichen Verfall beschreibt. Wenn es uns auf der Grundlage einer genauen Analyse dessen, auf welche Weise in der konkreten Begegnung mit anderen Kulturen welche Entscheidungen getroffen wurden, gelingt, das Vergangene nüchtern in seinem jeweiligen Kontext zu betrachten, dann bekommen wir vielleicht wieder ein Gefühl dafür, daß menschliches Handeln Ausdruck von Freiheit und nicht von Notwendigkeit ist. Mit dieser Art von Geschichte wäre den Lebenden weit mehr gedient als mit Erzählungen darüber, wie die Welt zu dem wurde, was sie heute ist. Es wäre das Ende der heimlichen Dienstbarmachung der Vergangenheit als Erklärung (lies: »Legitimation«) unserer Gegenwart und damit das Ende einer Geschichte, die erzählt, warum alles so sein *muß*, wie es in der Tat ist. Wenn wir diesen uralten geistigen Ballast ablegen könnten, wäre das eine wichtige Voraussetzung für die Schaffung einer an Ereignissen orientierten Geschichte der industriellen Zivilisation, in der wir heute leben – ob wir uns nun darin wohlfühlen oder nicht. Das ist die vornehmlichste Aufgabe der heutigen Generation von Historikern, und ein Beitrag zur Lösung dieser Aufgabe könnte auch eine Geschichte des Reisens sein.

Darwin beim Messen der Geschwindigkeit einer Elefantenschildkröte auf den Galapagos-Inseln.

(Mit freundlicher Genehmigung des Bettmann-Archivs)

Kapitel 7

DAS ENTFREMDETE AUGE:
FORSCHUNGSREISEN

Wir sind nichts als mit Augen ausgestattete Natur, und dank einer Windung der DNS die Hüter der Erde.

Eleanor Wilner, 1984

Denn mehr als alle anderen Sinne verleiht das Auge, das die innigste und direkteste Zwiesprache mit dem Herzen pflegt, allem eine ganz besondere Dimension, die mit Worten nicht auszudrücken ist, so daß ein Augenzeuge die Dinge ungleich vollständiger, stärker und intuitiver wahrnimmt, als er aus einer Beschreibung entnehmen oder selbst formulieren könnte.

Henry Blount, 1634

Die Erfahrung der Reise hat die modernen Definitionen von wissenschaftlicher Objektivität in entscheidender Weise mitgeprägt und ist untrennbar mit der Entwicklung des modernen Bewußtseins verbunden, das vor allem durch Relativismus und die Bevorzugung der Außensicht mit jenem entfremdeten, unersättlich gefräßigen Auge charakterisiert ist, das von einer radikalen Trennung zwischen Subjekt und Objekt ausgeht. Ich möchte sogar die These wagen, daß die Erfahrung der Reise gewissermaßen implizit wie explizit die sensorische Grundlage für die Methodik der modernen beobachtenden Wissenschaft bildet, obwohl deren Konzepte längst in den überlieferten geistigen Traditionen angelegt waren und nicht aus der Erfahrung des Reisens oder aus irgendeiner anderen Form von lebendiger Erfahrung abgeleitet werden können.

Die Popularität der induktiven und beobachtenden Wissenschaft – die die Welt als beobachtbare Materie betrachtet und nicht als einen Code, ein System impliziter Bedeutungen – ist Ausdruck der Entscheidung für eine

Logik, die für Erfahrungen offen ist, insbesondere die Erfahrung des Reisens, obwohl die Erfahrung selbst keineswegs diese Logik erzeugt. Die moderne Wissenschaft entstand, als die Europäer mehr und mehr begannen, ganz bewußt innerhalb und außerhalb der Grenzen ihres Kulturbereichs zu reisen und neue Völker, Pflanzen, Tiere und Landschaften kennenzulernen. Wie ich im folgenden Kapitel zu zeigen versuche, waren die methodologischen Entscheidungen derjenigen, die diese Erfahrungen in die Wissenschaft zu integrieren suchten, nicht beliebig. Die Vorstellung von Objektivität als einer Form der Desakkulturierung, das Postulat der Trennung zwischen Beobachter und Beobachtetem, die Definition des wissenschaftlichen Standpunkts als extern, die Betrachtung der Welt als offenem System – alle diese Vorstellungen wiesen deutliche Ähnlichkeit mit der existentiellen und epistemologischen Situation des Reisenden auf, die ich im ersten Teil dieses Buches beschrieben habe.

Vorbedingung und Ausgangspunkt für Francis Bacons Neudefinition der Wissenschaft im Sinne disziplinierter Beobachtung und geordneter Erfahrung waren die Legitimierung der Neugier in der Renaissance, die Entstehung der »Wissenschaft des Reisens« und die Entwicklung von Techniken zur Beobachtung und zum schriftlichen Erfassen der Welt. Umgekehrt beeinflußte Bacons »Theologie der Beobachtung« ihrerseits Form und Stil der Reiseliteratur, die zunehmend als objektive Beschreibung der Welt verstanden wurde. Im 17. und 18. Jh. lieferten Reiseberichte tatsächlich die empirische, anschauliche Grundlage für die Entstehung neuer Natur- und Sozialwissenschaften.

Alte Formen des Reisens – Feldzüge und Handelsexpeditionen – wurden den neuen Bedürfnissen angepaßt und zunehmend als wissenschaftliche Expeditionen betrachtet und organisiert, eine neue, mobile Form geistiger Arbeit, die ganz gezielt dazu dienen sollte, Informationen über neue Spezies von Pflanzen, Tieren und Menschen zu sammeln. Das Ergebnis war eine wahre Flut von Informationen und Erkenntnissen, die alten Wissenschaftszweigen wie der Botanik enormen Auftrieb gab und neue Disziplinen wie die Geologie entstehen ließ. Diese Wissenschaften legten den Grund für die Formulierung einer neuen Naturgeschichte, die in der Evolutionstheorie von Charles Darwin und Alfred Russel Wallace kulminierte. Ihre Theorien bilden gewissermaßen den letzten Ausläufer dessen, was wir philosophische Reisen genannt haben: Rückkehr zu den Anfängen, zu den Wurzeln der Grunderfahrung des Unterwegsseins, die sowohl eine Entfremdung als auch eine Suche nach den Ursprüngen beinhaltet.

Die Legitimierung der Neugier

Der forschende Geist und die ruhelose Phantasie wurden sankrosankt. Es war eine stupende Revolution, herrlich und absurd.

Erich Heller
(1966: 24f.)

Während der Renaissance wurde das Reisen aus Neugier von einem zweifelhaften immer mehr zu einem legitimen Motiv, denn der Reisende galt jetzt als Entdecker der Welt und als Sammler und Lieferant von Tatsachen. Augustinus im 4. Jh., Bernhard im 10. Jh. und Thomas von Aquin im 13. Jh. hatten allesamt die *curiositas* noch als läßliche Sünde betrachtet, als »Augenlust«: »Sie bezieht sich auf dieselben Sinne, will sie aber nicht fleischlich genießen, sondern will mit dem Fleisch Erfahrungen machen.« Die mittelalterliche Auffassung der menschlichen Sinne als Einfallstor für Sünde und Verderbtheit bestimmte die Einstellung der Theologie zur Beobachtung der Welt: Dieses Unterfangen war schon in sich verdächtig und konnte eine allzu große Liebe zur Welt und ein Streben nach moralisch unerwünschtem Wissen zur Folge haben. Augustinus hatte die *curiositas* beklagt, weil sie den Menschen zur materiellen Welt hinführe und ihn ablenke von den Innenwelten der Seele und des Geistes, in denen allein die Hoffnung auf Erlösung ruhe. Die Reisenden, so meinte er, machen sich auf und »bestaunen die Gipfel der Berge, die ungeheuren Fluten des Meeres, die breiten Wasserfälle der Flüsse, die Größe des Ozeans und die Bahnen der Sterne, aber sie vergessen dabei sich selbst« ([1989]: 290, 261). Die Menschen der Renaissance waren sicherlich nicht mehr und nicht weniger neugierig als die des Mittelalters oder der Antike; unbestreitbar ist jedoch, daß im 15. Jh. das Motiv der Neugier zum ersten Mal legitimiert und dann idealisiert wurde.

Der Historiker Christian Zacher (1976: 22) legt in seiner Untersuchung über Pilgerreisen und Neugier dar, daß die *curiositas* gegen Ende des 14. Jh. ihren negativen moralischen Beigeschmack verloren hatte und bereits im 15. Jh. von Petrarca, der selbst ein ruheloser Wanderer und an allem interessierter Kopf war, als Kennzeichen eines überlegenen Geistes betrachtet wurde. Zu Beginn des 16. Jh. galt die Neugier längst als legitimes Reisemotiv. Kardinal Raphael, der Kammerherr des Papstes, formulierte die päpstliche Erlaubnis zur Veröffentlichung der Reiseberichte Lodovico di Varthemas (1510) in seinem Vorwort auf eine Weise, die deutlich machte, daß das Mittelalter überwunden war: Der Ruhm, den sich Reisende erwerben, sei voll und ganz berechtigt, denn sie erweiterten das geographische Wissen, außerdem brächten Reisen »mindestens ebensoviel Gewinn wie Vergnügen (...); deshalb wurden diejenigen, die sich solchen Studien gewidmet haben, schon immer hoch geehrt und reich belohnt« (Varthema [1963]: 9).

Jeder kulturelle und intellektuelle Wandel vollzieht sich auf der Ebene von Darstellung und Kommunikation, und das wird nirgends deutlicher als in der Rolle, die der Buchdruck bei der Rechtfertigung der Neugier spielte. Elizabeth Eisenstein (1979) hat die These aufgestellt, daß die entscheidende Bedeutung des Buchdrucks für die Renaissance in seiner »Endgültigkeit« lag, in der Fähigkeit, textuelle Traditionen festzuschreiben. Erst mit seiner Hilfe konnte die Reiseliteratur populär werden, vor allem in Gestalt von Reisekompendien, die zur gleichen Zeit aufkamen. Dazu zählen vor allem die Werke von Richard Hakluyt (1580), Giambattista Ramusio (1550–59) und Samuel Purchas (1625). Die »Rückkopplung« von Informationen durch gedruckte Texte ließ eine neue Kategorie von überliefertem Wissen entstehen. Im Gegensatz zu den mittelalterlichen Gelehrten konnten die humanistischen Reisenden Bekanntes voraussetzen und sich ganz auf das konzentrieren, was noch unbekannt und in der Literatur noch nicht oder nur verzerrt dargestellt worden war. Diese Annahme einer gesicherten Tradition bildet geradezu die Grundlage für die Möglichkeit neuer Entdeckungen und für die Neudefinierung eines Typus von Reisendem, der neue Welten und unbekannte Völker erforscht. Als Lodovico di Varthema sich über die Grenzen Ägyptens und des Heiligen Landes hinauswagte, begründete er das damit, diese Länder böten den gebildeten Lesern, die er sich als Publikum seines Journals wünschte, nichts Neues mehr: »Ich sehnte mich nach Neuem, wie sich ein Durstiger nach frischem Wasser sehnt, und so verließ ich diese Orte, die allen schon längst viel zu vertraut sind.« Seine Reisen hatten also ihren Ursprung in eben diesem Wunsch, über das hinauszugehen, was dank der Erfindung des Drucks inzwischen zum allgemeinen Wissen gehörte: »In Anbetracht dessen, daß unsere Leute schon ausführlich über alle anderen Länder geschrieben haben, reifte in mir der Entschluß, daß ich jene aufsuchen wollte, die bislang am wenigsten bereist worden seien.« ([1963]: 55)

Strenggenommen kannten die Menschen der Antike den Begriff der Entdeckung überhaupt nicht. Sie gingen davon aus, daß die Grenzen der Welt bekannt waren und durch die Struktur des Universums selbst bestimmt wurden: Die Welt erstreckte sich bis zum äußeren Rand des Ozeans, der seinerseits an den Himmel grenzte. Wenn die Neugier nun zu einer Tugend erklärt wurde, dann bedeutete das nicht weniger als die Aufhebung der moralischen Zwänge, die dem Erkenntnisdrang auferlegt waren. Damit

wurden alle, die das Wissen über die Welt erweitern wollten, in den Rang
von Helden erhoben. So schreibt Erich Heller in seinem Essay über Faust,
die Verwandlung der Figur des Dr. Faustus von einem Bösewicht, der für
seinen Hochmut und sein unbefugtes Spekulieren die Verdammnis verdient
hätte, in einen Renaissancemenschen und Helden habe eine entscheidende
Voraussetzung gehabt: »die revolutionäre Theologie der großen wissenschaftlichen Entdecker des sechzehnten und siebzehnten Jahrhunderts«
(1966: 31).

Die »Theologie« der Beobachtung

Einen entscheidenden Beitrag zu dieser »revolutionären Theologie« der
Beobachtung leistete Francis Bacon mit seiner Auffassung, daß der Sündenfall die Strafe für das Streben nach der Erkenntnis von Gut und Böse, d. h.
nach moralischer Erkenntnis gewesen sei und nicht für das Streben nach
Erkenntnis der Natur – letzteres sei nicht nur unschuldig, sondern sogar
gottgewollt: »Denn jene reine und unbefleckte Naturerkenntnis, kraft welcher Adam den Dingen, ihren Eigentümlichkeiten entsprechend, die
Namen gab, war keineswegs Grund oder Anlaß des Sündenfalles. Vielmehr
war der Grund und die Art der Versuchung gerade jene ehrgeizige und
herrschsüchtige Begierde nach moralischem Wissen, das über Gutes und
Böses entscheidet.« ([1992]: 33)
    Die Erkenntnis von Gut und Böse war für ihn eine Sache der Religion,
während die Beobachtung zu einem »wertfreien« Wissen führe und darüber hinaus sogar dem seit dem Sündenfall getrübten Auge ermöglichen
könne, seine ursprüngliche Unschuld zurückzugewinnen und die verlorene Harmonie zwischen Mensch und Natur wiederherzustellen.
    Die »Theologie«, die Wissenschaft der Beobachtung, wie sie in den »Rei-
seanweisungen« des 16. Jh. und von Bacon definiert wurde, entfaltete sich
ungeachtet der Vorurteile sowohl von seiten des Christentums, das weiterhin von der Verderbtheit der Sinne ausging, als auch des traditionellen
Rationalismus, der sie für allzu beschränkt hielt. Die Rationalisten der
Antike hatten immer wieder betont, daß die sinnliche Wahrnehmung allzu
trügerisch sei; deshalb zogen sie den flüchtigen Sinneseindrücken die absoluten Gewißheiten der Mathematik vor. Aber der Begriff der Objektivität,
den Bacon und die neue Wissenschaft einführten, verwies implizit durchaus auf die Grenzen, die möglichen Verzerrungen und Einseitigkeiten der
Beobachtung. War der Beobachter sich dieser Fehlerquellen bewußt, so
waren seine Berichte verläßlich und konnten durch andere korrigiert wer-

den. Nicht ein gutgläubiger und oberflächlicher, sondern ein skeptischer und systematischer Beobachter sollte sich auf die Suche nach neuen Wahrheiten begeben.

Francis Bacon schuf die Grundlage der modernen Empirie, indem er davon ausging, daß unsere Sinne eine natürliche Verbindung zwischen dem menschlichen Verstand und der Welt sind, gleichzeitig aber geblendet und verdunkelt werden durch das, was wir Kultur nennen: die Umgangssprache, die herrschenden Überzeugungen und Traditionen, persönlichen Geschmack und individuellen Charakter und nicht zuletzt die Phantasie, die aufgrund unzureichender Anhaltspunkte zu voreiligen Schlußfolgerungen kommt. Disziplin und Regelmäßigkeit der wissenschaftlichen Beobachtung und des wissenschaftlichen Experimentierens bestanden für ihn also in erster Linie darin, möglichst alle diese Fehlerquellen zu eliminieren und auf diese Weise jene natürliche Übereinstimmung zwischen Verstand und Natur wiederherzustellen, die allein wissenschaftliche Fortschritte ermöglicht.

So gesehen beinhaltet Bacons Auffassung von Objektivität eine »Desakkulturation«, bei der es darum geht, den Beobachter aus dem kulturellen Kontext der Wahrnehmung herauszulösen und die sinnliche Beziehung zwischen dem Ich und der Welt ganz bewußt zu systematisieren. Damit markiert Bacons Wissenschaft der Beobachtung und des Experimentierens den Beginn einer neuen Theologie, die die Sinne von ihrer Erbschuld befreit: Die induktive Methode dient dazu, die ursprüngliche Unschuld des Auges wiederherzustellen. Beobachtung und Induktion waren für Bacon eine Form von Arbeit und Aktion – ganz im Gegensatz zur traditionellen Wissenschaft, die er als müßige Spekulation und bloßen Streit um Worte und Definitionen verurteilte: »Wird dort ein Gegner durch Disputieren besiegt, so soll hier die Natur durch die Tat unterworfen werden. (...) Ich benutze deshalb lieber den Weg der Induktion für die Natur der Dinge (...) Meine ich doch, daß die Induktion die Form des Beweises bietet, die den Sinnen hilft und der Natur gemäß ist, die den Werken nahesteht, wenn sie nicht sogar an ihnen teilhat.« ([1992]: 41 ff.)

Die Autorität des Auges

Aber ist die Autorität der unmittelbaren Beobachtung nicht mehr als nur ein ideologisches oder methodologisches Postulat der europäischen Wissenschaft des 17. Jh.? Liegt sie nicht vielleicht in der Fähigkeit des Auges, eine Gegenwart, einen zeitlich fixierten »Augenblick« zu schaffen? Der

Akt des Beobachtens, des Zeugeseins, unterstellt die Gleichzeitigkeit des Sehvorgangs mit dem erlebten Gegenstand oder Ereignis und erzeugt damit gewissermaßen ein Fenster innerhalb des Zeitflusses. Wenn man dagegen von einem Ereignis »hört« oder »liest«, dann bedeutet das, daß dieses Ereignis abgeschlossen, vergangen ist. Das mag der Grund sein, warum Augenzeugenberichten allgemein eine fast unumschränkte Glaubwürdigkeit zugeschrieben wird, die sprichwörtlich »mehr wert ist als tausend Hörensagen« (Varthema [1963]: 52).

Diese Vorstellung vom Auge als direktem Verbindungskanal mit der Welt impliziert nicht nur die Überlegenheit unmittelbarer Erfahrung über bloßes Bücherwissen, sondern gibt auch Büchern besondere Bedeutung, die die Erfahrungen und eigenen Beobachtungen des jeweiligen Autors enthalten und nicht nur sekundäres Wissen, das einfach aus anderen Büchern gesammelt wurde. Diese Geringschätzung des Bücherwissens kommt auch in Henry Blounts Rechtfertigung seiner Reise in die Türkei 1634 deutlich zum Ausdruck:

> »Nachdem ich mich nun entschlossen hatte, etwas über das türkische Volk zu erfahren, wollte ich mich nicht einfach mit Büchern niedersetzen, sondern (durch die Gefahren und Mühsal der Reise) das Land mit meinen eigenen Augen kennenlernen, unbeeinflußt von Gefühlen, Vorurteilen oder Bildungsnebeln, die den Geist in Anspruch nehmen und mit halben Wahrheiten täuschen wie mit einem trügerischen Spiegel, der die Dinge in falschen Farben und Proportionen zeigt; denn eine gerechte Beurteilung der Dinge ist nur möglich, wenn man sie in ihrem eigenen Zusammenhange betrachtet, ohne sie seinen eigenen Sitten und Gebräuchen zu unterwerfen.« ([1811]: 223)

Die Hoffähigkeit der Neugier seit der Renaissance und Bacons Formulierung einer »Theologie der Beobachtung« führten zu einer grundlegend neuen Definition des ernsthaften Reisenden: Er war nicht mehr Überbringer sagenhafter Geschenke oder Erzähler exotischer, ungeheuerlicher Geschichten, sondern einer, der Fehler und Irrtümer berichtigte und gleichzeitig die Grenzen der Beobachterperspektive und die Einseitigkeit und Unzulänglichkeit persönlicher Erfahrung anerkannte. Diesem neuen Bild des wissenschaftlichen Reisenden lag die Vorstellung zugrunde, daß Beobachtungen zwar dazu dienen können, Gegenstände zu erkennen und zu benennen und Arten zu unterscheiden – kurz: beobachtbare Wirklichkeiten zu beschreiben, aber nicht ausreichen, um die Tiefen der Erfahrung auszuloten oder gewisse Geheimnisse zu verstehen, die besser dem Glauben überlassen bleiben. Auf der einen Seite definierte die Renaissance den ernsthaften Reisenden als einen bewußten und disziplinierten, also bescheidenen Beobachter der Natur und des Menschen. Gerade diese Verpflichtung gegenüber dem neuen Kanon der Objektivität wurde aber auch verklärt und als noble Aufgabe betrachtet, die dem Reisenden die Rolle eines kulturellen Heros verlieh.

Kavaliersreisen und Reiseberichte

Das Hauptmittel des Kennenlernens der sozialen Wirklichkeit war in vorindustrieller Zeit das Reisen. Die Berichte von Reisenden bildeten weitgehend das Rohmaterial, das von den statistischen Kompilatoren verarbeitet wurde; eine weitere Quelle war das Korrespondenzwesen, das eng mit dem Reisewesen zusammenhing: Korrespondenten waren ja selbst oft Reisende oder Reisebekanntschaften.

Justin Stagl, 1980
(1980: 354)

Bacons Forderung nach einer strengen Disziplin wissenschaftlicher Beobachtung kam einer Praxis des Reisens entgegen, die schon die Humanisten des 16. Jh. entwickelt hatten: Sie hatten die *Grand Tour* oder Kavaliersreise zu einem entscheidenden Instrument der Bildung erhoben, durch das vornehme junge Herren ihre Erziehung abschließen und vervollständigen konnten. Der in der englischen Oberklasse übliche Brauch, die Söhne im Rahmen ihrer Erziehung ins Ausland zu schicken, wurde zwischen dem späten 15. und dem beginnenden 17. Jh. von einem bloßen Experiment bald zu einer allgemeinen Sitte und schließlich zu einem ausgefeilten System (Bates 1911: 26). Diese Kavaliersreise verkörperte die Verschmelzung mindestens zweier längst etablierter Traditionen. Da war einmal die chevalereske Abenteuerfahrt, die jeder junge Ritter nach Beendigung seiner Ausbildung absolvieren mußte. Durch diese Reise sollte der junge Adlige sowohl fremde Höfe und bedeutende Männer kennenlernen als auch seine Fähigkeiten bei Turnieren, Tanz und allen Formen der Unterhaltung unter Beweis stellen. Häufig wurde die Rundreise zu den verschiedenen Höfen und Turnieren um den Besuch berühmter Wallfahrtsorte wie Santiago de Compostela, Canterbury und Rom erweitert. Im wesentlichen diente sie der Einführung in den Adel, den internationalen Stand der Krieger. Kriege, Kreuzzüge und Pilgerfahrten, alle Formen räumlicher Mobilität, markierten den Übergang von der Jugend zum Erwachsenenleben; durch sie wurde der junge Ritter als solcher erkennbar und anerkannt und erhielt gleichzei-

tig Gelegenheit, Kontakte zu knüpfen, die sich für seinen weiteren Werde-
gang als nützlich erweisen konnten. Der zweite Vorläufer der Kavaliersreise
war die *peregrinatio academica*, gewissermaßen das »Gesellen- und Wan-
derjahr« der Scholaren. Gegen Ende seiner Ausbildung begab sich der
junge Gelehrte auf eine Rundreise durch die Bildungszentren Europas,
wobei vor allem Paris und Bologna eine wichtige Rolle spielten.

> »War in der älteren peregrinatio academica die Reise des Scholaren eine Art Pil-
> gerschaft zu den Stätten der Wissenschaft, so erhielt nun die Reise selbst im Bil-
> dungsgang des Kavaliers einen eigenen erzieherischen und bildungspolitischen
> Wert. (. . .) Das Reisen selbst wurde hier zum Bildungserlebnis und konnte mit
> den Worten einer englischen Quelle als ›Moving Academy of the true Peripate-
> tic School‹ betrachtet werden.« (Conrads 1982: 47)

Die *Grand Tour* oder Kavaliersreise als Verbindung von chevaleresken und
akademischen Traditionen führte zur Entstehung eines ganz neuen Berufs-
zweiges, nämlich dem des reisenden Privatlehrers oder Erziehers, der über
die Moral des jungen Adligen auf Reisen wachen, als Führer dienen, für
Unterkunft sorgen, ihn mit Künsten, Büchern und gelehrten Männern vertraut machen und seinen Fortschritt im Bereich der höfischen und literarischen Fertigkeiten überwachen sollte, die in zunehmendem Maße zum Bild
des Adelsstandes gehörten. Die Erzieher entwickelten nicht nur neue Rei-
semethoden und entwarfen neue Beobachtungskategorien und Aufzeich-
nungstechniken, sondern schrieben auch Reiseführer für Italien und Frankreich, die Mutterländer der vornehmen Künste und Manieren.

Diese neue Auffassung vom Reisen als einer Form der Bildung und Kul-
tivierung der Sitten machte eine Systematisierung in Gestalt eines Curricu-
lums notwendig. Dazu gehörte, daß der junge Herr ein Journal führte, in
dem er seine Beobachtungen festhielt. Dieses Journal diente als Erinnerung
an seine Einführung in die Welt, gleichzeitig aber auch als eine Art
Gedächtnisstütze für das Gelernte. Um die Mitte des 16. Jh. hatten etliche
reisende Erzieher ein System der Beobachtung und Beschreibung ausgear-
beitet, das helfen sollte, Wichtiges von Unwichtigem zu unterscheiden,
eine geeignete Form der Beschreibung zu finden, und das ganz allgemein
die Art und Weise umriß, wie ein junger Mann von löblicher Neugier seine
Erfahrungen in Wissen verwandeln konnte.

Wie der deutsche Reisehistoriker Justin Stagl in seinem bedeutenden
Aufsatz über die europäischen Reiseanweisungen in der frühen Neuzeit
schreibt (1980), waren es vor allem Humanisten und Ärzte, welche die
»Fragebögen« ausarbeiteten, aus denen sich in der Folge die uns bekannten
Reiseberichte entwickelten. Neben einigen Gelehrten aus der Schweiz und

Italien waren es vor allem der Jurist Hieronymus Turler (ca. 1526–1602), der Basler Gelehrte und Mediziner Theodor Zwinger (1533–1588) sowie der deutsche Arzt und Humanist Hilarius Pyrckmair, die für das »vernünftige Reisen« den Begriff der »Apodemik« (zu Deutsch etwa: Reisekunst) prägten. Diese Apodemik umfaßte das Führen eines Reisejournals sowie bestimmte Techniken der Beobachtung und Auswertung und basierte auf der weitverbreiteten »reduktiv-compositiven« Methode des Peter Ramus. Ramus ging davon aus, daß alles gesicherte Wissen aus der Anschauung des Evidenten resultierte. Was auch immer erkannt werden sollte, mußte zuerst als Ganzes beschrieben und dann auf seine einzelnen Teile reduziert werden, die wiederum jeweils in einzelne Elemente zerlegt, beschrieben und katalogisiert wurden. Am Ende dieses Prozesses sollten die einzelnen Teile dann ihrer augenscheinlichen Ähnlichkeit entsprechend wieder zusammengefügt und in »synoptischen Tabellen« zu einem Ganzen aufgelistet werden, das damit als vollständig erkannt galt (vgl. Ong 1958; Stagl 1980: 359).

Auf das Reisen übertragen bedeutete diese Methode, daß der Reisende mindestens ein Journal führen mußte, vorzugsweise aber deren zwei – eines, in dem er Ereignisse und Erfahrungen in der Reihenfolge ihres Auftretens notierte, und ein zweites, in dem er alles Wissen über einen Ort oder eine Region in enzyklopädischer Form festhielt. In seiner *Apodemik* schlug Pyrckmair die Unterteilung der Beobachtungen in die beiden Kategorien »Land« und »Leute« vor. Beschreibungen des Landes sollten mit einer Liste der alten und neuen Ortsnamen beginnen und dann zur eigentlichen Topographie übergehen: Ebenen, Berge, Flüsse sowie alle bemerkenswerten natürlichen Erscheinungen und Ressourcen. Bis zum Beginn des 18. Jh. hatten die Techniken der topographischen Beschreibung unter dem Einfluß der Landschaftsmalerei einen grundlegenden Wandel erfahren. Wenn er über eine »Vedute« oder eine »Szenerie« schrieb, konnte der Reisende seine Sprachgewandtheit unter Beweis stellen. Im 18. Jh. verlor auch die Regel, derzufolge bei wahrhaftigen Reiseberichten jede Subjektivität vermieden werden mußte, immer mehr an Gültigkeit; jetzt durften, ja sollten die Reiseschriftsteller bei der Beschreibung von Landschaften auch edle Gefühle und höchste Begeisterung zum Ausdruck bringen. So entwickelte sich die Gattung der romantischen, subjektiven Reiseberichte.

Entsprechend der apodemischen Methode sollte der Reisende sowohl das Temperament der Menschen nach dem antiken Schema (Sanguiniker, Choleriker, Phlegmatiker oder Melancholiker) studieren und beschreiben als auch ihre Sitten und Gebräuche, Kleidung und Trachten, Ernährungsweise und Eßgewohnheiten, Sprachen und Dialekte und ihre Lebensweise ganz allgemein. Darüber hinaus forderte Dr. Pyrckmair auch eine sorgfältige Untersuchung der Luft und der darin enthaltenen Dämpfe, da diese von entscheidender Bedeutung für die Ausbildung des Temperaments eines Volkes seien, ebenso wie die geographische Breite und Länge sowie die Nähe von Gebirgen, Meeren und Seen. Weiterhin sollte der aufmerksame Reisende die Zuträglichkeit des Wassers, das Vorkommen heißer oder mineralischer Quellen und die Fruchtbarkeit der Felder und Wiesen vermerken. Die Technik der Beschreibung und Beobachtung von Städten fußte weitgehend auf den Traditionen der antiken Rhetorik und der spätmittelalterlichen Gattung des »Städtelobs«, der Euloge, in der die Stadt mit ihren Mauern, ihrem Grundriß, ihren Häusern und Denkmälern, ihrem Handwerk und Wohlstand ebenso wie die Tugenden ihrer Bewohner gepriesen wurden. Beschreibungen fremder Städte konnten kurz und knapp ausfallen: »Avignon hat eine schöne Brücke, eine schöne Stadtmauer und einen schönen Palast.« (de Beatis 1979 [1517/18]: 29) In anderen Fällen konnten sie jedoch auch sehr ausführlich sein. Canon Casola beispielsweise geht in seiner Beschreibung von Venedig (1494) zuerst auf die äußeren Merkmale der Stadt ein, die Verkehrsmittel, die Lage, die Kanäle, Plätze, Kirchen, Paläste, Brücken und Märkte, und beschreibt dann ausführlich die Patrizier, die gesellschaftliche Stellung und die Kleidung der Frauen usw. (Newett 1907: 129 ff.).

Diese Methode der Beschreibung von Land und Leuten, wie sie die Humanisten des 16. Jh. für das »vernünftige Reisen« formulierten, sollte sich als äußerst langlebig und folgenreich erweisen. Aus ihr entwickelten sich die Konventionen der sozialwissenschaftlichen Beschreibung ebenso wie die Gattung der Reiseführer und die Form ethnographischer Berichte. Im 17. und 18. Jh. gehörten zur Methodik des Reisens auch ausführliche Fragenkataloge, die sogenannten *Interrogatoria*, die vom Reisenden auszufüllen waren. So enthielt *Der patriotische Reisende* von Leopold Graf Berchthold (1789) insgesamt 2443 Fragen in 37 verschiedenen Rubriken (vgl. Stagl 1980: 368).

Nun war es meistens nicht so, daß die neuen Aufgaben des jungen Reisenden als Berichterstatter und Journalist die ursprünglichen Zwecke des Reisens völlig ersetzten. Auf seiner Bildungsreise sollte der junge Mann nicht nur Beobachtungen festhalten, Fragen beantworten und Berichte nach Hause schicken an die, die die Kosten seiner Reise trugen, sondern auch die praktischen Dinge des Reisens erlernen – Reiserouten suchen und mit den Gefahren und Strapazen umgehen, Sprachen und Gebräuche erlernen, die Bekanntschaft hervorragender Männer machen, sich bei Herrschern einführen lassen und ihre Prinzipien kennenlernen, Inschriften,

Genealogien, Sprichwörter und Anekdoten aufzeichnen und mechanische Erfindungen, Naturwunder und Kuriositäten aller Art studieren. Kurz, er sollte alles, was sehenswert war, in sich aufnehmen.

John und Awnsham Churchill empfahlen im Vorwort zu der von ihnen herausgegebenen Sammlung von Reiseberichten (1704), daß jeder Reisende ein »Tabellenbuch« führen sollte, in dem er seine Beobachtungen nach folgenden Kategorien eintragen konnte: Klima, Regierungsform, Macht, Stärke der Befestigungen, bedeutende Städte, Religion, Sprache, Münzen, Handel, Manufakturen, Reichtum, Bistümer, Universitäten, antike Ruinen, Bibliotheken, Sammlungen seltener Dinge, Kunst und Künstler, öffentliche Bauten, Straßen, Brücken, Wälder, Berge, Gebräuche, Gewohnheiten, Gesetze, Privilegien, merkwürdige Abenteuer und überraschende Zufälle, natürliche und künstliche Kuriositäten, Bodenbeschaffenheit, Pflanzen, Tiere, »und alles, was seltsam, ergötzlich und lehrreich erscheint« (1704: LXXV). Die Reisebücher des 17. und 18. Jh. mit ihrer hochnotpeinlichen Zusammenstellung aller Arten von Informationen wuchsen sich allmählich zur größten Mühsal für die jungen Herren aus, die ihre Bildung in der Fremde vervollkommnen sollten. Allerdings wurde das Reisen in dieser Zeit zur entscheidenden Methode, mit der die Europäer die Welt erforschten, beobachteten und strukturierten.

Auch Goethe machte sich Gedanken darüber, »welch ein wunderliches Wesen der Mensch ist, daß er dasjenige, was er mit Sicherheit und Bequemlichkeit in guter Gesellschaft genießen könnte, sich oft unbequem und gefährlich macht, bloß aus der Grille, die Welt und ihren Inhalt sich auf seine besondere Weise zuzueignen« ([1962]: I, 29). In dieser Aneignung der Welt durch Beobachtung und Beschreibung fanden Generationen junger und ansonsten beschäftigungsloser Herren wie Goethe ihre Erfüllung. Auf ihren Reisen trugen sie durch Botanisieren, Geologisieren und das Sammeln von Proben für ihre Schaukästen eine Fülle von Fakten zusammen, die die bestehenden Taxonomien der Natur bald überforderten und ihre Überarbeitung und Modernisierung erforderlich machten.

Die neue Funktion des Reisens als disziplinierte Beobachtung, induktive Wissenschaft und Kunst der Beschreibung brachte im 17. Jh. auch einen anderen Typus von Reiseliteratur hervor. Man ging dazu über, die Wahrheit eines Textes daran zu messen, inwieweit er mit den Bedingungen der Erfahrung übereinstimmte. Mit der Verlegung des Schwergewichts auf »Fakten« – ein Produkt des beschränkten Blickwinkels des Reisenden, der nicht über die Oberflächen und materiellen Aspekte der von ihm beobachteten Phänomene hinaussehen kann – machte die »wahre« Beschreibung der Welt eine Abkehr vom »Fabelhaften« erforderlich, das seit jeher den besonderen Reiz aller Reiseliteratur ausgemacht hatte.

Die neuen Reiseberichte bilden eine eigenständige literarische Gattung, bei der sämtliche Subjektivität nach außen auf die Welt projiziert wird, auf die beschriebenen, klassifizierten, mit Namen versehenen und katalogisierten Gegenstände. Idealerweise soll eine Vergegenständlichung des Selbst stattfinden; es geht darum, Emotionen zu materialisieren und trotz der naturgemäßen Unkenntnis des Fremden »Objektivität« zu erreichen. Eine nicht fiktive, d. h. »wirklichkeitsgetreue« Erzählung zeichnete sich dadurch aus, daß sie sich innerhalb der Grenzen der Erfahrung bewegte. Der Standpunkt der Allwissenheit war allein eine Sache Gottes – der Reisende hingegen blieb auf seine Sinneserfahrungen angewiesen, erlebte die Dinge in einer zeitlichen Abfolge und konnte unmöglich alles erfassen. Nichts sprach mehr für die Wahrhaftigkeit und Wirklichkeitstreue einer Erzählung als das Eingeständnis des Erzählers, daß er etwas nicht wisse oder nicht wissen könne. Er begann seine Aussagen häufig mit den Worten »mir scheint«, er unterschied sorgfältig zwischen eigenen Beobachtungen, seinen Schlußfolgerungen aus dem Beobachteten und dem, was er aus den Reiseberichten anderer gehört oder gelesen hatte. Weiterhin durfte der Reiseerzähler, wollte er glaubwürdig sein, nicht allzu weitschweifig berichten, sondern mußte Einfachheit den Vorzug vor Komplexität geben, Konkretem vor Verallgemeinerungen und Aufzählungen vor komplizierten Beschreibungen. In solchen Reisetexten wurden die wissenschaftlichen Methoden Bacons zur erzählerischen Konvention: Der Beobachter mußte an den Ereignissen unbeteiligt bleiben und fungierte nur als Beschreiber oder Protokollant, der erzählerischen Stil nicht mit lateinischen Epigrammen verwechseln oder seinen Bericht mit persönlichen Meinungen oder Vorurteilen würzen sollte. Die Unterdrückung der Subjektivität wurde zur »genau definierten Konvention der Reiseliteratur des 18. Jh.: Ein Reiseschriftsteller darf nicht von sich selbst sprechen.« (Batten 1978: 13) Der französische Seefahrer Louis Antoine de Bougainville leugnete in der Schilderung seiner 1766–69 unternommenen Reise um die Welt ganz bewußt alle literarischen Ambitionen und erklärte, sein Journal sei von einem »Seemann« und »hauptsächlich (...) für Seeleute« geschrieben – eine Annahme, die seinem Publikum nur schmeicheln konnte. Es ist charakteristisch, daß er seinen einfachen Stil nicht als literarische Leistung darstellt, sondern betont, das Reisen selbst habe ihn so geschliffen und die Erfahrungen, die ihn von einem *littérateur* zu einem Waldläufer und *voyageur* gemacht hätten:

»Aber obgleich ich in die Wissenschaften eingeweiht war, von frühester Jugend an (...), bin ich heute sehr weit entfernt vom Heiligtum der Wissenschaften und der Literatur. Meine Ideen und mein Stil tragen zu sehr den Stempel des herumschweifenden und wilden Lebens, das ich seit 12 Jahren führe. In den Wäldern Kanadas und auf den Meeren bildet man sich nicht zum Schriftsteller (...). Ich bin Reisender und Seemann, das ist ein Lügner und schwachdenkender Mensch in den Augen jener Art von bequemen und stolzen Schriftstellern, welche im Schatten ihres Arbeitszimmers ins Blaue hinein über die Welt und ihre Bewohner philosophieren und sozusagen die Natur nach ihren eigenen blödsinnigen Einfällen bilden wollen. [Es ist in der Tat ein sehr sonderbares und unbegreifliches Verfahren, wenn Leute, die selbst nichts gesehen und keine Erfahrung haben, nur nach den Beobachtungen von Reisenden, denen sie doch das Vermögen zu sehen und zu denken absprechen, schreiben und ihre Dogmen aufstellen.]« (1977: 20f.)

Bougainville verweist hier auf jenen Vorgang der Vereinfachung des Lebens, der jedem Reisenden vertraut ist, und spricht in diesem Zusammenhang von der Verwandlung eines umfassend gebildeten Kindes der Aufklärung in einen »einfachen Mann«. Die Kunstlosigkeit und Amateurhaftigkeit der Seemannssprache ist natürlich selbst eine Form der Kunst, ein Stil, der bald obligatorisch wurde für alle, die Wert darauf legten, daß man ihnen Glauben schenkte und daß ihre Erfahrung der Welt beim Entwurf neuer Vorstellungen von der Welt berücksichtigt wurde.

Diese Neudefinierung der philosophischen Sprache als Sprache des gesunden Menschenverstandes in einfachen Formulierungen hatte zur Folge, daß die gebildete Gesellschaft bald auch zahlreiche Personen umfaßte, die sich durch keinerlei formale Bildung auszeichneten. Auch William Dampier, ein Seemann, Kaufmann und Freibeuter, der sein Leben lang reiste und weder Griechisch noch Latein beherrschte, hatte all sein Wissen auf Reisen erworben und korrespondierte bald mit den vornehmen Herren von der Royal Society, für die er auch sein Journal führte. In der Einleitung zu seinem Reisebericht schreibt er, sein Publikum seien »die wenigen Verständigen, die sich nicht mit (...) Geschwätz abgeben; ihnen geht es beim Lesen um Informationen, und sie können ohne weiteres zwischen Wirklichkeit und Erfindung unterscheiden« ([1906]: II, XVIIIf.). Trotzdem war der Astronom Edmond Halley zutiefst enttäuscht von Dampier, der auf all seinen Reisen niemals auf die Kompaßnadel geachtet hatte, und um so erfreuter über die sorgfältigen Beobachtungen des Freibeuterkapitäns Woodes-Rogers, aus dessen Positionsangaben Halley die Tabellen zusammenstellte, mit denen er die Richtigkeit seiner Hypothese über Kometen beweisen konnte (Frantz 1967: 34).

Der neue, auf Beobachtung gestützte Wissenschaftsbegriff machte es möglich, daß auch unbelesene Leute in das wissenschaftliche Informations-

system integriert werden konnten, das ihnen ohne Rücksicht auf bestehende gesellschaftliche Verhältnisse Rang und Würde verlieh. Der Unterschied zwischen einem Seemann und einem Philosophen bestand ganz einfach darin, daß der eine ein Journal führte, Beobachtungen machte und mit
wissenschaftlichen Instrumenten umgehen konnte und der andere nicht.
Auch Captain James Cook kam aus niederen Gesellschaftsschichten und
wurde zu einer international gefeierten Persönlichkeit. In seinen in Buch-
form erschienenen Tagebüchern leugnete auch er, wie es inzwischen üblich
war, jegliche literarischen Ambitionen: »Ich habe die Dinge so gut dargestellt, wie ich es vermochte. Ich habe weder eine Schulbildung genossen
noch die Fähigkeit des Schreibens erworben. Seit meiner Jugend bin ich fast
ständig zur See gefahren und habe mich vom Schiffsjungen bis zum Kom-
mandanten hochgearbeitet.« ([1955]: VI). Wieder erscheint hier die Einfachheit, das Fehlen jeder Bildung als Garantie der »Wahrheit«. Im Sinne
Bacons bedeutet das, daß die Reinheit der Sinneswahrnehmungen nicht
durch Worte, Meinungen oder Vorlieben verdorben worden ist. Montaigne
verweist in seinem Essai *Über die Kannibalen* darauf, daß der Bericht seines anonymen Informanten dadurch noch an Wert gewinne, daß der
Betreffende tatsächlich bei den brasilianischen Indianern gelebt habe und
»ein einfacher und ungeschlachter Mensch« sei:

> »Die feinen Köpfe beobachten wohl wißbegieriger und merken auf mehr
> Dinge, aber sie machen sich ihren Vers dazu, und um ihre Auslegung so recht
> überzeugend zur Geltung zu bringen, können sie es sich nicht versagen, die
> Geschichte ein wenig zurechtzubiegen (...) Es erfordert entweder einen sehr
> zuverlässigen Mann oder einen so einfältigen, daß er gar nicht imstande ist,
> unwahre Empfindungen zu ersinnen und ihnen Wahrscheinlichkeit zu geben,
> und der auch keine vorgefaßten Meinungen hat.« ([1953]: 230)

Diese Baconsche Philosophie fand auch Eingang in die von der Royal
Society herausgegebenen »Directions for Seamen Bound on Far Voyages«
(1665–66). Diese Instruktionen veröffentlichte die Königliche Gesellschaft
in den ersten Ausgaben ihrer *Philosophical Transactions*, die bald zu einer
Art Informationsbörse für Berichte aus dem weltweiten Netz wißbegieri-
ger, botanisierender Herrschaften wurden. Die Gesellschaft unterstrich
die große Bedeutung von Seeleuten und Fernreisenden für eine Wissenschaft, die es sich zum Ziel gesetzt hatte, »anstelle von Büchern die Natur
zu studieren und aus der Beobachtung ihrer Erscheinungen und Wirkungen eine Geschichte derselben zu entwerfen, auf der dann später eine gesicherte und nützliche Philosophie aufgebaut werden kann« (*Philosophical
Transactions* 1 [1665/66]: 140 f.). Die Instruktionen der Royal Society kon-

zentrierten sich ausschließlich auf quantitative Messungen, ganz nach Bacons Empfehlung, bei der Untersuchung von Gegenständen und Eigenschaften so weit wie möglich Zahlen, Maßen, Gewichten und genauester Beschreibung den Vorzug zu geben. Die Informanten aller Art waren gehalten, die Abweichung der Kompaßnadel vom geographischen Norden zusammen mit der Länge und Breite des jeweiligen Standortes zu notieren, die Inklination der Tauchnadel festzuhalten, die Bewegungen von Ebbe und Flut mit den entsprechenden Zeitangaben und Wasserständen aufzuzeichnen sowie Karten der Küstenlinien anzufertigen mit Vorsprüngen, Felsen und Untiefen, mit Kompaßpeilungen und Lotung der Wassertiefe. Darüber hinaus sollte der aufmerksame Seemann auch die Beschaffenheit des Meeresbodens, Veränderungen von Wind und Wetter zu jeder Stunde (insbesondere Orkane, Wasserhosen sowie die Länge und Breite der Gegenden, wo die Passatwinde beginnen, sich ändern oder aufhören), das Auftreten ungewöhnlicher Meteore und Gewitter und überall den Salzgehalt des Meerwassers bei verschiedenen Tiefen und Temperaturen registrieren.

Hier wird deutlich, wie der Prozeß der Beobachtung sich immer mehr verfeinerte und technisierte. Die Churchills gaben allen Reisenden den Rat, stets ein Minimum an Meßinstrumenten mitzuführen: eine Uhr, ein kleines und ein großes Teleskop, einen Kompaß und das beste verfügbare Kartenmaterial, »um ihre Genauigkeit zu überprüfen und genau festzuhalten, wo sie fehlerhaft sind« (1704: LXXVI). Alexander von Humboldt und Aimé Bonpland waren besonders gut ausgerüstet und vorbereitet, als sie im Jahre 1799 zu ihrer Expedition nach Südamerika aufbrachen. Sie verfügten über zahlreiche Chronometer, achromatische Fernrohre, eine *lunette d'épreuve* mit Mikrometer, mehrere Sextanten, einen künstlichen Horizont, Quadranten, ein Graphometer, verschiedene Inklinationsnadeln, Magnetometer, Pendel, Barometer, Hygrometer, Elektrometer, Cyanometer, Mikroskope, Vermessungs- und Analyseinstrumente, Leidener Flaschen, galvanische Apparate – und zwar alles in zweifacher Ausführung. In den Berichten der Forschungsreisenden aus dem 18. Jh. verbanden sich oft eher poetische Anmutungen mit den genauesten wissenschaftlichen Messungen: »Während der kurzen Zeit, wo der Himmel im Zenith klar war, fand ich das Blau der Luft um ein Bedeutendes dunkler als an der Küste. Es war gleich 26,5° des Saussureschen Kyanometers.« (Humboldt [1979]: 178)

Die Expedition

Immer wieder wird der Naturforscher, wenn der Gipfel, auf dem er so sehnlichst zu stehen wünscht, fast in Reichweite erscheint, daran zweifeln, ob er genug Kräfte habe, ihn zu erreichen, und ob er die Abgründe, die ihm den Weg versperren, überwinden könne. Aber die klare Luft, die er atmet, läßt einen erfrischenden Balsam durch seine Adern fließen, und die Aussicht auf das großartige Panorama gibt ihm neue Kraft und neuen Mut. Dann erreicht er die Spitze (...) Gleichsam über der Erde stehend, scheint er jene Kräfte zu entdecken, die sie bewegen, und endlich die Ursachen, die ihre Drehung beeinflussen.

Horace Bénédict de Saussure, 1790

Es liegt ein nicht ganz rationales Element in jenem intensiven Hunger nach Daten, Messungen, Fakten und Beobachtungen, der die Reisetätigkeit und dementsprechend die Zahl der Reiseberichte seit dem 16. Jh. so ungeheuer anwachsen ließ. Erich Heller erklärt diese Gier nach Informationen damit, daß in der Renaissance die Neugier zum erstenmal legitimiert und das Wissen aus der Domäne der Moral befreit wurde. Diese Befreiung führte dazu, daß der Mensch nicht mehr sicher war, was er wissen *sollte:* »Ohne jeden Sinn dafür, was gewußt werden soll, hält er sich an einen schwachsinnigen Aberglauben: Alles, was gewußt werden *kann*, ist auch *wissenswert* – einschließlich des offenkundig Wertlosen.« (Heller 1966: 24) Bacons Religion der Fakten fand jedes *datum* wissenswert, solange es verifiziert war, und die Veröffentlichungen der *Philosophical Transactions* boten das Forum für eine ganze Welt solcher Fakten, manchmal bis hin zur Absurdität: »Wo die wilde Penny-Royal oder Kittany wachsen, da hat man nie Klapperschlangen beobachtet.« (*Philosophical Transactions* 1 [1665/66]: 73)

In der historischen Periode, in der Europa seinen Einfluß und seinen Handel über die ganze Erde ausdehnte, wurden auf diese Weise Tausende und Abertausende Beobachtungen gemacht und Proben gesammelt, die zu einer neuen Welt der Erkenntnis beitrugen. Das Sammeln von Informationen, um die letzten leeren Seiten im Buch der Natur zu füllen, diente gleichzeitig oft dazu, die mehr oder weniger gewaltsame Aneignung der Welt und die Errichtung der europäischen Kolonialreiche zu legitimieren. Auf dem triumphalen Einzug Napoleons in Paris nach dem Italienfeldzug von 1798 wurden an der Spitze der zur Schau gestellten Beutestücke – geplünderte Kunstwerke und andere Kriegstrophäen – die botanischen Proben mitgeführt, die Baudin auf seiner ersten Reise nach Westindien gesammelt hatte. Die Trennung zwischen der militärischen Aneignung der

Welt und der geistigen Aneignung durch systematische Beobachtung war für die Vertreter der neuen Wissenschaft keineswegs so klar und eindeutig wie für uns heute. Bacon beschrieb das Sammeln von Fakten in aktiven, ja aggressiven Begriffen: Die Natur müsse »auf die Folterbank gespannt« und gewaltsam verhört und ausgequetscht werden. Ihm ging es darum, daß der Mensch mit induktiven Methoden im Bereich der Künste und Wissenschaften sowohl seine Unschuld als auch seine »Herrschaft über die Natur« zurückgewinnen sollte – die Unvereinbarkeit dieser beiden Zielvorstellungen war ihm offensichtlich nicht bewußt.

Die Inbesitznahme der Welt in Gestalt von Informationen wurde zum entscheidenden »edlen« Motiv des Reisens. So entwickelte sich auch das neue, für das 18. Jh. so bezeichnende Phänomen der wissenschaftlichen Expedition, das die neuen intellektuellen Aufgaben mit jenen älteren Formen mobiler Gesellschaften verband, wie sie die Handels- und Militärunternehmungen der vorangegangenen Jahrhunderte darstellten.

Es war Charles de Brosses, Autor der *Histoire des navigations aux Terres Australes* (1756), der zum ersten Mal den Vorschlag machte, auf Entdeckungsreisen auch Wissenschaftler mitzunehmen. Aufgrund dieser Anregung ließ sich Bougainville auf seiner Reise um die Welt 1766–69 von zwei Wissenschaftlern begleiten: dem Botaniker Commerson und dem Astronomen Verran (dessen Diener übrigens von den Bewohnern Tahitis als Frau in Männerkleidern erkannt wurde). Auch Cook nahm bei seiner ersten Weltumseglung mit der *Endeavour* mehrere Herren von der Royal Society mit an Bord, darunter den Astronomen Charles Green, dem die wichtigste wissenschaftliche Aufgabe bei dieser Reise oblag, nämlich die Beobachtung eines Venusdurchgangs, den Naturforscher und Linné-Schüler Dr. Daniel Solander sowie Joseph Banks, einen wohlhabenden Gentleman und Naturforscher und späteren Präsidenten der Royal Society. Banks wurde begleitet von dem Maler und Zeichner Sydney Parkinson und von Alexander Buchan, einem weiteren Künstler, der auf Landschaften und Portraits spezialisiert war, sowie von Herman Spüring als naturwissenschaftlichem Assistenten. Der offizielle Zweck der Reise war das Sammeln von Informationen – die Kartographierung der Küstenlinien, die Suche nach dem sagenhaften »Südkontinent«, von dem Pedro Fernandez de Quirós als erster berichtet hatte, und das Sammeln von Proben aller Art. In einem Brief an Carl von Linné, den schwedischen Naturforscher und Begründer des Sexualsystems der Pflanzenwelt, erklärte der Sekretär der Royal Society, John Ellis, die Expedition sei von ihrer grundlegenden Zielsetzung her eindeutig wissenschaftlich:

»Nie ist jemand mit einer besseren Ausrüstung für naturwissenschaftliche Forschung in See gestochen. An Bord befinden sich eine umfangreiche Bibliothek
der Naturgeschichte, alle möglichen Vorrichtungen zum Fangen und Konser-
vieren von Insekten, alle Arten von Netzen, Kurren, Dreggen und Haken zum
Korallenfischen, ja sogar ein wunderbares Teleskop, mit dem man, wenn es zu
Wasser gelassen wird, bei klarer Sicht bis auf den Grund des Meeres sehen kann.
Kurz, Solander hat mir versichert, diese Expedition koste Mr. Banks zehntausend Pfund.« (Zit. n. Cook [1955]: CXXXVI)

Mr. Banks war so reich, daß er ruhigen Gewissens eine so große Summe,
die dem Jahreseinkommen von 1 000 Familien der Mittelschicht entsprach,
für eine Weltumseglung, diese neue Form der Kavaliersreise, ausgeben
konnte. Das war sein Beitrag zu dem gigantischen Projekt, durch Beobachtungen und Experimente so viele Fakten wie möglich zu sammeln und zu
ordnen, um damit zum Fortschritt der Wissenschaft und zum Wohle der
Menschheit beizutragen. In den folgenden Jahrhunderten zeitigten diese
Bemühungen eine solche Fülle von detailliertem Wissen, daß die Baconsche »Naturgeschichte« zur Darwinschen »Geschichte der Natur« erweitert werden mußte. Dabei kann es nicht überraschen, daß man die bewährten geistigen Hilfsmittel – insbesondere aus der Tradition des philosophischen Reisens – zur Ordnung dieser Materialfülle heranzog. Allerdings
bleiben noch viele Fragen offen, was diese Umwandlung der älteren Formen gemeinsamen Reisens – Feldzüge und Handelsunternehmungen – in
wissenschaftliche Expeditionen betrifft, nicht zuletzt die Frage nach der
geistigen Arbeitsteilung, auf die auch unsere heutige Wissensstruktur
zurückgeht: Wie wurde die Beobachtung auf die verschiedenen akademischen Disziplinen aufgeteilt? Welche Regeln und Übereinkünfte galten für
diese neue Form des Reisens, die von intellektuellem Drang und wissen-
schaftlichem Eifer geprägt war? Alle diese Fragen jedoch gehen weit über
das hinaus, was uns hier vor allem interessiert, nämlich eine Erklärung
dafür, wie die Flut der von den reisenden Naturforschern gewonnenen
Informationen die bestehenden kulturellen Muster veränderte, wie also die
neugefundenen Welten in die alten Ordnungssysteme eingepaßt werden
konnten.

Die neue Botanik

Die bedeutsamste Auswirkung der Reisen von Europäern nach 1500 war
nicht etwa eine epochale *crise de conscience*, sondern vielmehr ein allmähli-
cher Wandel der Wissensstrukturen, ohne den die Fülle neuartiger Einzel-

beobachtungen nicht in das bestehende Wissen hätte integriert werden können. Die Eigenarten neu entdeckter Völker ließen sich in Anlehnung an die abendländischen Traditionen noch als frühere Stufen der Menschheit deuten. Die Flut von Berichten über neue Arten von Pflanzen und Tieren jedoch war im Rahmen der bestehenden Taxonomien, die auf der Grundlage der europäischen Arten entwickelt worden waren, nur schwer zu ordnen. Die europäischen Reisenden waren von der enormen Fülle und Vielfalt der Natur in der Neuen Welt zunächst überrascht und überwältigt. So berichtete Columbus von Hispaniola:

> »Es gibt dort sechs oder acht verschiedene Arten von Palmen, deren wundersame Mannigfaltigkeit erstaunlich ist. Überdies sieht man dort außergewöhnlich viele Pinien, weite bepflanzte Ländereien und zahllose Vogelarten. Auch Honig und die verschiedensten Fruchtarten findet man dort. Das Innere des Landes ist stark besiedelt und reich an Erzgruben. Die ›*Spanische Insel*‹ ist ein wahres Naturwunder.« ([1956]: 203)

Solche Beschreibungen des neuen Gartens Eden weckten den Appetit immer neuer Kolonisten, machten aber auch die Probleme deutlich, denen sich die Herren Reisenden und Naturforscher gegenübersahen, die oft weit neugieriger und informationshungriger waren als die Beamten und Gouverneure der neuen Provinzen. Anfänglich festgestellte Ähnlichkeiten machten bald einem tiefen Gefühl der Andersartigkeit Platz. Sir James Edward Smith, der erste Präsident der Linné-Gesellschaft, bemerkte dazu: »Die gesamte Tribus von Pflanzen, die [dem Botaniker] auf den ersten Blick so vertraut erschienen als Glieder in der großen Kette der Natur, auf die er gewohnt ist sich zu beziehen, erweist sich bei näherem Hinsehen als vollkommen fremdartig, mit ganz anderen Formen, ganz anderer Ökonomie und ganz anderen Eigenschaften.« (Zit. n. B. Smith 1960: 6) Die beeindruckende Vielfalt der neuen, noch namenlosen Pflanzen- und Tierarten ließ sich nur unter Schwierigkeiten und mit beträchtlicher geistiger Anstrengung zu den bekannten Arten in Beziehung setzen, und die Naturwissenschaftler unter den Reisenden in der Neuen Welt machten sich mit Eifer an die Bewältigung dieser Aufgabe. Ein gewisser Dr. Wallace, ein schottischer Arzt und Kolonist im mittelamerikanischen Neu-Kaledonien (Darién), schrieb an Bord des Schiffes *St. Andrew* im Jahre 1700 in einer Mitteilung an die Royal Society von »hunderten weiterer Vögel, für die wir noch keine Namen haben«, und äußerte sein Erstaunen über die Mannigfaltigkeit der exotischen Arten:

> »Dieses Land besitzt Legionen von ungeheuerlichen Pflanzen, genug, um alle Methoden der Botanik, die bis dato erdacht wurden, vor neue Rätsel zu stellen.

Ich fand jedoch Gelegenheit, einige Proben zu sammeln, und das ist alles, was ich tun kann. Ich sage bewußt ›einige Proben‹, denn wenn ich alle sammeln wollte, wären es genug, um die *St. Andrew* bis oben hin zu beladen. Sind doch manche der Blätter bis zu drei Ellen (11 Fuß) lang und überaus breit. Abgesehen von diesen Ungeheuern, die sich in keine Tribus einordnen lassen, gibt es hier auch viele, die mit den europäischen verwandt sind (aber doch etwas Merkwürdiges besitzen).« (*Philosophical Transactions* 22 [1700/01]: 539)

Für die Amateurbotaniker stellte sich zunächst das Problem, diese Arten zu identifizieren, was sie zunehmend zu der ohnehin offenkundigen Erkenntnis brachte, daß die traditionellen, noch von den alten Griechen entwickelten botanischen Bestimmungssysteme völlig unzureichend waren. Aristoteles, Theophrast und Dioskurides hatten zahlreiche Arten beschrieben, die nicht überall in Europa vorkamen, und gleichzeitig andere übersehen oder ignoriert, die den Europäern der frühen Neuzeit durchaus vertraut waren. Und jetzt sahen sich die deutschen und italienischen Botaniker des 16. Jh., deren Wissenschaft ohnehin in eine Krise geraten war, plötzlich Hunderten und Tausenden von Anomalien gegenüber.

Aber die Entwicklung der Botanik und einer neuen Geschichte der Natur ganz allgemein führte keineswegs zu einem Bruch mit den überkommenen Traditionen oder einer Revolution im Sinne einer Abkehr von früheren Ordnungssystemen; statt dessen wurde der alte, insbesondere der aristotelische Bestimmungsansatz immer mehr verallgemeinert, erweitert und dynamisiert. Hier war die Vergangenheit also weniger eine Belastung als ein wichtiges Hilfsmittel, sogar eine entscheidende Stütze. Besonders deutlich wird das am Beispiel der Bemühungen von Andrea Cesalpino, einem italienischen Botaniker, Geographen und Naturforscher des 16. Jh., der sich zur Klassifizierung der übergroßen Flut von neuen Daten eines streng aristotelischen Ansatzes bediente. Wie viele andere Naturforscher war auch er der antiken Vorstellung verpflichtet, die Formen der Natur seien grundsätzlich hierarchisch geordnet und sollten vom Einfachsten zum Kompliziertesten hin betrachtet werden. Die Aufgabe des Naturforschers bestand darin, die verschiedenen Einzelerscheinungen nach Ähnlichkeit zusammenzufassen, nach Unterschieden voneinander abzugrenzen und dabei von der höchsten zur niedrigsten Stufe, vom Allgemeinen zum Besonderen hin vorzugehen. Dieses Verfahren, die *determinatio*, faßte also gemeinsame bestimmende Merkmale zusammen, während ihr Gegenstück, die *abstractio*, darin bestand, trennende Merkmale zu eliminieren bzw. zu abstrahieren. Mit seinem Werk *De Plantis* (1571) begründete Cesalpino das Prinzip der Klassifizierung von Pflanzen auf der Grundlage der Analogie zwischen den einzelnen Pflanzenbestandteilen und den Funktionen tierischer Organe – Reproduktion, Ernährung und Fortbewegung. Dieses System führte schließlich in gerader Linie zu Linnés Sexualsystem der Pflanzen.

Die enorme Vielzahl von Daten, die in die europäischen Taxonomien Eingang finden sollten, erforderte die Erweiterung und Verfeinerung der traditionellen Ordnungssysteme. Dabei wurden bisher unbekannte Sachverhalte mit den überkommenen Begriffen interpretiert und diese Konstrukte dadurch erweitert. Die antike Vorstellung einer Hierarchie der Wesenheiten, einer »Kette des Seienden«, erfuhr durch die Integration neuer Verbindungsglieder eine feine, aber bedeutsame Veränderung. Allein schon die Vorstellung, daß es Verbindungselemente und Verknüpfungen zwischen den einzelnen Spezies gebe, entlang derer sich Transformationen vollziehen könnten, führte die Botaniker dazu, hinter der Artenvielfalt eine Geschichte, eine Entwicklung zu vermuten. Auch Linnés Klassifizierungssystem aus fünf zunehmend spezifischen Kategorien – Klasse, Ordnung, Familie, Gattung und Art – lag implizit die Annahme einer solchen Evolutionskette, einer generativen Verbindung zwischen den einzelnen Arten zugrunde. Linné nahm an, daß sich aus einer kleinen Zahl von Ur-Arten oder »Mutter«-Arten im Laufe der Zeit durch einfache Befruchtung und Kreuzung viele neue Arten entwickelt hätten. Bei der Kreuzung brächten diese Ur-Arten Varietäten hervor, die, wenn sie sich selbständig und in reiner Form weiter vermehrten, selbst zu neuen Arten würden. Hier klingt bereits die Vorstellung an, daß es durch Differenzierung »einfacher« Arten zu einer größeren Zahl von unterschiedlichen »höher entwickelten« Arten kommt.

Die neue Geologie

Die Umwälzungen, die im 17. und 18. Jh. in der Botanik stattfanden und im wesentlichen die Entwicklung zunehmend komplexer und funktionaler Klassifikationssysteme betrafen, lieferten auch die notwendigen Hilfsmittel für die Schaffung einer systematischen Geologie mit einer neuen Chronologie, auf der sich eine genuine Geschichte der Natur aufbauen ließ. Die neuen, verfeinerten Taxonomien führten die Botaniker zu der Erkenntnis, daß fossile Tiere Ähnlichkeiten mit lebenden Arten aufwiesen und vielleicht mit diesen verwandt waren. Jene Fossilien, die früher einmal als bloße Kuriositäten betrachtet worden waren und bestenfalls als Beweise für die Geschichtlichkeit der Sintflut galten, lieferten jetzt Anhaltspunkte für eine genaue Datierung geologischer Schichten und die Abkehr von der biblischen Chronologie. So erarbeitete der Geologe G. L. Giraud-Soulavie

(1725–1813) eine stratographische Aufnahme der verschiedenen aufeinanderfolgenden Kalksteinschichten im gebirgigen südostfranzösischen Vivarais. Er unterschied dabei fünf verschiedene Schichten oder Zeitalter, deren älteste zahlreiche Fossilien ausgestorbener Tierarten enthielten (darunter Ammoniten, Belemniten und Gryphyten). Einige dieser Fossilien traten auch in der nächsthöheren Schicht auf, und zwar zusammen mit anderen Fossilien, die eindeutige Ähnlichkeit mit noch lebenden Arten aufwiesen. Die Schichten konnten nun genauer datiert werden, indem man die Häufigkeit von offensichtlich älteren im Verhältnis zu jüngeren Fossilien innerhalb einer Schicht bestimmte:

> »Das ist das allgemeine Bild (...) das unsere alten Berge des Vivarais bieten (...) Die Zeit und vor allem weitere Untersuchungen werden die Zahl der Epochen, die ich angegeben habe, noch vergrößern und bestehende Lücken ausfüllen, ohne allerdings das Verhältnis der einzelnen Schichten, die ich diesen Epochen zugeschrieben habe, verändern zu können (...) Der Unterschied zwischen den verschiedenen Muscheln im Gestein erklärt sich durch ihr unterschiedliches Alter und nicht durch irgendwelche lokalen Ursachen. Sollte ein Erdbeben die ammonitenhaltigen Gesteinsschichten des Vivarais unter die Oberfläche des Mittelmeers absinken lassen, dann würden mit dem zurückkehrenden Wasser keineswegs die gleichen alten Muscheln wieder erscheinen. Im Laufe der Zeit sind diese Arten untergegangen und treten in den jüngsten Gesteinsschichten nicht mehr in Erscheinung.« (Zit. n. Geikie 1905: 341)

Die Verwendung von Fossilien für die Identifizierung und Datierung von geologischen Schichten wurde erst möglich durch die Einführung gemeinsamer Gattungsbezeichnungen für lebende und ausgestorbene Tiere und Pflanzen. Die Botanik war das entscheidende Hilfsmittel für die Schaffung einer Erdgeschichte als Ersatz für die biblische Schöpfungsgeschichte. Giraud-Soulavie und Georges Cuvier (1769–1832) untersuchten die geologischen Schichten des Seine-Beckens, während sich William Smith mit den Schichtungen in England und Frankreich beschäftigte und den Jura weiter differenzierte – eine Einteilung, die für ganz Europa Bestand hatte.

Diese intellektuellen Leistungen waren zum Teil auf der Grundlage von Reisen entstanden. Die neuen Botaniker, Geologen und Naturforscher waren allesamt auch Reisende, und ihre Erkenntnisse basierten nicht zuletzt auf diesen Erfahrungen. Von der bereits erwähnten Ausweitung der Philosophie auf die weniger gebildeten Schichten profitierte auch William Smith, der sich seinen Lebensunterhalt als Vermesser und Ingenieur verdiente und seit seiner Kindheit von Gesteinen fasziniert war. Seine ausgedehnten Reisen durch England ermöglichten ihm jene sorgfältigen geologischen Beobachtungen, die zu einer wesentlichen Grundlage für die Evolutionstheorie werden sollten. Als Oberaufseher beim Bau des Somerset-Coal-Kanals hielt er fest, daß »jede Schicht (...) jeweils spezifische Gruppen von Fossilien [enthielt] und so in Zweifelsfällen genau bestimmt und durch die Prüfung dieser Fossilien von anderen, ähnlichen Schichten (...) unterschieden werden konnte.« Hier stimmte der Grundsatz der philosophischen Reise: Die unterschiedlichen Schichten ließen sich als Abbild einer zeitlichen Aufeinanderfolge interpretieren. Bezeichnenderweise ging der letzte Anstoß, diese Vorstellung einer chronologischen Karte weiterzuentwickeln, von einer Reise aus, die Smith im Jahre 1794 nach Newcastle und durch Shropshire und Wales zurück nach Bath führte. Auf der schnellen Fahrt mit der offenen Kutsche zogen vor seinem Auge die verschiedenen Schichten der sanft gewellten Hochlandflächen vorüber, in denen er wiederholt die gleiche Ordnung erkennen konnte: »Keine eigens dazu geplante Reise (...) hätte meinen Zwecken besser dienen können. So saß ich bereitwillig immer auf der Kante meines Sitzes, und meine Augen waren keinen Augenblick lang untätig; dieses eilige Reisen vermittelte mir eine Menge neuer Eindrücke. Unter diesen Umständen konnte ich mir natürlich nur ein allgemeines Bild machen.« (Zit. n. Geikie 1905: 384; 34)

So wurde die Geologie zu einer Wissenschaft, die immer mehr Reisende in ihren Bann zog und neue Arten von Reisen legitimierte. Roy Porter stellt in seiner Geschichte der Geologie (1977) die These auf, daß die Popularität geologischer Untersuchungen in der Zeit der Revolution und der Romantik weitgehend auf der Tatsache beruhte, daß solche Studien nicht ohne ausgedehnte Reisen unternommen werden konnten: »Ein wichtiger Anreiz war das Reisen. Die Beliebtheit wissenschaftlicher Forschungsreisen als Teil der Kavaliersreise nahm ständig zu.« (1977: 142) Zahlreiche Geologen, Naturgeschichtler und Universalgelehrte dieser Zeit waren mit Reisebeschreibungen groß geworden, die der Earl of Shaftesbury im Jahre 1710 empfohlen hatte als »das wichtigste Material für eine Bibliothek (...) Heutzutage sind sie das, was die Ritterbücher für unsere Vorväter waren.« (Zit. n. Frantz 1967: 8) In der Tat machte die Reiseliteratur den bei weitem größten Anteil an der literarischen Nahrung des jungen Alexander von Humboldt aus, der seit seiner frühesten Jugend von dem brennenden Wunsch getrieben wurde, zu reisen. Diese Literatur weckte in ihm das Interesse für »alles in Entlegenheit undeutlich Umrissene« und eröffnete ihm einen Weg, dem »engen Kreise des bürgerlichen Lebens« zu entkommen ([1979]: 10).

Das Herumreisen und Geologisieren bot nicht nur jungen Herrschaften eine abwechslungsreiche Form der Freizeitgestaltung, sondern trug auch dazu bei, daß sich die Beobachtungen immer weniger auf Äußerlichkeiten und immer stärker auf jene Kräfte konzentrierten, die die äußeren Erscheinungen bestimmten. Es war die Suche nach entscheidenden Verbindungsgliedern jenseits der sichtbaren Wirklichkeit, die die Begründer der modernen Geologie von ihren »nur« beobachtenden und sammelnden Vorgängern abhob. Als Humboldt sich auf seine fünf Jahre dauernde Forschungsreise nach Südamerika machte, war sein Ziel die Entdeckung von *Beziehungen* zwischen längst bekannten Tatsachen, nicht das Aufspüren dieser oder jener unbekannten Art.

Humboldts Reisen standen, wie die vieler seiner Zeitgenossen, ganz im Zeichen dessen, was die Baconsche Wissenschaft vermissen ließ. Er suchte nach den Kräften, die für die Ausbildung konkreter Fakten sowohl in der belebten als auch in der unbelebten Natur verantwortlich waren. Für Humboldt lag der eigentliche Zweck der Reise darin, dem Betrachter die Gelegenheit zu geben, zu allgemeinen Vorstellungen über die Ursache der Erscheinungen und ihren allgemeinen Zusammenhang zu kommen. Die Geologie versprach nicht nur einen Nexus zwischen einzelnen, isolierten Fakten, sondern verlieh auch der Topographie, die bis dahin für die Entdecker nur von geringem Interesse gewesen war, einen neuen Stellenwert. Was bisher nur als »Wildnis« gegolten hatte, konnte dabei plötzlich ungeahnte Bedeutung erlangen. Humboldt kritisierte insbesondere die »Entdecker-Mentalität« seiner Vorgänger, die sich damit begnügt hatten, immer neue Küstenlinien zu kartographieren, und stellte diese oberflächlichen Reisen seiner eigenen, weit anstrengenderen Expedition ins Herz eines immensen Kontinents gegenüber. In ähnlichem Sinne äußerte sich auch Horace-Bénédict de Saussure, ein bekannter Geologe und Bergsteiger des 18. Jh., der als erster die Alpen kartographisch aufgenommen hatte, über seine Berufung:

> »Wir müssen die ausgetretenen Pfade verlassen und zu den luftigen Höhen emporsteigen, wo das Auge mit einem Blick eine Vielzahl von Dingen erfassen kann. Solche Exkursionen sind mühselig, das gebe ich zu; wir müssen auf Kutschen und sogar auf Pferde verzichten, große Anstrengungen aushalten und uns nicht selten beträchtlichen Gefahren aussetzen.« (Zit. n. Geikie 1905: 184)

Geologische Reisen stellten also eine neue Version der philosophischen Reise dar. Das alte Motiv von den Gefahren und Unwägbarkeiten und den manchmal athletischen Anstrengungen des Reisens verschmolz mit dem neuzeitlichen Begehren, zu beobachten und in den entdeckten Dingen Hinweise auf die Kräfte zu finden, die den Erdball bewegten – letzteres war der eigentliche Gegenstand der heroischen Anstrengungen aller geologisierenden Reisenden. Die Expedition in die Wildnis war nicht nur im bildlichen Sinne »aufklärerisch« – sie konnte jene Kräfte enthüllen, die die Landschaft als das Produkt einer historischen Dynamik verständlich werden ließ.

Die Dynamisierung der Zeit

Die Flüsse und Felsen, die Meere und Kontinente haben sich völlig verändert, aber die Gesetze, denen diese Veränderungen gehorchen, sind immer noch dieselben.

Samuel Playfair, 1820

Die Geologie ist untrennbar mit der Revolutionszeit verbunden, aus der ihre Fragestellungen und Lösungen erwuchsen. Von den zahlreichen Ideen, die zur Begründung der wissenschaftlichen Geologie beitrugen und eine neue Geschichte der Natur ermöglichten, erwies sich vor allem die Kontroverse zwischen den Neptunisten und den Vulkanisten über die Natur der Prozesse, die den inneren Aufbau der Welt hervorgebracht haben, als äußerst fruchtbar. Kurz gesagt, beriefen sich die Neptunisten auf den deutschen Geologen Abraham Werner (1750–1817), wenn sie annahmen, die Hauptursache für die Schichtenbildung sei der langsame Ablagerungsprozeß von Gesteinen im Urmeer, während die Vulkanisten sich an den schottischen Geologen James Hutton (1726–97) hielten, der von gewaltsamen Bodenhebungen, Erdbeben und Vulkanausbrüchen als primärer Ursache ausging.

Hutton formulierte 1795 ein Gesetz, das zur Grundlage einer neuen Geschichte der Natur und einer neuen Zeitvorstellung werden sollte: Er erkannte, daß in der Natur immer die gleichen Kräfte am Werke sind; seiner Auffassung nach waren alle Naturgewalten, die wir in der Gegenwart beobachten können – wie Erosion, Vergletscherung, Sedimentation, Bodenhebung, Bodensenkung und Vulkanismus – auch in der Vergangenheit wirksam und haben die Entwicklung der uns bekannten Welt bestimmt (vgl. Lyell 1830 u. Geikie 1905: 285 ff.). Dieses Gesetz, um das ihn die Historiker nur beneiden können, stellte eine Verbindung zwischen den sichtbaren natürlichen Kräften und dem unsichtbaren Abgrund der Zeit, zwischen Gegenwart und Vergangenheit her. Er besagte, daß die komplexen Erscheinungsformen, die dem Reisenden überall auf der Erde begegnen, letztlich auf die Wirkung einiger weniger, einfacher Vorgänge zurückgeführt werden können – oder andersherum: Es sind allein die Kräfte der Veränderung, die sich nicht verändern, sondern immer dieselben bleiben. Nach dieser inneren Dynamik hinter allem Sichtbaren suchten auch Charles Darwin und

Alfred Russel Wallace. In den Prozessen der Veränderung hofften sie, die Geschichte der Ursprünge zu finden.

Huttons Gesetz hatte eine Reihe von unmittelbaren und weitreichenden Auswirkungen für die Naturgeschichte. Vor allem stellte es die grundlegenden Begriffe der Kosmogonie in Frage, denn es machte Schluß mit der Vorstellung, daß jeder Anfang einen Aufbau und jedes Ende eine Zerstörung bedeute. Damit entfielen die begrifflichen Grundlagen für das Verständnis der menschlichen Geschichte als kontinuierliche Höherentwicklung bzw. fortschreitender moralischer Verfall. Entstehung und Zerstörung waren nicht etwa isolierte Ereignisse, sondern gleichzeitige Prozesse, die immer und überall stattfanden: Gefrierendes Wasser sprengt Gestein, fließendes Wasser trägt Hügel ab und läßt Ebenen entstehen, wobei die Sedimente neues Gestein bilden, das wiederum angehoben und von den Erosionskräften zu Bergen geformt wird.

Die Gleichzeitigkeit von Entstehung und Zerstörung, die gerade für die Generation, die die großen politischen Umwälzungen Ende des 18. Jh. erlebt hatte, so augenfällig war, stellte die wohl beunruhigendste, aber auch anregendste und folgenreichste neue Erkenntnis dar, mit der sich die Zeitgenossen Darwins und die nachfolgenden philosophischen – bzw. jetzt wissenschaftlichen – Reisenden konfrontiert sahen. Die Stärke und Einfachheit und damit auch die Überzeugungskraft von Huttons Gesetz bestand darin, daß das Ineinandergreifen von Entstehung und Zerstörung sowohl in der menschlichen Geschichte als auch in der belebten und unbelebten Natur zu beobachten war. Alexander von Humboldt, ein Zeitgenosse Huttons, schrieb dazu:

> »Der Anblick eines Feuerschlundes mitten in einem fruchtbaren Lande mit reichem Anbau hat indessen etwas Niederschlagendes. Die Geschichte des Erdballes lehrt uns, daß die Vulkane wieder zerstören, was sie in einer langen Reihe von Jahrhunderten aufgebaut. Inseln, welche die unterirdischen Feuer über die Fluten emporgehoben, schmücken sich allmählich mit reichem, lachendem Grün; aber gar oft werden diese neuen Länder durch dieselben Kräfte zerstört, durch die sie vom Boden des Ozeans über seine Fläche gelangt sind.« ([1979]: 45)

Man erkannte, daß die Entstehung der Berge, der Ebenen und der aufeinanderfolgenden geologischen Schichten nicht Tausende, sondern Millionen von Jahren in Anspruch genommen hatte. Damit war die Gültigkeit der biblischen Chronologie ein für allemal widerlegt. Hutton betonte nicht nur, daß die Kräfte der Entstehung und Zerstörung sich gegenseitig ergänzen, sondern bestritt auch, daß diese Kräfte einen Anfang, ein Ende oder einen höheren Zweck hätten: »In der Struktur der Welt (...) finde ich keine Spur von einem Anfang und kein Anzeichen für ein Ende.« (Zit. n. Lyell 1830: I, 91) Mit dieser für die damalige Zeit ungeheuer radikalen Erkenntnis wurden die bis dahin weitgehend unangefochtenen Vorstellungen über die Entstehung der Welt endgültig in den Bereich der Theologie verwiesen. In der Wissenschaft von der Natur war kein Platz mehr für irgendeine Form von Teleologie.

Mit seiner »häretischen« Theorie zerstörte Hutton die christliche Vorstellung von der Zeit als einer moralischen Entwicklung, die in Erlösung oder Verdammnis endete. Huttons orthodoxe Zeitgenossen beschuldigten ihn, er wolle die heidnische Lehre von einer »ewigen Wiederkehr«, d. h. von der zyklischen Wiederholung der Ereignisse wiederbeleben und den Schöpfungsakt leugnen, mit dem alle Geschichte und Natur beginne. Charles Lyell, ein Schüler Huttons, der die erste Geschichte der neuen Wissenschaft der Geologie (1830–33) geschrieben hatte, war zutiefst beunruhigt von dieser Auflösung der traditionellen zeitlichen Parameter und verglich Huttons Revolutionierung der Geologie mit dem, was Newton für die Physik geleistet hatte:

> »Solche Vorstellungen von der Unermeßlichkeit vergangener Zeiten, wie sie die Newtonsche Philosophie im Hinblick auf den Raum entwickelt hatte, waren zu riesig, als daß sie neben einem Gefühl von Erhabenheit nicht auch ein schmerzhaftes Bewußtsein von unserer Unfähigkeit vermittelt hätten, uns ein System von solch endlosem Ausmaß vorzustellen. Vor unserem Auge tauchen Welten hinter Welten auf, die unvorstellbar weit voneinander entfernt sind, und hinter diesen zahllose weitere Systeme, die sich kaum sichtbar an den Grenzen des unsichtbaren Universums abzeichnen.« (Ebd.)

Aber Huttons Gesetz ließ sich nicht so einfach als Hypothese, als bloße Spekulation abtun. Man konnte sein Wirken beobachten und nachweisen, mehr noch, es bildete Form und Inhalt jeder Beobachtung. In der Geologie war eine Theorie Spekulation, solange man sie nicht im Gestein selbst nachweisen konnte, und Hutton konnte auf Gesteinsformationen in den Bergen Schottlands verweisen, die relativ kurz zurückliegende vulkanische Aktivität und allmähliche Sedimentierungen und Hebungen erkennen ließen. Huttons Begleiter Samuel Playfair zeigte sich besonders beeindruckt von einer Reise, die Hutton zum Seccar Point an der schottischen Küste unternahm. Hier fielen die Berge fast senkrecht zum Meer ab, und ihre Schichtungen stimmten nicht mit dem vertikal angeordneten Gestein, das darunter lag, überein:

> »Dr. Hutton war zutiefst erfreut über diesen Anblick, der ein so klares Licht auf die verschiedenen Möglichkeiten warf, die Bestandteile der Erdkruste zu

formen; an dieser Stelle herrschten besonders glückliche Bedingungen für eine zufriedenstellende und genaue Beobachtung (...) Diese konkreten, greifbaren Beweise für eine der faszinierendsten und wichtigsten Tatsachen in der Naturgeschichte der Erde verliehen jenen theoretischen Spekulationen, die bis dahin trotz aller Wahrscheinlichkeit nie unmittelbar sinnlich erfahrbar gewesen waren, Gewicht und Wirklichkeit.« (Zit. n. Geikie 1905: 292 f.)

Es blieb der folgenden Generation, der auch Charles Darwin und Alfred Russel Wallace angehörten, überlassen, eine befriedigende Lösung für das Problem zu finden, das Alexander von Humboldt beschäftigt hatte – die ungeklärte Beziehung zwischen der belebten und der unbelebten Natur. Bei ihrer Lösung stützten sich Darwin und Wallace auf die Grundprinzipien des philosophischen Reisens und auf Huttons Vorstellung, daß der Erdball und alles Leben auf ihm von immer gleichen Kräften geformt worden waren, die auch in der Gegenwart fortwirkten. Hutton hatte vorgeschlagen, die immense Vielfalt der Natur, die die europäischen Reisenden im 17. Jh. so überwältigt hatte, entsprechend den wenigen, aber immer und überall wirksamen Kräften zu ordnen, die diese Vielfalt hervorgebracht hatten. Das war der Schlüssel, mit dem Darwin und Wallace das Rätsel der Entwicklung und Veränderung der Arten lösen konnten.

Eine Geschichte der Natur: Darwin und Wallace

Es ist eine wunderbare und überraschende Tatsache, daß die genaue Kenntnis der Verteilung von Vögeln und Insekten uns erlaubt, Länder und Kontinente zu kartographieren, die lange vor dem frühesten Erscheinen des Menschen im Meere versunken sind.

Alfred Russel Wallace, 1869

Darwin und Wallace waren zwei herausragende Vertreter der Tradition der philosophischen Reise, gleichzeitig aber auch ungleich jüngeren Traditionen der naturgeschichtlichen Forschung verpflichtet. Es gelang ihnen, die entscheidenden neuen Erkenntnisse der Geologie – die Gleichzeitigkeit von Zerstörungs- und Entstehungsprozessen, die Vorstellung, daß Anfänge und Ursprünge innerhalb der Veränderungsprozesse zu finden waren, und das Bewußtsein, daß alle Veränderungen sich in ungeheuren Zeiträumen abspielten – auf die Frage der Artenentstehung zu übertragen. Mit ihren Arbeiten wird die Naturgeschichte zu einer echten Geschichte der Natur, zur Geschichte einer Evolution, die von den Beziehungen zwischen den Lebewesen und der Umwelt bestimmt wurde, in der sie lebten und der sie sich anpassen mußten.

Sowohl Darwin als auch Wallace waren nicht nur leidenschaftliche Reisende, sondern auch begeisterte naturwissenschaftliche Beobachter und Sammler. In der Tat war Darwin der Meinung, außergewöhnlich an ihm sei nur seine Beobachtungsfähigkeit, die »der normaler Menschen überlegen« sei und die er während seiner viereinhalb Jahre an Bord der *Beagle* geschärft habe. Dieser Reise verdanke er

> »[die] Gewohnheit, mit energischem Fleiß und konzentrierter Aufmerksamkeit, was ich mir beides aneignete, alles das zu tun, womit ich nur immer beschäftigt war. Alles, worüber ich nachdachte oder was ich las, brachte ich in direkte Beziehung zu dem, was ich gesehen hatte und höchstwahrscheinlich sehen würde; und diese geistige Gewohnheit wurde während der fünf Jahre meiner Reise fortgesetzt. Ich bin sicher, daß die Übung es war, die mich dazu befähigt hat, das in der Wissenschaft zu leisten, was ich etwa geleistet habe.« ([1982]: 62)

Die während dieser Forschungsreise erforderliche strenge Disziplin hatte ihn verändert und aus dem leidenschaftlichen Jäger von Federwild einen Sammler und Beobachter der Natur gemacht. Ähnlich wie Wallace überließ auch Darwin das Schießen und Fangen der Vögel und anderen Tiere für seine Sammlung schon bald seinen Dienern. Er hatte den ersten Band von Lyells *Principles of Geology* mit auf die Reise genommen und erhielt den zweiten Band im Jahre 1832 in Montevideo. Auf die Herausforderung der Landschaft reagierte er ganz im Sinne Huttons: »Bei der ersten Untersuchung eines neuen Gebietes dürfte kaum etwas so hoffnungslos erscheinen wie das Chaos der Gesteinsarten, dadurch aber, daß man die Schichtung und Beschaffenheit der Gesteine und der Fossilien an vielen Stelen registriert, dabei immer schließend und voraussagend, was anderswo zu finden sein wird, beginnt es bald über dem ganzen Gebiet zu tagen, und der Bau des Ganzen wird mehr oder weniger verständlich.« (Ebd.: 61)

Wie die Geologen betrachtete auch Darwin die Landschaft als eine Art chronologische Schablone und war oft erstaunt und tief bewegt angesichts der aus den geologischen Formationen ablesbaren Zeiträume. Die Ebenen Patagoniens weckten in ihm ähnliche Gefühle, wie sie Playfair bei der Untersuchung der Bodenschichten am Seccar Point empfunden hatte: »Alles war ruhig und verlassen. Und doch, läszt man seinen Blick über solche Szenen schweifen, ohne dasz ein heller Gegenstand ihn fesselte, so wird ein schwer zu bestimmendes, aber sehr starkes Gefühl von Vergnügen sehr lebhaft in uns angeregt. Man frug sich, wie viele Jahrhunderte die Ebene schon so bestanden habe und wie viele weitere sie bestimmt sei, noch zu bestehen.« (1875: 193) Auf dieser Reise begann sich Darwin näher mit der Frage zu beschäftigen, deren Beantwortung ihn schließlich zu seiner Theorie der natürlichen Selektion führte: Welche Beziehung bestand zwischen den Ursachen für die Veränderungen der geologischen Struktur der Erde und den Variationen innerhalb der einzelnen Arten bzw. den Unterschieden zwischen verwandten Arten? Er mutmaßte, das Problem ließe sich lösen, wenn man verwandte Arten in verschiedenen Lebensbereichen oder die verschiedenen Unterarten einer Art genau untersuchte. Vielleicht konnte ein ganz gewöhnlicher Vogel wie die antarktische _Chionis alba_ den Schlüssel liefern: »Diese kleine Familie von Vögeln ist eine jener Gruppen, welche nach ihren verschiedenen verwandtschaftlichen Beziehungen zu anderen Familien, trotzdem sie für jetzt nur dem systematischen Naturforscher Schwierigkeiten darbietet, uns doch schlieszlich helfen kann, den groszen, der Jetztzeit und der vergangenen Zeit gemeinsamen Plan zu enthüllen, nach welchem die organischen Wesen erschaffen worden sind.« (1875: 108)

Auf seiner Reise kam er zu der Erkenntnis, daß die Variationen innerhalb einer Art und zwischen verschiedenen Unterarten eindeutig mit ihrer Umwelt in Beziehung standen. Die großen Unterschiede in der Gestalt der Schnäbel bei den verschiedenen Finkenarten auf den Galapagos-Inseln – später eines der wichtigsten Beispiele Darwins für biologische Anpassung – standen offensichtlich im Zusammenhang mit den unterschiedlichen natürlichen Bedingungen und dem jeweiligen Nahrungsangebot. Schon Darwins Beobachtungen der anpassungsfähigsten Spezies, des Menschen, enthielten den Keim zu der Idee der Evolution, daß nämlich in jeweils bestimmten natürlichen Nischen bestimmte Merkmale »ausgewählt« werden und erhalten bleiben. Die Anhaltspunkte für diese Erkenntnis lieferten ihm die Bewohner des kalten, sturmgepeitschten Feuerland:

»Es liegt kein Grund vor zur Annahme, dasz die Feuerländer an Zahl abnehmen; wir müssen daher annehmen, dasz sie ihren Antheil an Glück, welcher Natur dies auch sein mag, genieszen und zwar genug, um ihr Leben des Besitzes werth zu machen. Die Natur, welche die Gewohnheit zu einer unwiderstehlichen Macht und ihre Wirkungen erblich gemacht hat, hat den Feuerländer dem Clima und den Erzeugnissen seines elenden Vaterlandes angepaszt.« (1875: 248)

Darwin gründete seine Evolutionstheorie auf den in der Natur allgegenwärtigen Vorgang des Sterbens, in dem er eine »natürliche Zuchtwahl«

erblickte. Der Gedanke an den Tod, der ihn, wie er selbst sagte, seit dem frühen Tod seiner Mutter wie eine fixe Idee beherrschte, wandelte sich im Lauf der Reise in die Vorstellung von einem Gesetz des Fortschritts, das die Erhaltung von Varianten und die Ausbildung der verschiedenen Arten regelte.

Auf einer weiteren Reise im Oktober 1838 fügte Darwin die einzelnen Teile seines Puzzles zu einer einheitlichen Hypothese zusammen, nach der die Varianten innerhalb der Nachkommenschaft einer gesunden und zahlenmäßig zunehmenden Art durch die Reproduktion bewahrt und weitergegeben werden und dieser Art dazu dienen, »vielen und in hohem Grade verschiedenartigen Stellen im Naturhaushalt angepaßt zu werden« ([1982]: 142). Die fortschreitende Anpassung und Auslese, mit der sich die Spezies enger und besser in ihre ökologische Nische einfügt, stellt einen ähnlich kontinuierlichen und gleichförmigen Vorgang dar wie Erosion, Vulkanismus oder Gletscherbildung. Demnach ist der Ursprung der Arten nicht in einem einmaligen Schöpfungsakt zu suchen, sondern in den ständigen Wechselbeziehungen der betreffenden Spezies mit der Umwelt, an die sie sich »angepaßt« hat. In der Sterblichkeit aller Lebewesen, der aber nicht alle Mitglieder einer Population gleichermaßen ausgeliefert sind, liegt das »schöpferische« Prinzip der Natur. Ein bestimmter Unterschied – zum Beispiel in der Schnabelform eines Vogels, im Paarungsverhalten, in der Färbung, in den Gewohnheiten – bewahrte sich am jeweiligen Ort und blieb in nachfolgenden Generationen erhalten, solange sie sich weiterhin an diesen Ort anpaßten. Darwin veröffentlichte seine Theorie in einem Aufsatz mit dem Titel *On the Tendency of Varieties to Depart Indefinitely from the Original Type* (»Über die Neigung der Varietäten, in unbestimmter Weise vom ursprünglichen Typus abzuweichen«), der zusammen mit Wallaces Beitrag 1858 im *Journal of the Proceedings of the Linnean Society* erschien. Im folgenden Jahr erläuterte er seine Theorie ausführlicher in dem Werk *On the Origin of Species by Means of Natural Selection* (dt. *Über die Entstehung der Arten* 1874).

Wallace blieb mit seiner Theorie eher an den traditionellen Tendenzen geologischer und philosophischer Reisen orientiert. Er war der Meinung, die Unterschiede zwischen den pflanzlichen und tierischen Arten ein und derselben Gattung in getrennten, aber vergleichbaren Lebensräumen ließen Rückschlüsse auf die Geschichte dieser Lebensräume zu, weil sie Hinweise auf die über lange Zeitperioden hinweg wirksamen Naturkräfte lieferten. Dies war ein Beispiel für die einfühlsame und konsequente Anwendung der Grundregel des philosophischen Reisens – daß nämlich Unterschiede in der räumlichen Verteilung als zeitliche Unterschiede aufge-

faßt werden können. Auf seinen ausgedehnten Reisen durch die malaiische
Inselwelt war Wallace immer wieder überrascht über die unterschiedliche
Verbreitung der verschiedenen Pflanzen und Tiere. Auf einigen Inseln
waren malaiische Arten in der Überzahl, auf anderen solche, die in Austra-
lien heimisch waren. Er gelangte zu der Überzeugung, daß die Verteilung
der Arten Einblicke in längst vergangene geologische Veränderungen
gestatten könne.

Der Hauptzweck von Wallaces Reise bestand darin, naturhistorisch
interessante Proben zu sammeln, wobei er es im Verlauf von sechs Jahren
auf insgesamt 125 660 Exemplare brachte, von denen sehr viele bis dahin
unbekannt waren. Besondere Aufmerksamkeit widmete er den Lebensbereichen, der Verbreitung und den Variationen der Arten. Getreu den Erfahrungen aus den geologischen und philosophischen Reisen zog er seine
Schlüsse vom Sichtbaren auf das Unsichtbare und erkannte, daß der Grad
der Unterschiedlichkeit organischer Formen ein Maßstab für die vergangene Zeit sein müsse. So glänzend Wallace auch argumentierte – er blieb im
Schatten von Darwins kühner Theorie der natürlichen Zuchtwahl, die für
viele seiner Zeitgenossen einem bis dahin verschwommenen Bild plötzlich
scharfe Konturen verlieh.

Dennoch war es vor allem Wallace, der die Tradition der philosophischen
Reise zur höchsten Vollendung brachte. Wenn die Pflanzen und Tiere auf
getrennten Inseln Ähnlichkeiten aufwiesen, dann war das ein unmittelbarer Anhaltspunkt dafür, daß diese Inseln irgendwann in der Erdgeschichte
miteinander verbunden oder zumindest eng benachbart gewesen sein mußten. Wenn dagegen auf benachbarten Inseln die Verteilung der Arten erheb-
liche Unterschiede zeigte, dann wies das darauf hin, daß diese Inseln nie
miteinander verbunden gewesen oder schon seit langer Zeit voneinander
isoliert waren. Anhand seiner Beobachtungen konnte der Naturforscher
längst vergangene Ereignisse rekonstruieren, die keines Menschen Auge je
gesehen und keines Menschen Hand je aufgeschrieben hatte:

»Die Geschichte der ausgestorbenen Tiere lehrt uns, daß ihre Verbreitung nach
Zeit und Raum auffallend gleichförmig ist. Die Regel ist, daß, gerade wie die
Produkte nebeneinanderliegender Distrikte sich gewöhnlich einander genau
ähnlich sind, so auch die Produkte aufeinander folgender Perioden in denselben
Distrikten; und wie die Produkte weit auseinanderliegender Distrikte im allgemeinen weit voneinander differieren, so auch die Produkte derselben Distrikte
in weit auseinanderliegenden Zeiträumen. Wir werden daher unwiderstehlich
zu dem Schlusse getrieben, daß die Abänderung von Arten und noch mehr die
der Gattungs- und Familienformen eine Sache der Zeit ist. Aber die Zeit kann
zu einer Abänderung der Art in *einem* Lande geführt haben, während die For-

men in einem anderen mehr stabil geblieben sind, oder die Abänderung mag in beiden in gleichem Schritte vor sich gegangen sein, aber in verschiedener Weise. In beiden Fällen aber wird die Höhe der individuellen Entwicklung in den Produkten eines Distriktes bis zu einem gewissen Grade ein Maß der Zeit sein, welche dieser Distrikt von denjenigen, welche ihn umgeben, isoliert gewesen ist.« (Wallace [1983]: 231 f.)

Einfacher ausgedrückt: Jede Ähnlichkeit liefert einen Hinweis auf räumliche oder zeitliche Nähe, während deutliche Unterschiede eine zeitliche oder räumliche Distanz anzeigen. Unterschiedlichkeit und Ähnlichkeit werden so zu entscheidenden Hilfsmitteln, die Ereignisse zu rekonstruieren, die die Natur geformt haben.

Wallace beschränkte sich bei seinen Analysen keineswegs auf die nichtmenschliche Natur; ähnlich wie Darwin war auch er immer wieder beeindruckt von den Gemeinsamkeiten in der Geschichte des Menschen und der Natur. Dennoch betonte Wallace, daß eine Reihe von wichtigen Voraussetzungen erfüllt sein müßten, ehe man das Prinzip von Ähnlichkeit und Unterschiedlichkeit auch auf die menschliche Entwicklung anwenden könne. Er stellte fest, daß die Verteilung der Papua- und Malaienvölker, die sich hinsichtlich ihrer Physiognomie und ihres Temperaments so deutlich unterschieden, weitgehend mit der Verteilung der australischen und malaiischen Flora und Fauna innerhalb des Archipels übereinstimmte. So waren Papua-Völker auf den Inseln vorherrschend, die irgendwann mit dem australischen Festland verbunden gewesen waren, während die Malaien vor allem die vulkanischen Inseln südlich und östlich von Java bewohnten.

Aber aufgrund der ständigen Mobilität der menschlichen Gattung war es unmöglich, aus dieser Verteilung die gleichen Schlüsse zu ziehen wie aus der Verbreitung von Tierarten. Die Reisen und Kontakte zwischen den verschiedenen Völkern hatten Unterschiede in Physiognomie, Sprache, Sitten, Techniken und Künsten entstehen lassen, die mit natürlichen Einflüssen nichts oder nur noch wenig zu tun hatten. Wallace warnte davor, die Ethnographen, die diese Inseln bereisten, ließen sich in Fällen, wo zwei Völker miteinander in Kontakt stünden, nur allzeit leicht täuschen und deuteten intermediäre Formen in Aussehen und Verhalten als Zeichen einer natürlichen Entwicklung, statt sie als künstliche Mischung zweier Kulturen zu erkennen.

Darwin frappierten die aus seiner Sicht ungeheuren Unterschiede zwischen den primitiven Bewohnern Feuerlands und zivilisierten Menschen: »Ich hätte kaum geglaubt, wie grosz die Verschiedenheit zwischen wilden und civilisirten Menschen sei: sie ist gröszer als zwischen einem wilden und domesticirten Thier, insofern beim Menschen eine gröszere Veredelungsfähigkeit vorhanden ist.« (1875: 235)   Wallace war weniger geneigt, die zivilisierten und industrialisierten Völker als eine »Veredelung« der primitiven Menschen zu betrachten. Er sah zwischen »wilden« Völkern genauso große Unterschiede wie zwischen »zivilisierten« und betonte, es gebe unter den zivilisierten Völkern weit mehr Beispiele menschlicher Verkommenheit als unter den Wilden. Was er an den Rändern der Zivilisation lernte, schien ihm eher auf eine *Devolution* der menschlichen Geschichte zu deuten, auf das Unvermögen der modernen Zivilisation, die Harmonie und die innerlichen Qualitäten der Natur zu erspüren und ihnen einen bedeutenderen Platz in Gesetzgebung, Wirtschaft und Sozialordnung einzuräumen.

Schon zur damaligen Zeit erkannte Wallace die impliziten moralischen Imperative der späteren Anthropologie, die sich unmittelbar aus der Naturgeschichte entwickelte und eng mit der Evolutionstheorie verknüpft war. Die Überlegenheit »unzivilisierter Völker« lag seiner Meinung nach weniger darin, daß sie näher an den »Ursprüngen« lebten, wie die Theoretiker des »Naturzustandes« im 16. und 17. Jh. betont hatten, als vielmehr in ihrer gesellschaftlichen Geschlossenheit und Ganzheit, ihrer offensichtlichen Anpassung an die Umwelt und der moralischen Gesundheit ihrer sozialen Strukturen. Die industrielle Welt verkörperte geradezu das Gegenteil dieser primitiven Gesellschaften, die sich ein auf allgemeiner Solidarität beruhendes Sozialsystem bewahrt hatten und offenbar weder die Anomie noch die Entwurzelung des modernen Menschen empfanden. Auf genau diese Aspekte der alten, durch den Kontakt mit der industriellen Zivilisation bedrohten Stammeskulturen haben sich auch die Ethnographen des 20. Jh. auf ihren Reisen konzentriert.

Zurück zu den Anfängen

400 Jahre Forschungsreisen und systematische Beobachtung haben eine Geschichte der Natur hervorgebracht, die eindeutig auf der Tradition des Reisens fußt und viele Motive des Reisens enthält. Die Suche nach den Ursprüngen führte letztlich zu der Erkenntnis, daß sie nur in Veränderungsprozessen zu finden sind, wie wir sie auch heute noch beobachten können. Die Evolutionstheorie ist eine Erscheinungsform dessen, was der Anthropologe Clifford Geertz (1983) als *local knowledge* bezeichnet, weil sie den Zusammenhang mit dem Ort als bestimmend für den Charakter des betreffenden Individuums, der Art oder sogar der Kultur ansieht. Sie geht von der Annahme einer genauen Übereinstimmung zwischen Individuum und Umwelt aus, die die Ursache für Veränderungen und Erhaltung von Variationen ist. Es ist also eine Theorie, die in ihrem Kern der Situation des

Wanderers entspricht: Auch deren Übergangscharakter und Ungewißheit setzen als Gegenpol eine »Heimat«, einen festen, geschlossenen Zusammenhang voraus. Es ist kein Zufall, daß der Mythos vom Garten Eden als Ursprung des Lebens zuerst in den Zelten von Nomaden erzählt wurde. Die Theorie der Verwurzelung aller Lebewesen in lokalen Verhältnissen und Bedingungen wurde eigenartigerweise von »Entwurzelten« aufgestellt mit Hilfe des entfremdeten, desakkulturierten, induzierenden Auges.

Aber diese Theorie ruht auf einem soliden Fundament von Fakten, die Generationen von reisenden Naturforschern gesammelt haben, in einem wahren Kult des Beobachtens, Sammelns und Beschreibens. Die Motive, aus denen heraus all die naturgeschichtlichen Museen, tropischen Gewächshäuser, exotischen Privatsammlungen, Bücher und Berichte entstanden sind, an denen sich so viele Europäer begeistern konnten, sind noch immer nicht ganz geklärt. Wallaces früheste lebhafte Erinnerung an eine Reise war, daß er auf dem Dach einer Kutsche nach London fuhr, um sich dort die Ausstellung »Zulus und Azteken« anzusehen. Er wußte, daß die Vorstellung von Exotischem und Seltenem, die ihn in die malaiische Inselwelt gelockt hatte, von der Arbeit unzähliger Sammler, Transporteure und Aussteller angeregt worden.

Man kann die Anstrengungen, ein neues Bild der Natur mit ganz eigener Begrifflichkeit und Systematik zu entwerfen, als einen bewundernswerten und altruistischen Versuch verstehen, alle Arten von Wissen, Fakten und Beobachtungen zusammenzutragen – ein Bemühen, das die Europäer seit der Renaissance immer wieder beflügelt hat, die Wissenschaften voranzutreiben und die menschlichen Existenzbedingungen zu verbessern. Dieser massive kulturelle Versuch, sich die Welt in Gestalt von Proben und durch Beobachtung und Erkenntnis anzueignen, kann aber auch als eine Art Feigenblatt für die Weltherrschaft der Europäer betrachtet werden. Wenn man noch weiter zurückgeht, verbirgt sich hinter der scheinbar unschuldigen und konstruktiven Sammel- und Beobachtertätigkeit die im Mittelalter verpönte »Augenlust«. Die Sammelleidenschaft war zweifellos Ausdruck des Bestrebens, sich die Welt einzuverleiben, und mehr als einmal verspürte auch Wallace den libidinösen Aspekt seiner Tätigkeit. Die wissenschaftliche Begeisterung überwältigte ihn besonders, als es ihm gelang, ein Exemplar einer neuen Art von *Ornithoptera* zu erbeuten, die er wegen ihrer auffälligen Färbung *Ornithoptera Croesus* nannte:

> »Ich zitterte vor Erregung, als ich ihn majestätisch zu mir herabkommen sah, und konnte kaum glauben, daß mir wirklich der Streich gelungen, bis ich ihn aus dem Netz gezogen hatte und in Bewunderung verloren auf das Sammet-

schwarz und Brillantgrün seiner Schwingen, die sieben Zoll querüber maßen, auf seinen goldenen Körper und auf seine karmesinrote Brust schaute; wohl hatte ich ähnliche Insekten in Kabinetten meiner Heimat gesehen, aber es ist ein ganz anderes Ding, selbst so etwas zu fangen, es zwischen seinen Fingern sich winden zu fühlen und auf seine frische und lebendige Schönheit zu schauen.« ([1983]: 378)

Wallaces Verständnis von seiner Tätigkeit war zweifellos von der modernen Geologie und ihrer Erkenntnis der Gleichzeitigkeit von Entstehungs- und Zerstörungsprozessen inspiriert. Darwin hatte erkannt, daß der Ursprung der Arten in der Sterblichkeit zu suchen war, die unter den Variationen der Natur auswählte und bestimmte Formen »bevorzugte«. Darüber hinaus lieferte die Geologie Sammlern wie Darwin und Wallace aber auch eine Vorstellung von den Jahrmillionen langen Zeiträumen, in denen die zu beobachtenden Vorgänge unaufhörlich am Werk gewesen waren. Wallace wurde sich der Paradoxie bewußt, als er – als einer der ersten Europäer überhaupt – den Balg eines Königsparadiesvogels in der Hand hielt:

»Ich dachte an die lange vergangenen Zeiten, während welcher die aufeinanderfolgenden Generationen dieses kleinen Geschöpfes ihre Entwicklung durchliefen – Jahr auf Jahr zur Welt gebracht wurden, lebten und starben, und alles in diesen dunklen, düsteren Wäldern, ohne daß ein intelligentes Auge ihre Lieblichkeit erspähte – eine üppige Verschwendung von Schönheit. Solche Gedanken wecken eine melancholische Stimmung. Auf der einen Seite erscheint es traurig, daß so außerordentlich schöne Geschöpfe ihr Leben ausleben und ihre Reize entfalten nur in diesen wilden, ungastlichen Gegenden, welche für Jahrhunderte zu hoffnungsloser Barbarei verurteilt sind; während es auf der anderen Seite, wenn zivilisierte Menschen jemals diese fernen Länder erreichen und moralisches, intellektuelles und physisches Licht in die Schlupfwinkel dieser Urwälder tragen, sicher ist, daß sie die in schönem Gleichgewichte stehenden Beziehungen der organischen Schöpfung zur unorganischen stören werden, so daß diese Lebensformen, deren wunderbaren Bau und deren Schönheit der Mensch allein imstande ist zu schätzen und sich ihrer zu erfreuen, verschwinden und schließlich aussterben. Diese Betrachtung muß uns doch lehren, daß alle lebenden Wesen *nicht* für den Menschen geschaffen wurden. Viele derselben haben keine Beziehung zu ihm. Der Zyklus ihrer Existenz ist unabhängig von der seinigen vorwärts geschritten und wird gestört oder vernichtet durch einen jeden Fortschritt in der intellektuellen Entwicklung des Menschen.« ([1983]: 393 f.)

Wallaces Überlegung erinnert an einen Ausspruch von Blaise Pascal, der einmal sagte, die Natur schaffe ihre Wahrheiten unabhängig voneinander, und allein die Kunst des Menschen bringe sie in Beziehung. So verbindet der Beobachter auf seiner Reise Dinge miteinander, die in ihrem je eigenen Kontext wurzeln, greift sich besonders seltene und schöne Beispiele heraus und stellt sie in einen künstlichen, wissensmäßigen Zusammenhang.

An dieser Stelle kommt Wallace der Verdacht, die Tätigkeit des Naturforschers sei letztlich vielleicht doch nicht so wertfrei und unschuldig, wie Bacon meinte. Das Beobachten, Sammeln und Beschreiben, durch das der »verlorengegangene« Zusammenhang zwischen Mensch und Natur »wiederhergestellt« werden soll, erweist sich als die Wiederholung der Erbsünde, nach der jede Erkenntnis aufs engste mit Tod und Dekontextualisierung verbunden ist. Wallaces Wissen um den wunderbaren Vogel ist keineswegs passiv und induktiv, sondern ein aktiver Vorgang – es ist die Ursache für den Tod dieses Vogels und seine Umwandlung in ein Musterexemplar einer Ordnung, Familie, Gattung und Art. Der Eingriff des Naturforschers, des bewußten, gebildeten und zivilisierten Menschen – desselben Menschen, der die Seltenheit dieses Exemplars am besten beurteilen und schätzen kann – ist unmittelbar gleichbedeutend mit der Vernichtung dieser Kreatur und ihrer Beziehung zu der Umwelt, an die sie durch natürliche Auswahl angepaßt war. Ebenso wie Darwin erkennt Wallace das kreative Wirken der Natur im Vorgang des Sterbens, und nun macht sich der Naturforscher – und damit die Zivilisation, die er verkörpert – zum Instrument dieser selektiven Mortalität.

Der Reisende, der Exilant verlangt in seiner Entfremdung nach der Idee eines Paradieses, einer geheiligten Einheit und Ordnung. Im 17. Jh. wurde die Bindungslosigkeit des Reisenden zu einer Tugend, die eine neue Wissenschaft hervorbrachte, denn die wissenschaftliche Objektivität fußte auf den Beobachtungen des entfremdeten, intelligenten Auges. Aber die Rückkehr dieses Menschen ins Paradies führt unausweichlich zu dessen Vernichtung – so wie Wallace, als er den Königsparadiesvogel in der Hand hielt, wußte, daß gerade seine Neugier den Tod dieses Vogels verursacht hatte. Die Herauslösung aus dem Kontext ist die Voraussetzung für Wissen und Erkenntnis, so wie wir sie verstehen, aber dieses Wissen wurzelt in einem Verlust, aus dem heraus erst die Vorstellung dessen möglich wird, was da verloren ging.

TEIL III

REISE UND IDENTITÄT

»Die Ritter, die in den Krieg ziehen, essen ihr Brot wahrlich im Schweiße ihres
Angesichts; zwischen vielen schlechten Tagen haben sie einen einzigen guten; sie
sind zu allen möglichen Anstrengungen verpflichtet; um nichts in der Welt dürfen
sie ihre Furcht zeigen; sie setzen sich jeder Gefahr aus und opfern ihren Leib für ein
Leben inmitten des Todes.« (Gutierre Diéz de Games, 1414)

(Foto: Giraudon/Art Resource)

Kapitel 8

DER MANN AUF REISEN

Wenn ich das Gefühl habe, an einem Wendepunkt meines Lebens zu stehen, so nicht wegen der Dinge, die ich erworben, sondern wegen der Dinge, die ich verloren habe. Ich spüre gewaltige, tiefe Kräfte in mir. Ihretwegen muß ich leben, wie ich es für richtig halte.

Albert Camus
(1972: 62)

Es ist nur passend, wenn dieser Abschnitt über Reisen und Identität mit einer Betrachtung des Reisens als geschlechtsrollenspezifischer Tätigkeit beginnt, da es mit Verhaltensweisen und Vorstellungen verbunden ist, die in vielen Kulturen und Epochen mit Männlichkeit assoziiert wurden und werden. Dabei gebrauche ich den Identitätsbegriff strikt im Sinne einer sozialen Realität – nicht mehr und nicht weniger –, die sich aus den tagtäglichen zwischenmenschlichen Anerkennungen, Kategorisierungen und Identifizierungen ableitet, und zwar nirgends häufiger als auf Reisen. Auch die Geschlechtszugehörigkeit ist ein Aspekt der Identität – aber einer, der in einer anderen Realität wurzelt, in der Erfahrung der Fortpflanzung *und* in sozialen Beziehungen. In diesem Kapitel beschäftige ich mich mit der Frage, in welchem Ausmaß der kulturellen Erscheinungsform des Reisens – Mobilität der Männer und Seßhaftigkeit der Frauen – sexuelle Determinanten zugrundeliegen mit »Einschränkungen und Anreizen, die unsere Entscheidungsmöglichkeiten in bestimmte Kanäle lenken« (Barth 1966: 1). Daran anschließend gehe ich (im 9. Kapitel) auf die Bedeutung der Mobilität für soziale Beziehungen und gesellschaftliche Strukturen ein. Das abschließende 10. Kapitel behandelt jene Vorgänge von Selbst- und Fremdreflexion und -darstellung, die auf Reisen so häufig sind und durch die Möglichkeit, »ein anderer zu werden«, einen der größten Reize des Reisens ausmachen.

Der geschlechtsrollenspezifische Charakter des Reisens wird auch an den von der Reise bewirkten Veränderungen deutlich – den schon beschriebenen Erfahrungen von Verlust, Trennung und neuen Verbindungen von ständig abnehmender Intensität. Diese Erfahrungen sind im Laufe der Geschichte immer wieder positiv oder negativ bewertet worden, dabei aber im wesentlichen die gleichen geblieben – es geht um eine Läuterung und »Reduzierung« des Reisenden. Hier ist, so scheint es, die Stimme des Subjekts am deutlichsten und kompromißlosesten und widerspricht ganz offenkundig unserem Bemühen, das Reisen als eine positive Kraft zu verstehen, die menschliche Identität und menschliche Beziehungen schafft. In Teil I und II habe ich dargestellt, welche Tugenden die europäischen Reisenden aus den Zwängen der Reise entwickelt haben. Im 16. und 17. Jh. wurde die Erfahrung der Entfremdung bei der Abreise als Befreiung und Reinigung der Sinne gefeiert. Das Abstreifen der Subjektivität, die in der gemeinsamen Sprache und den vertrauten Sitten und Gebräuchen wurzelt, lieferte die epistemologischen Voraussetzungen für eine »wahre«, wissenschaftliche Beschreibung der Welt. Das einzige, was von der sozialen Existenz des Reisenden bleibt, ist die Subjektivität, die auf der Reise selbst entsteht – er wird zum reinen Beobachter. Dieser Überrest der sozialen Existenz wird von der Neuen Wissenschaft zur kulturellen Idealvorstellung erhoben: Der natürliche, unsoziale Mensch als autonomes Individuum, dessen Erkenntnis und Wahrheit untrennbar mit seiner Entfremdung verbunden sind. Unter »Modernität« in ihrer europäischen Erscheinungsform verstehen wir in diesem Zusammenhang die Entstehung eines »Bewußtseins des Reisenden«, und dieses Bewußtsein besteht essentiell in einem verwirrenden, am besten auf Reisen zu erfahrenden Phänomen, daß Objektivität das Ergebnis eines Ichverlustes ist.

Die Vorstellung vom Reisen als einem Verlust, der gleichzeitig ein Gewinn ist, findet sich nicht nur im Abendland, sondern auch in anderen kulturellen Traditionen, in denen der Reisende als frei von Einflüssen gilt, die sein Einswerden mit der Natur stören könnten. Im 17. Jh. benutzte Bashō, der berühmte japanische Meister des Haiku, das Reisen zum gleichen Zweck wie die europäischen Naturforscher – allerdings sollte am Ende Dichtung und nicht Wissenschaft stehen:

> »Gehe zur Kiefer, wenn du etwas über die Kiefer lernen willst, oder zum Bambus, wenn du etwas über den Bambus erfahren willst.
> Dabei mußt du aufhören, dich in subjektiver Weise mit dir selbst zu beschäftigen. Ansonsten drängst du dich selbst dem Gegenstand auf und lernst nichts. Deine Poesie wird ganz von allein fließen, wenn du mit dem Gegenstand eins

geworden bist – wenn du tief genug eingetaucht bist, um dort etwas wie ein verborgenes Leuchten wahrzunehmen.« ([1966]: 33)

Im Osten diente das Reisen der Ästhetik und Askese, im Westen wurde die
Suche nach diesem »Leuchten« und dem »In-sich«-Sein der Dinge zu einer
wissenschaftlichen Methode, die auf der Herauslösung aus dem Kontext
basierte. Das Reisen wird schon seit langer Zeit im Westen wie im Osten
hoch eingeschätzt, weil es das Ich zurücktreten läßt, Chauvinismus abbaut
und den Reisenden ein gemeinsames Wesen, ein gemeinsames Schicksal
und eine gemeinsame Identität über Kulturen hinweg verleiht. Die »Rei-
bungsverluste« der Reise befreien den Wanderer von menschlichen Bindungen und lassen ihn für die Dauer der Reise in reiner Materialität existieren
und den Widerhall des Schweigens genießen. Daß dieses Empfinden von so
vielen Kulturen geteilt wird, ist aufschlußreich nicht nur im Hinblick auf
die Beschaffenheit und Macht der Mobilität – sie wirkt korrodierend, ver-
einfachend und »essentialisierend« –, sondern auch auf das Material, das
dieser Kraft im allgemeinen immer wieder ausgesetzt war – den Menschen.
Der typische Reisende hat über weite Strecken der Geschichte hinweg eine
männliche Gestalt gehabt. Darin liegt vielleicht die Erklärung für die auf-
fällige Übereinstimmung, mit der verschiedene Kulturen die Auswirkungen des Reisens beurteilen.

Reisen als männliches Schicksal

*Potenz ist der maskuline Triumph über die natürliche Enfremdung des Man-
nes von den Reproduktionsprozessen (...) [Sie] ist die männliche Bezeichnung für die im Verlaufe der Geschichte erfolgreich verwirklichte Kompensation der Widersprüche, die sie in der Fortpflanzung erleben.*

Mary O'Brien, 1981
(1981: 49)

In der Geschichte waren es meistens Männer, die auf Reisen gingen, und
die Reiseliteratur ist – mit nur wenigen bezeichnenden, meist neuzeitlichen
Ausnahmen – eine männliche Literatur, die eine männliche Sichtweise
widerspiegelt. Diese Erkenntnis ist keineswegs überraschend: Die Femini-
stinnen unserer Zeit haben immer wieder darauf hingewiesen, daß unsere
kulturelle Wirklichkeit von Männern geschaffen und monopolisiert wurde,
die die Stimme der Frauen weitgehend zum Schweigen gebracht oder igno-

riert haben. In der Geschichte der patriarchalischen Zivilisationen – und bis heute gibt es nur solche – war »der Mensch« immer der Mann, also auch das Reisen immer eine Leistung von Männern und Ausdruck von Männlichkeit.

Die Gleichsetzung von Maskulinität mit Bewegung und Femininität mit Seßhaftigkeit hat eindeutig mit kulturellen Mustern und Rollen zu tun, die auch einen Großteil der Reiseliteratur prägen. In patriarchalischen Kulturen wird die Mobilität von Männern, insbesondere wenn sie jung und unverheiratet sind, weitgehend von den herrschenden Vorstellungen von Männlichkeit bestimmt – vom Bild des fahrenden Ritters oder des wandernden Heiligen, des Schamanen oder des Schauspielers. Ihre Wirkung zeigt sich auch am Beispiel von Samuel Jemsel dem Karaiter, der sich im Jahre 1641 auf Reisen begab:

> »Ich wurde von einem starken und unstillbaren Verlangen erfaßt, die heiligen Stätten zu besuchen (...) da ich wußte, daß auch so berühmte Männer wie Rabbi Isaak und Rabbi Salomon Levi von dem Wunsch nach einer Heiligen Pilgerfahrt besessen gewesen waren. Ebenso wie sie von einer Art göttlichem Instinkt getrieben, verlor ich dieses Ziel nie aus dem Blick und hätte mich durch nichts auf der Welt davon abbringen lassen. Dieses Verlangen zu reisen, das meinen Geist erfaßt hatte, war so gewaltig, daß es mir unmöglich war, in meinem Hause zu bleiben oder meinen gewohnten Geschäften nachzugehen.« (Zit. n. Adler 1930: 329)

Für das Streben nach Berühmtheit und Anerkennung, Selbstverwirklichung und Selbstsicherheit war Reisen seit jeher das geeignete Betätigungsfeld – seit Telemach aufbrach, um den vermißten Odysseus zu suchen, weil er wissen will, ob dieser wirklich sein Vater war (selbst unter den besten Voraussetzungen ein eher zweifelhaftes Unternehmen). Zu Beginn seiner Reise antwortet Telemach auf die Frage der in Mentes' Gestalt erscheinenden Pallas Athene, ob er Odysseus' Sohn sei, mit großer Aufrichtigkeit: »Dieses will ich dir, Freund, und nach der Wahrheit erzählen. Meine Mutter, die sagt es, er sei mein Vater; ich selber weiß es nicht: denn von selbst weiß niemand, wer ihn gezeuget.« (*Odyssee*: 1. Gesang, Vers 214 ff.) Während seiner Reise bestätigt ihm dann Helena die Ähnlichkeit mit seinem Vater. Immer wieder haben Männer Reisen unternommen, nicht nur um sich die Welt anzueignen, sondern auch um ein Bild von sich selbst zu bekommen, eine projizierte maskuline *persona*, die die Gestalt eines Vaters, Gottes, Fremden, Helden, Heiligen oder Ritters haben konnte.

Reisen läßt die Identität des Reisenden – und eben nicht zuletzt deren Geschlechtsbezogenheit – hervortreten, unabhängig von anderen »Zwekken« des Unterwegsseins. Aber diese Geschlechtsrollenbildung – die Erzeugung des spezifisch Männlichen und Weiblichen – ist ein dialektischer Prozeß, der darin besteht, aus Unterschieden Gegensätze zu bilden. Es gibt keinen freien, mobilen Mann ohne die unfreie, seßhafte Frau, keinen Ritter ohne eine Dame, keinen Vater ohne eine Mutter. Die Dialektik der Geschlechtsrollenverteilung geht in der Reiseliteratur oft unter, denn diese wird weitgehend von den männlichen Aktivitäten beherrscht, während die Reisen von Frauen entweder heimlich oder aufgrund äußerer Zwänge unternommen werden oder durch Männer vermittelt sind. Die Wechselseitigkeit dieses Prozesses kommt jedoch unter anderem im Schicksal des Telemach zum Ausdruck, der dadurch zum Reisen gezwungen wird, daß Penelope sich weigert, einen der Freier, die die Stelle seines Vaters einnehmen wollen, zum Manne zu wählen, und so eine für den Sohn unerträgliche Situation erzeugt. Die überlieferten Reisen von Söhnen haben vielleicht ihren Ursprung in den nicht überlieferten Reisen von Müttern, besser gesagt, in den Bedingungen der Seßhaftigkeit, die die Situation der Frau und Mutter definieren.

Auch die Reisen von Olaf dem Pfau geben einen gewissen Aufschluß über die Herkunft des Männlichkeitsbildes, das in der heroischen Reise seine Überhöhung erfährt, und vermitteln darüber hinaus eine Vorstellung von dem Narzißmus, der diese Form der Reise prägt. Olafs Reise, die ihn im 10. Jh. von Island über Norwegen nach Irland und zurück führte, fand auf Veranlassung seiner Mutter Melkorka statt. Diese war die Tochter eines irischen Königs, wurde von Wikingern als Konkubine geraubt und später für drei Silbermark an den Isländer Höskuld verkauft. Melkorka verlor durch ihre Verschleppung die Verbindung mit ihrer Muttersprache und stellte sich stumm. Eines Tages hörte man jedoch zufällig, wie sie mit ihrem neugeborenen Kind Irisch sprach; dadurch erlangte sie bald ihre verlorene Identität und ihren Rang wieder. Als Olaf erwachsen war, heiratete Melkorka, um ihren Sohn mit Handelswaren auszustatten (Wolle, Tweedstoffe, Schafsfelle, Käse, Talg, Falken und Schwefel – die wichtigsten Ausfuhrgüter Islands). Außerdem gab sie ihm eine Reihe von Gegenständen – den großen, goldenen Fingerring für das erste Zahnen, einen Gürtel und ein Messer – als Erkennungszeichen für seine irischen Verwandten. Olaf hatte Erfolg, gewann hohes Ansehen, aufwendige Kleidung (daher sein Beiname), mächtige Beschützer und Gönner im Ausland sowie großen Reichtum. Bei seiner Rückkehr galt er nicht mehr als der Sohn der Konkubine Melkorka, sondern wurde als großer Mann und Sohn einer Prinzessin anerkannt: »Olaf wurde berühmt wegen seiner Fahrt. Zugleich wurde auch allgemein seine Abstammung bekannt, daß er ein Tochtersohn des Irenkönigs Myrkjartan war. Das verbreitete sich über das ganze Land, ebenso, welche Ehren ihm von mächtigen Männern erwiesen waren, die er besucht hatte« (*Laxdaela Saga*: 77).

Olafs Reise ist eine Reise zurück zu den Ursprüngen, die auf eine voraufgegangene weibliche Reise verweist, auf der eine Frau ihr Selbst abwerfen mußte, das schließlich durch den Sohn wiederhergestellt werden sollte. Dieser Ablauf legt den Schluß nahe, daß die Abenteuerfahrt des männlichen Helden letztlich ihren Ursprung in der unterdrückten Mobilität von Frauen haben könnte, die sie dann auf ihre Söhne projizieren – die Mütter lehren ihre männlichen Kinder, sich außerhalb der engen Grenzen der Familie, die sie umgeben und einengen, zu bewähren und ihr Glück zu suchen.

Die manifeste Mobilität von Männern und die Seßhaftigkeit oder passive bzw. nicht manifeste Mobilität von Frauen im Rahmen eines patriarchalischen Geschlechtsrollensystems bedingen sich auf vielfältige Weise gegenseitig. In welchem Ausmaß aber sind diese kulturellen Mobilitätsmuster Ausdruck von sexuellen oder Reproduktionszwängen, die die Freiheit des Individuums in bestimmte Bahnen lenken? Warum sind es eher die Männer als die Frauen, die auf Reisen gehen, um ihr wahres und größtmögliches Selbstverständnis zu entwickeln und Ruhm und Anerkennung zu erlangen? Warum ist es die männliche und nicht die weibliche *persona*, die in Tapferkeitsbeweisen und Herrschaftsansprüchen bestätigt werden muß? Die Geschichte des Reisens enthält eine Fülle von Beispielen für Männer, die ihr Leben und damit die Grundlage ihrer Identität aufs Spiel gesetzt haben, um eine neue Identität jenseits der bloßen Alltagsexistenz und der biologischen Notwendigkeit zu finden – sie riskierten den Tod für ihre Ehre. Ein solches Verhalten scheint weitgehend irrational und bedarf der Erklärung.

Ähnlich rätselhaft ist auch die Vorstellung, der Kern der männlichen Identität, die sich auf Reisen und in Kriegen erweist, sei in der Tat eine Form der »Freiheit«, die bei jeder Abreise und jeder Trennung immer wieder neu beschworen wird. Die Geschichte des Reisens im Abendland macht deutlich, wie sich das Reisen vom menschlichen Schicksal zur menschlichen Freiheit entwickelt hat. Da aber das Reisen lange eine eindeutig männliche Aktivität war, erhebt sich die Frage, ob diese Vorstellung von Freiheit nicht letztlich auch im Grunde eine Projektion der zur »menschlichen Natur« verallgemeinerten männlichen Erfahrung ist, die jetzt allgemein zugänglich ist.

Wenn diese Vorstellung von Freiheit als Autonomie in sich spezifisch männlich ist, was sagt uns das über die Männer, ihre Mobilität, ihr Selbstverständnis? In der abendländischen Tradition, besonders aber im Hinblick auf die heroische Abenteuerfahrt, war das Reisen immer Ausdruck männlicher, narzißtischer Macht, die eine persönliche Karriere, Geschlechter, Staaten oder ganze Zivilisationen gründete. Betrachtet man es genauer, so erweist sich die Wahrheit dessen, was die Psychologin und Hebamme Mary O'Brien festgestellt hat, daß nämlich männliche Macht, d. h. Potenz, den Versuch darstellt, über »die natürliche Entfremdung des Mannes von den Reproduktionsprozessen« zu triumphieren, und patriarchalisch organisierte Zivilisationen nichts anderes sind als Institutionalisierungen der erfahrenen Widersprüche im männlichen Reproduktionsbewußtsein (1981: 49).

Die Beteiligung des Mannes an der Fortpflanzung beschränkt sich auf den kurzen Augenblick der Ejakulation, der zwar als Apotheose der Männlichkeit idealisiert wird, in Wirklichkeit aber nur als ein Verschleudern, als Substanzverlust oder -verringerung, ja sogar als Tod erfahren wird. Nach diesem Ereignis sind die Männer biologisch gesehen überflüssig und funktionslos, wenn sie nicht eigene, neue Notwendigkeiten entwickeln, beispielsweise im Krieg und auf Reisen und in der Eroberung und Verteidigung von Frauen gegenüber anderen Männern. Die verbindenden Umgangsformen, die auf Reisen entwickelt werden, sind ein Ersatz für die fundamentale Abwesenheit einer Verbindung mit der eigenen Spezies: »Tatsache ist, daß Männer deswegen Kontinuitätsprinzipien aufstellen, weil ihnen aufgrund der Entfremdung des männlichen Samens die genetische Kontinuität verwehrt ist.« (Ebd.: 34) Paternität und Patriarchat sind mühsam geschaffene und aufrechterhaltene Fiktionen, die der Schaffung menschlicher Gemeinschaft dienen, aber sie sind gleichzeitig auch kompensatorischer Ausdruck des merkwürdigen und zwanghaften Leugnens jener grundlegenden Entfremdung, die im männlichen Geschlecht verwurzelt ist: »In einem ganz konkreten Sinne ist die Natur ungerecht gegenüber den Männern, da sie sie im gleichen Augenblick ein- und ausschließt.« (Ebd.: 60) Auch wenn es den Anschein hat, als seien die Männer zur Genüge für diese Ungerechtigkeit entschädigt worden durch unsterblichen Ruhm, Tontafeln mit ihrem Namenszug, Kula-Muscheln, Orden, Denkmäler und Texte, so sind dies alles doch nichts als konkretisierte Illusionen von Unsterblichkeit und Macht, die aufs engste mit Tod, Entfremdung und Zerstückelung verbunden sind.

Die Reise als symbolischer Tod

Der Mensch [findet] nur zu sich selbst, nachdem er eine Reihe äußerst schwieriger, ja sogar gefährlicher Situationen gemeistert hat; das heißt, nachdem er die »Torturen« und den »Tod« sowie das nachfolgende Erwachen zu einem anderen, qualitativ verschiedenen, weil erneuerten Leben, erfahren hat.

Mircea Eliade, 1958
(1961: 217)

Vielleicht kann man das Reisen also als eine Form der männlichen Fortpflanzungserfahrung und damit als eine Art »symbolischen Tod« verstehen, als Abstreifen und Verlust des Selbst, bei dem der nicht weiter reduzierbare Kern zum Vorschein kommt. Männer werden das, was sie sind, vor allem durch das, was sie verlieren, wie Camus erkannte: »Wenn ich das Gefühl habe, an einem Wendepunkt meines Lebens zu stehen, so nicht wegen der Dinge, die ich erworben, sondern wegen der Dinge, die ich verloren habe.« (1963: 62)

Die Entfremdung der Männer von der biologischen Zukunft der Spezies beschert ihnen die Freiheit (und die Notwendigkeit), sich andere Kontinuitäten in Gestalt von Taten, Büchern, Städten, Ruhm und Ansehen zu schaffen, und treibt sie zur Herausbildung einer zweiten, künstlichen, männlichen »Natur« – einer Zivilisation. Die Loslösung des Mannes von seinem Samen im Moment der Zeugung zeichnet gewissermaßen seine Wanderungen vor und bestimmt auch die Beziehungen der Männer untereinander: »Beziehungen zwischen Männern haben eine objektive Grundlage: Es sind Beziehungen zwischen Individuen, die zur Freiheit gezwungen sind.« (O'Brien 1981: 55) Männer idealisieren diese Form der Entfremdung und bezeichnen sie als Freiheit. Um eine Identität zu erlangen und aufrechtzuerhalten, können sie nicht auf die biologische Reproduktion zurückgreifen, sondern müssen auf Reisen oder gar den Einsatz des Lebens ausweichen.

In allen klassischen Ursprungsmythen wird die männliche Sexualität als die zeugende, welterschaffende Kraft dargestellt. Die heroische Reise ist ihrem Wesen nach eine »spermatische« Reise, die dazu dient, den männlichen Samen zu verbreiten, in einen ortsgebundenen Schoß einzubringen und auf diese Weise Lineages zu begründen und Bindungen zu schaffen. Die Reisen von Herakles und Odysseus sind kaum verhüllte »Hochzeitsreisen«, die der Herstellung raumzeitlicher Verbindungen zwischen verschiedenen Völkern dienen. So gründete Herakles auf seinen Fahrten –

ursprünglich eine Sühne dafür, daß er in einem Anfall von Wahnsinn seine Frau und seine Kinder umgebracht hatte – die Herrscherdynastien der Lydier, Spartaner, Argiver und Skythen. Auf Skythia schlief er mit einer Schlangenfrau (Sinnbild für Autochthonie) und schenkte ihr drei Kinder, deren jüngstes, ein Sohn namens Skythes, seinem Volk den Namen gab. Ebenfalls drei Kinder hatte er mit Omphale, der Königin der Lydier, weitere mit ihren Dienerinnen. Hier wurde er in die weibliche Lebenswelt integriert, trug Halsketten, Armreifen und einen Frauenturban und lernte Spinnen und Weben. Er schlief mit den fünfzig Töchtern des Thespius – manche sagen, in einer einzigen Nacht – und schwängerte sie alle. Unter den Kindern, die er zeugte, waren (mit der nicht gesicherten Ausnahme von Makaria) keine Mädchen, weil Töchter für die Gründung einer Patrilineage ungeeignet sind.

Wir könnten diese Mythen mit Bronislaw Malinowski unmittelbar als »Kulturstiftungen«, d. h. als Begründung zivilisierter Institutionen interpretieren, wäre da nicht die Tatsache, daß in ihnen erstaunlich oft von Zerstückelung die Rede ist. Die kulturstiftende Reise des Osiris war eine solche Gründerfahrt, die die Welt bekannt und bewohnbar machte, aber seine Rückkehr in die Heimat setzte seiner Mission ein jähes Ende. Er wurde von seinem Bruder Typhon getötet, der seinen Körper in 26 Stücke zerhackte und diese verstreute. Isis, die Gattin und Schwester des Osiris, fand die Stücke und verteilte sie auf die 26 Bezirke Ägyptens, wo sie in der Folge als Garanten für die Fruchtbarkeit des Bodens verehrt wurden. Nur seine Geschlechtsorgane wurden nicht gefunden, weshalb Isis sie in Ton nachbildete und in der Hauptstadt als Objekt allgemeiner Verehrung aufstellte – so wurde der Phallus zum Mittelpunkt des öffentlichen Kultus. In diesem Mythos wird die männliche Sexualität als fruchtbar, schöpferisch und desintegrierend dargestellt, die weibliche Sexualität als vereinnahmend und integrierend. Dionysos, der »fremde Gott«, wurde kurz nach seiner Geburt ebenfalls zerrissen und wieder zusammengefügt. Auf seinen Fahrten verbreitete er seinen Kult, bei dem es immer auch um die – symbolische oder tatsächliche – Zerstückelung männlicher Kinder ging. Pentheus aus Theben wurden von einer Schar Mänaden getötet, und zwar unter Anführung seiner Mutter, die ihm, wie Äschylos berichtet, den rechten Arm an der Schulter abtrennte oder anderen Berichten zufolge den Kopf abriß. Dionysos brachte die Frauen der Argiver dazu, ihre männlichen Säuglinge roh zu verzehren – eine symbolische Wiederholung seiner eigenen Zerstückelung und Wiederzusammenfügung.

Mircea Eliade hat darauf hingewiesen, daß die symbolische Zerstückelung ein charakteristisches Merkmal schamanistischer Initiationen und

Heilungsrituale ist, die immer einem festen Muster folgen: »1. die Tortur
und die Zerstückelung des Körpers; 2. das Abschaben des Fleisches bis zur
Reduktion des Körpers in den Skelettzustand; 3. das Austauschen der Ein-
geweide und die Erneuerung des Blutes; 4. ein ziemlich langer Aufenthalt
in der Hölle (...); 5. ein Aufstieg in den Himmel.« Eliade zufolge steht
hinter der Zergliederung und Rekonstituierung des Körpers in schamanistischen Ritualen »das Verlangen nach absoluter Freiheit, der Wunsch, die
Bande zu zerreißen, die ihn [den Menschen] an die Erde fesseln« (1961: 169,
176). Die Zerstückelung des Körpers taucht nicht nur bei der Ankunft kul-
tur- und zivilisationsstiftender Götter und bei schamanistischen Ritualen
auf, sondern spielt ganz allgemein bei jeder Reise und Ankunft eine Rolle.
Der Gedanke liegt nahe, daß hier der Ursprung der eigentümlichen, ja
geradezu obsessiven Faszination vieler europäischer Reisender betreffs des
Kannibalismus zu suchen ist – eine Faszination, die in der Regel auf »unzi-
vilisierte« Völker projiziert und von diesen ausgelebt wird. Selbst der
ansonsten eher skeptische Captain Cook war hocherfreut, als er auf Neu-
seeland einen unbezweifelbaren Beweis für den Kannibalismus der Maori
sah: »Mr. Banks erhielt von einem von ihnen einen Knochen des Vorder-
arms (...), und um uns zu zeigen, daß sie das Fleisch gegessen, bissen sie
auf den Knochen und benagten ihn, und dies in einer Weise, welche deutlich machte, daß ihnen das Fleisch als Leckerbissen galt.« ([1987]: 79) Auch
Chandra Mukerji berichtet in ihrer faszinierenden Studie über Geschichten
von Trampern, daß die Männer immer wieder von einem Bauernpaar
irgendwo in einer abgelegenen ländlichen Gegend erzählten, das durchreisende Tramper getötet und zerstückelt haben sollte (1977/78: 244).

Die Faszination, der tatsächliche oder symbolische Vollzug und die zahlreichen Mythen einer solchen Zerstückelung des Gott-Fremden lassen sich
als durchaus echte Darstellung der Art und Weise verstehen, wie der Mann
den Zeugungsakt erfährt. Diese Mythen besagen ganz einfach, daß der
Mann zer-gliedert wird, wenn er zum konstitutiven »Mit-Glied« der Spezies wird. Die »spermatische« Reise ist die theatralische Umsetzung einer
Zergliederung und gleichzeitig eine Art Schablone der männlichen Erfahrung. Aber die uralte Vorstellung vom Reisen als Leidensweg, als Verlust
und Mühsal hat noch eine weitere wichtige Bedeutung – sie verkörpert
gleichzeitig auch den Gewinn einer Welt und die Artikulierung des Raumes, die Projektion des männlichen Ichs nach außen und in die Zukunft.
Auch dies sind Zeugungsakte, bei denen Gründerhelden oder -götter heilige Landschaften, Kulte oder Klans ins Leben rufen und Kunst, Wissen,
Mathematik, Musik oder Schrift verbreiten. Um diese kulturellen Leistungen zu erbringen, diese »Männerwelt« zu schaffen, können Männer nicht

mit ihrer Stärke, sondern müssen mit ihrer Schwäche arbeiten, ihrem biologischen Mangel – d. h. mit der Tatsache, daß sie keine Zukunft aus sich selbst, aus ihrem Körper heraus erzeugen können, sondern nur aus ihrem Verstand, ihren Anstrengungen oder sogar ihrem Tod.

Die Zerstückelung des Schöpfergottes ließe sich auch als Ausdruck des fundamentalen Widerspruchs verstehen, daß Männer in dem Moment, in dem sie ihre Chromosomen zur Entstehung des zukünftigen Embryos hergeben, als Männer »sterben«, jedenfalls reduziert werden. Sie beginnen, durch ihre Reisen und Austauschprozesse Verbindungen mit anderen herzustellen, um das zu kompensieren, was in ihrer Beziehung zur biologischen Kontinuität fehlt. Indem sie aus den Taten der Götter eine mythische Zeit und aus ihren eigenen Taten eine historische Zeit formen, überlagern und unterwerfen sie die biologische Zeit mit einer neuen, selbstgeschaffenen Zeit und legen sich auf diese Weise jene »zweite«, nicht-biologische Natur zu, innerhalb derer ihre Leiden und ihre Entfremdung in Gestalt einer unabhängigen Existenz anerkannt und honoriert werden.

Der fahrende Ritter

Der alleinstehende Mann ist eine Figur von tiefer, tragischer und edler philosophischer Bedeutung – die alleinstehende Frau ein Problem für die Wohlfahrt.

Mary O'Brien, 1981

Jede Kultur, die diese Bezeichnung verdient, hat ihre eigene Vorstellung von dem, was eine Person, ein »Ich«, ein ideales Selbst ausmacht. Dieses Bild liefert, wenn es mit Hilfe der vorhandenen Kommunikationsmittel verbreitet wird, das Rohmaterial, mit dem die Angehörigen dieser Kultur sich ihre Identität schaffen. Der Begriff der Person in der nachantiken europäischen Kultur ist einzigartig in dem Sinne, daß er sich nicht an der Zugehörigkeit zu einer Gemeinschaft orientiert, wie es beim »Freien« in der antiken Gesellschaft der Fall war, sondern eine Figur meint, die durch das Fehlen von Beziehungen, d. h. durch »Freiheit«, Trennung und Autonomie gekennzeichnet ist. Diese Figur hat ihren Ursprung im Selbstverständnis der mittelalterlichen Kriegerkaste, paradigmatisch vom edlen Ritter vertreten. Wie ich im 1. Kapitel zu zeigen versucht habe, ist dieser Typus undenkbar ohne eine Vielzahl von Aufbrüchen und Reisen, gleichzeitig aber auch in der germanischen Tradition verankert, wie wir es bei Tacitus in seiner

Beschreibung der *comitatus* in der *Germania* (ca. 100 n. Chr.) sehen. Die
isländischen Familiensagas basieren auf einem Bewußtsein, das am nach-
haltigsten aus den Worten von Gouka Thorer verständlich wird, einem
»Vagabunden«, den Olaf Haraldson im Jahre 1031 bei seinem Versuch, den
norwegischen Thron zurückzugewinnen, in seine Dienste nimmt und der,
als man ihm die Taufe anbietet, mit den Worten ablehnt: »›Wir Gesellen
hier haben keinen andern Glauben, als daß wir auf unsere eigene Macht
und Kraft uns verlassen und unser gutes Siegesglück. Das ist für uns
genug.‹« Die Vorstellung vom für sich selbst sorgenden und sich selbst verteidigenden Mann kommt auch im Lehnseid zum Ausdruck, wenn Arnljot
Gellene König Harald seine Dienste anbietet und ihm sagt, »daß er auf
seine eigene Macht und Kraft baue – ›und dieser Glaube hat mir bislang
sehr gute Dienste geleistet. Jetzt aber bin ich noch geneigter, an dich zu
glauben, König.‹« (*Heimskringla*: II, 345, 362)

Diese Vorstellung vom Individuum verbreitete sich durch die Raubzüge
der Norweger und Germanen seit dem 8. Jh. allmählich über ganz Europa
und erreichte England, als die britischen Inseln 1016 von den Dänen und
dann 1066 von den Normannen erobert wurden. Mit der letztgenannten
Eroberung setzten sich auch der rituelle Zweikampf und – im Verlaufe einiger Generationen – die Vorstellung von den Bauern als »Unfreie« durch.
Die vom Rittertum geprägte Vorstellung von der Person verlor nun allmählich ihren kriegerischen Charakter und verbreitete sich in immer größeren
Gruppen der Gesellschaft, in erster Linie durch das Gemeine Recht (*Com-
mon Law*), das anfänglich das Recht der Barone und Ritter bei Hofe war,
sich seit der Zeit Heinrichs II. jedoch auf alle freien Männer erstreckte. Im
13. Jh. schließlich galt, wie der Rechtshistoriker Frederic William Maitland
feststellt, »der einfache Laie, frei, aber nicht adelig, der volljährig ist und
dem keines seiner Rechte aufgrund eines Verbrechens oder einer Sünde
aberkannt wurde, als typische Person vor dem Gesetz« (1968: 407).

Das Bild des Kriegers bildete in Europa noch lange die Grundlage der
Auffassung vom Adel: »Grundsätzlich waren solche Männer frei – das
heißt, sie fielen nicht unter die normalen gesellschaften Kategorien.«
(Genicot 1979: 21) Diese Vorstellung vom freien Individuum als selbständi-
ger politischer Person wurde zwar in der Folge von ihren kriegerischen
Attributen befreit und von den meisten Gemeinen übernommen, bewahrte
aber weitgehend ihren Charakter und wurde schließlich auch formell in
den Verfassungen der modernen Demokratien verankert. Die Freiheit, die
in der Erklärung der Menschen- und Bürgerrechte (1789 und 1793) garan-
tiert wurde, basierte nach Karl Marx »nicht auf der Verbindung des Menschen mit dem Menschen, sondern vielmehr auf der Absonderung des

Menschen von dem Menschen. Es ist das *Recht* dieser Absonderung, das Recht des *beschränkten*, auf sich beschränkten Individuums.« ([1966]: 48) In ähnlichem Zusammenhang hat Isaiah Berlin darauf hingewiesen, daß diese Trennung, die Unterscheidbarkeit der individuellen Freiheit, die Essenz der abendländischen Auffassung von Freiheit bildet: »Im Kern beinhaltet der Begriff der Freiheit, sowohl im ›positiven‹ als auch im ›negativen‹ Sinne, daß etwas oder jemand ferngehalten wird – andere Menschen, die meinen Acker betreten oder Macht über mich ausüben.« (1969: 158)

Im 19. Jh. wurde diese Auffassung vom Individuum als Negation der sozialen Beziehungen betrachtet und galt als Synonym für politische und soziale Zersplitterung. Aber Émile Durkheim korrigierte diese irrige Ansicht und verwies auf die Anfänge des Ideals vom »Freien«, als er den Glauben an das autonome Individuum als eine »Religion« und als Grundpfeiler der gesellschaftlichen Moral bezeichnete: »In Wirklichkeit ist die Religion des Individuums eine soziale Funktion, wie alle bekannten Religionen. Die Gesellschaft hält uns dieses Ideal vor, weil es das einzige gemeinsame Ziel ist, welchem sich heutzutage alle Menschen unterzuordnen bereit sind.« (Zit. n. Lukes 1979: 112)

Die Vorstellung vom autonomen Individuum traf und trifft natürlich nicht auf die Beschreibung der sozialen Wirklichkeit zu, in der die Menschen selbstverständlich immer voneinander abhängig sind. Sie beschreibt eher einen *Standpunkt*, nämlich den eines ursprünglich außenstehenden Betrachters der Gesellschaft. Rousseau verstand das sehr wohl, als er den Roman *Robinson Crusoe* als erstes Buch empfahl, das sein idealer Schüler Émile lesen sollte: Der Zustand Robinson Crusoes, dieses einsamen und ganz auf sich gestellten Individuums, »ist nicht derjenige des Menschen in der Gemeinschaft, das gebe ich zu, und Émile wird später wahrscheinlich auch nicht so leben; aber nach dieser Lebensart soll er alle anderen beurteilen. Das sicherste Mittel aber, sich von Vorurteilen freizuhalten und sich im Urteil genau nach dem wirklichen Sachverhalt zu richten, ist, sich in die Lage eines völlig isolierten Menschen zu versetzen und in allem so zu urteilen, wie dieser in Rücksicht auf seine eigenen Bedürfnisse urteilen muß.« ([1958]: 197)

Die skizzierte Idealvorstellung von der Person hing immer schon mit Mobilität zusammen, und die Erfahrung des Reisens blieb ihr wichtigster Prüfstein. Das Recht auf »freien Aufbruch« und das Recht, Waffen zu tragen, waren de facto Definitionen für den freien Stand, während Immobilität gleichbedeutend war mit Unfreiheit: »Wesentliches Kriterium für die Freiheit war das Recht, Waffen zu tragen, dem Kriegsherrn bei seinen Frühjahrsfeldzügen zu folgen und am möglichen Gewinn dieser Angriffe teilzuhaben.« (Duby 1977: 38) Zur Vorstellung vom autonomen Individuum gehörte auch nach ihrer Verallgemeinerung und Entmilitarisierung immer der Aspekt der Mobilität. Der Historiker Alan MacFarlane ist der Auffassung, daß man England um die Mitte des 13. Jh. bereits als individualistische Gesellschaft bezeichnen kann: »Die Mehrzahl der gewöhnlichen Leute in England waren, zumindest seit dem 13. Jh., fanatische Individualisten und überaus mobil, sowohl im geographischen als auch im sozialen Sinne.« (1979: 163) Thomas Hobbes gründete seine Definition von Freiheit keineswegs auf eine neue oder radikale Vorstellung, sondern formulierte nur, was in der gesellschaftlichen Wirklichkeit des Mittelalters bereits implizit vorhanden war: »Die Freiheit ist (um sie zu definieren) nichts anderes als die Abwesenheit von allem, was die Bewegung hindert. (...) Ein jeder hat mehr oder weniger Freiheit, je nachdem er mehr oder weniger Raum zur Bewegung hat. (...) ein Mensch [hat] um so größere Freiheit, auf je mehr Bahnen er sich bewegen kann. Und hierin besteht die bürgerliche Freiheit.« ([1959]: 170)

Dieser Freiheitsbegriff setzt, wie ich zu zeigen versucht habe, eine bestimmte Art von Erfahrung voraus – die Erfahrung der Reise. Er wurzelt zutiefst in jener Entfremdung, die die Beziehung der Männer zur menschlichen Spezies charakterisiert. Ungeachtet dessen, was diesem Verständnis der Person letztlich zugrunde liegt und wie es sich in der konkreten Erfahrung niederschlägt, bleibt festzuhalten, daß diese Vorstellung im Laufe der Zeit das Bild der menschlichen Natur schlechthin geprägt und als solche ihre geschlechtsspezifische und kulturspezifische Dimension verloren hat. Wozu der Mann früher gezwungen war, das kann die Frau heute, im Industriezeitalter, frei wählen. Damit bekommt die Vorstellung von der Frau als einzelner, unabhängiger Person allerdings auch eine »tragische« Note, die sie für Männer nie hatte, denn für Frauen gibt es eine freie Entscheidung und nicht jene biologischen Zwänge und Anreize, jene »Notwendigkeit«, die die Männer zur Mobilität trieb. In diesem Sinne läßt sich vielleicht sagen, daß die männliche Natur in der Tat zur wahrhaft menschlichen Natur geworden ist.

Ein Nomadenlager

(Foto: George Rodger/Magnum Photos)

Kapitel 9

REISENDE GEMEINSCHAFTEN: HANDLUNGSTRÄGER DER GESCHICHTE

*Unser aller Leben ist in Gefahr. Wenn wir uns von jetzt an gegenseitig vertei-
digen, dann können wir wohlbehalten in die Heimat zurückkehren. Wenn
wir in Not geraten und sie gemeinsam überwinden, wenn wir eine Mahlzeit
erhalten und sie teilen und uns in Krankheit gegenseitig stützen, dann können wir es schaffen, ohne einen einzigen Mann zu verlieren.*

Ch'oe Pu, 1488
([1965]: 49)

Der soziale Tod des einsamen Wanderers, des unbehausten Reisenden
macht es fast zwingend notwendig, sich einer reisenden Gruppe anzu-
schließen. Das erfuhr der junge Ibn Battuta, als er, mit gerade 22 Jahren auf
großer Fahrt in Tunis eintraf und sah, wie die Mitglieder seiner Karawane
begrüßt wurden: »Aber keine Seele begrüßte mich und ich kannte niemanden. Ich litt so sehr unter meiner Einsamkeit, daß ich meine Tränen nicht
zurückhalten konnte und bitterlich weinte, bis einer der Pilger den Grund
meiner Pein erkannte und auf mich zukam, um mich herzlich zu begrüßen.« ([1929]: 45) Einer seiner Mitreisenden ging sogar so weit, ihm eine
Ehefrau zu beschaffen.

Jeder Reisende, der die Trostlosigkeit der einsamen Reise kennt, wird
auch die Freude verstehen können, mit der Lodovico di Varthema sich
einem persischen Kaufmann, einem gewissen Cognizionor anschloß, der
ihn als Weggefährten und Freund aufnahm: »Er antwortet mir: ›Gelobt sei
Gott! Ich werde also einen Begleiter haben, der mit mir zusammen die Welt
erkunden will.‹ Wir blieben fünfzehn Tage in dieser Stadt Schiraz, und
Cognizionor sagte: ›Verlaß mich nicht, denn wir werden gemeinsam einen
großen Teil der Welt kennenlernen‹, und so machten wir uns gemeinsam auf
die Reise nach Sambragante.« ([1963]: 103) Cognizionor wurde außerdem
bald Varthemas Schwiegervater, als er ihm seine Tochter zur Gemahlin
gab.

Reisen setzt die Fähigkeit voraus, sowohl Verbindungen einzugehen als auch sie wieder zu lösen. Der Reisende muß lernen, notwendige, vorübergehende, leicht zu beendende Beziehungen zu knüpfen, die durchaus nicht oberflächlicher Art sein müssen, und »gewöhnt sich daran, (...) schnell Freundschaften zu schließen, ein intensives Verhältnis zu einem anderen Menschen zu entwickeln und sich dann ohne viel Trauer wieder von ihm zu trennen« (Vogt 1976: 35).

Die Verletzbarkeit des einsamen Reisenden und die daraus resultierenden Ängste machen ihn empfindlich, bedürftig und aufgeschlossen für mögliche menschliche Beziehungen, die von den Bedingungen der Bewegung, dem Erlebnis gemeinsamer Gefahren und gemeinsamer Entfremdung geprägt sind. Solche Formen von Soziabilität, die sich bei der Ankunft entweder auflösen oder in der Topographie verankern, sind ganz besondere Assoziierungen, die sich nicht so einfach erschöpfend beschreiben lassen. Sie decken sich nicht mit unseren Vorstellungen einer verwurzelten, zentrierten, abgegrenzten Gesellschaft. Es handelt sich gewissermaßen um frei bewegliche Moleküle innerhalb dauerhafter Strukturen wie Sprachgruppen, Nationen, Regionen – die allerdings ihrerseits auch nicht eindeutig verortet, sondern oft auf eigentümliche Weise ohne Grenzen und Mittelpunkt sind. In der traditionellen Form des Nomadentums werden mobile Gesellschaften durch Verwandtschaftsbeziehungen zusammengehalten, wobei diese Verwandtschaft aber stark segmentiert und in vielen Fällen fiktiv ist, sich also auf einen mythischen Vorfahren, Helden oder Gott bezieht. In neueren Ausprägungen der reisenden Gesellschaft – z. B. Expeditionen – gewährleistet ein Eid oder ein gemeinsames Ziel den Zusammenhalt. Solche Bindungen sind meist nur so lange wirksam, wie die Reise dauert. Entsprechend sind derart organisierte Gemeinschaften ihrem Wesen nach offen für Spaltungs- und Fusionsprozesse; sie passen sich den wechselnden Bedingungen und Verhältnissen an, indem sie ständig kontrahieren und expandieren.

Die Geschichte der Expeditionsreisen muß erst noch geschrieben werden und kann hier nur in Umrissen dargestellt werden, obwohl wir es dabei mit einem zentralen Aspekt der Geschichte des Reisens zu tun haben. Eine solche Geschichtsschreibung müßte die Wurzeln antiker Expeditionen im Nomadentum aufzeigen und ihre Umwandlung in die *comitatus* beschreiben, jene Eidgenossenschaften von Führern und Gefolgsleuten, die den Untergang des Weströmischen Reiches bewirkten. Sie müßte weiterhin den Bedeutungswandel nachzeichnen, den der militärische Begriff der *Kompanie* im 17. Jh. im Rahmen der Entstehung von Handelskompanien und Vereinigungen von Händlern und Abenteurern erfuhr, welche nur noch das

durchaus logische Ziel hatten, Geld zu verdienen. Und sie müßte sich notwendigerweise mit der Entwicklung der wissenschaftlichen Expeditionen
und den damit verbundenen intellektuellen, politischen und kulturellen
Zielsetzungen befassen. Wir haben es hier also mit einem überaus breiten
und lohnenden Themenbereich zu tun, der im Rahmen der vorliegenden
Betrachtung nur kurz angerissen werden kann. Deshalb werde ich mich
darauf beschränken, hier auf die primären ökonomischen, sozialen und
politischen Merkmale mobiler Gesellschaften zu verweisen und zumindest
die Entwicklung von Nomadenvölkern zu militärischen Expeditionen
anzudeuten.

Die Bedeutung solcher Gesellschaften ist offensichtlich, ebenso wie die
Notwendigkeit, sie verstehen zu lernen: Sie sind die wichtigsten Akteure
der Geschichte, durch die sich Kulturen »ausbreiten« konnten und Reiche
errichtet und erobert wurden. Die Geschichte, die meistens von Kriegen
und Migrationen handelt, wurde von reisenden Gemeinschaften geschrieben. Diese Gesellschaften – so meine These – stehen am Anfang des »Staates«: Nomadenvölker wurden seßhaft und bildeten die antike *polis*, die
Gefolgschaft, die durch einen Eid an einen Führer gebunden war. Das
führte zur Entstehung des europäischen Feudalismus, und die Handelskompanien prägten das Bild der modernen Welt.

Nomaden reisen mit leichtem Gepäck

*Der Zauber der Wüste liegt zum großen Teil darin, daß sie uns fast aller
Bequemlichkeiten und Annehmlichkeiten beraubt und es uns dadurch
ermöglicht, den dünnen Faden der wenigen notwendigen Dinge zu erkennen, an dem unser menschliches Dasein hängt.*

Freya Stark, 1963
(1963: 28)

Der nomadische Zustand war der ursprüngliche Zustand des Menschen –
die Idee einer permanenten, genau lokalisierten Heimat bildete sich erst im
Laufe der Geschichte heraus. Thukydides, der erste kritische Geschichtsschreiber (5. Jh. v. Chr.), insistierte vor allem auf den Nachteilen der nomadischen Lebensweise, als er die Anfänge Griechenlands beschrieb:

»Es ergibt sich nämlich, daß, was heute Hellas heißt, nicht von alters her fest
besiedelt gewesen ist, sondern daß es Völkerwanderungen gab früher und die
einzelnen Stämme leicht ihre Sitze verließen unter dem Druck der jeweiligen

Übermacht. Denn da noch kein Handel war und kein gefahrloser Verkehr weder übers Meer noch auf dem Land, da alle ihr Gebiet nur nutzten, um grade davon zu leben, und keinen Überschuß hatten, auch keine Bäume pflanzten bei der Ungewißheit, wenn vielleicht ein Feind, zumal auch nichts befestigt war, kommen und ihnen alles wegnehmen würde, und da sie die nötige Nahrung für den Tag überall gewinnen zu können meinten, so fiel es ihnen nicht schwer, auszuwandern, und darum waren sie weder durch große Städte stark noch durch sonstige Kriegsmacht.« ([1960]: 23)

Charakteristisch für Nomaden war also ihre Armut, ihre Randexistenz: Sie besaßen weder Kapital noch feste Mauern, hinter denen sie Reichtümer anhäufen konnten, keine Bindung an einen Ort, keinen regelmäßigen Handel oder eine zuverlässige Methode der Kommunikation zwischen einzelnen Gruppen, keine Landwirtschaft und folglich auch nicht die Insignien der abendländischen Zivilisation – Brot und Wein.

Im nomadischen Zustand erkannten die antiken Beobachter, was sie selbst nicht mehr waren. Die mobilen Völkerschaften, die die Kernländer der Zivilisation umgaben und immer wieder die Grenzen der zivilisierten Welt bedrohten, »ließen sich nur durch eine Anhäufung von Negationen definieren: Nomaden essen kein Brot, sie pflügen nicht, sie säen nicht, sie wohnen nicht in Häusern (. . .) sie haben keine Standbilder, keine Tempel, keine Altäre.« (Hartog 1988: 205) Ebensowenig verfügten diese unsteten Völker über Moralbegriffe: »Von diesen Wilden leben die einen völlig nackt in Weiber- und Kindergemeinschaft ähnlich wie Viehherden und nehmen von Vergnügen oder Beschwerden nur die durch die Natur bereiteten wahr. Von Gut und Schlecht besitzen sie keine Vorstellung.« (Diodor [1992]: 211) Ohne die ständig beobachtenden und urteilenden Augen von Mitbürgern besaßen diese Völker – so kriegerisch sie oft genug waren – auch keine militärische Tugend oder Effizienz; Brasidas, der erfolgreichste General Spartas während des Peloponnesischen Krieges (431–404 v. Chr.), sagte von den wilden, nomadischen Illyrern: »Sie haben keine feste Aufstellung, daß sie sich schämen müßten, einen Platz unter feindlichem Druck aufzugeben; Flucht und Vorstoß sind gleich rühmlich, so daß es kein sicheres Merkmal der Tapferkeit gibt.« (Thukydides [1960]: 361) Zwei Jahrtausende später fand Charles Doughty genau das gleiche militärische Verhalten bei den Nomadenstämmen Arabiens: »Die Beduinen sind wie Vögel; sie verschwenden bei ihrem Hirtenleben keinen Gedanken an kriegerische Übungen und treten kaum einmal geschlossen auf (. . .) Wie kreischende Falken zerstreut kämpfen sie, hierhin und dorthin stoßend, jeder einzelne weniger auf das gemeinsame Interesse achtend als auf sein eigenes.« (1923: II, 21 f.)

Aber die Armut des Nomadenlebens, die so offensichtlich mit dem Luxus des zivilisierten Lebens kontrastierte, ließ sich auch als eine Form der Tugend, der Askese interpretieren: »Deshalb soll (...) Tnephachtos [der König von Ägypten], als er mit dem Heere nach Arabien zog, ihm in der Wüste die Nahrungsmittel ausgingen und er nach einem Tag Mangel gezwungen war, bei armen Leuten mit ganz bescheidener Nahrung vorlieb zu nehmen, sich über eine solche ungemein gefreut und den Luxus verdammt haben. Den König aber, der die Üppigkeit einführte, verfluchte er.« (Diodor [1992]: 76) Tnephachtos war vielleicht der erste, sicherlich aber nicht der letzte Bewohner der Zivilisation, der den therapeutischen und läuternden Wert des Nomadentums erkannte, »das wohl die härteste aller sozialen Daseinsformen ist«, wie T. E. Lawrence, der berühmte Lawrence von Arabien, es formulierte (zit. n. Doughty 1937: 23). Auch der arabische Geograph Ibn Chaldun (1332–1406) betrachte die Einfachheit des nomadischen Lebens als Quelle der Tugend: »Die Wüstenvölker sind dem Gutsein näher als seßhafte Völker, weil sie dem Urzustand näher sind und ferner von den üblen Gewohnheiten, die die Herzen der Seßhaften verdorben haben.« (Zit. n. Chatwin 1990: 265)

In der Tat werden die Charakteristika nomadischer Gesellschaften von heutigen Wissenschaftlern weitgehend positiv interpretiert. So fordert der Anthropologe Frederik Barth, man solle Hirtenvölker *nicht* als arm betrachten; ihr Reichtum habe einfach nur eine andere Form und manifestiere sich nicht in der Akkumulation von Dingen, Häusern, Land oder Gärten – ihr Kapital ist die Herde, ein bewegliches und sich von selbst vermehrendes Kapital; der Bestand einer Herde wächst in der Regel kontinuierlich und ohne die schwere Arbeit, die der Bauer leisten muß, der im Schweiße seines Angesichts dem Boden einen Mehrertrag an Nahrung abringt – oder besser im Schweiße seiner Diener, Sklaven und Familienmitglieder. Da der Anführer einer Hirtengruppe dieses Kapital notwendigerweise eher in soziale als in materielle Beziehungen investieren muß, dient die Herde als Brautpreis, wird Söhnen, Schwiegersöhnen oder Gefolgsleuten zugeteilt oder hilft bei der Bewirtung von Gästen, das eigene Ansehen zu vermehren (vgl. Barth in Nelson 1973). Der Ökonom Pierre Bonté vertritt die noch radikalere Auffassung, daß das Hirtentum den historischen Ausgangspunkt des Kapitalismus bilde, da Hirtengesellschaften notwendiger Teil eines historischen Prozesses seien, »in dessen Verlauf sich die vorherrschende Stellung der kapitalistischen Produktionsweise herausgebildet hat« (1972: 260).

In Wirklichkeit besteht kaum ein Widerspruch zwischen der Sicht der Antike, in der nomadische Hirtenvölker als arm galten, und neuzeitlichen

Beobachtern, für die sie »nur« reich an beweglichem und konvertiblem Besitz sind. Die Wanderungen, die nun einmal zum Leben der Sammler und Jäger wie auch der Hirtenvölker gehören, bedingen die Beschränkung auf eine minimale und außerdem transportable materielle Kultur, die keine Architektur, keine Standbilder, keine Tempel oder andere dauerhafte Zeichen hinterläßt. »Die materielle Kultur solcher Völker zeichnet sich deshalb vor allem durch Einfachheit und Dürftigkeit aus.« (Service 1979: 4) Captain Cook war sich der Vorzüge, die den antiken Zeugen nomadischen Lebens so häufig entgingen, durchaus bewußt:

> »Aus dem, was ich über die Eingeborenen Neu-Hollands berichtet, mag mancher den Schluß ziehen, sie seien die elendsten Kreaturen auf Erden; doch in Wirklichkeit sind sie weit glücklicher als wir Europäer. Sie befinden sich in völliger Unkenntnis der überflüssigen wie der notwendigen Annehmlichkeiten, welchen das höchste Streben der Europäer gilt, und sie sind glücklich durch ihr Unwissen. Sie leben in einer Ruhe, welche nicht durch die Ungleichheit der Umstände gestört wird; das Land und das Meer versorgen sie von selbst mit allen Dingen, die zum Leben notwendig sind. Sie begehren keine prächtigen Häuser, Dinge des Haushalts etc.; sie leben in einem warmen und angenehmen Klima und sind mit einer sehr gesunden Luft gesegnet. So bedürfen sie kaum der Kleidung, und dessen scheinen sie sich voll bewußt zu sein; denn viele, welchen wir Tuch etc. gaben, ließen dieses achtlos am Strand und in den Wäldern liegen, als ein Ding, wofür sie keinerlei Verwendung hatten. Kurz, sie schienen auf keines der Dinge Wert zu legen, die wir ihnen gaben«. ([1987]: 126 f.)

Für die Angehörigen der reichen, seßhaften Zivilisationen verkörperten nomadische Völker schon immer ein Art therapeutischer Gegenwelt, die ihnen eine Möglichkeit gab, alles Überflüssige abzustreifen und sich auf ihre eigentlichen Bedürfnisse zu besinnen. Die »Armut« der Nomaden, ihr »versteckter« und zirkulierender Reichtum, ist parallel zu sehen zur verwesentlichenden, korrosiven Kraft der Mobilität, die von den heroischen Reisenden immer schon erkannt und erfahren wurde. Ganz offensichtlich reist derjenige am besten und leichtesten, der am wenigsten mit Gepäck belastet ist. Elisha Kent Kane, ein amerikanischer Marinearzt, der in den Jahren 1853–55 mehrere Expeditionen in die Arktis leitete, um nach dem verschollenen Sir John Franklin zu suchen, beschrieb diese Beschränkung als Fortschritt:

> »Wir lernten später, unsere Reiseausrüstung anzupassen und zu reduzieren, und stellten fest, daß unser Leben um so bequemer wurde und wir um so besser mit den Umständen zurechtkamen, je einfacher unsere Ausrüstung wurde und je mehr vermeintlich notwendige Dinge wir aufgaben. Während unseres Arktis-

aufenthaltes schrumpfte unsere Schlittenausrüstung immer mehr zusammen, bis wir schließlich das Eskimo-Ideal an Einfachheit erreichten – rohes Fleisch und einen Fellsack.« ([1971]: 114)

Die ständige Ortsveränderung, so scheint es, ist nicht nur dafür verantwortlich, daß in nomadischen Gesellschaften unbewegliche Güter sowie eindrucksvolle und dauerhafte Darstellungsformen von Reichtum und Macht weitgehend fehlen. Auch die für Nomadengesellschaften charakteristische »Armut an Ritualen« ist offenbar ein Produkt der Mobilität, die dazu zwingt, die Götter zu entmaterialisieren und sowohl Zahl als auch Größe der verehrten Idole zu beschränken. Obwohl sie immer wieder als Träger und Vermittler für die großen Religionen unserer Welt fungiert haben, waren die Nomaden selbst erstaunlicherweise häufig unreligiös oder nur lose Anhänger einer etablierten Religion. Die Basseri, ein in Südpersien lebendes Nomadenvolk, sind ähnlich wie die Nomaden in Arabien und Nordafrika alles andere als strenggläubige Muslims und beten nur alleine und unregelmäßig. Für Barth ist diese »Armut an Ritualen« nicht nur ein Zeichen für das Fehlen jeglicher überflüssiger religiöser Staffage, sondern auch ein Hinweis auf das Ausmaß, in welchem für die Basseri »ihre zentralen Wertvorstellungen vor allem in jenen Aktivitäten bestehen und Ausdruck finden, die bei ihrer Adaptation an die Umwelt im Mittelpunkt stehen. Das ist ihnen vielleicht nur aufgrund der besonderen Eigenart dieser Adaptation möglich – aufgrund des pittoresken und dramatischen Charakters der Aktivitäten, die ihre Wanderungen zu einer so fesselnden und befriedigenden Erfahrung werden lassen.« (1961: 153)

Hier dient die Mobilität als Ersatz für das Ritual, oder genauer gesagt: Sie macht Übergangsriten überflüssig, indem sie mit der jährlichen Migration die kontinuierliche Erfahrung von Veränderung bietet. Die Mobilität befriedigt Bedürfnisse, die sich bei seßhaften Gesellschaften in Zeremonien und Gottesdiensten niederschlagen. Die Wanderungen erfüllen gleichzeitig die Funktion, ein Territorium zu kartographieren und zu »mythisieren« und heilige Stätten als Versammlungsorte zu schaffen. T. G. H. Strehlow schreibt über die Bedeutung der Landschaft für die australischen Aborigines: »Die Simpson-Wüste wurde von Süden nach Norden und von Osten nach Westen von den Mythen wandernder totemistischer Vorfahren männlichen und weiblichen Geschlechts durchzogen; und auf diesen mythischen Wanderwegen lagen auch die vorgeschriebenen Orte für soziale Kontakte zwischen den totemistischen Klans und den örtlichen Gruppen, denen sie sich anschlossen.« (1970: 94) Die Migration erfüllt die Landschaft mit magischer Macht und mit Kräften, von denen die Wanderer ständig zehren und die sie gleichzeitig erhalten und ausweiten. Häufig kristallieren sich »zeremonielle Zentren« innerhalb der bestehenden Wanderungsmuster heraus: Sowohl Mekka als auch Jerusalem waren ursprünglich Orte, an denen Nomadenvölker sich versammelten und fasteten.

Der Grundzustand der Mobilität steht auch hinter der Anpassungsfähigkeit und Offenheit für Innovationen, die man lange als charakteristisch für wandernde Gesellschaften ansah. T. E. Lawrence schrieb diese Anpassungsfähigkeit gerade der »Armut« der nomadischen Existenzweise zu, als er feststellte, daß die Nomaden »sich oft ungewöhnlich empfänglich und aufgeschlossen für nützliche Neuerungen zeigen. Da sie nur wenige elementare Lebensgewohnheiten haben, wird es ihnen leicht, ihre Gewohnheiten zu wechseln.« (Zit. n. Doughty 1937: 28) Nomaden betreiben häufig eine Form der Weidewirtschaft, passen sich aber auch vielen anderen ökonomischen Situationen an, als Jäger und Sammler, Wanderarbeiter, Räuber und Plünderer, Händler und Spediteure oder – wie heute – als Reiseführer.

Nomadische Gesellschaften sind außerdem ihrem Wesen nach »Konsumgesellschaften«, in denen die Freizeit, nicht die Arbeit, den höchsten Stellenwert besitzt. Alle Beobachter solcher Gruppen waren beeindruckt davon, wie wenig Arbeit Sammler und Jäger oder auch Hirten tatsächlich leisten. Im australischen Arnhem Land beispielsweise müssen die Aborigines weniger als vier Stunden täglich arbeiten, um ihre Bedürfnisse befriedigen zu können. Die Anthropologen Richard B. Lee und Irven De Vore kommen in ihrer Studie (1968) der !Kung-Buschmänner zu dem Ergebnis, daß die Männer und Frauen im Durchschnitt pro Woche 2,5 Tage arbeiten, um ihre Ernährung zu sichern. Bei Jägerkulturen ist es strenggenommen die Arbeit und nicht so sehr die Verfügbarkeit von Wild, die zu Wanderungen zwingt: Das Lager wird nicht dann verlegt, wenn es gar kein Wild mehr gibt, sondern wenn sich herausstellt, daß der Aufwand für die Nahrungsbeschaffung im Vergleich zur Ausbeute zu hoch ist – mit anderen Worten, wenn die mit der Nahrungssuche verbundene Arbeit ein erträgliches Maß übersteigt (vgl. Service 1979). Ganz ähnlich ziehen Hirtengesellschaften nicht dann weiter, wenn die Weide abgegrast ist, sondern wenn der zeitliche Aufwand, der nötig ist, um das Vieh zu den Weidegründen und wieder zurück zu bringen, über ein akzeptables Maß hinausgeht. Bei solchen Viehzüchtern, wo die Arbeit mit den Herden zum größten Teil von den Kindern und jungen Erwachsenen übernommen und die Haushaltsführung weitgehend von den Frauen erledigt wird, genießen die Männer ein relativ ruhiges, unbeschwertes Leben; Beduinenmänner verbringen einen großen Teil ihrer Zeit mit Unterhaltung, Kaffeetrinken, Rauchen oder gehen auf Raubzüge aus – für sie beinahe so etwas wie ein Sport.

Wie in unserer eigenen postindustriellen Gesellschaft von Reisenden ist die Freizeit bei den Nomaden eine unsichtbare Form des Reichtums und der Hauptgrund für jene Geselligkeit, die bei wandernden Völkern immer wieder konstatiert worden ist. Charles Doughty schrieb dazu: »Diese Orientalen beschäftigen sich mit kaum etwas anderem, als in ihren Männergesellschaften untätig beim Kaffee zu sitzen. In dieser Schule feinster menschlicher Beobachtung lernen sie, zum Herzen zu sprechen.« (1923: I, 91)

Nomadische Gesellschaften leben vom Reichtum der Natur, von der Fruchtbarkeit ihrer Herden und von Überschüssen, die aus fremden Siedlungen erbeutet und nicht erarbeitet werden. Da sich Herden, wilde Tiere und natürliche Nahrungsquellen auch ohne den direkten Einsatz menschlicher Arbeitskraft vermehren und da die Migration der entscheidende Anpassungsmechanismus ist, der für ein maximales Nahrungsangebot sorgt, sind es Mobilität, Konsum, Kommunikation und Freizeit – und nicht körperliche Arbeit –, die für nomadische Völker ebenso wie auch für uns Bedeutung und Identität herstellen.

Die Autarkie der primären Reproduktionseinheit ist das kennzeichnende Merkmal aller mobilen sozialen Strukturen, die auch als »segmentäre soziale Systeme« bezeichnet werden. Die Autonomie der reisenden Gruppe war nach Strabo der entscheidende Faktor dafür, daß die Barbaren von den »zivilisierten« Armeen so leicht zu unterwerfen waren: Die militärischen Erfolge der Griechen bei »barbarischen« Völkern führte er darauf zurück, »dass Diese in kleine Theile und Staaten zersplittert waren, die aus Selbstgenügsamkeit in keiner Verbindung mit einander standen, und deshalb gegen auswärtige Angreifer kraftlos blieben« ([1988]: 270). Neben anderen Beobachtern zeitgenössischer nomadischer Gesellschaften hat auch Barth darauf hingewiesen, daß das augenfälligste Merkmal einer auf Mobilität gegründeten Sozialstruktur in der vergleichsweisen Unabhängigkeit des Primärhaushalts von den anderen Haushalten zu suchen ist: »Die Autarkie des nomadischen Haushalts, dank derer er imstande ist, in ökonomischer Verbindung zu einem externen Markt bei gleichzeitiger vollständiger Isolation von allen anderen Nomadenhaushalten zu überleben, sind ein auffälliges und grundlegendes Merkmal der sozialen Organisation der Basseri.« (1961: 21)

Mobile Gesellschaften bestehen im wesentlichen aus kleinen Haushalten von Verwandten und Klienten, die in völliger Unabhängigkeit von (und gelegentlich sogar in offener Feindschaft zu) anderen, ähnlichen Haushalten, Lagern und Gruppen existieren. Diese autonomen Gruppen sind – abgesehen von gemeinsamer Abstammung – miteinander nur freiwillig und gelegentlich durch Märkte, gemeinsame Feste, Götter, Bündnisse und Gastfreundschaft verbunden. Das ist der Grund, warum zur Charakterisierung der Besonderheiten nomadischer Gesellschaften häufig die Begriffe *Individualität* und *Unabhängigkeit* benutzt werden:»Unabhängigkeit ist ein wesentliches Kennzeichen des Hirtenlebens; sie schlägt sich sowohl in sozialen Institutionen als auch in Persönlichkeitsmerkmalen nieder.« (Goldschmidt 1971: 141) Und der Anthropologe P. H. Gulliver schreibt über die Turkana-Nomaden im nördlichen Uganda:»Gelegentlich wandert eine Gruppe von zwei oder drei Familien gemeinsam und bleibt eine Zeitlang zusammen, aber solche Verbindungen sind immer nur vorübergehend, denn das Besondere am Nomadentum der Turkana ist die individuelle Freiheit jeder einzelnen Familie unter ihrem jeweiligen Oberhaupt.« (1966: 12)

Fusion und Spaltung

Die Unabhängigkeit der familialen Produktionseinheit ist die Ursache für die immer wieder konstatierte Dynamik reisender Gesellschaften, für ihren Rhythmus von Fusions- und Spaltungsprozessen:»Manchmal, zum Beispiel während der Trockenzeit, besteht die Gruppe der Nahrungssucher nur aus der Kernfamilie, zu anderen Zeiten dagegen ist es die gesamte Gemeinschaft oder sogar, wenn die Festsaison fortgeschritten ist, ein Verband mehrerer Gemeinschaften.« (Strehlow 1970: 100) Joseph Birdsell (1968) und T. G. H. Strehlow vertreten also die Auffassung, dieses soziale Muster bei den australischen Sammlern und Jägern sei durch die Menge des Nahrungsangebots bedingt: Während der Trockenzeit spalten sich größere Zusammenschlüsse in ihre Primäreinheiten auf und die einzelnen Familien verteilen sich über die Weidegebiete, während sie sich in Zeiten des Überflusses zu kurzlebigen Gemeinschaften, vor allem aus Anlaß von Festen und Feierlichkeiten, zusammenfinden.

Der Zusammenschluß normalerweise getrennt lebender Gruppen zu dem Zweck, etwas allen Gemeinsames zu feiern, verbindet die mobile Existenz der »primitiven« Menschen mit der religiösen Pilgerfahrt und letztlich mit unserem heutigen Tourismus. Historisch betrachtet dient die rituelle Reise der Vergegenwärtigung der umfassendsten Struktur, die getrennte, bewegliche Segmente der Gesellschaft miteinander verbindet – dies kann eine Religion oder eine andere Tradition sein. Reisen sind dabei der wichtigste Mechanismus, um diese Einheit zu erreichen, gleichzeitig aber auch, sie später wieder aufzulösen.

Lange bevor Christus und Mohammed Jerusalem und Mekka zu Wallfahrtsorten machten, versammelten sich dort verwandte Stämme in guten Zeiten, um gemeinsam zu feiern. Die Institution der Pilgerfahrt hat ihren Ursprung in solchen Feiern und Festlichkeiten von nomadisierenden Gruppen, die dazu dienten, das gemeinsame Recht, die Verwandtschaft oder gemeinsame Religion in Erinnerung zu rufen. Das hebräische Wort für Wallfahrt (*hagh*) bezeichnet nämlich ähnlich wie die prämoslemische arabische Pilgerfahrt (*haj*) sowohl eine Reise als auch die Festlichkeiten an einer bestimmten Grabstätte und verweist ausdrücklich auf die ursprünglichen saisonalen nomadischen Wanderungen. Alle männlichen Angehörigen der sprachlich verwandten hebräischen Stämme waren von Rechts wegen und durch die religiöse Tradition verpflichtet, dreimal im Jahr zum Tempel in Jerusalem zu wallfahren, nämlich zu Pessach (Frühlingsfest), Schawuot (Wochenfest) und Sukkot (Laubhüttenfest). Ehe das Pessachfest zum Gedenken an den Auszug aus Ägypten wurde, diente es der Erinnerung an die Nomadenzeit; dazu gehörte eine dreitägiger Aufenthalt in der Wüste, an den sich ein großes Festmahl anschloß. Zum Tabernakel- oder Laubhüttenfest wurde aus unbehauenen Feldsteinen ein Altar errichtet; nach Auffassung des Religionsgeschichtlers William Popper (1921) stellte es »eine dramatisierte Erinnerung an das alte Leben und die Wanderungen in der Wüste dar«. Die moslemische *hadj* endet bis heute mit der Reise von Medina nach Mina, wo den Pilgern die Köpfe geschoren und sie aus der Askese des *Ihram* entlassen werden. Anschließend *muß* sich jeder Pilger, genau wie bei der vormoslemischen Mekkafahrt, an einem dreitägigen Festmahl beteiligen – es ist ausdrücklich verboten, in dieser Zeit zu fasten.

Die Festlichkeiten, die den Ursprung der Wallfahrten bildeten, spielten selbst noch bei den christlichen Pilgerfahrten des Mittelalters eine zumindest unterschwellig wichtige Rolle. Diese »Überreste« heidnischer Traditionen wurden vom Klerus streng verurteilt, der auf dem feierlichen und ernsthaften Charakter der Pilgerfahrt beharrte. Kurz nach dem Tode Bedas des Ehrwürdigen (735) schrieb ein englischer Missionar aus Deutschland an Cuthbert, den Erzbischof von Durham, es sei dringend notwendig, »die Praktiken während der Wallfahrten zu überprüfen, denn viele, sowohl Männer als auch Frauen, gehen allein zu dem Zweck ins Ausland, ein freizügiges Leben zu führen, ohne die Einschränkungen, denen sie daheim ausgesetzt sind, oder sie werden vom Laster in den Städten Frankreichs und der Lombardei verführt, vom Pfade der Tugend abzuweichen« (zit. n. Heath 1971: 34). In Thomas Mores *Dialogue on the Adoration of Images* stellt einer der Gesprächspartner fest, daß die Mehrzahl der Pilger nicht im entferntesten um der Andacht willen nach Canterbury kämen, sondern um in lustiger Gesellschaft ausgiebig zu schwätzen, sich den Bauch vollzuschlagen und zu tanzen (zit. n. ebd.: 44). Die Pilger in Chaucers *Canterbury Tales* verhalten sich also keineswegs anstößig, sondern entsprechend dem ursprünglichen Charakter der Pilgerfahrt, wenn sie diese als Anlaß zum Feiern betrachten, wo man den gemeinsamen Glauben ausgelassen hochleben läßt, und Chaucers Beschreibung der Pilger ist historisch durchaus zutreffend:

> »Every man in his wise made herty chere
> Telling his fellows of sportess and of cheer
> And of mirthes that fallen by the waye
> As custom is of pilgrims, and hath been for many a daye.«
>
> (Zit. n. ebd.)

Pilgerfahrten sind also ein Überbleibsel der vorübergehenden Verschmelzungsprozesse, die für mobile Gesellschaften so charakteristisch sind, aber der »Normalzustand« ist die Uneinigkeit zwischen den einzelnen Gruppen. Augenblicke der Einheit sind selten, aber von größter Bedeutung, und immer wieder hat sich gezeigt, daß Nomadenhorden – Mongolen, Araber, Hunnen – nachhaltige Spuren in der Geschichte hinterlassen haben, wenn sie sich einigen konnten.

Eine Verschmelzung der autonomen Einheiten nomadischer Gesellschaften kann auch auf politischem Wege erreicht werden, wenn auch weniger über eine rigide politische Struktur als über ein flexibles Ordnungssystem. Frederik Barth und andere bezeichnen die für Nomaden charakteristischen politischen Strukturen als »oppositionell«, weil die einzelnen Gruppen sich je nach Art und Stärke des Gegners, dem sie sich gegenübersehen, zusammenschließen. Eine Konföderation oder Allianz von Nomaden ist demnach nicht das Ergebnis innerer, sondern äußerer Spannungen, d. h. von Kriegssituationen. »Das Lineage-Segment kann nicht allein stehen, es kann nur ›dagegen‹ stehen«, wie der Anthropologe Marshall Sahlins schreibt (1973: 134). Die Grundregel, daß sich der Zusammenhalt zwischen den einzelnen Gruppen nach der Stärke und Art der Gegner richtet, faßt ein beduinisches Sprichwort sehr schön zusammen:

> »Ich gegen meinen Bruder.
> Ich und mein Bruder gegen unseren Cousin.
> Ich, mein Bruder und unser Cousin gegen unsere Nachbarn.
> Wir alle gegen den Fremden.«
>
> (Zit. n. Chatwin 1990: 273)

Die Vorschriften für die Regelung von Allianzen und Feindschaften in »oppositionellen« politischen Strukturen sind kurz und knapp: Der

Freund meines Feindes ist mein Feind; der Feind meines Feindes ist mein Freund; der Feind meines Freundes ist mein Feind; der Freund meines Freundes ist auch mein Freund. Aus einem solchen System gingen z. B. die Horden von Eroberern hervor, die vom 7. bis 13. Jh. immer wieder Eurasien und Nordafrika überrannten, andererseits aber auch jene Zersplitterung, die die barbarischen Völker immer wieder zu einem verlockenden Angriffsziel für die Expansionsbestrebungen der alten Griechen und Römer machte:

> »Die Ebene der politischen Konsolidierung erweitert und verengt sich: Primäre Segmente, die sich einmal vereinen, um einen Feind anzugreifen oder abzuwehren, zerfallen ein andermal in sich befehdende Segmente, die um Land oder persönlicher Schäden wegen streiten. Außerdem hängt der Grad, bis zu dem politische Konsolidierung erfolgt, typischerweise von Umständen ab, die außerhalb des Stammes liegen. Das Vorhandensein eines gut organisierten, räuberischen Nachbarn oder umgekehrt, die Gelegenheit, eine in der Nähe lebende Gesellschaft zu berauben, gibt einen Ansporn zum Zusammenschluß.« (Sahlins 1973: 121 f.)

Akephale (wörtlich: »kopflose«) segmentäre Gesellschaften, »oppositionelle« politische Systeme und die abwechselnde Fusion und Spaltung, die für mobile Gesellschaften charakteristisch sind, können nicht als Produkte einer bestimmten Stufe der geschichtlichen Entwicklung betrachtet werden. Sie finden sich allzu oft auch unter modernen Bedingungen, im Andauern des »Kalten Krieges«, in den Mustern moderner Geselligkeit, in den Strukturen des Tourismus. Es wäre ein Fehler, wollte man die modernen nomadischen Gesellschaften – Hirtenvölker, Zigeuner, Motorradclubs, Reisegruppen – als Überreste einer vormodernen Lebensweise betrachten. Diese sozialen und politischen Strukturen sind und waren, damals wie heute, das Ergebnis menschlicher Mobilität. Die Unabhängigkeit der mobilen Einheit – sei es ein Individuum oder ein Kollektiv – hat ihren Ursprung in der Fähigkeit, sich von einem bestimmten Ort zu lösen und sich über fremde Gebiete hinweg zu bewegen, ohne ihre Integrität zu verlieren. Das Segment, die (Klein-)Gruppe, entsteht durch das Unterwegssein und den dabei notwendigen Zusammenhalt, wie am Beispiel von Expeditionen und Karawanen deutlich wird: »Selbst die spätere unabhängige Karawane (. . .) blieb eine Art kleiner, aber wandernder Staat, der sich seinen Weg bahnte zwischen zahllosen kleinen und größeren Niederlassungen, meist räuberischer Völker.« (Polanyi 1977: 92) Das Überleben dieser mobilen Einheit hängt unter anderem auch von ihrer Fähigkeit ab, die Beziehungen zu seßhaften sozialen Einheiten zu regeln, »anzukommen«

und Austauschbeziehungen herzustellen. Nur wenn man diese Struktur als das Produkt der Mobilität begreift, wird verständlich, warum sie auf so vielen Kontinenten und in so vielen geschichtlichen Perioden im wesentlichen immer wieder in derselben Gestalt erscheint. Dies ist also ein Beispiel für ein System, das sich nicht von einem Punkt aus verbreitet, sondern unter dem Druck einer übergreifenden Kraft – der Mobilität – entsteht, die überall Einfluß auf die menschlichen Beziehungen nimmt.

Die Ursprünge des Patriarchats

Segmentierte Verwandtschaftssysteme – d. h. Systeme, die sich über »Brüder« und »Onkel« auf einen gemeinsamen Vorfahren beziehen – sind für nomadische und mobile Völker charakteristisch. Dieses System beruht auf der Fiktion eines Patriarchen, in der Regel ein »Großvater«, über den sich Verbindungen zwischen ansonsten getrennten Segmenten der Lineage herstellen lassen. Ein Turkana-Informant erklärte dem Ethnologen P. H. Gulliver dieses System folgendermaßen: »Wir sind eine Familie und unterscheiden uns von anderen Leuten. Kopegamoi ist für uns wie ein Großvater, vor langer Zeit war er ein großer Mann; wir erinnern uns an ihn. Den Namen des Vaters meines Vaters kenne ich nicht. So ist das für uns, so sagen wir.« (1966: 110)

Das Patriarchat ist wohl eine der ausgeprägtesten Vorstellungen, die die wandernden Völker hervorgebracht haben – für Angehörige ein und derselben Sprachengruppe, die sich als Fremde begegneten und versuchten, eine gemeinsame Basis zu finden, mußte sie ganz naheliegend sein. Das gemeinsame Element konnte dabei ein Bruder sein, ein Mann aus einer längst vergangenen Zeit, an den man sich gut erinnerte und der die Weidegründe seines Volkes verlassen hatte, um in ein anderes Land zu gehen und einen neuen Stamm zu gründen, »Kain« oder »Abraham«, »Seth« oder »Israel«. Diese Art von segmentierter Lineage findet sich bei fast allen mobilen und weit verstreuten Völkerschaften, und zwar häufig in Verbindung mit Patriarchat und Endogamie – letztere manchmal sogar innerhalb beider Linien, der männlichen wie der weiblichen, wodurch sich die Wahrscheinlichkeit gemeinsamer Vorfahren verdoppelt. Es deutet vieles darauf hin, daß endogame, patriarchalische, segmentierte Lineages, wie man sie bei den Nomadenstämmen und bei unseren biblischen Vorvätern findet, nicht zuletzt dazu gedient haben, den inhärenten Aufsplitterungstendenzen des Nomadentums entgegenzuwirken. Als Jakob, der Enkel Abrahams, den Spuren seines Großvaters folgte, um sich im Volk seiner Großeltern eine

Ehefrau zu suchen, verdoppelte er damit gewissermaßen seine Stammesidentität und verstärkte die Bindungen, die sein Volk trotz der Verstreutheit
über ein weites Gebiet zusammenhielten. Diese Vorschrift der Endogamie
innerhalb der väterlichen Linie war so stark, daß sie selbst Lots Inzest mit
seinen Töchtern rechtfertigen konnte: Die väterliche Linie, auf der der
Zusammenhalt der Gruppe und die gemeinsame Identität ruhten, durfte
nicht aussterben.

Der gemeinsame Vorfahr, jener »große Mann«, der vor langer Zeit lebte
und in Gesängen und Erzählungen beschworen wird, ist eine durchaus
funktionale Fiktion für nomadische Gruppen, die von einem Ort wegzie-
hen, durch das Gebiet feindlicher oder bestenfalls unbeteiligter Stämme
wandern und an anderer Stelle neue Bindungen eingehen. Eine gemeinsame Identität war besonders für ein so inhomogenes Volk wie die Israeli-
ten von großer Wichtigkeit, die ursprünglich aus nomadischen Hirtenstäm-
men Mesopotamiens entstanden waren und in das Land zurückkehrten,
das auch für uns heute noch das »Heilige Land« ist. Das Bewußtsein, »eine
Familie« und »anders« als die Völker zu sein, unter denen sie lebten – Amo-
riter, Hethiter, Phönizier, Philister, Samariter, später auch Griechen und
Römer –, wurde durch die Weitergabe der Abstammungslinien wachgehal-
ten, aus der eine mündlich überlieferte Literatur und später das Gesetz
wurden. Namen und Personifizierungen wurden Bestandteil der kollektiven Identität, deren Geschichte immer wieder erzählt wurde als Aufeinanderfolge von Generationen wandernder Helden:

> »Die Patriarchen sind weder bloße Individuen noch verkörpern sie den jeweili-
> gen Stamm als solchen, sie sind die Väter, die am Leben des Stammes teilneh-
> men. Um sie kreisen die Legenden, neben Märchen und anderen Berichten, die
> immer neue Nachfahren je nach Lebenssituation hinzugefügt haben, und alle
> wichtigen Dinge, die dem Stamm widerfahren, werden mit ihnen in Verbin-
> dung gebracht.« (Pederson 1964: I, 14)

Dieses Patriarchat ist ein rein abstraktes, aber für mobile soziale Gruppen
eminent wichtiges Phänomen (»So ist das für uns, so sagen wir«). Es dient
dazu, Ablösungsprozesse und Abreisen zu erleichtern, der Gruppe unterwegs eine gemeinsame Identität zu verleihen und in vielen Fällen auch die
Ankunft von Fremden zu erleichtern, unter denen sich Angehörige einer
verwandten Sippe und neue Verbündete befinden könnten. Das erklärt vielleicht die Macht und Beharrlichkeit, mit der sich diese Fiktion über drei
Jahrtausende ständiger Migration, Reise und Wiederkehr hinweg erhalten
hat.

Bewaffnete Unternehmungen und die Keimzelle des Staates

Wer ein Römer oder ein Franke war, ist in diesem Land zu einem Galiläer oder Palästinenser geworden. Wer aus Reims oder Chartres war, wurde zu einem Bürger von Tyrus oder Antiochia. Wir haben unsere Geburtsorte bereits vergessen; (...) Worte aus verschiedenen Sprachen wurden zu Gemeinbesitz und verbreiteten sich in allen Nationen, und der gemeinsame Glaube vereint die, welche ihre Herkunft nicht mehr kennen.

Fulcher von Chartres, 1120

Ich und meine Gefährten tun nur das, was unsere Vorgänger auch getan haben, und das ist nicht gegen den König gerichtet; denn der, welcher uns anführt, ist unser Herr, und niemand anderer (...) Wir haben uns einen neuen König erwählt, dem wir gehorchen, und als Vasallen eines anderen Herrn mögen wir durchaus Krieg führen gegen jene, die zu bekämpfen wir geschworen haben, das ist unsere Sache und nicht eure.

Lope de Aguirre, 1561

Mobilität schafft Bindungen, die sich bei der Ankunft auflösen oder aber territorialisiert und in der Topographie verankert werden können. Im Falle der Kreuzzüge entstand so eine neue Gesellschaft aus einzelnen Individuen, die sich an einem bestimmten Ort niederließen. Fulcher von Chartres zeigte sich beeindruckt von der Heterogenität des Kreuzfahrerheeres im Jahre 1096:

> »Und wer hätte je eine solche Mischung verschiedener Sprachen in einem Heer gehört? Da gab es Franken, Flamen, Friesen, Gallier (...) Lothringer, Alemannen, Bayern, Normannen, Engländer, Schotten, Aquitanier, Italiener, Daker, Apulier, Iberer, Bretonen, Griechen und Armenier. Wenn ein Brite oder ein Teutone mich etwas fragen wollte, konnte ich ihm weder antworten noch ihn verstehen.« ([1969]: 271 f., 88)

Ursprünglich waren diese Grüppchen verschiedenster Nationalität nur durch den Eid Gott und ihren Gefährten gegenüber verbunden, ehe aus ihnen eine reisende Gemeinschaft wurde, die gemeinsame Kämpfe, gemeinsames Leid und gemeinsame Untaten zusammenschweißten. Mit der Eroberung Jerusalems wurde diese Gesellschaft seßhaft; sie begann, von der unterworfenen Bevölkerung Abgaben zu erheben, lernte eine neue, gemeinsame Sprache und vergaß ihren Ursprung.

Die Mobilität beinhaltet nicht nur Solidarität, sondern auch ein Gefühl der Selbständigkeit und Bindungslosigkeit; sie ist gleichzeitig sozialer

Klebstoff *und* Lösungsmittel. Die antiken Feldzüge, die Kriegerbanden der Völkerwanderungszeit, die ungeordneten Haufen von Herren und Gefolgsleuten, die zu den Kreuzzügen aufbrachen und ab dem 16. Jh. die Welt erkundeten und kolonisierten, sind nicht nur als Träger dieser historischen Ereignisse von Bedeutung; sie haben uns darüber hinaus gezeigt, wie sich soziale Gruppierungen bilden und überdauern, und zwar auf anderen Grundlagen als Territorium, Verwandtschaft oder Sprache, von denen wir bei unseren Betrachtungen über Gesellschaft und Geschichte meistens ausgehen. Die Solidarität, die solche Gruppen praktizieren, basiert auf einer gemeinsamen Ausrichtung, auf gemeinsamen Bedingungen, auf der gemeinsamen Identität als Fremde und auf der gemeinsamen Opposition gegen seßhafte Gruppen.

Alfred Russel Wallace fand bei den Händlern und Kaufleuten auf den Aru-Inseln eine Gesellschaft, die ihn lehrte, wie wenige Ordnungsstrukturen in solchen scheinbar »unregierten« Gesellschaften erforderlich sind:

> »Diese buntscheckige, unwissende, blutdürstige, diebische Bevölkerung lebt hier ohne den Schatten einer Regierung, ohne Polizei, ohne Gerichtshöfe und ohne Advokaten. Dennoch schneiden sie sich nicht einander die Kehle ab, plündern nicht Tag und Nacht, fallen nicht in jene Anarchie, zu welcher, wie man glauben sollte, ein solcher Zustand der Dinge führt. Es ist höchst außergewöhnlich! Es kommen dem Beobachter sonderbare Gedanken im Hinblick auf die Bergeslast von Regierung, unter welcher die Völker in Europa leben, und er fragt sich, ob wir nicht vielleicht überregiert sind.« ([1983]: 388)

Es war das gemeinsame Interesse an Handel und Profit, das »diese unharmonischen Elemente in einer sich gut vertragenden Gemeinschaft« vereinte und eine »öffentliche Meinung [schuf], welche aller Gesetzlosigkeit entgegentritt« (ebd.: 388f.).

Schwurgemeinschaften

Mobile Gesellschaften verdanken es der Bedingung des Unterwegsseins, daß sie fast immer demokratisch organisiert und von einem ständigen aktiven Konsens ihrer Mitglieder abhängig sind. Die Gefahr einer Abspaltung ist immer konkret gegeben: Jede Einheit einer solchen Gesellschaft stimmt gegebenenfalls mit den Füßen ab. Allein deshalb schon stellen mobile Gesellschaften, selbst in ihrer ursprünglichen Form kleinerer nomadischer Gruppen, im wesentlichen einen freiwilligen Zusammenschluß dar, der ständig durch Kommunikation und Beratung bekräftigt (oder auch aufgelöst) wird: »Ein Nomadenlager hat nur Bestand, wenn seine Existenz von allen Mitgliedern ständig erneuert und bekräftigt wird. Jeden Tag müssen die Mitglieder des Lagers gemeinsam die lebenswichtige Frage entscheiden, ob sie weiterziehen oder bleiben, und wenn sie weiterziehen, welche Route sie nehmen und wie weit sie gehen.« (Barth 1961: 21) Die Bedeutung, die Beratungen und Gesprächen in solchen Gesellschaften zukommt, wurde schon früh erkannt; ohne Diskussion ist die reisende Gruppe logischerweise nicht in der Lage, sich zu bewegen, ihre Richtung zu bestimmen und auf die Gefahren zu reagieren, die unterwegs lauern.

Die Einheit der mobilen Gruppe kann nie als selbstverständlich vorausgesetzt werden, wie es bei fest abgegrenzten und seßhaften menschlichen Gemeinschaften oft der Fall ist. Alle Gesellschaften, besonders aber mobile, entstehen und erhalten sich durch ständige Kommunikation, bei der sich mögliche Perspektiven und gemeinsame Motive herauskristallisieren. In der Tat erwies sich im alten Griechenland die Notwendigkeit ständiger Beratungen als verbindendes Element zwischen den einzelnen Stadtstaaten und jenen bewaffneten Gruppen, die zu Feldzügen unterwegs waren. Als Athen durch den oligarchischen Staatsstreich im Jahre 411 v. Chr. von seiner Flotte und den auf Samos stationierten Hopliten (schwerbewaffneten Fußsoldaten) abgeschnitten war, wurden die plötzlich ohne ihre Stadt dastehenden Soldaten aufgefordert, sich als politisch unabhängig zu begreifen:

> »Zum Sieg über die Feinde sei die Stadt ihnen wenig oder nichts nütze, sie hätten an ihr nichts verloren, nachdem sie ihnen weder Geld mehr zu schicken habe – das Heer käme für sich selber auf – noch weisen Rat, dessentwegen ein Staat dem Heere übergeordnet sei.« (Thukydides [1960]: 637)

Im Altertum entwickelten sich aus Expeditionen, die in ihrer Autonomie und Autarkie mobilen Städten vergleichbar waren, eidgebundene Gruppen wie jene, die Anfang des 5. Jh. immer häufiger den Mittelmeerraum bedrohten. Die einzelnen Schritte dieser Entwicklung von nomadischen Gesellschaften, die durch die Fiktion von Verwandtschaft zusammengehalten wurden, über die *polis*, die sich in Gestalt von Handels- und Kriegsexpeditionen, die oft zu Neugründungen führten, kontinuierlich reproduzierte, bis zu Feldzügen, deren Teilnehmer durch einen Eid an einen oder mehrere Anführer gebunden waren, sind noch nicht bis ins letzte geklärt und könnten einen interessanten Beitrag zur Geschichte des Reisens liefern.

In der Geschichte des Reisens kam dem Eid als Bindeglied zwischen einzelnen Individuen eine immer größere Bedeutung zu. Ein Beispiel dafür ist der Schwur, den jüdische Pilger vor ihrer *Sibbab*, der Reise ins Heilige Land, ablegten und mit ihrem Blut bekräftigten: »Einer der Männer sticht sich mit einer Nadel in den Finger und fordert seinen künftigen Reisebegleiter auf, das Blut zu trinken. Er und der andere sind damit gleichsam ein Fleisch und Blut.« (Adler 1930: 65) Der Schwur löste die Lineage immer mehr ab und wurde zum wichtigsten Bindemittel jener reisenden Gesellschaften, die die Kreuzzüge unternahmen und im 15. Jh. damit begannen, die Grenzen der christlichen Welt auszudehnen und die Welt zu kolonialisieren. Die Männer, die durch einen Eid miteinander verbunden waren, gaben sich freiwillig ein Gesetz und verpflichteten sich zu seiner Einhaltung für die Dauer der Expedition. Die Urkunden über solche Schwurbündnisse sind die frühesten Beispiele für eine echte Verfassung (»Konstitution«), wenn wir unter »Verfassung« ein Dokument verstehen, das in der Tat eine Verbindung *konstituiert*, und nicht nur eine Beschreibung und Auflistung bereits bestehender Übereinkünfte.

Auch die Expedition, die im Jahre 1147 Lissabon von den Mauren zurückeroberte, war eine solche Schwurgemeinschaft; sie bestand zum größten Teil aus »niederem Volk, das keinen anderen Führer hatte als den allmächtigen Gott« (*De Expurgatione Lisbonensi*: 13) – Männern, die sich aus den Hafenstädten am Kanal und von den Britischen Inseln, aus Flandern, Boulogne, Norfolk und Suffolk rekrutierten und jeweils einem eigenen Kapitän unterstellt waren. Wie es Brauch war, verfaßten diese Männer eine Charta, die auf dem alten Gesetz »Auge um Auge, Zahn um Zahn«, der ältesten Form gegenseitiger Abkommen, fußte. Die Bestimmungen dieser Charta verboten jedes Zurschaustellen von Reichtum, das Halten von Dienern und die Gegenwart von Frauen bei öffentlichen Anlässen. Weiterhin wurden wöchentliche Gottesdienste vorgeschrieben und für jedes Schiff ein Geistlicher ernannt. Zwei Richter und ein Vertreter für je tausend Mann bildeten den Rat, der die Expedition leitete und alle Entscheidungen über die Reiseroute, die anzulaufenden Häfen, die Verproviantierung, die Schlachtordnung und die Leitung des Feldzugs traf.

Derartige Rechtsinstrumente sollten gewährleisten, daß gleiches Recht für alle galt, unabhängig von der Herkunft, und somit eine »künstliche«, aber durchaus reale Gleichheit unter allen Angehörigen der Gruppe herrschte. Diese Gleichheit, die von alters her für Reisende charakteristisch ist, war auch der Grund, warum Fynes Moryson jungen englischen Lords, die allzu sehr daran gewöhnt waren, sich bedienen zu lassen, empfahl, auf Reisen zu gehen, vor allem nach Deutschland:

»Und da wir die Gesellschaft gewöhnlicher Menschen im Bett und bei Tisch verachten, können wir lernen, uns selbst zu versorgen (...) Wir können dort lernen, die Gesellschaft einfacher Menschen zu dulden, wenn uns gelegentlich arme Burschen, ja sogar Kutscher als Schlafgenossen zugeteilt werden, die noch dazu wohl auch betrunken sein können. Solche Leute werden auch mit uns bei Tische sitzen, und mancherorts (...) trinken sie immer in der Runde, so daß wir darauf achten müssen, ihnen zuzuprosten wie Männer und mit ihnen aus dem gleichen Becher zu trinken.« (1907: II, 38)

Solche rauhe, herzliche Gleichheit fand T. E. Lawrence in der Wüste: »Mensch und Mensch leben offen zusammen. Es ist eine Gesellschaft, die sich in steter Bewegung befindet, nur Stimmengleichheit kennt und jedem männlichen Mitglied dieselben Möglichkeiten bietet.« (Zit. n. Doughty 1937: 28) Der Egalitarismus innerhalb einer Gruppe auf Reisen, wo keine Vorgeschichte die soziale Anerkennung trübt oder den Ablauf von Begegnungen im voraus determiniert und wo Charakter und Menschlichkeit sich immer wieder aufs neue erweisen, hat das Reisen für alle, die sich von ihrem sozialen Status allzu sehr beengt fühlen, seit jeher so reizvoll gemacht.

Führer und Gefolgsleute

Was die politische Struktur solcher Gesellschaften betrifft, so sind die Anführer dafür zuständig, die Wege auszukundschaften und Unterkünfte vorzubereiten, während die übrigen nachfolgen, aber beide Einheiten – Anführer und Gefolgschaft – sind voneinander abhängig. Es gibt keinen Anführer ohne Gefolgschaft, und der Gefolgsmann kann sich jederzeit von der Gruppe trennen. Wie bereits erwähnt, wird der demokratische Charakter dieser Gesellschaften oft hervorgehoben, weil alle Autorität auf dem Konsens der Gruppe beruht und Anführern übertragen wird, die sich durch Charisma, Erfahrung und persönliche Integrität auszeichnen. Lévi-Strauss schreibt dazu über die Nambikwara, halbnomadische brasilianische Indianer, die während der Trockenzeit als Jäger und Sammler leben und in der Regenzeit Gärten bewirtschaften:

»Das persönliche Prestige sowie die Fähigkeit, Vertrauen zu erwecken, sind in der Nambikwara-Gesellschaft die Grundlagen der Macht. Beide Eigenschaften sind unabdingbare Voraussetzung für denjenigen, der zum Führer jener abenteuerlichen Erfahrung, nämlich des Nomadenlebens während der Trockenzeit, gewählt wird. Sechs oder sieben Monate lang ist ausschließlich der Häuptling für die Richtung verantwortlich, die seine Horde nimmt. Er ist es, der den Aufbruch organisiert, die Routen auswählt, die Etappen und ihre jeweilige Dauer festlegt. (...) Die Macht beruht einzig auf der Zustimmung, und aus dieser Zustimmung bezieht er auch seine Legitimation.« (1991: 306)

Die wesentlichen Eigenschaften eines Anführers, die ihm das Einverständnis seiner Gruppe sichern, sind Freigebigkeit und die Befähigung, die Initiative zu ergreifen, Nahrungsquellen finden und die Reisen zu planen und zeitlich zu koordinieren. Letztlich basiert die Führungsrolle nicht auf Ämtern, Abstammung oder sozialem Status, sondern auf der praktischen Bewährung, und ein Anführer kann, wenn er den Ansprüchen nicht genügt, ebenso schnell wieder in die Gefolgschaft zurückfallen, wie er aus dieser zu seiner Führungsrolle fand. So berichtet Xenophon, daß der Spartaner Klearchos, Kommandant eines bedeutenden Kontingents der Söldnerarmee, die im Jahre 401 v. Chr. mit Kyrus nach Mesopotamien zog, beinahe sein Kommando verlor, als seine Leute ihm den Gehorsam verweigerten und ihn steinigen wollten. Klearchos rettete sein Leben und seine Stellung dadurch, daß er in Tränen ausbrach und ganz offen auf die Realitäten der politischen Macht in einer mobilen Gesellschaft verwies:

>Da ihr mir nicht gehorchen wollt, will ich mit euch gehen und auf mich nehmen, was immer es sein soll. Denn ich bin der Überzeugung, daß ihr für mich Vaterland, Freunde, Bundesgenossen seid, und mit euch zusammen, das glaube ich, werde ich in Ehren stehen, wo es auch sein mag, ohne euch aber nicht imstande sein, weder einem Freunde zu helfen noch einen Feind abzuwehren. So seid denn fest überzeugt: wohin immer ihr geht, dahin werde auch ich gehen!« ([1959]: 25)

Macht ist in diesem Fall eindeutig das Ergebnis der einvernehmlichen Beziehungen zwischen Anführer und Gefolgschaft; welch große Rolle die Kommunikation dabei spielt, zeigen alle Unternehmungen von der *Ilias* und der *Odyssee* über die Kreuzzüge bis hin zu den Entdeckungsfahrten von Drake und Magellan und den Kaperfahrten des 17. und 18. Jh. Der Anführer personifiziert – oder umgeht – die Zustimmung seiner Gefolgsleute. Nach Marshall Sahlins herrscht der Anführer einer Gesellschaft von Sammlern und Jägern aufgrund persönlicher Loyalität, erzeugt durch »Freigebigkeit, furchtsame Zustimmung durch Magie, die Bereitschaft, seine Meinungen zu akzeptieren, durch den Beweis von Klugheit, von rednerischen Fähigkeiten und dergleichen« (1973: 123). Das gleiche gilt auch für militärische Expeditionen.

Die meisten erfolgreichen Anführer von Expeditionen verstanden sich auf die Kunst der Menschenführung, die dazu dient, eine tieferliegende Wirklichkeit zu verdecken, nämlich die reale Macht der Gefolgsleute, die aber trotzdem durchbricht, wenn diese den Gehorsam verweigern oder von ihrem Recht auf Trennung Gebrauch machen. Das mußte Sir James Lancaster im Jahre 1592 auf einer der Expeditionen erleben, die der Gründung der British East India Company vorangingen. Obwohl durchaus geschickt im Umgang mit Menschen und ein Meister im Verhandeln, wurde Lancaster von seiner Mannschaft zur Rückkehr nach England gezwungen, nachdem sie monatelang auf den Nikobaren auf das Eintreffen der portugiesischen Schatzflotte gewartet hatten. An Bord des Flaggschiffs hatte es riesige Verluste gegeben – von der ursprünglichen Besatzung von 198 Männern waren nur noch 33 übriggeblieben –, »weshalb unsere Leute die Gelegenheit ergriffen, nach Hause zu kommen, als unser Kapitän schwer krank darniederlag, mehr tot als lebendig«. Als sich der Kapitän von seinem Fieber erholte und einen nördlichen Kurs einschlagen wollte, weigerte sich die Mannschaft: »Unsere Männer antworteten, sie wollten direkten Kurs auf England nehmen und nicht länger dort bleiben. Als der Kapitän sah, daß sie durch nichts mehr zu überreden waren, war er gezwungen, seine Zustimmung zur Heimreise zu erklären und jede Hoffnung aufzugeben, diese einmalige Gelegenheit zu nutzen.« (Lancaster [1963]: 16) Im Dezember 1592 beugte sich Lancaster dem Willen seiner Gefolgsleute und nahm Kurs auf das Kap der Guten Hoffnung, aber das Vertrauensverhältnis zwischen ihm und der Mannschaft war zerstört. Die Männer ernannten ein Komitee, das die Peilungen des Kapitäns kontrollieren und jede Kursänderung überprüfen sollte. Als sie trotz all dieser Vorkehrungen schließlich in der Karibik landeten (Lancasters eigentliches Ziel war Pernambuco in Brasilien), meuterte die Besatzung, setzte Lancaster auf der Insel Mana aus und schloß sich der ständig wachsenden Schar von Freibeutern an, die von Überfällen auf spanische Schiffe in der Karibik lebten.

Am treffendsten hat Frederik Barth in seiner Beschreibung einer norwegischen Heringsflotte den instabilen Charakter der Beziehungen zwischen Anführern und Gefolgsleuten charakterisiert. Die einzelnen, unabhängigen Fischdampfer, aus denen sich die Fangflotte zusammensetzt, folgen dem gleichen Muster des Aufspürens, Jagens und Verfolgens von Beutetieren, das auch für die frühesten Gesellschaften von Sammlern und Jägern kennzeichnend war. Die Fischdampfer operieren in der Regel in enger Nachbarschaft, und die Besatzungen konzentrieren alle Anstrengungen darauf, »die Bewegungen der übrigen Schiffe [zu verfolgen], und die meiste Zeit vergeht damit, andere Schiffe zu (...) überflüssigen und ergebnislosen Rendezvous zu zwingen.« (1966: 10) Das Muster abwechselnder Gruppenbildung und -auflösung wird von der Reputation der einzelnen Kapitäne, ihrer Erfahrung und ihrem Glück bei früheren Fischzügen bestimmt. In vielen Fällen ist es so, daß ein Kapitän, der einen guten Ruf hat und immer gute Fänge erzielen konnte, auf eigene Faust operiert und andere Schiffe ihm folgen – allerdings immer nur mit der Unterstützung seiner Mannschaft, die sich auf seine Urteilsfähigkeit verläßt und ihm dadurch größere Handlungs- und Bewegungsfreiheit gewährt als anderen Kapitänen mit weniger gutem Ruf. Diese spielen in der Regel keine Führungsrolle, sondern schließen sich den anderen an; denn letztlich wiegt ein schlechtes Fangergebnis weniger schwer, wenn auch die anderen Boote erfolglos waren – der eigene Erfolg oder Mißerfolg wird immer an dem der anderen gemessen.

Dieses Muster gilt auch für andere Formen des Jagens und Sammelns wie für Raub und Handel. Als Gunnar Hamundarson (der berühmteste isländische Krieger im 10. Jh. und Held der *Njáls-Saga*) und sein Bruder Kolskegg beschlossen, gemeinsam mit Jarl Hakon Sigurdson von Norwegen auf Raubzug zu gehen, stellte ihnen der König zwei Schiffe zur Verfügung: »[Darauf fuhren sie nach der Wik, holten dort die zwei Schiffe und rüsteten sie aus:] Mannschaft bekamen sie leicht, denn von Gunnar erzählte man sich so viel Rühmliches.« (*Njálssage*: 78) Die Häuptlinge, die den besten Ruf genossen, verfügten über die besten Gefolgsleute und entschlossensten Kämpfer; als Harald Harfager im Jahre 867 sein Drachenboot für einen Raubzug bemannte, verteilte er seine Leute entsprechend ihren Qualitäten:

> »Die Besatzung des Vorderstevens bestand aus den auserlesensten Leuten, denn sie trugen des Königs Banner. Den Platz vom Vordersteven rückwärts bis zum Schöpfraum nannte man die Vorderschanze. Dort waren die Berserker aufgestellt. Nur solche Männer fanden in die nächste Umgebung des Königs Harald Aufnahme, die sich durch Stärke und Mut auszeichneten und in jeder Hinsicht erprobt waren. Die allein auch erhielten einen Platz auf seinem Schiff, und der König konnte eine gute Auswahl für seine Leibwache aus allen Gauen treffen.« (*Heimskringla*: I, 97)

Offenkundig setzte sich Haralds Mannschaft neben Männern, die ebenfalls potentielle Führungsqualitäten besaßen, vor allem aus wilden Gesellen zusammen, sogenannten Berserkern, deren hauptsächlicher Vorzug ihre Ausdauer und Wildheit im Kampf war. Die politische Struktur von Anführer und Gefolgschaft impliziert also einen potentiellen »Klassenunterschied« zwischen Männern mit Führungsqualität und solchen ohne entsprechende Fähigkeiten oder Ansprüche. Die ersteren können dabei eine Art »Offiziersklasse« oder Aristokratie bilden. Der von Xenophon geschilderte Feldzug eines griechischen Söldnerheeres war ganz offensichtlich demokratisch organisiert in dem Sinne, daß die Mannschaften ihre Anführer bestätigten oder ablehnen konnten, aber diese Anführer und Offiziere rekrutierten sich aus einer Klasse von Männern, die bestimmte Verpflichtungen hatten, wie Xenophon ihnen vorhielt:

> »Vielleicht ist es ja auch eure Pflicht, euch vor ihnen auszuzeichnen. Denn ihr seid die Obersten, ihr die Majoren und Hauptleute. Und solange Friede war, empfinget ihr mehr Geld und Ehre als sie, und jetzt also, im Kriege, müßt ihr von euch selber verlangen, daß ihr tapferer seid als die Menge, daß ihr für sie mit Rat und, wenn es not tut, mit der Tat euch einsetzt.« ([²1959]: 147)

Das Erbe der mobilen Gesellschaften

Die politischen Alternativen, die in der Dualität von Anführer und Gefolgschaft angelegt sind – Demokratie, Aristokratie oder in bestimmten Ausnahmefällen sogar Diktatur –, sind historisch in verschiedenen Staatsformen verwirklicht worden. Sowohl die antike *polis* als auch die mittelalterliche Herrschaft waren institutionalisierte Formen einer mobilen Gesellschaft. Dabei verkörperte die antike *polis* die Macht der Gefolgschaft, das mittelalterliche Feudalsystem die des Anführers. Die *polis* verweist mit der Vorstellung, daß das »Volk« unabhängig von der Führung immer seine kollektive Integrität bewahrt, auf ihre Wurzeln in der nomadischen Kleingruppe, während das mittelalterliche Band zwischen Herr und Gefolgsleuten ohne diese Vorstellung auskommt; die Beziehungen der Gefolgsleute untereinander sind durch die Beziehung des einzelnen zu einem Anführer bestimmt.

Die freie, unabhängige *polis* wurzelt ganz offensichtlich noch in der nomadischen Gefolgschaft. Genau diese »Unabhängigkeit« einer Stadt im Verhältnis zu ihresgleichen verstanden die Griechen unter »Freiheit«. Für sie blieb eine Stadt intakt, selbst wenn sie ihrem heimischen Grund und Boden entrissen wurde, solange das Prinzip der Gleichheit unter ihren Bürgern gewahrt blieb. Als die Perser bei ihrer zweiten Invasion im Jahre 480 v. Chr. die Mauern, Tempel und Häuser Athens zerstörten, war das noch lange nicht die Zerstörung der Stadt Athen, wie Themistokles nachdrücklich feststellte, als er seine Verbündeten zu überreden versuchte, Xerxes' Heere nördlich des Isthmus von Korinth zum Kampf zu stellen. Als einer seiner Zuhörer einwandte, ein Mann ohne Stadt habe kein Recht, andere, die noch eine Stadt hätten, zur Aufgabe derselben zu drängen, entgegnete er: »Freilich, du Nichtswürdiger, haben wir Haus und Stadt verlassen, da wir nicht Sklaven werden wollten, um leblose Dinge zu retten.« Die Seele der Stadt liege in ihren Menschen und in den Beziehungen dieser Menschen untereinander und sei nicht an einen Ort gebunden. Themistokles drohte, wenn die Griechen ihn nicht unterstützten, würde Athen nach Sizilien gehen, und dann würde »so mancher Grieche schnell die Gewißheit bekommen, daß die Athener eine freie Stadt gewonnen haben und ein Land, das dem verlorenen an Wert nicht nachsteht« (Plutarch [1933]: 13).

Wenn jeder Bürger einer antiken *polis* qua definitionem Soldat war, so war damit umgekehrt jeder Soldat automatisch ein Bürger, und eine Armee galt gewissermaßen als eine Stadt im Embryonalzustand – eine Körperschaft von Bürgern, die sich unter geeigneten Bedingungen auch niederlassen konnten. Darauf bezog sich der griechische General und Staatsmann Nikias, als er im Jahre 417 v. Chr. den Athenern riet, eine möglichst große Streitmacht nach Syrakus zu schicken: »Es ist, als gingen wir in feindseliger Fremde eine Stadt gründen.« Ähnlich wurden auch die Hilfstruppen, die die Korinther 432 v. Chr. nach Epidamnos entsandten, als neue Kolonie bezeichnet. Alle Teilnehmer an diesen Expeditionen galten als Bürger einer neuen politischen Körperschaft wie auch als Aktionäre einer politischen Aktiengesellschaft:

> »Korinth aber, auf die Nachricht, Epidamnos werde belagert, rüstete zum Krieg und ließ eine neue Niederlassung in Epidamnos ausrufen, mit voller Gleichberechtigung für jeden, der gehen wollte; wer im Augenblick noch nicht mitfahren und doch an der Gründung teilhaben wolle, könne 50 korinthische Drachmen erlegen und noch warten.« (Thukydides [1960]: 460; 39)

Dieses Angebot machte also einen Unterschied zwischen denen, die mitreisten, und denen, die zu Hause blieben – erstere waren Bürger eines neuen politischen Gebildes, letztere nur Investoren in einem kommerziellen Unternehmen, zumindest bis sie sich der neuen Kolonie als »Bürger« anschlossen. In der antiken Welt konnte jemand keinen größeren Ruhm erlangen, als wenn er zum Gründer einer Stadt wurde. Dieses hohe Ziel hatte Xenophon vor Augen, als er angesichts des riesigen Heeres, das nach einem anstrengenden Marsch durch feindliches Territorium bei Euxine am Gestade des Schwarzen Meeres lagerte, davon träumte, eine eigene Stadt zu gründen:

> »Als in dieser Zeit Xenophon sich die Menge der griechischen Schwerbewaffneten, die vielen Peltasten, Bogenschützen, Schleuderer und Reiter und ihre durch die Übung nunmehr erworbene Ausbildung vergegenwärtigte, ferner daß sie am Schwarzen Meere seien, wo eine so große Heeresmacht mit geringen Mitteln nicht aufzustellen wäre, schien es ihm erstrebenswert, durch die Gründung einer Stadt für Griechenland Land und Macht zu gewinnen.« ([1959]: 297)

Aber die Männer weigerten sich; sie zogen es vor, mit der Beute und den Gefangenen, die sie während des Feldzugs gemacht hatten, in die Heimat zurückzukehren.

Die Annahme, daß jeder Soldat gleichzeitig Bürger und die Armee eine potentielle Stadt sei, erklärt zu einem großen Teil jene expansive Dynamik, mit der die griechisch-römische Zivilisation ihre Grenzen immer weiter nach außen verlagerte: »Der systolische und diastolische Pulsschlag einer Stadt, die sich zu einer Armee zusammenzieht, und einer Armee, die sich zu einer Stadt ausweitet, basierte auf der immer noch gültigen Identität von Soldat und Bürger.« (Garlan 1975: 91) Diese Identität hat ihre Wurzeln in der Solidarität und Unabhängigkeit der nomadischen Segmente und damit in der Macht der Gefolgsleute, die sich, wenn die Umstände es erfordern, von ihrer Matrix abspalten und ein eigenes Leben führen oder sich mit anderen Segmenten zu einer Konföderation oder einer Armee zusammenschließen können. Die antiken Expeditionen, die von einer *polis* ausgingen, welche ihrerseits eine territorialisierte Form des nomadischen Segments darstellte, scheinen die erstmals 1914 formulierte These Franz Oppenheimers zu stützen, wonach »der Staat«, zumindest in einer seiner Erscheinungsformen, aus der Organisationsstruktur des Nomadenlagers erwächst, und zwar durch die »Unterwerfung eines Ackervolkes durch Hirten oder Wikinger« (1964: II, 281).

Die antike Überzeugung, daß das Wesen der mobilen Gesellschaft in der Gefolgschaft liege, steht im Widerspruch zu der mittelalterlichen Auffassung, die die Anführerschaft in den Vordergrund stellte – den freien, souveränen Herrn. Die bewaffnete Gefolgschaft oder *comitatus* (eine Gruppe freier bewaffneter Männer, die sich jeweils einem Anführer gegenüber verpflichten, und zwar für bestimmte militärische Ziele und einen bestimmten Zeitraum) spielte bei der Herausbildung des Feudalismus eine entscheidende Rolle. Die Beziehung zwischen Anführer und Gefolgsmann war das wichtigste Bindemittel dieser neuen Machtstrukturen: »Zu weltgeschichtlicher Bedeutung ist der Herrenstand im Frankenreiche als der Keimzelle des Abendlandes gekommen. Grundlage der Macht des fränkischen Herrenstandes ist das seit der Wanderzeit fortbestehende Gefolgschaftswesen gewesen. Die Gefolgschaften der Großen wuchsen sich zeitweise zu förmlichen Privatarmeen aus.« (Schlesinger 1963: 29)

Der Bund zwischen Herrn und Gefolgsmann war, wie bei mobilen Gesellschaften ganz allgemein, eine persönliche und private Beziehung auf der Grundlage gegenseitiger Achtung und gemeinsamer Interessen – ein Verhältnis, »das freiwillig eingegangen wird, auf Treue gegründet ist und den Mann zu Rat und (kriegerischer) Hilfe, den Herrn zu Schutz und

›Milde‹ verpflichtet«. Auch die Sprache, in der dieses Verhältnis formuliert wurde, verwies darauf, daß seine Wurzeln im Unterwegssein lagen. Das Worte *Gesinde* bedeutete ursprünglich »Weggenossen« und erst später die bewaffnete, freie Gefolgschaft eines Herrn, und *Reise* bezeichnete ursprünglich die Verpflichtung des Gefolgsmannes, seinen Lehnsherrn auf Feldzügen zu begleiten. Diese auf Reisen geschmiedete Beziehung lieferte die Bezeichnung für zahlreiche andere soziale Bindungen. So erscheint beispielsweise, wie schon erwähnt, im norwegischen Eherecht die Frau als »durch das Gefolgschaftsband mit ihrem Manne verbundene Gefährtin« (ebd.: 23).

Hier liegt der Schwerpunkt eindeutig auf der Person des Anführers, und im Gegensatz zu antiken Expeditionen spielt die Vorstellung, daß die Gefolgschaft ein vom Anführer unabhängiges Verhältnis darstellt und durch Gleichheit und gegenseitige Hilfe gekennzeichnet ist, keine oder nur noch eine geringe Rolle. In der Tat konnte jeder, der als freier Mann einem Herrn verbunden war, jederzeit selbst zum Herrn werden, indem er eine Gefolgschaft um sich sammelte. Der Herrenstand war der größte Lohn für die Anführerschaft auf Expeditionen und der Hauptantrieb für ganze Generationen von Kreuzfahrern, Kolonisatoren und Eroberern der Neuen Welt. Als der reiche kubanische Landbesitzer Hernán Cortez zum Generalkapitän der Expedition nach Mexiko ernannt wurde, begann er sofort, sich »herauszuputzen« und machte große Schulden, um sich eine angemessene Gefolgschaft leisten zu können« (Diaz del Castillo [1988]: 51 ff.). Auch Columbus stieg vom Sohn einer Genueser Webers zum Herrn auf und erreichte durch seine Reisen den Admiralsrang. Als er nach seiner dritten Reise in Ketten nach Spanien zurückgebracht wurde und wegen angeblicher Missetaten vor Gericht gestellt werden sollte, forderte er, wenigstens von Standesgenossen beurteilt zu werden. All das legt den Gedanken nahe, daß sich die Autonomie der nomadischen Einheit hier in erster Linie auf den Anführer übertragen hat und nicht so sehr auf die Gruppe, und daß jeder einzelne selbst ein potentieller »Herr« ist, ebenso wie in der antiken Welt jede bewaffnete Körperschaft eine potentielle *polis*, d. h. eine selbständige politische Gemeinschaft war.

Der eigentliche Prüfstein für die Unabhängigkeit eines Gefolgsmannes war wie immer sein Recht auf Trennung, das seit dem Mittelalter auch die Freiheit beinhaltete, sich von alten Lehnsverhältnissen zu lösen und neue einzugehen. In der altsächsischen Genesis, die von einem unbekannten Autor im 8. Jh. aufgeschrieben wurde, wird Luzifer mit zeitgenössischen Begriffen als rebellierender Gefolgsmann geschildert, der selbst zum Herrn werden will:

»Warum soll ich mich plagen? sprach er.
Mir paßt es nicht, einen Herrn zu haben.
Ich kann mit meinen Händen nicht minder Wunder wirken.
Ich habe Gewalt genug, einen stattlicheren Stuhl
zu erstellen wohl, einen höheren im Himmel.
Warum soll ich um seine Huld dienen, ihm ergeben mich beugen?
Ich kann Gott sein wie er. Ich habe kühne Kraftgesellen.
Die werden im Kampf nicht versagen, hartgemutete Helden;
die haben mich zum Herrn erkoren, berühmte Recken.
Mit solchen kann man Rat erdenken, ihn finden mit solchen Volksgenossen.
Freund sind sie mir gerne, hold in ihrem Herzensschrein.
Ich kann ihr Herrscher sein, dieses Reiches walten.
Drum dünkte es recht mich nicht, daß ich irgendwie
anflehen sollte Gut um Gut;
ich will nicht länger ihm ergeben sein.«

(Zit. n. Schlesinger 1963: 25)

Die Herrschaft, die Luzifer anstrebt, ist identisch mit der Anführerschaft einer Schar von bewaffneten Gefolgsleuten, die ihrem Anführer »Rat« und militärische Unterstützung schulden.

Unter den ruhelosen und ungestümen Eroberern der Neuen Welt kam es immer wieder vor, daß sie ihre Gefolgschaft kündigten und eine neue eingingen; das Modell dafür hatte jedoch schon die Alte Welt geliefert, mit der Tradition der *comitatus* und dem Recht jedes freien Gefolgsmannes auf Selbständigkeit. Als Lope de Aguirre zur Ermordung von Pedro de Ursua anstiftete, dem Anführer einer Expedition ins Amazonasbecken in den Jahren 1560–61 auf der Suche nach dem sagenhaften El Dorado, tat er es mit den althergebrachten Formulierungen:

> »Ich erkläre, daß ich mich von meinem Geburtsland, dem Königreich Spanien, lossage; und wenn ich dort irgendwelche Rechte besitze, weil meine Eltern Spanier und Vasallen des Königs sind, (...) so gebe ich alle meine Rechte auf und behaupte, daß er nicht mehr mein Herr und König ist; und ich wiederhole, daß ich ihn nicht kenne und ihn auch nicht zu kennen oder ihm zu gehorchen wünsche; da ich mein eigener freier Herr bin, erkläre ich von jetzt an Don Fernando de Guzman zu meinem König und Herrn.« (Simon [1971]: 70)

Als Aguirre auch diesen neuen Führer umbrachte, rechtfertigte er seine Gewalttat damit, es hätten schon viele vor ihm so gemacht, »denn wer uns befehligt, ist unser Herr, und kein anderer.« Jedenfalls lag eine derartige Handlungsweise durchaus im Wesen seines Geschäfts – für ihn gehörte sie zu den »natürlichen Folgen von Kriegen, und kein Krieg verdiente diesen

Namen, wenn nicht solche Dinge vorkämen«. Ein solcher Verrat habe nichts Unehrenhaftes, meinte er, und fügte hinzu: »Wie sollte der Krieg kein ehrbares Handwerk sein, wenn sogar die Engel im Himmel Kriege geführt haben?« (Ebd.: 213, 94, 184)

In reisenden Verbänden, sei es ein Stamm oder eine militärische Expedition, verschwimmen die klaren Grenzen zwischen Staat und vorstaatlichem Zustand, Stammeskultur und »höherer« Zivilisation, prähistorischer und historischer Gesellschaft; sie sind vielmehr kleine, unabhängige Proto-Staaten oder »reisende Städte«, die eindeutig in einer nomadischen Stammesorganisation wurzeln. Diese Gruppen haben immer wieder eine bedeutende geschichtliche Rolle gespielt – sie repräsentierten politische Macht, steckten neue Grenzen ab oder befreiten seßhafte Gesellschaften von unruhestiftenden Elementen. Ein anschauliches Beispiel dafür sind die Männer, die mit Pedro de Ursua und Lope de Aguirre ins Amazonasgebiet geschickt wurden mit dem Ziel, »die Provinzen Perus von viel verderbtem Blut zu reinigen, indem wir viele Müßiggänger ausschicken, die ansonsten für neue Unruhe sorgen könnten« (ebd.: 3). Wenn sich bestimmte Merkmale dieser Art von Gesellschaften erhalten haben – die segmentäre Sozialstruktur, die mehr oder weniger oppositionelle Haltung etablierten Kräften gegenüber, die Organisation in Herrschaft und Gefolgschaft –, so liegt die Erklärung dafür in der unverminderten Wirksamkeit jener Kraft, die diese Form menschlicher Beziehungen geprägt hat, nämlich der Mobilität. Die Notwendigkeit der Autonomie und Auflösbarkeit der mobilen Gruppe bestimmt das Verhalten, die Anpassungsleistungen und die Beziehungen ihrer Mitglieder untereinander und prägt deren Verhältnis zu anderen, seßhaften Gesellschaften. Tatsächlich liegen hier die Ursprünge des Staates, dessen unterschiedliche historische Erscheinungsformen letztlich nur territoriale Anpassungen des Herrschafts- und Gefolgschafts-Modells sind. Die Mobilität erfordert eben diese spezifische Autoritätsstruktur, die in sich demokratisch und konsensgebunden ist, gleichzeitig aber oft die Verantwortung und Macht der Gefolgsleute auf Anführer überträgt, die die Pflicht haben, »voranzugehen«, den Ablauf der Reise zu koordinieren und die Bedingungen der Ankunft zu bestimmen.

Boswell, wie er sich selbst sah (oben) und wie ihn der Maler Sir Joshua Reynolds sah (unten).

Kapitel 10

REISEN UND DIE WANDLUNGEN DER SOZIALEN IDENTITÄT

Niemand hat ja von sich selber die gleiche Auffassung, wie andere sie von ihm haben, namentlich diejenigen, die ihn nur flüchtig kennen.

James Boswell, 1766
([1955]: 71)

Schon immer war das Reisen ein Mittel, seine Identität und seinen sozialen Status zu verändern und Ruhm, Reichtum und Ehre zu erlangen. Nicht zuletzt hat es aus der Verwandlung der Person gewissermaßen einen eigenen Beruf gemacht, denn die Schauspielerei war lange Zeit ein reisendes Gewerbe. Die Veränderung der sozialen Existenz durch die Reise, das »Ein-anderer-Werden« durch die Bewegung im Raum, ist zu einem Klischee der Literatur und zu einer so verbreiteten Erfahrung geworden, daß räumliche Mobilität inzwischen als wichtigste Metapher für die Bezeichnung sozialer Veränderungen dient – mit dem Begriff der *sozialen Mobilität* verbindet man Bewegungen von einem sozialen Ort zu einem anderen. Im folgenden werde ich sowohl auf den Ursprung dieser Metapher als auch auf die Art und Weise eingehen, wie die Bewegung von einem Ort zum anderen den sozialen Status beeinflußt.

Die sozialen Transformationen der Reise sind aufs engste mit dem Ursprung der Identität verknüpft, d. h. mit der Definition des Selbst und seiner Darstellung nach außen. Die Ursprünge des Selbst liegen dabei in den Prozessen, die es verändern. Bei genauerer Betrachtung spricht einiges dafür, daß die soziale Existenz ganz allgemein auf den wechselseitigen Prozessen von Identifizierung, Kategorisierung und Anerkennung basiert, wie sie ständig besonders in Ankunftssituationen ablaufen. So wie die mit Reisen verbundenen geistigen Veränderungen zum großen Teil daher rühren, daß der Reisende sich in einen reinen Beobachter und Betrachter verwandelt, so beruhen die Veränderungen auf sozialer Ebene letztlich darauf, daß der Reisende von einem wechselnden Publikum *beobachtet wird*, das aktiv bemüht ist festzustellen, ob er eine Bedrohung oder eine Bereicherung darstellt. Wenn man auf Reisen geht, läßt man also ganz wörtlich seine Identität dort zurück, wo sie entstanden ist.

Ein Reisender trägt viele Masken

Der Mensch ist Mensch durch die Menschen; nur Gott ist Gott durch sich selbst.

Kabylisches Sprichwort (Algerien)
(Zit. n. Bourdieu 1976: 28)

Die auf Reisen erworbene soziale Existenz macht deutlich, daß es kein Selbst ohne ein »Anderes« gibt und daß jede Identität im Grunde durch Spiegelung erzeugt wird. Wird dieses Spiegelbild verändert oder verzerrt, so macht auch die Identität eine Verwandlung durch. Daher ist der Reisende eine vielgestaltige Erscheinung – er kann als Gott oder alles mögliche andere wahrgenommen werden. Aus den Erkenntnissen und Beobachtungen der anderen werden Persönlichkeitskategorien gewonnen – Vereinfachungen und Masken, die das Wesen der sozialen Existenz ausmachen. Marcel Mauss hat in seiner eindrucksvollen, leider nur skizzenhaften Studie über den Begriff der Person in den abendländischen Kulturen darauf hingewiesen, daß das Wort *persona* ursprünglich »Maske« bedeutete und sowohl die Masken des Tragödiendarstellers als auch die altrömischen Totenmasken bezeichnete, die im Atrium der Patrizierhäuser aufgestellt wurden. Eine Maske oder *persona* zu haben, bedeutete im wörtlichen Sinne, einen Namen zu haben und jemand zu sein. Die Geschichte des Begriffs der Person im Abendland muß erst noch geschrieben werden, obwohl Marcel Mauss den großen Bogen dieser Entwicklung bereits andeutet: »von einer einfachen Maskerade zur Maske, von einer Figur (*personnage*) zu einer Person, zu einem Namen und einem Individuum, von diesem zu einem Wesen metaphysischen und moralischen Werts, von einem moralischen Bewußtsein zu einem heiligen Wesen und von diesem zu einer Grundform des Denkens und Handelns« (1978: 252).

Der Verwandlungskünstler James Boswell

James Boswell, der schottische Rechtsgelehrte, der als Biograph Samuel
Johnsons bekannt wurde, hegte eine ausgesprochene Leidenschaft für das
Reisen. Mehr als die meisten anderen Menschen genoß er die Tatsache, daß
der Reisende eine fließende Identität und damit die Möglichkeit besitzt,
seine soziale Gestalt immer wieder zu verändern. Auf seiner *Grand Tour* in
den Jahren 1764–66 trat er an den kleineren deutschen Fürstenhöfen als
Lord und Höfling auf; in Genf, wo er Rousseau umwarb, gab er sich als
Philosoph. Obwohl er eigentlich nicht die Absicht gehabt hatte, »im Stile
eines *milord anglais* (. . .), sondern lediglich zur standesgemäßen Erweiterung meiner Kenntnisse« (Boswell [1955]: 95) nach Italien zu fahren, stellte
er nach seiner Ankunft bald fest, daß er mit der Rolle des Liebhabers weit
mehr Erfolg hatte. Auf Korsika machte er keinerlei Anstalten, bei den Leuten den allgemeinen Eindruck zu korrigieren, er sei ein geheimer britischer
Gesandter an Pasquale Paoli, den Befreier Korsikas, weil er, wie er selbst
gestand, nicht bereit war, auf jene »kleinen Annehmlichkeiten« zu verzichten, die so sehr zu seinem Wohlbefinden beitrugen: Morgens wurde ihm
seine Schokolade auf einem silbernen Tablett serviert, auf dem das korsi-
sche Wappen eingraviert war; er wurde vom örtlichen Adel hofiert und
bei einem Ausritt in die Berge von einer bewaffneten Eskorte begleitet:
»Eines Tages, als ich ausritt, saß sich auf Paolis eigenem Pferd, das reich
geschmückt war mit rotem Samt und breiten Goldbordüren, begleitet von
einer Ehrenwache, die neben mir marschierte. Ich gestattete mir einen
Anflug von Stolz in diesem Aufzug, war ich doch immer schon darauf aus
gewesen, den Rausch von Prunk und Ehrenbezeugungen, nach dem der
Mensch so süchtig ist, am eigenen Leibe zu erfahren. Als ich nach all dieser
Größe auf den Kontinent zurückkehrte, scherzte ich gelegentlich mit meinen Bekannten und meinte, ich könnte es nicht ertragen, unter ihnen zu
leben, weil sie mir nicht den nötigen Respekt erwiesen.« ([1955a]: 164)
Nach seiner Rückkehr nach England erschien er auf einem Maskenball in
der Aufmachung eines korsischen Banditen und Freiheitskämpfers mit
Dolchen und Pferdepistolen im Gürtel und wurde zum Schlager der Lon-
doner Saison. Seine Vorliebe für Vornehmheit und Größe gab er ganz offen
zu; er empfand höchstes Vergnügen bei dem komplizierten Spiel, sich in
der vornehmen Gesellschaft Ansehen zu verschaffen, und war geradezu ein
Künstler, wenn es darum ging, seine gesellschaftliche Gestalt zu wechseln.
Von Berlin nach Braunschweig reiste er in einer gewöhnlichen Postkutsche
in Gesellschaft von gemeinen Leuten »und anderem Gesindel«, denen
gegenüber er sich als Herr Sheridan, französischer Kaufmann aus Berlin,

ausgab. In Königslutter jedoch stieg er für den letzten Teil seiner Reise in einen Privatwagen, »um in Braunschweig standesgemäß einzuziehen«. Im Gasthof fühlte er sich dann »ganz als Majoratsherr von Auchinleck, ruhig und gelassen« ([1955]: 68; 70) (Auchinleck im Südwesten Schottlands war Boswells Familiensitz).

Boswell faszinierte weniger die jeweilige Rolle, die er gerade spielte, als vielmehr die Tatsache des Rollenwechsels selbst, der Veränderung der Persönlichkeit und des gesellschaftlichen Status. Auf Reisen konnte er diese Leidenschaft am besten ausleben. Gelegentlich machte er sich sogar Sorgen wegen seiner Passion, so bei seiner Abreise aus Berlin, wo ihm eine Audienz bei Friedrich dem Großen verwehrt wurde (seine Reaktion darauf: »Mit der Monarchie habe ich nichts mehr zu schaffen!«):

> »Den ganzen Vormittag lief ich in der Stadt herum und vergegenwärtigte mir all die Lustbarkeiten, an denen ich in Berlin teilgenommen habe. Obwohl ich hier meinen Trübsinn loswurde, freute ich mich auf die Weiterreise, so sehr hänge ich an der Abwechslung. Wenn nur dieser Hang nicht noch zunimmt. Item, meine Gefühle für Auchinleck sollen mir Stetigkeit verleihen.«

Von Haus aus Laird of Auchinleck, stellte sich Boswell oft die Zuhörerschaft daheim vor, der er alle Ehren, die ihm auf seinen Reisen zuteil wurden, zu Gehör bringen würde. Als die Prinzessin von Braunschweig einwilligte, mit ihm zu tanzen, bedankte er sich bei ihr mit den Worten: »Durchlaucht, ich sage Ihnen tausend Dank für die Ehre, die Sie mir erweisen. Zeit meines Lebens werde ich nun meinen Pächtern etwas zu erzählen haben!« (Ebd.: 125, 122 f., 80) Was Boswell aus der Schar der üblichen Hochstapler heraushob, war die erstaunliche Tatsache, daß er sich seiner Schauspielerei so deutlich bewußt war und die Wirkung, die er auf andere Menschen ausübte, so sehr genoß: »Kann ich etwas dafür, wenn die Menschen sich sofort zu mir hingezogen fühlen?« Er schwelgte in dem Eindruck, den er am Braunschweigischen Hof machte, der Stätte seines größten Erfolges in Deutschland: »Mir fiel auf, wie die Mienen der Höflinge sich erhellen, wenn Fremde angekündigt werden. Kein Wunder. Sie sorgen für Anregung. Sogar den hohen Herrschaften war die Freude anzumerken.« (Ebd.: 156; 87) Boswell kannte das Medium genau, in dem er sich bewegte und aus dem er Energie und Vergnügen zog. Er durchschaute seine »lunare« Persönlichkeit, die ihr Licht von anderen, hellen Sternen empfing: »Ich bin sicherlich kein großer Mann, habe jedoch Sinn für Größe und fühle mich durch den Abglanz, der auf mich fällt, seltsam verherrlicht.« (Ebd.: 61) Sein Genie war es, ganz genau zu erkennen, daß die Quelle seiner Identität in seinem Publikum lag – den

von ihm bezauberten und erheiterten, vorwiegend älteren Herren. Er war
entzückt von dem Spiegelbild seiner selbst, das er in den bewundernden
Augen der anderen sah. Besonders schmeichelte es ihm, daß er am Hof zu
Braunschweig mit dem Herzog verwechselt wurde, als er die Herzogin in
ihre Opernloge begleitete:

> »Ich war in bester Verfassung und voller Einfälle; sowohl männliche als auch
> weibliche Anlagen des Gemüts kamen zur Geltung; glänzende Phantasiege-
> bilde wurden erzeugt (...) Ich sah ein, wie falsch es gewesen war, mich nach
> fremden Vorbildern zu richten und dabei zu leiden. Ich kann nie ein anderer
> sein und will es deshalb auch nicht in Gedanken fruchtlos versuchen. Wozu die
> Strahlenden und die Glücklichen beneiden, oder von den Abscheulichen und
> Elenden sich verstimmen lassen? Ich muß Boswell von Auchinleck sein und
> kein anderer. Ihn will ich so vollkommen als möglich entwickeln. Ich denke
> immer, wäre ich dieser, dann wäre ich erst recht glücklich, wäre ich jener, dann
> wäre ich erst recht elend – ohne zu bedenken, daß ich, wenn ich wirklich dieser
> oder jener wäre, ihre Lage nicht mit denselben Augen sähe wie jetzt, niemand
> hat ja von sich selber die gleiche Auffassung, wie andere sie von ihm haben,
> namentlich diejenigen, die ihn nur flüchtig kennen. Auch bedachte ich, wie
> unsinnig es ist, in gedrückter Stimmung Überlegungen anzustellen. Was habe
> ich da oft finsteres Zeug ausgebrütet! Augenblicke der Verzweiflung kamen mir
> wieder in den Sinn, als ich mich keinen Stüber wert hielt, weil ich bloß ein Ein-
> zelwesen sei und das Einzelwesen bei der Menge der Menschen nichts gelte. Wo
> ich doch für mich selber alles bin. Ich habe nur ein einziges Leben. Wenn es ein
> verrücktes ist, was kann ich dafür? Ich muß mein möglichstes tun.« (Ebd.: 71)

Es entbehrt nicht einer gewissen Ironie, daß Boswell sich ausgerechnet im
Theater mit der Frage nach seinem wahren Selbst befaßte. Das Theater
spielte eine große Rolle in der Aufklärung, gerade auch bei Diskussionen
über die Individualität, die man wahre oder natürliche Identität nannte.
Die im 18. Jh. entstehende Vorstellung des authentischen Selbst hatte ihren
Ursprung in einer neuen Rolle, die von so hervorragenden Schauspielern
wie Jean-Jacques Rousseau gestaltet wurde. Er erkannte ebenso wie Boswell, wie sehr die Spiegelung durch die anderen – die Gesellschaft – die
menschlichen Leidenschaften und damit die menschliche Natur formen
kann.

Was die Erfahrung einer fließenden Identität betrifft, so ist Boswell ein
berufener Zeuge, denn er ist ein aufmerksam sich selbst beobachtender
Beteiligter in dem Prozeß, der die Elemente des sozialen Gefüges erzeugt.
Mit diesen Elementen meine ich zum einen Rollen, die in das Gewebe einer
Kultur eingeschrieben wurden, und zum anderen Bestandteile jenes
Mechanismus, der soziale Macht erzeugt, die ja aus den wechselseitigen

Spiegelungen menschlicher Beziehungen erwächst. Boswell war ein vielgestaltiger Reisender, der den Lord, den Desperado, den jungen Dandy und den Verehrer großer alter Männer spielte, und er wußte, was er zu bieten hatte: »Lebendigkeit, Seelenwärme, ein aufrichtiges Gemüt« und die Fähigkeit, »am Ende eines Streits nicht unglücklich« zu sein. In der Tat verfaßte er sogar fiktive Streitgespräche und Versöhnungen mit seinen älteren und nachsichtigen Gönnern. Hier der Höhepunkt einer solchen Szene:

> »BOSWELL (*den Tränen nahe*): Ich bin glücklich, daß ich gegenwärtig so krank bin, weil es uns diese Gelegenheit gibt. Selbst als ich zutiefst wütend war, konnte ich nicht anders, als hin und wieder eine Zuneigung zu Ihnen zu empfinden, die so stark war wie eh und je.
>
> LORD EGLINTON: Etwa so, wie man sie für eine Geliebte empfindet?
>
> BOSWELL: Genauso, mein Gebieter.«

Boswell, war, um es zeitgemäß auszudrücken, vollständig von diesen Männern abhängig, was sein Selbstwertgefühl betraf: »Wo immer ich auch hinkomme, schließt man mich ins Herz (...) Wie soll ich mich nicht geschmeichelt fühlen, wenn jeder mir nach ein oder zwei Tagen mit Hochachtung begegnet? Ich bin sicher, daß das nicht möglich wäre ohne äußerliche Vorzüge; was jedoch meinen inneren Wert betrifft, so bin ich mir seiner nicht immer sicher.« (1955a: 170, 110)

Hier versteht man, warum Reisende Schauspielern verwandt sind und die Kunst der Komödie ein wanderndes Gewerbe war. Der moderne Mensch neigt dazu, einen Boswell zu verachten, weil er keine »wahre« Identität habe – jenes Bewußtsein der Kontinuität, das aus heutiger Sicht eine Person ausmacht. Aber die Vorstellung eines inneren, natürlichen Selbst, das nichts mit der Gesellschaft und ihren Projektionen gemein hat, ist typisch modern, ein Produkt des 18. Jh. und der Romantik, und man sollte Boswell nicht deswegen verurteilen, weil er eine ältere Vorstellung vom Selbst verkörpert – einem Selbst, das äußerlich und sichtbar ist und auf der Reflexion durch andere beruht.

Der wißbegierige Reisende: Pietro Della Valle

Ein anderer Reisender, der noch früher als Boswell dem Vergnügen nachging, unterwegs immer wieder ein anderer zu werden, war Pietro Della Valle, ein Edelmann, der 1611 seine Heimatstadt Rom verließ, nachdem seine Eltern gestorben waren und seine Verlobte die geplante Hochzeit abgesagt hatte. Er war der erste Europäer, der die zweite der großen ägyptischen Pyramiden besuchte, und schickte von dort zwei Mumien in seine römische Heimat. Unterwegs heiratete er die Tochter eines syrischen Kaufmanns, die allerdings schon bald darauf während der Reise starb. Er nahm ihren einbalsamierten Leichnam mit sich durch ganz Arabien, Persien und Indien und brachte ihn schließlich nach Rom, wo er in der Familiengruft beigesetzt wurde. Das erschien den Römern keineswegs merkwürdig, anders jedoch den Bewohnern der portugiesischen Kolonien und den Indern.

Della Valles Abreise hatte durchaus eine schmerzliche Seite, und er selbst gestand: »Hätte von meiner unmittelbaren Verwandtschaft noch jemand gelebt, was leider nicht der Fall war, dann hätte ich vielleicht meine Heimat nie verlassen.« ([1892]: II, 334) In Indien fand er Trost darin, in die Maske des Yogi zu schlüpfen, denn ein Yogi war ein »Vagabund und Weltverächter«, dessen Rolle dem Schmerz um die erlittenen Verluste eine dramatische und positive Form verlieh. Pietro Della Valle ließ sich gern vom Reisen ablenken, und er fand Gefallen an den äußerlichen und innerlichen Veränderungen, die notwendig mit dem Umherziehen in der Welt verbunden waren:

> »Am zehnten Tag (. . .) ließen wir uns bei einem kleinen Fluß unter einem Dorf, so den Kurden zugehörte, nieder. An diesem Ort begann ich, meine Kleider zu wechseln und mich, anstatt syrisch, auf persianisch zu kleiden. Anfänglich ließ ich mir von einem Barbierer aus dem Dorf (. . .) meinen großen und langen Bart, den ich mir ganzer sechzehn Monat lang in der Türkei, seit meiner Abreis von Konstantinopel, mit unglaublichem Verdruß habe müssen wachsen lassen, mit großem Gepräng auf persianisch ganz und gar abscheren, nämlich an dem Kinn und Backen, und ließ nur einen langen Knebelbart, der mir fast bis an die Ohren ging, stehen (. . .) Mit einem Wort, ich veränderte mich so sehr, daß man mich, wenn mich jemand in Türkei oder Italien hätte sehen sollen, schwerlich würde erkannt haben.« ([1987]: 27 f.)

Della Valle ging immer mehr in seinen Reisen auf und verlor schließlich jede Bindung an seine Heimat und seine Landsleute: »Nach so vielen Reisen und so vielen Entbehrungen an Körper und Seele habe ich mich so verändert, daß ich mich kaum noch als Italiener empfinden kann.« ([1892]: II, 335) Obwohl er Kostümierungen und Maskeraden bei den Portugiesen als ein Zeichen ihrer »Neigung zur Unordnung und ihrer mangelnden Bereitschaft, sich anderen anzupassen«, verurteilte, nahm er an ihren Maskenfesten teil und war schließlich stolz auf den Eindruck, den er machte, als er auf einer Party in Goa in der Verkleidung eines vornehmen Arabers aus der

Wüste erschien, »was als überaus mutig und galant aufgefaßt wurde« (ebd.: I, 173).

Della Valle war dankbar für die Rolle, in der sich Fremde sonst unfreiwillig finden, müssen sie sich doch in erster Linie mit Gesten und wenigen Worten verständlich machen: Ihr so gänzlich »anderes« Verhalten prädestiniert sie zu Wunderwesen oder Komikern, in deren Gesellschaft man angenehm unterhalten wird. Als ein solcher exotischer Gast erfüllte Della Valle mit Freuden die Bitte eines indischen Fürsten, ihn nach europäischer Art speisen zu sehen. Er ließ sich sein Eßgeschirr aus dem Gasthaus kommen, erklärte aber dazu, daß er leider keine vollständige Vorstellung geben könne:

> »Der König und alle anderen verwunderten sich höchlich über diese besondere Weise zu essen und riefen unter sich mit Bestürzung *Devru, Devru*; daß ich ein Devru, nämlich ein großer und vornehmer Mann und, wie sie es nennen, ein Gott wäre. Ich sagte dem König, daß zu meiner Weise zu essen ein großes Tischgerät, nämlich ein Tischtuch, Schüsseln, Teller und andere Sachen, erfordert würden; weil ich aber jetzo fremde Länder durchreiste und auf gut soldatisch und wie die Yogi lebte, so könnte ich alle notwendigen Dinge nicht mir mir führen. Der König ließ sich hierauf vernehmen, er lasse sich daran genügen, dieses wenige zu sehen, und daß er noch keinen einzigen Europäer wie mich gesehen, auch großes Vergnügen hätte, daß er mit mir bekannt geworden sei.« ([1987]: 154f.)

Aber die wichtigste Rolle war für Della Valle wahrscheinlich die des neugierigen, uneigennützigen Reisenden, die im 16. Jh. nach den großen Reisen der Renaissancezeit fest etabliert war. Ein Botschafter schilderte ihn als einen Römer, der »große Teile der Welt aus reiner Wißbegier bereiste« und »aufschrieb, was er sah«, wofür seine Begleiter nicht das geringste Verständnis hätten, »denn in der Tat sind die Portugiesen überhaupt nicht neugierig« ([1892]: I, 259). Als die Königin von Olala etwas über seine weiten Reisen erfahren wollte und ihn fragte, ob er aus Unzufriedenheit reise, »ob ich irgend aus einigem Unlust oder wegen Absterbens eines Verwandten, oder sonst wegen etwa einer geliebten Person, aus meinem Vaterland gezogen«, beharrte er darauf, er reise »einzig und allein aus Begierde, viel fremde Länder und unterschiedliche Sitten und Gebräuche zu sehen, und viel Sachen zu lernen, die man anders nicht als mit Reisen durch die Welt erfahren könne« – diejenigen, die viele fremde Völker besucht und mit ihnen gesprochen hätten, seien in unseren Breiten hoch angesehen. Das unterschied ihn von einfachen Kaufleuten, wie er einem König zu verdeutlichen suchte, der wissen wollte, ob er auch ausreichend Tauschwaren mitführte: »Ich gab ihm zur Antwort, daß in meinem Lande Edelleute wie ich und meinesgleichen keine Handlung noch Gewerb trieben, sondern allein mit den Waffen und Büchern umgingen, woarauf ich mich denn einzig und allein gelegt und sonst um nichts anders angenommen hätte.« ([1987]: 150,155) Die Funktion des uneigennützigen Beobachters verlieh nicht nur Della Valle Würde und Ansehen, sondern auch denen, die er später in seinen Berichten schildern konnte. So erwähnt er die Geschichte einer Frau, die sich anschickte, sich dem Sati zu unterziehen, d. h. sich selbst auf dem Scheiterhaufen ihres verstorbenen Mannes zu verbrennen, und Della Valle dafür dankte, »daß ich ihren Ruhm in mein eigenes Land tragen würde« ([1892]: II, 276; 333).

Reisen als Weg zum sozialen Aufstieg

Die Sprache würde ich vermutlich in kurzer Zeit lernen – aber dann mußte ich mich mit den Umgangsformen vertraut machen und die Menschen kennenlernen, um von ihnen anerkannt zu werden. (...) Ich sehnte den Tag herbei, an dem ich die Fesseln, die mich gefangen hielten, abstreifen und von meiner neuen Umgebung als der respektiert werden würde, der ich tatsächlich war.

Silvio Villa
(Zit. n. Stonequist 1930: 223)

In der Anerkennung durch andere sich selbst zu finden, war für Generationen von Reisenden geradezu lebensrettend. Ein Einwanderer, der in Rußland wegen Diebstahls und Urkundenfälschung im Gefängnis gesessen hatte, drückte den Tod seines früheren sozialen Wesens und die Geburt des neuen mit folgenden Worten aus: »Amerika hat mich so akzeptiert, wie ich war. Amerika gab mir die Chance, auf meinen eigenen Füßen zu stehen. Trotz meiner schimpflichen Vergangenheit wurde ich wie einer der Edelsten aufgenommen. Und ich habe Amerika dafür belohnt mit tiefem Dank, den nur der Tod in meinem Herzen auslöschen kann.« (Zit. n. Park/Miller 1925: 92) Für ihn war deutlich, daß die Reise einen Schlußstrich unter seine Vergangenheit gezogen und seinen Namen von der alten Schande gereinigt hatte. Vor neuem Publikum konnte er sich nun eine neue soziale Existenz schaffen. Genauso klar war Silvio Villa, einem italienischen Einwanderer, daß seine endgültige Ankunft im »Land der Verheißung« von der Anerkennung durch die Einheimischen abhängig war, d. h. von denen, die schon vorher angekommen waren (Stonequist 1930: 223).

Das Reisen verändert nicht nur die individuelle, sondern auch die kollektive Identität. Eine reisende Gruppe stellt eine Gesellschaft dar, insofern sie Rang und Status ihrer Mitglieder festgelegt, und ihre kollektive Person kann während der Reise eine durchaus andere werden als zu Beginn. Die Auswanderer aus Europa kamen auf dem Weg in die Kolonien in den Genuß eines höheren sozialen Status – allein die Reise machte schon aus Bauern und niederem Volk »Weiße« und damit Angehörige einer edlen Rasse.

Die Erfindung der Rasse

François Pyrard war erstaunt über die Würde, die portugiesische Beamte, Seeleute und Soldaten nach der Umrundung des Kaps der Guten Hoffnung auf dem Weg nach Indien zur Schau trugen: »All diese Soldaten und Seeleute verliehen sich selbst, nachdem sie das Kap umsegelt hatten, Adelstitel, sonst wären sie von den anderen Portugiesen, die auf den indischen Inseln lebten, beschimpft und verachtet worden, denn sie erweisen sich gegenseitig den größten Respekt, selbst der Höchte dem Niedrigsten, und hegen höchste Achtung füreinander« ([1887]: II, 200). Am Kap warfen die Soldaten die Symbole ihres früheren Status, ihre Löffel, ins Meer und gaben »alle ihre früheren Sitten und Gebräuche« auf. Die rechtmäßigen Adligen duldeten die Anmaßung der einfachen Leute stillschweigend, »weil sie sahen, daß sie nur für ihresgleichen Bedeutung hatte, für die Inder dagegen nicht« (ebd.: II, 120). Das war keineswegs das einzige Mal, daß Reisende sich ihrer Vergangenheit entledigten, sich gegenseitig adelten und verlangten, als Edelleute behandelt zu werden.

Jeder neue Status, den man sich auf Reisen zulegt, muß bei der Ankunft von einem Publikum bestätigt werden, denn Veränderungen der sozialen Existenz sind nur dann wirksam, wenn sie von Dritten anerkannt werden. Die Abreise kann zwar die soziale Vergangenheit auslöschen, und man selbst kann sich unterwegs neu definieren, aber die neuen Verhältnisse müssen irgendwann von einer Umgebung ratifiziert werden, die über keine gegenteiligen Informationen verfügt. Die Portugiesen unternahmen alles, um Anerkennung bei der einheimischen Bevölkerung zu erreichen. Dazu schreibt Pyrard:

»Obwohl diese gewöhnlichen Soldaten keinerlei Titel oder Würde haben, versäumen sie es doch nicht, sich gegenseitig jede Ehre zu geben und sich selbst als ›Edle‹ zu bezeichnen, obwohl sie von niederem Rang sind (...) Die Titel, die sie untereinander verwenden, dienen nur dazu, die Inder glauben zu machen, sie seien allesamt von hoher und nobler Abstammung und hätten keinerlei übles Gesindel unter sich, weshalb sie auch nicht wollen, daß ein Portugiese oder anderer [Europäer] irgendwelche niedrigen oder unehrenvollen Arbeiten verrichte noch seinen Lebensunterhalt erbettele; statt dessen unterhalten sie ihn, so gut es ihnen möglich ist. Selbst die höchsten unter ihnen behandeln die niedrigsten mit aller Ehre und legen unendlich großen Wert auf die Bezeichnung ›Portugiese aus Portugal‹, indem sie jeden solchen einen homo blanco oder ›weißen Mann‹ nennen. Die armen Inder verachten sie, als wollten sie sie unter ihren Füßen zertreten. Deshalb waren die Inder zutiefst erstaunt, als wir ihnen sagten, daß diese Kerle die Söhne von Schuhmachern, Lasten- oder Wasserträgern und anderen niedrigen Handwerkern seien.« (Ebd.: II, 121)

Vor einem Publikum von gerade neu entdeckten und »befriedeten« Völkern konnten und wollten sich die Europäer als edle Rasse darstellen, unter der es kein »übles Gesindel« gab. Ihr tatsächliches Verhalten jedoch sprach oft eine andere Sprache, da sie keineswegs davor zurückschreckten, sich mit Gewalt und Terror Anerkennung zu verschaffen.

Hier entsteht eine neue Person in der ursprünglichen Bedeutung von »Maske«: die *persona* des »weißen Mannes«, die Maske der Rasse. Diese neue Würde sollte für den Verlust der Heimat und die Entbehrungen der Reise entschädigen. Alexander von Humboldt und sein Reisegefährte trafen in Venezuela einen armen Schuhmacher kastilischer Herkunft, der ihnen ein paar Perlen schenkte: »Zugleich hieß er uns, es in unsere Schreibtafel aufzuzeichnen, daß ein armer Schuster von Araya, aber ein weißer Mann und von edlem kastilischen Blute, uns etwas habe schenken können, das drüben über dem Meer für eine große Kostbarkeit gelte.« ([1979]: 89 f.) Auf den Reisen und Kolonialisierungsfeldzügen der Europäer verloren die Unterschiede zwischen Spaniern, Engländern und Niederländern an Bedeutung und verschmolzen zu der neuen, allgemeinen Kategorie der »Weißen«, während gleichzeitig die zahllosen anderen Völker, denen sie begegneten, in eine andere, gleichermaßen abstrakte Kategorie gepreßt wurden: Schwarze oder Braune. Unterschiede wurden zu Gegensätzen hochstilisiert und immer öfter wiederholt – so konnte der Rassismus, eine europäische Erfindung des 17. Jh., zu einem grundlegenden Prinzip der Einteilung der Welt werden. In den Austauschprozessen zwischen diesen Gegensätzen, diesen neuen »Rassen«, entstand imperialistische Macht und in ihrem Gefolge ein globaler Markt, die Grundlage für eine industrialisierte Wirtschaft und das erste wirkliche Weltwirtschaftssystem.

Prestige-Handel

Die Veränderungen des sozialen Status, die bei der Abreise, unterwegs und bei der Ankunft auftreten, sind insofern oberflächlich, als sie auf der äußeren Erscheinung und deren Wahrnehmung durch andere basieren. Pietro Della Valle amüsierte sich darüber, welch oberflächliche Änderungen ausreichten, um aus portugiesischen »Niemanden« plötzlich *Hidalgos* zu machen – wörtlich: Männer mit »bekanntem« Namen –, indem sie sich ganz einfach vornehm kleideten und gegenseitig mit Ehrentiteln anredeten. In Goa beobachtete Della Valle:

> »Hier tragen fast alle seidene Kleidung; ich erwähne das, weil es doch höchst merkwürdig ist, einen Kaufmann oder Handwerker in der Kleidung eines *amorato* [Dandy] zu sehen, was unter ihnen durchaus nicht ungewöhnlich ist, da ihnen die Ehre, Portugiesen zu sein, vollständig genüge (wie sie sagen), um sich für Könige oder mehr zu halten.« ([1892]: II, 158)

Prestige und Status sind also einerseits ganz leicht durch Äußerlichkeiten zu beeinflussen, beruhen aber andererseits auf der schwer faßbaren Wahrnehmung durch andere. Deshalb bedürfen sie einer konkreten, wiedererkennbaren Form – meistens repräsentativen Gegenständen wie Kleidung, Schmuck und ganz allgemein Dingen, deren sozialer oder symbolischer Wert größer ist ihr Gebrauchswert ist.

In der konkreten Form von »Statussymbolen« läßt sich soziales Prestige austauschen, kann ein regelrechtes Prestige-Wirtschaftssystem entstehen. Der Kula-Handel der Trobriander ist ein anschauliches Beispiel dafür. Seit Malinowski ist er immer wieder von Anthropologen untersucht worden als Beispiel eines nicht-westlichen oder nicht-kapitalistischen Handels, aber er ist seinem Charakter nach weder primitiv noch vorindustriell, sondern erreichte seine Blütezeit erst in den ersten Jahrzehnten des 20. Jh. – hundert Jahre nach den ersten Kontakten mit Europäern. Gegenstand des Kula-Handels sind Muschelketten und Armbänder, also reine »Luxusgüter«: »Das Kula [vollzicht sich] nicht unter dem Zwang irgendeiner Not, denn sein Hauptzweck ist der Tausch von Gegenständen, die nicht zum praktischen Gebrauch bestimmt sind.« (Malinowski 1979: 119) Bei aller ästhetischen Schönheit dieser Gegenstände liegt ihr »Wert« vor allem im Vorgang des Austauschs selbst. Sie sind darin eher mit einer Trophäe, einem berühmten Gemälde, einem früher einmal von einem Prominenten gefahrenen Auto oder einem Familienschmuck zu vergleichen als mit einer Ware. Der »Name«, d. h. der Ruhm und das Ansehen dessen, der am Kula-Handel beteiligt ist, hängt davon ab, wie oft seine Gegenstände getauscht werden:

»Diese Namen werden durch den Austausch der Wertgegenstände geschaffen. Aber wenn man einen solchen weggibt, dann heißt es, der eigene Name »sinke«, während der des anderen »steige«. Nur wenn der betreffende Gegenstand einem Dritten gegeben wird, steigt der Name des ersten – das ist das eigentliche Ziel des Kula. Aufgrund dieser Struktur und ihrer Wiederholung macht der Name eines Menschen »die Runde« (...) und wird »bekannt« (wörtlich: »sichtbar«).« (Damon 1980: 288)

»Ruhm« bedeutet, daß der Name des Betreffenden über den engen Kreis der direkten Kontakte hinaus zirkuliert. Eine erfolgreiche Transaktion beruht also auf der Begegnung zwischen weit entfernten Partnern – und auf dem Geschick, mit dem die äußere Erscheinung eingesetzt wird: Wie in jedem Tausch hängt beim Kula der Erfolg von der Fähigkeit des Händlers ab, von seinem Partner Wertgegenstände zu erlangen, und häufig wird ein »Schönheits-Zauber« verwandt, um den Gastgeber zu verführen, seinen auswärtigen Freund und Gast mit wertvollen Dingen zu überhäufen: »Mein Kopf leuchtet auf, mein Gesicht blitzt auf. Ich habe eine schöne Gestalt erhalten wie die eines Häuptlings; ich habe eine Gestalt erhalten, die gut ist. Ich bin der einzige; mein Ruf ist ohnegleichen.« (Zit. n. Malinowski 1979: 376) In Zauberformeln und Schönheitszauber erscheint der Handelspartner oft als weiblich, und häufig wird ganz offen sexuelles Vokabular benutzt, um sich gegenseitig aufzumuntern, ehe man zum Kula-Handel an Land geht: »Laßt uns so heftig mit ihnen kopulieren, daß das Blut von der Vorhaut tropft.« (Zit. n. Strathern 1983: 85)

Tokosikuna, ein beliebter mythischer Held der Kula-Erzählungen der Kiriwana, beginnt seine Laufbahn als häßlicher Krüppel, den keine Frau haben will. Aber er begibt sich auf die legendäre Insel Kokopawa, wo er eine Zauberflöte bekommt, die den, der sie spielt, von Grund auf verwandelt. So kehrt Tokosikuna als gesunder, hübscher, glatthäutiger und verjüngter Mann nach Hause zurück und heiratet alle Frauen. Darüber werden die anderen Männer wütend, und sie versuchen mehrfach, Tokosikuna auf ihren Tauschreisen zu töten, aber dank seiner Klugheit, Kraft und Schönheit gelingt es ihm, allen Anschlägen zu entgehen, die wertvollsten Kula-Gegenstände zu erhalten und sich auf die Amphlett-Inseln zurückzuziehen, wo er ein Leben als geachteter, schöner, charismatischer und wohlhabender Häuptling führt, der seine Ehefrauen mit wertvollen Geschenken überhäuft.

Dieser Mythos stellt das Idealergebnis des Kula-Handels dar. Die Verwandlung der äußeren Erscheinung ist also eine der wichtigsten Voraussetzungen für soziale Veränderungen und Statusverbesserungen. Das kommt auch in einer der Zauberformeln zum Ausdruck, die von den Neuankömmlingen gesungen werden, während sie ihr Haar kämmen, ihren Körper einölen und sich die Lippen mit Betel bemalen: »Hier sind wir häßlich; wir essen schlechten Fisch, schlechte Lebensmittel; unsere Gesichter bleiben häßlich. Wir möchten nach Dobu segeln; wir halten Tabus ein, wir essen keine schlechten Lebensmittel. Wir fahren nach Sarubwoyna; wir waschen uns; wir verzaubern die *silasila*-Blätter; wir verzaubern die Kokosnuß; wir *putuma* (wir salben uns selbst); wir machen unsere rote Farbe und schwarze Farbe; wir stecken unsere wohlriechenden *vana* hinein (Kräuterschmuck in die Armbänder); wir kommen schön aussehend auf Dobu an. Unser Partner betrachtet uns, sieht, daß unsere Gesichter schön sind; er wirft uns die *vaygu'a* zu.« (Zit. n. Malinowski 1979: 372f.) Hier dient die Mobilität offenkundig dazu, ein imaginäres Selbst auszuleben, das nur in den Augen anderer existiert und in Geschenken, Muscheln und Wertgegenständen konkrete Gestalt annimmt. Reisen ist schon seit langer Zeit eine spezifisch männliche Art, Phantasien von Verwandlung und Selbstfindung zu verwirklichen, während die Frauen immer schon das unabdingbare Publikum bildeten, das die männlichen Statusansprüche legitimierte, unterstützte oder zunichte machte.

Die subversive Wirkung des Reisens

Wer sich nicht verstellen kann, kann nicht leben. Wer sich aber so verstellt, daß es als Verstellung erkannt wird, der hat nicht die nötige Fähigkeit, sich zu verstellen, sondern verfällt der Schande, daß man einem anderen eher aufs Wort glaubt als ihm auf seinen Eid.

Fynes Moryson, 1610

Reisen unterminiert eindeutig die fiktive Grundlage aller sozialen Strukturen, die Annahme nämlich, daß der einzelne eine wahre, wirkliche und in sich geschlossene Person sei. Seit langem schon ist immer wieder gesagt worden, Reisen sei eine Bedrohung für die Moral und für jede soziale Ordnung. Genau das ist der Grund, warum Boswell, Della Valle und unzählige andere Reisende dabei so großes Vergnügen empfanden. Die Vorstellung der sozialen Ordnung, wie sie zuerst von Platon entwickelt wurde, beruht auf der – wenn nötig, erzwungenen – Übereinstimmung zwischen der Einschätzung einer Person durch ihre Umgebung und ihrer Sicht auf sich selbst. In der Differenz zwischen beiden liegen die sozialen Freiheiten, die das Reisen bietet. Wenn eine Übereinstimmung gar nicht mehr möglich erscheint, dann sind die Bedingungen für eine Revolution gegeben – oder für Ersatzhandlungen wie Emigration und Reisen.

Die Erkenntnis, daß Reisen subversiv wirkt und eine unsichere, schillernde Identität erzeugt, diente immer wieder als Begründung für Gesetze gegen Landstreicherei und war der Ausgangspunkt für zahlreiche Einwände gegen die humanistische These, daß das Reisen der Hebung der Moral diene. Da sich der Reisende an immer neue Umstände anpassen muß, standen die Fürsprecher des Reisens seit der Renaissance vor einer schwierigen Frage: Wie kann das Reisen die Moral fördern, wenn es doch seinem Wesen nach eher zu Lügen und Täuschung ermuntert? In vielen Situationen muß der Reisende um seiner eigenen Sicherheit willen seinen wahren Stand, Reichtum, Herkunftsort, sein Reiseziel, seine Religion und Nationalität verbergen. Es ist also kein Wunder, wenn Reisende seit langer Zeit in dem Ruf stehen, Lügner und Geschichtenerzähler zu sein. Auch den englischen Reisenden Fynes Moryson brachte diese Frage in Verlegenheit:

> »Wenn ich über Verstellung schreiben soll, dann bin ich hilflos und taste mich mühsam durch ein dunkles Labyrinth; denn die Stimme der Masse verachtet die Verstellung des Reisenden und macht sie ihm zum Vorwurf. Kann man denn sagen, daß der, welcher imstande ist, bei den Italienern, Spaniern und selbst bei barbarischen Heiden zu leben, nur deshalb ihre Wertschätzung und Freundschaft findet, weil er dem üblen Laster der Täuschung frönt, jener Pest für jede wahre Freundschaft?« ([1907]: III, 409f.)

In Rom muß man sich wie ein Einheimischer benehmen, zu Hause aber damit aufhören, selbst wenn die römischen Sitten einem besser erscheinen als die eigenen. So soll der Reisende nach Moryson »bei seiner Rückkehr in die Heimat den Löffel und die Gabel der Italiener, die affektierten Gesten der Franzosen und alle fremde Kleidung ablegen, ja selbst jene Manieren, die er für durchaus vertretbar hält, die aber seinen Landsleuten mißfallen könnten: Denn wir sind nicht alle geborene Weltverbesserer.« (Ebd.: 422) Aber ist das nicht auch noch Verstellung? Moryson lobt beispielsweise die italienische Sitte, die es als unhöflich empfindet, wenn sich jemand mit einem anderen unterhält und dann einem anderen Bekannten zuwendet, ohne sich beim ersten in aller Form zu entschuldigen; er stellt dem die englische Unsitte gegenüber, sich abrupt und ohne jede Entschuldigung von dem einen Gesprächspartner ab- und dem nächsten zuzuwenden. Leider verlange die Rückkehr in die Heimat, daß man das wiederaufnehme, was während der Reise als Barbarei gegolten habe.

Unterwegs ist Verstellung vielfach das einzige Mittel, um zu überleben. Moryson gibt dem Reisenden den guten Rat, nicht erkennen zu lassen, daß er sich auf einer längeren Reise befinde, weil potentielle Räuber auf den Gedanken kommen könnten, er trage viel Geld bei sich; ebenso soll er, wenn er ein guter Schwimmer ist, diese Tatsache vor den anderen zu verbergen suchen, damit nicht im Falle eines Schiffbruchs »andere sich im Vertrauen darauf an ihn klammerten und ihn mit ins Verderben zögen« (ebd.: 389). Daneben trifft Moryson eine Reihe feiner Unterscheidungen im Hinblick darauf, welche Aspekte seiner Persönlichkeit der Reisende an die Umstände anpassen dürfe und welche nicht. Man könne ohne weiteres einen falschen Namen nennen, »denn Namen sind für andere«, und auch seine Kleidung verändern, nicht aber seine Ernährungsweise: »Wir kleiden uns für andere, aber wir essen für uns selbst.« Auf den Vorwurf, daß eine solche Verstellung, auch wenn sie notwendig sei, nicht zur moralischen Reife des Reisenden beitragen könne, entgegnet er mit Fug und Recht, daß jedes soziale Leben im Grunde Schauspielerei und der beste Schauspieler derjenige sei, dem man die Verstellung nicht ansehe. Aber sein Hauptargument ist machiavellistisch – was man aus Notwendigkeit tut, kann kein Verbrechen sein:

> »Es ist eine Kunst für den Reisenden zu wissen, wie er Täuschung vermeiden und Ehrlichkeit vortäuschen kann (natürlich nur, um sich selbst zu retten, nicht um andere zu täuschen). Er soll eine klare Haltung gegenüber allen Menschen haben und ein offenes Herz für seinen Freund, aber wenn es darum geht, daß das Wohl seines Landes bedroht ist und seine Feinde ihm auflauern, wenn es um sein eigenes Leben geht, dann sollte er seine Brust gegen seine inneren Freunde fest verschließen (...) Wer anderen einen Rat geben will, der soll ihn zuerst selbst befolgen. Ein Reisender muß sich auf seinen langen Wanderfahrten verstellen, aber nur an gefährlichen Orten und unter verdächtigen Personen (...) Auf gleiche Weise muß der Reisende manchmal sein Geld verstecken, seine Kleidung wechseln, sein Land verleugnen und selbst seine Religion verbergen, aber nur dann, wenn die Umstände es wirklich erfordern.« (Ebd.: 410)

Trotzdem bleibt der Vorwurf bestehen. Es ist nicht so, daß Reisen den »Lügner« moralisch aufwertet; im Gegenteil, oft wird die Tatsache, daß Notlügen auf Reisen so einfach sind, zur ständigen Verführung. Aber hier stoßen Moryson und mit ihm viele andere, die für die moralisch heilsame Wirkung des Reisens eintreten, gewissermaßen mit dem Kopf gegen die Wand: Sozialordnungen sind feste Strukturen, die das Konzept eines kontinuierlichen und unveränderlichen Selbst über alles stellen und mit Ehrlichkeit und Charakter gleichsetzen. Selbst Machiavelli, der die Notwendigkeit einräumte, sich den Gegebenheiten anzupassen, betrachtete diejenigen, die das taten, mit einer gewissen Verachtung und erkannte »wahre Größe« nur denen zu, die einen konsistenten Charakter hatten und sich nicht ständig den wechselnden Bedingungen anpaßten. Reisende genießen, wie Hannah Arendt es von Herrschenden sagte, das »Recht zu lügen«, also ihre äußere Erscheinung zu manipulieren, etwas vorzutäuschen, was sie nicht sind, und nicht zu zeigen, was sie tatsächlich sind. Wenn das unter dem Druck der Notwendigkeit kein Laster ist, dann ist es aber auch noch lange keine Tugend. Zumindest die Verantwortlichen für soziale »Gesundheit« und Moral betrachten einige Erscheinungen, die durch die Verstellung während der Reise entstehen können, als pathologisch: mehrfache Identität, Rollenverwechslung, Statusängste und Oberflächlichkeit.

In der Reiseliteratur ist im Zusammenhang mit der Notwendigkeit, sich zu verstellen, immer wieder von tiefer Verunsicherung die Rede, aber auch von beflügelnder Energie. Die Anpassung führt oft zu Schmerz- und Schuldgefühlen, gerade wenn sie die elementarsten Aspekte der Identität betrifft, die am schwersten aufzugeben sind. Als beispielsweise die Identität eines Menschen noch in dem umfassenden Rahmen gemeinsamer Glaubensvorstellungen verankert war, mußte die Notwendigkeit, auf Reisen seinen Glauben zu verbergen, besonders quälend sein. Athanasius Nikitin, ein russischer Kaufmann des 17. Jh., der nach Indien reiste und dabei um seiner eigenen Sicherheit willen seine griechisch-orthodoxe Identität nicht erkennen lassen durfte, wurde von dieser zeitweiligen Apostasie zutiefst beunruhigt:

> »Ich habe nichts bei mir, nicht ein einziges Buch. Die wenigen, die ich aus Ruß
> land mitnahm, gingen bei einem Überfall verloren. Und ich habe den christli
> chen Glauben und die christlichen Feste vergessen und kenne weder Ostern
> noch Weihnachten, noch kann ich Mittwoch von Freitag unterscheiden. Ich
> stehe zwischen zwei Religionen. Aber ich bete zum alleinigen Gott, er möge
> mich vor dem Verderben bewahren. Gott ist eins, er ist König des Ruhms und
> Schöpfer des Himmels und der Erde.« (Zit. n. Majors 1857: 18)

In diesem Zusammenhang bietet die Vorstellung des »alleinigen Gottes« Sicherheit; sie bringt das Fließende der menschlichen Identität zum Stehen, weil der Gläubige sich in ihr immer und überall wiederfinden kann.

Die Schuldgefühle, die den Reisenden überkommen, wenn er die Masken wechseln muß, liefern einen wichtigen Hinweis auf den Widerspruch im Kern der sozialen Struktur, die versucht, Identifikationsprozesse in Richtung auf einheitliche und unveränderliche Identität zu kanalisieren, und damit den Menschen zwingt, *einer* zu sein, was wiederum zu einem

Gegendruck führt, *vieles* zu sein und den engen Fesseln eines festen, einheitlichen Selbst zu entkommen. T. E. Lawrence – bekannt als Lawrence
von Arabien – war ein Meister der Verstellung und Verkleidung. Er streifte
jedes Gefühl der Selbstverachtung ab und schlüpfte ohne weiteres in die
Kleidung eines Arabers. Dabei bewunderte er jene Reisenden, die sich weigerten, sich zu verändern oder sich an fremde Verhältnisse anzupassen.
Einer seiner großen Helden war Charles Doughty, der erste Engländer, der
ganz offen und ohne Verkleidung in Arabien reiste und lebte. In seiner Einführung zu Doughtys klassischem Reisebuch *Die Offenbarung Arabiens*
beschrieb Lawrence zwei verschiedene Typen englischer Reisender:

> »Wir exportieren zwei Sorten von Engländern, die sich in fremden Erdteilen in
> zwei entgegengesetzte Klassen scheiden. Die einen empfinden den Einfluß der
> eingeborenen Bevölkerung sehr stark und versuchen sich ihrer Atmosphäre und
> Geistigkeit anzupassen. Sie unterdrücken alles in sich, was den ortsüblichen Sit-
> ten und der Eigenart des Landes widersprechen könnte, um sich dem allgemei-
> nen Rahmen unauffällig einzufügen. Sie ahmen den Eingeborenen soviel als
> möglich nach und vermeiden auf diese Weise jede Reibung im täglichen Leben.
> Jedoch können sie nicht die Folgen solcher Nachahmung, die stets etwas Wert-
> loses, Hohles bleibt, vermeiden. Sie passen sich dem fremden Volk an, ohne
> doch in Wahrheit zu ihm zu gehören, und gewinnen durch ihre kaum mehr
> bemerkbare Verschiedenheit einen scheinbaren Einfluß, der dem wirklichen
> Nutzen in keiner Weise entspricht. Sie drängen das Volk, unter dem sie leben, in
> eine ihm fremde, unnatürliche Lebensweise, indem sie es so gut nachahmen,
> daß sie ihrerseits wieder von dem Volk selbst nachgeahmt werden. Die andere
> Sorte von Engländern ist die zahlreichere. Unter denselben Bedingungen im
> Exil lebend, stärken sie ihren Charakter durch die Erinnerung an das Leben,
> das sie zurückgelassen haben. Um sich gegen die fremde Umgebung zu behaup-
> ten, nehmen sie ihre Zuflucht zu dem England, das auch ihnen einst gehört hat.
> Sie betonen ihr Anderssein, ihre Unantastbarkeit um so lebhafter, je größer ihre
> Einsamkeit und je schwieriger ihre Stellung ist. Sie machen auf die Völker, unter
> denen sie leben, gerade durch ein gegensätzliches Verhalten Eindruck, indem
> sie ihnen das Beispiel eines vollendeten Engländers, des in seiner Eigenart unbe-
> rührten Ausländers geben.« (1937: 21 f.)

Der Fremde, der sich zu assimilieren versucht, erreicht nur Verwirrung auf
seiten der Einheimischen, denn sie sehen in ihm ungeachtet seiner Bemühungen, sich an die örtlichen Verhältnisse anzupassen, nur einen besonderen, wenngleich unscharfen Typus von Fremdem. In dem wandelbaren Reisenden erkennen sie nur ein Zerrbild, nicht jedoch eine eigene Identität.
Aber auch der »echte« Engländer ist eindeutig das künstliche Produkt des
Reisens – es setzt das Verlassen des eigenen Landes voraus und die Notwen-

digkeit, sich vor fremdem Publikum darzustellen. Der kompromißlose Engländer ist ein Stereotyp, welches sich – wie alle kulturellen Stereotypen – im Prozeß der interkulturellen Kommunikation, Beobachtung und Identifizierung herausgebildet hat. Seine Merkmale sind so ausgewählt, daß sie nicht nur einen bestimmten kulturellen Typus veranschaulichen, sondern einen *überlegenen* kulturellen Typus, der überall besondere Anerkennung verdient. Die erfolgreiche Darstellung dieser Figur war es auch, auf die Lord MacCartney – der erste englische Botschafter in China in den Jahren 1793/94 – die Eile zurückführte, mit der die Chinesen bemüht waren, ihn und seine Begleitung wieder loszuwerden. Auf irgendeine Weise verkörperte er ungewollt »jene Überlegenheit, die die Engländer, wohin sie auch kommen, auch vor dem gleichgültigsten Beobachter nicht verbergen können« (Cranmer-Byng 1972: 128).

Der Fremde als »Öffentlichkeit«

Künftig sagt dann einer der spätgeborenen Menschen,
Im vielrudrigen Schiffe zum dunkelen Meer hinsteuernd:
Seht das ragende Grab des längst gestorbenen Mannes,
Der einst tapfer im Streit hinsank dem göttlichen Hektor!
Also spricht er hinfort, und mein ist ewiger Nachruhm.

Ilias, VII. Gesang, Vers 87–91

Die Notwendigkeit einer dritten Person, eines Zeugen, unterscheidet den Austausch sozialen Prestiges von anderen Formen des Tausches. Soziale Werte entstehen durch Erkennens- und Wiedererkennungsprozesse und setzen darum ein Publikum voraus, ein von außen betrachtendes Auge. Der Anthropologe Frederick Damon hat im Zusammenhang mit dem Kula-Handel darauf hingewiesen, daß es erst die Weitergabe einer Muschel an Dritte ist, die dem Namen einer Person Ehre bringt und ihn weithin bekannt macht. Der Ethnograph John D. Leroy schreibt in seiner Untersuchung über die rituelle Schweineschlachtung bei den South Kiwa, daß der Austausch von Schweinen, von dem die Stellung in der Gemeinschaft abhängig ist, immer triadischer Natur ist und neben den beiden direkt Beteiligten die Anwesenheit einer dritten Person erfordert, die als Beobachter fungiert:

> »Wenn man sagt, der Handel sei triadisch, dann heißt das nur, daß er in Gegenwart anderer vollzogen wird und daß diese anderen zu einem anonymen Drit-

ten werden können, der alle Angehörigen der Kultur verkörpert. Er muß nicht einmal physisch anwesend sein, um wirksam zu sein: Es genügen Vorstellungskraft und Erinnerung. In der Tat liegt seine Bedeutung nicht in seiner Anwesenheit, sondern in seiner Handlungsweise. Sein bedeutungsvoller Blick gibt Geber und Empfänger zu verstehen, daß sie Teil einer größeren gesellschaftlichen Wirklichkeit sind.« (1979: 185)

Das ist der Ursprung dessen, was wir »Öffentlichkeit« nennen, und, so könnte ich mir vorstellen, auch einer der Gründe, warum es Götter gibt: An ihnen spiegelt sich das menschliche Handeln – sie bilden eine moralische Dimension über und gegenüber der menschlichen Gesellschaft. In den meisten Ehrenkodizes ist es nicht erforderlich, eine Beleidigung zu rächen, für die es keine Zeugen gibt, da in seinem solchen Fall kein Ehrverlust eintritt, ebenso wie eine Handlung, die nicht vor Zeugen geschieht, keine Ehre einbringen kann. Hier liegt womöglich eine weitere Ursache für die Gleichsetzung von Fremden mit Göttern, wie sie in traditionellen Kulturen so häufig erfolgt: Beide stellen eine beobachtende und urteilende äußere Instanz dar, unter deren Blick soziale Bedeutung entsteht und Gültigkeit gewinnt.

Reisende haben schon seit langer Zeit die Rolle anonymer Zeugen gespielt, wie sie für die Anerkennung sozialer Handlungen oder Heldentaten notwendig sind: »Wer Ehre beansprucht, muß nach seiner eigenen Wertschätzung Anerkennung finden, sonst wird der Anspruch zur bloßen Eitelkeit, zum Gegenstand des Gespötts oder der Verachtung – aber wer soll ihm die Anerkennung geben?« (Pitt-Rivers 1966: 22) Die Antwort auf diese Frage war oft der durchreisende Fremde, der Namen und Ereignisse über Raum und Zeit weiterverbreitet. Damit rechnete auch Hektor, als er in weiser Voraussicht Regelungen für die Bestattung jener achäischen Krieger traf, die mutig genug wären, auf seine Herausforderung zum Duell einzugehen:

> «Doch der Erschlagene kehrt zu den schöngebordeten Schiffen
> Daß mit Pracht ihn bestatten die hauptumlockten Achaier
> Und ihm ein Grab aufschütten am breiten Hellespontes.«
> *(Ilias*, VII. Gesang, Vers 84 ff.)

Künftige Reisende, die zufällig an jener Stätte vorbeikommen würden, sollten dann Hektors Ruhm weitertragen und auf diese Weise für seine Unsterblichkeit sorgen. Er hatte sich nicht getäuscht: Noch heute, nach 3 000 Jahren, bestaunen Touristen die Stätte seiner Taten. Seine Vorhersage zeigt, daß man überall Zeugen braucht, wo es um soziales Prestige geht. Im übrigen verdanken wir der Bitte um die Gebete vorbeikommender Fremder den Hinweis auf den ersten bekannten Reisenden in der Geschichte; es war ein gewisser Harkuf, ein Karawanenführer des altägyptischen Königs Pepi I., der seine Verdienste ansprechend zu formulieren wußte: »Den Hungrigen gab ich Brot, den Nackten gab ich Kleidung, und die, die kein Boot hatten, brachte ich über den Fluß.« (Zit. n. Horne 1917: II, 43)

Eine der wichtigsten Funktionen der Reisenden ist es also, ein Forum der öffentlichen Meinung zu bilden: »Die öffentliche Meinung ist ein Tribunal, welches über alle Ehrenhändel zu entscheiden hat, ein ›Ehrengericht‹, wie man es genannt hat, gegen dessen Entscheidung es keinen Widerspruch gibt.« (Pitt-Rivers 1966: 27) Diese besondere Macht der Fremden läßt es beispielsweise den Gawa beim Kula-Tausch ratsam erscheinen, die größten und schönsten Yamswurzeln für die Bewirtung fremder Gäste zu reservieren und selber die kleinen, unansehnlichen zu essen; auf diese Weise demonstrieren sie nach außen hin Reichtum und Macht und hoffen, im Vergleich mit anderen Gemeinschaften gut abzuschneiden.

Die Macht, die der Fremde ausübt, beruht auf den Beziehungen, die sich aus der gegenseitigen Beobachtung ergeben. Diese Macht, die einzig und allein von der Wahrnehmung erzeugt wird, ist untrennbar mit Identifikationsprozessen verbunden. In diesen wechselseitigen Prozessen zwischen Fremden liegen die Wurzeln der sozialen Bindungen – sie sind die eigentlichen Grundbestandteile der Gesellschaft. Es war ein Fremder und Reisender, der dieses Verhältnis auf eine Weise beschrieb, wie sie für neugierige, intelligente Reisende charakteristisch ist, die unter die Oberfläche zu blikken verstehen: Goethe stellte bei seinem Besuch des römischen Amphitheaters in Verona die naive, aber logische Frage, warum die Alten die ringförmige Anordnung der Sitze der des modernen Theaters mit seiner strengen Trennung von Sehen und Gesehenwerden vorgezogen hätten. Er gab sich selbst die Antwort: »Eigentlich ist so ein Amphitheater recht gemacht, dem Volk mit sich selbst zu imponieren, das Volk mit sich selbst zum besten zu haben.« ([1962]: I, 33) Von da aus ist es nur ein kleiner Schritt zu der These, die ich hier formuliert habe: Die Gesellschaft hat ihren Ursprung in Vorgängen des gegenseitigen Erkennens und Anerkennens. Das Amphitheater erfüllt die Funktion, diese Prozesse zu organisieren und zu strukturieren, und ist damit eine Quelle sozialer Macht, ebenso wie das Reisen.

In der Geschichte hat das Reisen immer wieder ein besonderes soziales Wesen hervorgebracht: den Fremden. Der moderne Mensch wurde zunehmend auf diese Spezies aufmerksam und hat sie in gewissem Sinne sogar kanonisiert, indem er dem entfremdeten, objektiven, wissenschaftlichen Blick höchste Autorität zusprach. Die Figur des Fremden muß jedoch sowohl gegen eine Idealisierung als auch gegen die uralten Vorwürfe verteidigt werden, daß Reisen die Moral untergrabe – d. h. die Unantastbarkeit von Grundwerten und Patriotismus in Frage stelle – und zur Oberflächlichkeit verführe. »*Only light minds travel*«, soll Emerson gesagt haben, obwohl auch er Reisen unternahm und darüber schrieb. Die Veränderung der sozialen Identität mag bei Reisen durch gefährliches Gebiet unvermeidlich sein. Freudig aufgenommen von Reisenden wie Boswell, betrauert von anderen wie Della Valle, könnte die Erfahrung einer ständig wechselnden Maske den Gedanken aufwerfen, alle Masken fallenzulassen oder aber so allgemeine zu benutzen, daß sie für alle durchschaubar sind. Dann wäre Humanität nicht länger ein abstraktes Konzept, sondern eine Darstellungsform, ein Drehbuch, eine zentrale Rolle innerhalb des sich ständig weiter entfaltenden sozialen Dramas, und irgendwann könnte eine neue Form von Identität entstehen, in der das Selbst unterhalb oder innerhalb der ständig fließenden äußeren Erscheinung existiert.

Im Zusammenhang mit dem Abschluß der Lehrzeit in der »Schule der einfachen Menschlichkeit« schreibt Charles Doughty: »Der Reisende muß ganz er selbst sein, er muß in den Augen der Menschen wert sein, unter Gottes Himmelszelt zu wohnen, selbst ohne eine Religion: Er muß ein reines menschliches Herz und unter seinem rauhen Gewand viel gelitten haben – das ist genug, um bis ans Ende der Welt zu reisen, so gefahrvoll der Weg auch sei.« (1923: I, 56)

Mitglieder der »Gesellschaft von Reisenden«: Bei den Pyramiden, 1963.

DIE ERFAHRUNG DES REISENS HEUTE

Nie wieder werden uns die Reisen, Zaubertruhen voll traumhafter Verspre-
chen, ihre Schätze unberührt enthüllen. Eine wuchernde, überreizte Zivili-
sation stört für immer die Stille der Meere. Eine Gärung von zweifelhaftem
Geruch verdirbt die Düfte der Tropen und die Frische der Lebewesen, tötet
unsere Wünsche und verurteilt uns dazu, halb verfaulte Erinnerungen zu
sammeln. (…) Und so verstehe ich die Leidenschaft für Reiseberichte, ihre
Verrücktheit und ihren Betrug. Sie geben uns die Illusion von etwas, das
nicht mehr existiert und doch existieren müßte, damit wir der erdrückenden
Gewißheit entrinnen, daß zwanzigtausend Jahre Geschichte verspielt sind.

Claude Lévi-Strauss, 1975
([8]1991: 31)

To live in one land, is captivitie.

John Donne: »Change«, 1635

Welche Schlußfolgerungen sollen Autor und Leser aus dem Gesagten ziehen? Der Zeitgeist sehnt sich nach »früher«, als das Reisen noch wirklich
Reisen bedeutete, als es noch Grenzen zwischen Bekanntem und Unbekanntem, Zivilisation und Wildnis gab, als ein Entkommen noch möglich
war. Aber schon im Jahre 1837 spürte Alexander Kinglake das unausweich-
liche Heraufziehen einer industriellen, universellen Welt, die vom einheitlichen Rhythmus der Maschinen bestimmt sein würde. Es gibt keine Flucht
aus der globalen Zivilisation, die die Reisenden, Entdecker, eleganten und
wißbegierigen Damen und Herren, Kaufleute und Auswanderer geschaffen haben. Durch immer neue Reisen ist die globale Kultur entstanden, die
heute durch internationale Transport- und Verkehrs-, Produktions-, Ver-
teilungs-, Kommunikations- und Zerstörungssysteme zusammengekittet
wird. Diese Welt können wir nicht verlassen – zumindest noch nicht. Das
Reisen in Gestalt des Tourismus ähnelt heute immer mehr der Beschäfti-

gung eines Häftlings, der in seiner Zelle hin und her läuft und den Spuren
zahlloser anderer genauso »freier« Gefangener folgt. Was früher einmal
Ausdruck von Freiheit war, macht uns heute immer mehr unser Gefangen-
sein bewußt.

Diese Ironie durchzieht unsere heutigen Reisen und unsere Reiseliteratur – sie ist das beherrschende Motiv bei Autoren wie Paul Theroux, V. S.
Naipaul und Claude Lévi-Strauss. Die Bitterkeit und Desillusionierung
unserer heutigen philosophischen Reisenden, die mit der Literatur des
klassischen Zeitalters europäischer Entdeckungsreisen groß geworden sind
– mit ihren Vorstellungen von unverfälschter Ursprünglichkeit irgendwo
»weit weg«, wo sich neue Erkenntnisse und unendliche Möglichkeiten bieten –, erreicht geradezu epische Ausmaße in Lévi-Strauss' *Traurige Tropen*
(1955) – einem Buch, das der Reiseschriftsteller John Krich als das »Handbuch« des modernen Reisenden bezeichnet hat.

Die Realität dieser einen, einheitlichen Welt können wir an der Intensität
des Verlustgefühls ermessen, welches aus der zunehmenden Gewißheit entsteht, daß *richtiges* Reisen – entbehrungsreiches, gefährliches Reisen in die
Ferne, bei dem man zur Persönlichkeit wird – nicht mehr möglich ist. Wie
schmerzlich diese Wunde ist, das versucht John Krich zu beschreiben:

> »Wenn wir versuchen zu fliehen – wenigstens auf die Art und Weise, die uns die
> Reiseprospekte vorgaukeln, dann ist das so, als würden wir versuchen, dem Tod
> zu entgehen. Wir wissen, daß das in Wirklichkeit ganz und gar unmöglich ist,
> aber in dem Versuch liegt der einzige Sinn des Lebens, den wir je finden wer-
> den.« (Zit. n. Fussell 1987: 755)

Die Struktur des modernen Globaltourismus schließt jede Möglichkeit
aus, der Zivilisation zu entkommen, und verbaut damit den altehrwürdi-
gen Fluchtweg aus den Schranken der menschlichen Existenz. Heute ist
von vornherein zum Scheitern verurteilt, was Generationen von Reisenden
seit Gilgamesch immer wieder in die Ferne getrieben hat: der Versuch, sich
vor dem sicheren und absehbaren Tod zu schützen, die männliche *persona*
in Zeit und Raum auszudehnen als Eroberer, Kreuzfahrer, Entdecker,
Kaufmann und Abenteurer, Naturforscher oder Anthropologe.

Kein Wunder, daß für Paul Fussell »Unmut, Langeweile, Desillusionierung, ja sogar Wut« die dominierenden Gefühle und Stimmungen sind, die
die Ära des »Post-Tourismus« kennzeichnen, in der »Standardisierung,
Multiplikation und allgemeine (...) Verachtung für den Kunden einen großen Teil des Vergnügens zerstört haben, das selbst der Tourismus früher bieten konnte« (ebd.: 757). Selbstverachtung und das Gefühl, betrogen zu
werden, sind für die Einstellung des heutigen, eher nachdenklichen Reisen-

den kennzeichnend. Es liegt eine rührende Verzweiflung in dem Bemühen professioneller Touristen, finanziell gut ausgestatteter Anthropologen und kulturell interessierter Reisender, sich von reisenden Massen und Allerwelts-Abenteurern abzuheben. Der heutige Tourist möchte vor allem andere Touristen und die Orte, an denen sie sich sammeln, meiden. Aber das bestätigt nur die Tatsache, daß das Reisen heute nicht mehr geeignet ist, sich von anderen zu unterscheiden, sondern nurmehr dazu dient, einer Norm zu genügen und jene Identität anzunehmen, die uns allen gemeinsam ist – die des Fremden.

Diese Identität ist das Produkt einer jahrhundertelangen Reisetätigkeit, einer unendlichen Folge immer neuer Abreisen, Passagen und Ankünfte. Das Bewußtsein des modernen Reisenden ist relativistisch, es hat nichts mehr übrig für absolute und zeitlose Werte, die letzten Endes doch nur dann Wirklichkeit besitzen, wenn man sie von einem festen Standpunkt aus betrachtet. Es ist eine »komparative« Mentalität – sie gründet und stützt sich auf Vergleiche. Ihre Orientierungshilfen, ihre Fixpunkte sind jene Formen und Beziehungen, die in der Vielfalt der erfahrenen Gegenstände und Situationen beständig zu sein scheinen, aber sie ist sich der Tatsache nur zu deutlich bewußt, daß diese Formen und Beziehungen nur vorläufiger Art sind und sich mit wechselnden Umständen verändern können. Der Geist beschäftigt sich mit der Oberfläche der Dinge; er paßt sich ihnen an, statt schöpferisch zu wirken, und arbeitet eher breitgestreut als tiefgehend, eher spiegelnd als durchdringend. Es ist ein Bewußtsein, das durch Entfremdung und ständige Bewegung geformt ist und die objektive, äußerliche, desakkulturierte und universelle Perspektive über alles stellt. Rastlos, an allem interessiert, sensibel für Unterschiede, aber auch Kontinuitäten in einem Klima ständigen Wandels, empfindet es nur dann Befriedigung, wenn es den Gedanken weit hinter sich gelassen hat, in einer Heimat, einer *patria* glücklich aufgehoben zu sein.

Dieses Bewußtsein ist also typisch für die weltweite Gesellschaft von Reisenden, in der wir leben. Sie ist durchaus real und keine bloße Metapher, und sie ist Teil unserer Identität und unserer Beziehungen. Reisen – früher einmal eine seltene Erfahrung, ein Ausnahmezustand – ist inzwischen zur reinen Routine geworden. Es gehört nicht mehr dazu, als sich ins Auto zu setzen und einfach ein Stückchen über seine normalen Anlaufpunkte hinaus zu fahren. Der Tourismus mit all seinen Begleiterscheinungen – Autos, Luftverkehr, Hotels, Reisebedarf, Andenken – wird bis zum Jahr 2000 der größte Industriezweig der Welt sein. Der Tourist ist die Norm, die Welt nur mehr ein Poster an der Wand eines Reisebüros – sie steht uns zur Verfügung für den Preis einer Fahrkarte oder eines Flugtickets. Die Urwälder, die einst die Siedlungsgebiete des Menschen umgaben und in denen angehende Ritter Selbstfindung betreiben konnten, sind inzwischen von menschlichen Siedlungen fast vollständig verdrängt; es sind nur noch Parks, Naturschutzgebiete, Regenwälder, bedrohte und höchst empfindliche Ökosysteme, die unserer Obhut anvertraut sind. Vielleicht bedeutet das nichts anderes, als daß unsere Zeit gewissermaßen das bittere Ende der Dialektik ist, Zeit zum Abschiednehmen für diejenigen, die ihre Identität im Hinblick auf eine äußere, gegensätzliche Welt der »anderen« definiert haben. Die Gegensätze, die einmal zwischen der Zivilisation und der sie umgebenden Wildnis bestanden, sind jetzt zu inneren Grenzen geworden. Wir haben die Dialektik verinnerlicht und zu einem Strukturelement der Gesellschaft der Reisenden gemacht. Hegel ist tot und begraben und eingegangen in das zeitgenössische Bewußtsein, das moderne Bewußtsein des Reisenden.

In einem Dankschreiben an Thomas Cook, der im Jahre 1845 zum erstenmal Reisen, Ferienaufenthalte und Ausflüge mit dem neuen Verkehrsmittel der Eisenbahn anbot und als Pionier des Massentourismus gelten kann, schrieb eine zufriedene Kundin, eine gewisse Matilda, daß viele ihrer Freunde sie und ihre drei Schwestern für zügellos hielten, »unabhängig und abenteuerlustig genug, um die Küsten des Alten England zu verlassen und in fremde Länder einzutauchen, die nicht unter Viktorias Herrschaft liegen, ohne den Schutz irgendwelcher Verwandter. (...) [Aber] mit einem Führer und Beschützer wie Mr. Cook könnten wir uns überallhin wagen.« (Zit. n. Swinglehurst 1974: 38) Matilda und ihre Schwestern gehörten zu jenen zahlreichen unverheirateten Frauen, die sich jetzt, im Zeitalter der gewerbsmäßigen Mobilität, die Freiheit nahmen, unter dem Schutz eines Führers auf Reisen zu gehen. Damit war das Ende des Reisens als spezifisch männlicher Aktivität gekommen. Auch diese Tatsache wirkte desillusionierend auf viele, die darauf aus waren, durch Reisen zu »richtigen« Männern zu werden.

Wie bei den früheren und auch bei den heutigen nomadischen Gesellschaften überschreitet in der modernen westlichen Gesellschaft die Mobilität alle Schranken von Geschlecht, Alter und Klassenzugehörigkeit und schafft eine grundsätzliche, wenn auch letztlich nicht dauerhafte Solidarität. Männer, Frauen und Kinder reisen mit der gleichen Selbstverständlichkeit – allerdings mit dem Unterschied, daß sie bei den Nomaden gemeinsam unterwegs sind, während sie in unserer Gesellschaft in der Regel getrennt reisen, als Einzelne in der Obhut von Fremden. Der wie immer überaus scharfsinnig beobachtende Karl Bücher schreibt dazu, dies sei das entscheidende Merkmal, durch das sich moderne Reisen und Wanderungsbewegungen von den Völkerwanderungen und Expeditionen der Antike und von den Reisen bestimmter Berufsstände – Soldaten, Kaufleute, Handwerker, Jongleure und Scholaren – unterscheiden, die in gewissem Sinne alle kollektiven Charakter hatten:

> »Die modernen Wanderungen sind dagegen in der Regel eine Sache der Individuen, die sich dabei von den verschiedenartigsten Beweggründen leiten lassen. Sie sind fast immer unorganisiert, und den täglich tausendfach sich wiederholenden Vorgang eint nur das eine Merkmal, daß es sich überall um Ortsveränderung von Personen handelt, welche günstigere Lebensbedingungen aufsuchen.« (1925: 433)

Die Einsamkeit des Reisenden war einmal das Kennzeichen mittelalterlicher Ritterfahrten und gehörte – noch früher – zum wandernden Philosophen und zum heimatlos umherirrenden Helden. Heute schätzt man die Möglichkeit, auf Reisen allein zu sein, als reinigenden und therapeutischen Vorgang, der den Geist befreien und wieder für die Dinge der Außenwelt empfänglich machen kann. So sieht es auch die moderne Abenteurerin Freya Stark: »Menschen, die nichts von diesen Dingen wissen, werden sagen, es sei kein besonderes Vergnügen, eine Landschaft ganz für sich allein zu haben. Aber das ist nicht wahr. Es ist ein ganz eigenes Vergnügen, das wenig mit Vernunft zu tun hat, aber durchaus real ist.« (1963: 36) Reisen dient dazu, inmitten von bestehenden notwendigen Beziehungen ein gewisses Maß an Einsamkeit zu verwirklichen, aber gleichzeitig auch ein Gefühl der Zusammengehörigkeit mit anderen, eine bestimmte Stufe der Menschlichkeit zu erreichen.

Die Reise bedeutet also Loslösung und Bindung zugleich; sie erzeugt Einzelpersönlichkeiten ebenso wie Gemeinschaften. Die Gemeinschaft, die auf Reisen entsteht, ist allen Reisenden vertraut; sie beginnt mit jenem verzweifelten Gefühl von Verlassensein und gemeinsamem Schicksal, das einen manchmal überkommt, wenn man zusammen mit lauter Fremden in einem riesigen Flugzeug sitzt und die Maschine endlich von der Startbahn abhebt. Es gehört schon zu den Bindungen, die unter Reisenden ständig eingegangen (und wieder gelöst) werden, wenn man auf der Autobahn im Windschatten eines Sattelschleppers fährt und über einige Kilometer zum »Gefolgsmann« wird. Eine Gemeinschaft von Reisenden bildet sich überall. Das erfuhr auch Sinclair Lewis' Romanfigur Dodsworth an Bord eines Ozeandampfers:

> »Ihr dauerndes Heim für eine Woche [sollte] ihnen dank ihrer erhöhten Sensibilität, dem einzigen Segen des Reisens, vertrauter werden (...) als manches Haus, in dem sie jahrelang ein und aus gegangen waren. Jedes Rußpünktchen

an den Rettungsbooten, jeder Sessel im Rauchsalon, jeder benachbarte Tisch im Speisesalon mußte bemerkt und im Gedächtnis behalten werden.« (1957: 41)

Die Gesellschaft der Reisenden besteht aus vielen Segmenten, die sich weiter aufspalten oder zu größeren Gruppen zusammenschließen – ein unaufhörlicher Prozeß von Fusion und Spaltung, der sich auf Flughäfen, Straßen, Busstationen oder Rastplätzen abspielt. Es ist eine Gesellschaft, die sich durch extrem flüchtige soziale Bindungen auszeichnet, aber dennoch ihre Gesetze, Regeln und Strukturen hat.

Diese mobile Gesellschaft funktioniert – ähnlich wie ihre Vorläufer in der Geschichte – durch Gegensätze. Der Zusammenhalt zwischen den verschiedenen Einheiten ist abhängig vom Grad der Opposition, der man sich gegenübersieht, d. h. er nimmt zu oder ab mit dem Ausmaß der Bedrohung durch einen Feind. Entsprechend lassen sich Kalte Kriege, Rassismus, der heute wieder so internationale Nationalismus, moderne Formen von »Stammesidentität« unter dem Druck von Vertreibung oder Anpassung (Afro-Amerikaner, Sinti und Roma, Kosovo-Albaner usw.) und selbst der immer noch akute Kampf zwischen den Geschlechtern als strukturelle Merkmale einer Gesellschaft auffassen, deren einzelne Segmente durch ihre Opposition zu anderen Verbänden, Geschlechtern, Machtblöcken, Rassen oder religiösen Gruppen zusammengehalten werden. Als der letzte Kalte Krieg zu Ende war, der mehr als fünfundvierzig Jahre dauerte – von 1945 bis 1990 –, herrschte gerade einmal sechs Monate Ruhe, bis im Mittleren Osten eine neue Konfrontation aufgebaut, neue Oppositionen geschaffen und ein neues Gefühl von Zusammengehörigkeit und gemeinsamer Identität hergestellt war. Das offenbar unvermeidliche Bedürfnis nach Kriegen, von denen man gleichzeitig hofft, daß sie nie gekämpft werden, die Notwendigkeit immer neuer Gegnerschaften erklärt sich vielleicht aus der Tatsache, daß Opposition unter Bedingungen der Mobilität, wo alle zunächst anonyme Fremde sind, die einzig mögliche Form des Zusammenhalts bildet. Wir wissen vielleicht nicht, wer wir sind, aber wir wissen, *gegen wen* wir sind – wer immer gerade der Feind der Woche ist. Das Bedürfnis nach Feindschaft und Opposition ist Ausdruck der Sehnsucht nach Identität in der bedrängenden Anonymität und Fremdheit der Wirklichkeit.

Die anhaltenden Antagonismen in einer Welt, die sich doch in ständigem Kontakt befindet – durch Kommunikationsmittel, Verkehrssysteme, Konsum und Zerstörung – sieht der Schriftsteller Paul Bowles, lebenslang selbst Reisender, intellektueller Jet-Setter und Amerikaner im Exil, noch unter einem anderen Gesichtspunkt:

»Jedesmal, wenn ich an einen Ort komme, den ich noch nie gesehen habe, hoffe ich, er werde sich so weit wie möglich unterscheiden von den Orten, die ich kenne (...) Ich nehme an, es ist für einen Reisenden ganz natürlich, wenn er Abwechslung und Vielfalt sucht. Es ist der ›menschliche Faktor‹, der ihm die Unterschiede am deutlichsten vor Augen führt. Wenn die Menschen und ihre Art zu leben überall gleich wären, dann wäre es ziemlich sinnlos, sich von einem Ort zu einem anderen zu begeben.« (1963: VII).

Die Freude an Unterschieden ist ein wichtiges Motiv für das Reisen, für interkulturelle und interethnische Kontakte. Das Zusammenführen von Dingen, die im Bewußtsein und in der Vorstellung getrennt sind – Rassen, Geschlechter, Klassen, Ethnien – bringt oft neue Energien und Entwicklungen hervor. Soll diese Kraftquelle erhalten bleiben, dann müssen auch Unterschiede und Trennungen aufrechterhalten werden – und sei es nur deshalb, damit sie überwunden werden können. Diesen Widerspruch erfährt der desillusionierte, post-touristische Reisende nur allzu deutlich, wenn er die Unterschiedlichkeit sucht und doch immer nur ohnmächtig vor Gleichem steht.

Der Reisende braucht den Wechsel, braucht »Ost« und »West« oder andere Gegensätze, um die eigenartige Macht und Befriedigung erfahren zu können, die aus der ständigen Veränderung des Selbst erwächst. So ging es auch Jack Kerouac, als er sich auf seiner ersten Reise per Anhalter quer durch die Vereinigten Staaten im Jahre 1947 in einem Hotelzimmer in Des Moines wiederfand:

»Ich wachte auf, als die Sonne sich rötete; und das war der einzige bestimmte Zeitpunkt in meinem Leben, dieser eigentümliche Augenblick, in dem ich nicht wußte, wer ich war – ich war weit fort von zu Haus, gejagt und müde von der Reise, in einem billigen Hotelzimmer, das ich nie gesehen hatte, und hörte von draußen das Zischen des Dampfes und das Knarren des alten Holzes im Hotel und Schritte über mir und all die traurigen Geräusche, und ich blickte auf die gesprungene hohe Decke und wußte etwa fünfzehn seltsame Sekunden lang wirklich nicht, wer ich war. Ich hatte keine Angst, nur, daß ich jemand anders sei, irgendein Fremder. Und mein ganzes Leben war zu einem Spuk geworden, das Leben eines Geistes. Ich befand mich auf halbem Wege quer durch Amerika, auf der Scheide zwischen dem Osten meiner Jugend und dem Westen meiner Zukunft, und vielleicht ist das der Grund, warum es mir gerade dort und damals geschah, an diesem sonderbar roten Nachmittag.« (1968: 19)

Das Bedürfnis nach Veränderung der Identität ist gleichzeitig Ergebnis des Reisens und Antrieb zu neuen Reisen – ein entscheidendes Kennzeichen des Touristen, den die Soziologin Valene Smith als eine Person definiert,

»die vorübergehend über freie Zeit verfügt und freiwillig einen weit entfernten Ort aufsucht, um Abwechslung und Veränderung zu erleben«
(1977: 2). Tourismus impliziert immer eine Rückkehr nach Hause und eine
veränderte Einstellung zu diesem Zuhause, das nicht mehr als schicksal-
haft, sondern als selbstgewählt erscheint und von außen statt von innen
betrachtet werden kann: »Wir werden durch die Erholung zu neuen Menschen, und wenn wir dieses Gefühl nicht haben, dann ist der ganze Zweck
des Tourismus verfehlt.« (Ebd.: 23) Für Jack Kerouac hieß diese Rückkehr
nach Hause, das, was ihm früher selbstverständlich erschienen war, plötzlich mit den »unschuldigen« Augen eines Fremden zu sehen:

> »Ich (...) war wieder zurück auf dem Times Square; noch obendrein in der
> Hauptverkehrszeit, so daß ich vor meinen unschuldigen Landstraßen-Augen all
> den kompletten Wahnsinn und das phantastische Gewühl von New York hatte,
> wo Millionen und aber Millionen einander auf der Jagd nach Dollars drängen
> und stoßen (...) Ich hatte mein Zuhause, wohin ich gehen konnte, meinen
> Platz, wo ich den Kopf hinlegen und mir den Verlust ausrechnen konnte und
> zugleich den Gewinn, den es, wie ich wohl wußte, auch dabei gab.« (1968: 98)

Dieser Verlust, der einen Gewinn an Unschuld, Einfachheit und Jugend
bedeutet, ist nach meiner Auffassung die wichtigste Veränderung, die das
Reisen bewirken kann, und ein wesentliches Kennzeichen der Gesellschaft
und der Mentalität, die im Laufe der Geschichte durch Reisen entstanden
ist. Die Kraft, die dem Reisen innewohnt, ist korrosiv, entblößend, ver-
nichtend – es ist die Erfahrung eines ständigen Verlustes. Die durch Reisen
entstandene Welt zeichnet sich nicht nur durch das aus, was sie enthält, sondern auch durch das, was ihr fehlt. Das zeigt sich besonders in Südkalifor-
nien mit fast greifbarer Deutlichkeit: Daß etwas fehlt in diesem Land, aufgebaut von Menschen, die so weit nach Westen gingen, wie sie konnten,
ohne nasse Füße zu bekommen, ist eine objektive Tatsache, eine Folge
davon, daß all der überflüssige kulturelle Ballast – Bücher, Bilder, Klaviere,
aufwendige Möbel – auf dem Zug nach Westen am Wegesrand liegenblieb.
Das Gefühl der Leere, das die Gesellschaft der Reisenden kennzeichnet,
das Fehlen von Gehalt und Komplexität, wird selbst zum Anreiz für neue
Reisen zurück zu den Anfängen. Reisen ins Unbekannte – heute wären sie
nur noch mit Hilfe der Raumfahrt möglich – erzeugen die Notwendigkeit
der Rückkehr, der Reise nach innen, zu den Ursprüngen und zu dem, was
verloren ging. Die Wanderbewegungen der Neuzeit haben auch ein neues
Bedürfnis nach Florenz, Prag, Paris, Rom und Jerusalem hervorgerufen.
So entsteht eine neue Spielart der alten philosophischen Reise: die Suche
nach den kulturellen Ursprüngen, die aus jenem Hunger nach Sinn und

Bedeutung erwächst, der selbst das Ergebnis unzähliger Reisen ist. Auf diesen Rück-Reisen werden die alten Motive vielleicht in neuem Sinne wirksam, und vielleicht wird es so möglich, dem modernen Tod, dem Sterben an der Sinnlosigkeit der postindustriellen Welt zu entgehen oder es zumindest hinauszuzögern. Wer Ende und Anfang verknüpft, der stirbt nicht. Also wandere.

Literatur

Acosta, José de, *Das Gold des Kondors. Berichte aus der Neuen Welt, 1590* (hg. und übertr. v. Rudolf Kroboth u. Peter H. Meurer), Stuttgart, Wien 1991

Adler, Elkan, *Jewish Travelers*, London: Routledge and Sons, 1930

Anderson, Nels, *The Hobo: The Sociology of the Homeless Man*, Chicago: University of Chicago Press, 1923

Auerbach, Erich, *Mimesis*, Bern 1946 (^{7}1982)

Augustinus, Aurelius: *Bekenntnisse*. (übers. u. hg. v. Kurt Flasch u. Burkhard Mojsisch), Stuttgart 1989

Bacon, Francis, *Neues Organon*, lat.-dt. (hg. u. eingel. v. Wolfgang Krohn), 2 Bde., Hamburg 1990

Barth, Frederik, »Models of Social Organization«, London: Royal Anthropological Institute of Great Britain und Ireland (Occasional Paper No. 23), 1966

– *Nomads of Southern Persia: The Basseri Tribe of the Ramasch [Khamsey] Confederacy*, New York: Humanities Press, 1961

– *Ritual and Knowledge Among the Baktaman [Baktanam] of New Guinea*, New Haven: Yale University Press, 1975

Bashō, Matsuo, *The Narrow Road to the Deep North and Other Travel Sketches*, Baltimore, Md.: Penguin Books, 1966

Bates, Edward S., *Touring in 1600: A Study in the Development of Travel as a Means of Education*, Boston: Houghton-Mifflin, 1911

Bateson, Gregory, »Information and Codification: A Philosophical Approach«, in: J. Ruesch, G. Bateson, *Communication: The Social Matrix of Psychiatry*, New York: W. W. Norton, 1951 (repr. 1968)

Batten, Charles L., *Pleasurable Instruction: Form and Convention in Eighteenth Century Travel Literature*, Berkeley: University of California Press, 1978

Batz, William G., »The Historical Anthropology of John Locke«, in: *Journal of the History of Ideas* 35 (1974)

Bausinger, Hermann (Hg.), *Reisekultur. Von der Pilgerfahrt zum modernen Tourismus*, München 1991

Beatis, Antonio de, *The Travel Journal [of Antonio de Beatis]: Germany, Switzerland, the Low Countries, France and Italy, 1517–1518* (Orig.: Itinerario di Monsignor Antonio de Beatis il cardinale de Aragona), London: Hakluyt Society, 1979

Beda Venerabilis (Beda der Ehrwürdige), *Kirchengeschichte des englischen Volkes* (übers. v. Günter Spitzbart), 2 Bde., Darmstadt 1982

Berlin, Isaiah, *Four Essays on Liberty*, London: Oxford University Press, 1969

Die Bibel (Einheitsübersetzung), Stuttgart 1980

Birdsell, Joseph: »Some Predictions for the Pleistocene Based on Equilibrium Systems Among Recent Hunter-Gatherers«, in: Richard B. Lee, Irven de Vore (Hg.), *Man the Hunter*, Chicago: Aldine, 1968

Blount, Henry, *A Voyage into the Levant* (1634), in: *A General Collection of Pinkerton's Voyages and Travels*, Bd. 10, London: Longman, 1811

Bonté, Pierre, »Conditions et effets de l'implantation d'industries minières en Milieu Pastoral: l'exemple de la Mauritanie«, in: Theodore Monod (Hg.), *Pastoralism in Tropical Africa*, Namez: International African Seminar, 1972

Boswell, James, *On the Grand Tour, Germany and Switzerland, 1764*, (hg. v. Frank Brady u. Frederick Pottle), New York: MacGraw-Hill, 1953. Dt.: Frederick A. Pottle (Hg.), *Boswells Große Reise. Deutschland und die Schweiz, 1764* (übers. v. Fritz Güttinger), Zürich 1955

– *On the Grand Tour, Italy, Corsica, and France, 1765–66* (hg. v. Frank Brady u. Frederick Pottle), New York: MacGraw-Hill 1955 (zit.: 1955a)

Bougainville, Louis Antoine de, *Reisen um die Welt, welche mit der Fregatte La Boudeuse und dem Fleutschiff L'Etoile in den Jahren 1767, 1768 und 1769 gemacht worden* (gekürzte Ausgabe nach einer alten dt. Übersetzung, Leipzig 1772, erg. u. überarb. v. Irene Wardega u. Klaus-Georg Popp), Berlin ²1977

Bourdieu, Pierre, »The Sentiment of Honor in Kabyle Society«, in: J. G. Peristiany (Hg.), *Honor and Shame: The Values of Mediterranean Society*, Chicago: University of Chicago, 1966

– *Entwurf einer Theorie der Praxis*, Frankfurt/Main 1976

Bowlby, John, *Bindung. Eine Analyse der Mutter-Kind-Beziehung*, München 1975

– *Trennung. Psychische Schäden als Folge der Trennung von Mutter und Kind*, München 1976

Bowles, Paul, *Their Heads Are Green and Their Hands Are Blue*, New York: Random House, 1963

Breuer, Rolf-Rainer Schöwerling (Hg.), *Altenglische Lyrik*, Stuttgart 1972

Brydone, Patrick, *A Tour Through Sicily and Malta*, Bd. 2, London: A. Straton and L. Cahell, 1790

Bücher, Karl, *Die Entstehung der Volkswirtschaft*, Bd. 1, Tübingen 1925

Buck, Carl D., *A Dictionary of Selected Synonyms in the Prinicipal Indo-European Languages*. A contribution to the history of ideas, Chicago: University of Chicago Press, 1949

Cabral, Pedro Alvarez, *Die reiche Fracht des Pedro Alvarez Cabral. Seine Indische Fahrt und die Entdeckung Brasiliens. 1500–1501*, Stuttgart, Wien 1986

Camus, Albert, *Tagebücher 1935–1951*, Reinbek 1972

Chatwin, Bruce, *Traumpfade*, München 1990

Ch'oe Pu (P'yohaerok), *Ch'oe Pu's Diary: A Record of Drifting Across the Sea*, Tucson: University of Arizona Press, 1965

Chrestien de Troyes, *Yvain* (übers. u. eingel. v. Ilse Nolting-Hauff), München 1983

Churchill, Awnsham u. John, *A Collection of Voyages and Travels (some now first printed…)*, Bd. 1, London 1704

Clifford, James L., *The Predicament of Culture*, Cambridge, Mass.: Harvard University Press, 1988

Cobban, Alan B., *The Medieval Universities: Their Background and Organization*, London: Methuen, 1975

Cocteau, Jean, *Meine Reise um die Welt in 80 Tagen. Kritische Poesie*, Leipzig 1991

Coe, Charles N., *Wordsworth and the Literature of Travel*, New York: Bookman Associates, 1953

Cohen, Erik, »Thai Girls and Farang Men: The Edge of Ambiguity«, in: *Annals of Tourism Research* 9 (1982)

Columbus, Christoph, *Bordbuch. Briefe. Dokumente*, Bremen 1956

Conrads, Norbert, »Politische and staatsrechtliche Probleme der Kavalierstour«, in: A. Mączak, H. J. Teuteberg (Hg.), *Reiseberichte als Quellen europäischer Kulturgeschichte. Aufgaben und Möglichkeiten der historischen Reiseforschung*, Wolfenbüttel 1982

Cook, Captain James: *Journals* (hg. v. Ed. J. C. Beaglehole), London: Hakluyt Society, 1955

– *Entdeckungsfahrten im Pazifik. Die Logbücher der Reisen 1768–1779*, Nördlingen 1987

Coryate, Thomas, *Coryate's Crudities*, Bd. 1, Glasgow: James MacLehose and Sons, 1905

Cranmer-Byng, J. L. (Hg.), *An Embassy to China. Being the Journal Kept by Lord MacCartney during His Embassy to the Emperor Ch'ien-lung, 1793–1794*, London: Longmans, 1972

Crichton, Michael, *Travels*, New York: Knopf, 1988

Csikszentmihalyi, Mihaly, *Das flow-Erlebnis: Jenseits von Angst und Langeweile: Im Tun aufgehen*, Stuttgart 1985

Damon, Frederick, H., »The Kula and Generalized Exchange: Considered Some Unconsidered Aspects of *The Elementary Structures of Kinship*«, in: *Man* 15 (1980)

Dampier, William, *Captain Dampier's Voyages*, 2 Bde., London: E. G. Richards. Hakluyt Society, 1906

Darwin, Charles, *Reise eines Naturforschers um die Welt* (übers. v. J. Victor Carus), Stuttgart 1875 (Gesammelte Werke Bd. 12.1)

– *Charles Darwin – ein Leben. Autobiographie, Briefe, Dokumente* (hg. v. Siegfried Schmitz), München 1982

Darwin, Charles – Alfred Russel Wallace: »On the Tendency of Species to Form Varieties; And on the Perpetuation of Varieties and Species by Natural Means of Selection«, in: *Journal of the Linnean Society, Zoology* (1858), III, 45–62

De Expurgatione Lisbonensi (übers. u. hg. v. Charles W. David), New York: Columbia University Press, 1936

Della Valle, Pietro, The Travels of Pietro della Valle in India (übers. u. hg. v. Edward Gray), 2 Bde., New York: Hakluyt Society, 1892

– *Reisebeschreibungen in Persien und Indien*, Berlin 1987

Diaz del Castillo, Bernal, *Geschichte der Eroberung von Mexiko*, Frankfurt/Main 1988

Diéz de Games, Gutierre, *[El Victorial] The Unconquered Knight: A Chronicle of the Deeds of Don Pero Nino, Count of Buelna*, London: Chapman and Hall, 1928

Didion, Joan, *Das weiße Album. Eine kalifornische Geisterbeschwörung*, München 1988

Diodorus Siculus, *Griechische Weltgeschichte*, Buch I–X, Erster Teil (übers. v. Gerhard Wirth u. Otto Veh, eingel. und komm. v. Thomas Nothers), Stuttgart 1992

Doughty, Charles M., *Travels in Arabia Deserta*, 2 Bde., London: Jonathan Cape, 1923

– *Die Offenbarung Arabiens*, Leipzig: List, 1937

Douglas, Mary, *Reinheit und Gefährdung. Eine Studie zu Vorstellungen von Verunreinigung und Tabu*, Frankfurt/Main 1988

Drake, Sir Francis, Jr., *The World Encompassed by Sir Francis Drake* (1628), London: Hakluyt Society, 1854: vgl. ders., *Pirat im Dienst der Queen. Berichte, Dokumente und Zeugnisse des Seehelden und seiner Zeitgenossen, 1567–1596*, (hg. v. John Hampden, übers. v. Günter Thimm), Tübingen, Basel 1977

Duby, Georges, *Krieger und Bauern. Die Entwicklung von Wirtschaft und Gesellschaft im frühen Mittelalter*, Frankfurt/Main 1977

Einstein, Albert, *Mein Weltbild* (hg. v. Carl Seelig), Frankfurt/M., Berlin [24]1991

Eisenstein, Elizabeth, *The Printing Press as an Agent of Change. Communications and cultural transformation in early-modern Europe*, 2 Bde., New York: Cambridge University Press, 1979

Eliade, Mircea, *Das Mysterium der Wiedergeburt. Initiationsriten, ihre kulturelle und religiöse Bedeutung*, Zürich, Stuttgart 1961

Elliott, John H., *Die Neue in der Alten Welt. Folgen einer Eroberung, 1492–1650*, Berlin 1992

Elshtain, Jean Bethke, »Nuclear Discourse and Its Discontents, or Apocalypse Now or Never«, in: *Vietnam Generation* 1 (1989)

Erdmann, Carl: *Die Entstehung des Kreuzzugsgedankens* (1935), Darmstadt 1980

Fabian, Johannes, *Time and the Other: How Anthropology Makes Its Object*, New York: Columbia University Press, 1983

Farber, Maurice L., »Some Hypotheses on the Psychology of Travel«, in: *Psychoanalytic Review* 3 (41[1954])

Fernandez de Quirós, Pedro, *Voyages, 1595–1606*, Bd. 2, Nendeln, Liechtenstein: Hakluyt Society, 1967

Flavell, John H., *The Developmental Psychology of Jean Piaget*, Princeton, N. J.: D. Van Nostrand, 1963

Frantz, R. W., *The English Traveller and the Movement of Ideas, 1660–1732*, Lincoln: University of Nebraska Press, 1967

Frazer, James G., *Der Goldene Zweig. Das Geheimnis von Glauben und Sitten der Völker*, Reinbek 1989

Fulcher von Chartres, *A History of the Expedition to Jerusalem, 1095–1127*, Knoxville: University of Tennessee Press, 1969

Fussell, Paul (Hg.)., *The Norton Book of Travel*, New York: W. W. Norton, 1987

Garcilaso de la Vega, *Royal Commentary of the Yncas.*, Bd. 1, London: Hakluyt Society, 1869

Garlan, Yvon, *War in the Ancient World*, New York: W. W. Norton, 1975

Geertz, Clifford, *Local Knowledge*, New York: Basic Books, 1983

Geikie, Archibald, *The Founders of Geology*, London: Macmillan, 1905

Genicot, Léopold, »Recent Research on the European Nobility«, in: T. Reuter (Hg.), *The Medieval Nobility: Studies on the Ruling Classes of France and Germany from the Sixth to the Twelfth Century*, Amsterdam: North-Holland, 1979

Gennep, Arnold van, *Übergangsriten*, Frankfurt/M., New York 1986

Gent, Thomas, *The Life of Thomas Gent, Printer of York. Written by Himself*, London: Thomas Thorpe, 1832

Gérando (Degerando), Joseph-Marie, Baron de, *The Observation of Savage Peoples*, London: Routledge & Kegan Paul, 1969

Gerbi, Antonello, Nature in the New World: From Christopher Columbus to Gonzalo Fernandez de Oviedo, Pittsburgh: University of Pittsburgh Press, 1985

Gibson, James [Jerome]: *Wahrnehmung und Umwelt. Der ökologische Ansatz in der visuellen Wahrnehmung*, München – Wien 1982

Gibson, Thomas, »The Sharing of Substances versus the Sharing of Activity Among the Buid«, in: *Man*, 20 (1985)

Das Gilgamesch-Epos (eingeführt, rhythmisch übertragen und mit Anmerkungen versehen von Hartmut Schmökel), Stuttgart – Berlin – Köln 1966 ([7]1989)

The Epic of Gilgamesh (übers. v. N. K. Sanders), New York: Penguin Books, 1975

Goethe, Johann Wolfgang von, *Italienische Reise* (nach der bei Artemis erschienenen Gedenk-Ausgabe), 2 Bde., München 1962

Goldschmidt, Walter, »Independence as an Element of Pastoral Social Systems«, in: *Anthropological Quarterly* 44 (1971)

Greene, Graham, *Die Reisen mit meiner Tante* (übers. v. Maria Felsenreich u. Hans W. Polak), Reinbek 1973

Griep, Wolfgang – Hans-Wolf Jäger (Hg.), *Reise und soziale Realität am Ende des 18. Jahrhunderts*, Heidelberg 1983

Gulliver, Philip H., *The Family Herds: A Study of Two Pastoral Tribes in East Africa, The Ju and Turkana*, London: Routledge & Kegan Paul, 1966

Hakluyt, Richard, *The Principal Navigations, Voyages, Traffiques and Discoveries of the English Nation*, Bd. 1, London, J. M. Dent, 1927

Hamilton-Grierson, P. J., *The Silent Trade: A Contribution to the Early History of Human Intercourse*, Edinburgh: William Green and Sons, 1903

– »Strangers«, in: *Encyclopedia of Religion and Ethics* (hg. v. J. Hastings), Edinburgh: T. & T. Clark, 1921

Hammond, George P. (Hg. u. Übers.), *Narratives of the Coronado Expedition, 1540–1542*, Albuquerque: University of New Mexico Press, 1940

Hartland, E. Sidney, »Concerning the Rite at the Temple of Mylitta«, in: *Anthropological Essays Presented to Edward Burnett Tyler*, Oxford: Clarendon Press, 1907

Hartog, François, *The Mirror of Herodotus: The Representation of the Other in the Writing of History*, Berkeley: University of California Press, 1988

Heath, Sidney, *Pilgrim Life in the Middle Ages*, Pt. Washington etc.: Kennikat Press, 1971

Heimskringla: s. Snorri Sturluson

Heller, Erich, *Die Reise der Kunst ins Innere und andere Essays*, Frankfurt/Main 1966

Henriques, Fernando, *Prostitution and Society*, Bd. 1, London: MacGibbon and Kee, 1962

Hobbes, Thomas, *Vom Menschen. Vom Bürger. (Elemente der Philosophie II/III)*, Hamburg 1959

Homer, *Ilias* (übers. v. Johann Heinrich Voss), München [3]1989

Homer, *Odyssee* (übers. v. Johann Heinrich Voss), München 1960

Horne, Charles (Hg.), *The Sacred Books and Early Literature of The East*, Bd. 2, London: Parke, Austin, and Lipscomb, 1917

Howells, William D., *Italian Journeys*, Boston: James R. Osgood, 1872

Humboldt, Alexander von, *Südamerikanische Reise*, Berlin 1979

Hurston, Zora Neale, *Dust Tracks on a Road*, New York: Arno Press and the New York Times, 1969

Ibn Battuta, *Travels in Asia and Africa, 1325–1354* (übers. v. A. R. Gibb), New York: Robert M. McBride, 1929

James, Henry, *The Art of Travel: Scenes and Journeys in America, England, France and Italy*, Freeport, N. Y.: Books for Libraries Press, 1970

James, William, *Psychologie*, Leipzig 1909

Jane, Cecil (Hg. u. Übers.), *Select Documents Illustrating the Four Voyages of Columbus*, 2 Bde., London: Hakluyt Society, 1930 (Ndr. Nendeln, Liechtenstein 1967)

Jusserand, Jean J., *English Wayfaring Life in the Middle Ages*, Boston: Milford House, 1973

Kane, Elisha K., *Arctic Explorations in Search of Sir John Franklin, 1853, '54, '55*, Bd. 1, New York: Arno Press, 1971

Kerouac, Jack, *Unterwegs*, Reinbek 1968

Kinglake, Alexander William, *Eothen* (nach der 4. Auflage des engl. Originals von August Kretzschmar), Grimma 1846

Knowles, John, *Double Vision: American Thoughts Abroad*, New York: Macmillan, 1964

La Fontaine, Jean S., »The Free Women of Kinshasa: Prostitution in a City in Zaire«, in: J. Davis (Hg.), *Choice and Change*, London: Athlone Press, 1974

Lancaster, Sir James, *Voyages of Sir James Lancaster of the East Indies*, London: Hakluyt Society, 1877 (repr. 1963)

Lansing, John B. u. a., *The Travel Market, 1958, 1959–60, 1961–62*, Lansing, Mich.: Univ. of Michigan, 1963

Lassels, Richard, *Ausführliche Reyse-Beschreibung durch Italien* (übers. durch Johann Christoph Salbach), Franckfurt: Johann Georg Schiele Buchhandlung, 1673

Laxdaela Saga. Die Geschichte von den Leuten aus dem Lachswassertal (übertr. v. Rudolf Meißner), Düsseldorf – Köln 1963

Lee, Richard B. – Irven De Vore (Hg.), *Man the Hunter*, Chicago: Aldine, 1968

Leroy, John D., »The Ceremonial Pig-Kill of the South Kiwa«, in: *Oceania* 49 (1979)

Lévi-Strauss, Claude, *Die elementaren Strukturen der Verwandtschaft*, Frankfurt/Main 1981

–, *Traurige Tropen*, Frankfurt/Main 1978 ([8]1991)

Levy-Bruhl, Lucien: *Primitive Mentality.* New York: Macmillan, 1923

Lewis, Sinclair, *Sam Dodsworth*, Reinbek 1957

Locke, John, *Über den menschlichen Verstand. In vier Büchern*, 2 Bde., Hamburg [4]1981

– *Über die Regierung. (The Second Treatise of Government)*, Stuttgart 1974

Lukes, Stephen, »Durkheim's Individualism and the Intellectuals«, in: *Political Studies* 17 (March 1979)

Lundberg, Donald E., *The Tourist Business*, New York: Van Nostrand Reinhold, 1990

Lyell, Charles, *Principles of Geology*, Bd. 1, London: John Murray, 1834

MacDonald, John, *Travels, 1745–1779: Memoirs of an Eighteenth Century Footman*, New York: Harper and Bros., 1927

MacFarlane, Alan, *The Origins of English Individualism*, New York: Cambridge University Press, 1979

Maimann, Helene, »Exil als Lebensform«, in: *Jahrbuch für Zeitgeschichte* 2 (1979)

Maitland, Frederic William – Frederick Pollock, *The History of the English Law Before the Time of Edward I*, Bd. 1, Cambridge: University of Cambridge Press, 1968

Majors, R. H. (Hg.), *India in the Fifteenth Century: A Collection of Narratives of Voyages to India in the Century Preceding the Portuguese Discovery of the Cape of Good Hope*, London: Hakluyt Society, 1857

Malinowski, Bronislaw, *Argonauten des westlichen Pazifik*, Frankfurt/Main 1979

Martyr von Anghiera, Peter, *Acht Dekaden über die Neue Welt* (eingel. u. übers. v. H. Klingelhöfer), Darmstadt 1972

Marx, Karl: »Zur Judenfrage«, in: Irying Fetscher (Hg.), *Karl Marx. Friedrich Engels. Studienausgabe in 4 Bänden*. Bd. 1, Frankfurt/Main 1966

Mauss, Marcel, *Soziologie und Anthropologie*, 2 Bde., Frankfurt/Main – Berlin, Wien 1978

Mendez Pinto, Fernand, *The Voyages and Adventures of Fernand Mendez Pinto*, London: Dawsons of Pall Mall, 1963; vgl. ders., *In Indien und Asien. Seefahrten und Abenteuer in der ersten Hälfte des 16. Jahrhunderts*, Minden 1925; ders., *Wunderliche und merkwürdige Reisen des Fernao Mendez Pinto* (Überarb. d. dt. Übers. v. 1671 durch Horst Lothar Teweleit), Berlin [8]1979

Mirsky, Jeanette, *The Great Chinese Travelers: An Anthology*, New York: Pantheon Books, 1964

Montagu, Lady Mary Wortley: *Letters [of Lady Mary Wortley Montagu] Written During Her Travels in Europe, Asia and Africa*, Bd. 3, London: T. Becket and P. A. de Handt, 1763

Montaigne, Michel de, *Essais* (ausgew. u. übers. v. Herbert Lüthy), Zürich 1953

Moritz, Karl Philipp, *Werke* (hg. von Horst Günther), Bd. 2: Reisen, Schriften zur Kunst und Mythologie, Frankfurt/Main 1981

Moryson, Fynes, *An Itinerary*, Glasgow: James MacLehose and Sons, 1907

Mosse, George L., *Nationalismus und Sexualität. Bürgerliche Moral und sexuelle Normen*. Reinbek 1987

Mukerji, Chandra: »Bullshitting: Road Lore Among Hitchhikers«, in: *Social Problems* 25 (1977–78)

Munn, Nancy, *The Fame of Gawa*, New York: Cambridge University Press, 1986

Nash, Dennison: »The Ethnologist as Stranger«, in: *Southwestern Journal of Anthropology* 19 (1963)

Nelson, Cynthia (Hg.), *The Desert and the Sown: Nomads in the Wider Society*, Berkeley, Calif.: Institute of International Studies, 1973

Nerlich, Michael, *Kritik der Abenteuer-Ideologie. Beitrag zur Erforschung der bürgerlichen Bewußtseinsbildung 1100–1750*, Berlin (Ost) 1977

Newett, M. Margaret, *Canon Pietro Casola's Pilgrimage to Jerusalem in the Year 1494*, Manchester: University Press, 1907
Njálssage. *Die Geschichte vom weißen Njal* (übertr. v. Andreas Heusler), Jena 1914

O'Brien, Mary, *The Politics of Reproduction*, London: Routledge & Kegan Paul, 1983
Olearius, M. Adamus (Adam Oelschlaeger), *Moskowitische Abenteuer 1927. Offt begehrte Beschreibung der Newen Orientalischen Reise, so durch Gelegenheit einer Holsteinischen Legation an den König in Persien geschehen*, Schleßwig: Jacob zur Glocken, 1647
Ong, Walter J., *Ramus. Method, and the Decay of Dialogue. From the art of discourse to the art of reason*, Cambridge: Harvard University Press, 1958
Oppenheimer, Franz, *Der Staat*. System der Soziologie, Bd. 2, Stuttgart [2]1964 (Jena 1926)
Osborn, James M., »Travel Literature and the Rise of Neo-Hellenism in England«, in: Warner G. Rice (Hg.), *Literature as a Mode of Travel*, New York: New York Public Library, 1963

Palestine Pilgrims' Text Society, *The Churches of Constantine at Jerusalem*, New York: Arms Press, 1971
Pande, N. R. W., *Time, Space and Motion*, Nagpur University (Ph. D.), 1969
Park, Robert E. – Herbert A. Miller, *Old World Traits Transplanted*, Chicago: University of Chicago Society for Social Research, 1925
Pars, George B., *The English Traveler to Italy in the Middle Ages*, Bd. 1, Stanford, Calif.: Stanford University Press, 1954
Pascal, Blaise, *Gedanken* (übers. v. Wolfgang Rüttenauer), Wiesbaden o. J.
Pederson, Johannes, *Israel: Its Life and Culture*, Bd. 1, London: Geoffrey Cumberlege, 1964
Perouse, Jean F. de la, *A Voyage Round the World Performed in the Years 1785, 1786, 1787, and 1788*, Bd. 1, New York: Da Capo Press, 1968
Pitt-Rivers, Julian, »Honor and Social Status«, in: J. G. Peristiany (Hg.), *Honor and Shame: The Values of Mediterranean Society*, Chicago: University of Chicago, 1966
– »The Stranger, the Guest and the Hostile Host: Introduction to the Study of the Laws of Hospitality«, in: J. G. Peristiany (Hg.), *Contribution to Mediterranean Sociology*, The Hague: Mouton, 1968
Platon, *Phaidros oder Vom Schönen* (übertr. v. Kurt Hildebrandt), Stuttgart 1957
Plinius Secundus d. Ä., *Naturkunde*, lat.-dt., Buch III/IV (hg. u. übers. v. Gerhard Winkler in Zusammenarbeit mit Roderich König), München und Zürich 1988
Plutarch, *Griechische Heldenleben* (übers. u. hg. v. Wilhelm Ax), Stuttgart 1933
Polanyi, Karl, *The Livelihood of Man*, New York: Academic Press, 1977
Polo, Marco, *Von Venedig nach China. Die größte Reise des 13. Jahrhunderts*, Tübingen – Basel 1972

– *Il Milione. Die Wunder der Welt* (übers. v. Elise Guignard), Zürich 1983

Popper, William, »Pilgrimage«, in: J. Hastings (Hg.), *Encyclopedia of Religion and Ethics*, Edinburgh: T. & T. Clark, 1921

Porter, Roy, *The Making of Geology: Earth Science in Britain, 1666–1815*, New York: Cambridge University Press, 1977

Purchas, Samuel, *Hakluytus Posthumus or Purchas His Pilgrimes*, 20 Bde., London 1625; Glasgow: MacLehose and Sons, 1905

Pyrard, François, *The Voyage of François Pyrard to the East Indies, the Maldives, the Moluccas and Brazil* (übers. und hg. v. Albert Gray), London: Hakluyt Society, 1887–90 (repr. New York, 2 Bde., Franklin, 1963)

Ramusio, Giovanni Battista, *Raccolta de Navigazioni et Viaggi*, 3 Bde., Vincenzi 1550–1559

Rebri, Pearl, »Scholarly Privileges: Their Roman Origin and Medieval Expression«, in: *American Historical Review* 51 (1954)

Reisebeschreibungen des 16. bis 19. Jahrhunderts. Ausstellung der Universität Bremen, Bremen 1979

Rousseau, Jean-Jacques, *Emil oder über die Erziehung* (übers. v. Josef Esterhues), Paderborn 1958

Royal Society, »Directions for Seamen Bound on Far Voyages«, in: *Philosophical Transactions* 1 (1665–66)

– (Hg.), *Philosophical Transactions* 22 (1700–1701)

Runciman, Steven, *Geschichte der Kreuzzüge*, München 1957–60

– »The Pilgrimage to Palestine Before 1095«, in: Kenneth M. Selton (Hg.), *A History of the Crusades*, Philadelphia: University of Pennsylvania Press, 1955

Ryan, Michael T., »Assimilating New Worlds in the Sixteenth and Seventeenth Centuries«, in: *Comparative Studies in Society and History* 23 (1981)

Sahlins, Marshall D., *Inseln der Geschichte*, Hamburg 1992

– »Die segmentäre Lineage: Zur Organisation räuberischer Expansion«, in: Klaus Eder (Hg.), *Die Entstehung von Klassengesellschaften*, Frankfurt/M. 1973

Schlesinger, Walter, »Herrschaft und Gefolgschaft in der germanisch-deutschen Verfassungsgeschichte«, in: ders., *Beiträge zur deutschen Verfassungsgeschichte des Mittelalters*, Bd. 1, Göttingen 1963

Selton, Kenneth M. (Hg.), *A History of the Crusades*, Philadelphia: University of Pennsylvania Press, 1955

Seneca, *De tranquillitate animi. Über die Ausgeglichenheit der Seele* (übers. u. hg. v. Heinz Gunermann), Stuttgart 1984

Service, Elman, *The Hunters*, Englewood Cliffs, N. J.: Prentice-Hall, 1979

Simmel, Georg, *Soziologie*, Leipzig ⁶1983

Simon, Fr. Pedro, *The Expedition of Pedro de Ursua and Lope de Aguirre in Search of El Dorado and Amazu in 1560–1561*, New York: Burt Franklin, 1971

Smith, Bernard, *European Vision and the South Pacific, 1768–1850*, Oxford: Clarendon Press, 1960

Smith, Valene (Hg.), *Hosts and Guests: The Anthropology of Tourism*, Philadelphia: University of Pennsylvania Press, 1977

Snorri Sturluson, *Snorris Königsbuch (Heimskringla)* (übers. u. hg. v. Felix Niedner), 3 Bde., Düsseldorf – Köln 1965

Stagl, Justin, »Der Wohl Unterwiesene Passagier: Reisekunst und Gesellschaftsbeschreibung vom 16. bis zum 18. Jahrhundert«, in: B. J. Krasnobow – H. Zeman – Gert Kebel (Hg.), *Reisen und Reisebeschreibungen im 18. und 19. Jahrhundert als Quellen der Kulturbeziehungsforschung*, Berlin 1980

Stark, Freya Madeline, *Letters*, Bd. 1, Salisbury, Wiltshire: Compton Russell, 1974
– *The Journey's Echo*, New York: Ecco Press, 1963

Stelzer, W., »Zum Scholarenprivileg Friedrich Barbarossas (Authentica Habita)«, in: *Deutsches Archiv für Erforschung des Mittelalters* 34 (1978)

Stonequist, Everett V., »The Marginal Man: A Study in the Subjective Aspects of Cultural Conflict«, University of Chicago (Ph. D.), 1930

Strabo, *Erdbeschreibung in siebzehn Büchern* (verdeutscht von Christoph Gottlieb Groskurd), Hildesheim – Zürich – New York 1988

Strathern, Andrew J., »The Kula in Comparative Perspective«, in: Jerry Leach (Hg.), *The Kula: New Perspectives on Massim Exchange*, New York: Cambridge University Press, 1983

Strehlow, Theodor G. H., »Geography and the Totemic Landscape in Central Australia: A Functional Approach«, in: Ronald M. Berndt (Hg.), *Australian Aboriginal Anthropology*, Nedlands, Western Australia: University of Australia Press, 1970

Swinglehurst, Edmund, *The Romantic Journey: The Story of Thomas Cook and Victorian Travel*, London: Piece Editions, 1974

Sykes, Sir Percy, *A History of Exploration. From the Earliest Times to the Present Day*, New York: Harper and Bros., 1961

Terkel, Louis (»Studs«), *Working*, New York: Pantheon Books, 1974

Theroux, Paul, *The Kingdom by the Sea: A Journey Around Great Britain*, New York: Washington Square Press, 1983

Thubron, Colin, *Unter Russen*, München 1984

Thukydides, *Geschichte des Peloponnesischen Kriegs* (eingel. u. übers. v. Georg Peter Landmann), Zürich – Stuttgart 1960

Thurman, Robert, »We Are All Witnesses: An Interview with Elie Wiesel«, in: *Parabola: Exil* 10 (1985)

Tolstoj, Leo N., *Krieg und Frieden* (übers. v. Hermann Röhl u. Wolfgang Kasack), Frankfurt/M. 1984

Trumbull, H. Clay, *The Threshold Covenant*, New York: Charles Scribner's Sons, 1896

Tuan, Yi-Fu, *Space and Place: The Perspective of Experience*, Minneapolis: University of Minnesota Press, 1977

Turner, Victor, »Betwixt and Between: The Liminal Period in Rites of Passage«, in: L. Mahdi – St. Foster – M. Litte (Hg.), *Betwixt and Between*, La Salle, Ill.: Open Court, 1987 (zit.: 1987a)

– »Liminality, Play, Flow and Ritual: An Essay in Comparative Symbiology«, in: Norbeck, Edward (Hg.): *Anthropological Study of Human Play,* Rice University Studies 60 (3[1987) (zit.: 1987b)
Twain, Mark, *Travels with Mr. Brown*, New York: Russel and Russel, 1971

Varthema, Lodovico de, *Travels in Egypt, Syria, Arabia Deserta and Arabia Felix, 1503–1508*, 1863, repr. New York: Burt Franklin, 1963
Vogt, Jay W., »Wandering: Youth and Travel Behavior«, in: *Annals of Tourism Research* 4 (1[1976])

Waddell, Helen, *The Wandering Scholars*, London: Constable, 1958
Walde, Alois, *Vergleichendes Wörterbuch der Indogermanischen Sprachen*, Bd. 2, Berlin – Leipzig 1927
Wallace, Alfred Russel, *The Maylay Archipelago*, 2 Bde., London – New York: Macmillan, 1869
– *Der Malaysische Archipel* (bearb. u. gek. nach d. dt. Übers. v. B. Meyer, 1869), Frankfurt/M. 1983
Wilkinson, John: *Egeria's Travels*, London: S. P. C. K., 1971. Vgl. dt.: *Pilgerreise der Aetheria (oder Silvia) von Aquitanien nach Jerusalem und den heiligen Stätten*, Essen 1919
Wood, Margaret M., *The Stranger: A Study in Social Relationships*, New York: Columbia University Press, 1934
Wordsworth, William, *Poetical Works*, Bde. 3 u. 4, Oxford: Clarendon Press, 1969
– *Präludium. Oder: Das Reifen eines Dichtergeistes* (übers. u. hg. v. Hermann Fischer), Stuttgart 1974

Xenophon: *Der Zug der Zehntausend. Cyri Anabasis* (hg. v. Walter Müri), München [2]1959

Zacher, Christian, *Curiosity and Pilgrimage: The Literature of Discovery in Fourteenth Century England*, Baltimore, Md.: Johns Hopkins University Press, 1976
Zenkovsky, Serge (Hg.), *Aus dem alten Rußland. Epen, Chroniken und Geschichten*, München 1968

Register